स्टार्टअप शुरू करने में सहायक होगी यह पुस्तक

"पूरी दुनिया कहती है कि 21वीं सदी एशिया की है। हम नहीं कह सकते कि यह चीन की है या भारत की-? लेकिन एक बात साफ है कि भारत विश्वगुरु की भूमिका निभाएगा और अपने ज्ञान से विश्व का नेतृत्व करेगा।"

-नरेंद्र मोदी (प्रधानमंत्री)

सबसे पहले यह जानलें कि स्टार्टअप क्या होता है? हम आपको बता दें कि किसी भी कम्पनी या बिजनेस के शुरूआती दिन जब इसको किसी एक व्यक्ति या एक से अधिक व्यक्ति द्वारा शुरू किया जाता है। उस समय या तो बिजनेस आईडिया होता है या सिर्फ टेस्टिंग होता है, तो उसको स्टार्टअप कहते है। स्टार्टअप को शुरू करने वाले को लगता है कि वह जो प्रोडक्ट और सर्विस बना रहा है उसकी डिमांड मार्किट में बहुत ज्यादा है। जिस को उसका स्टार्टअप पूरा कर सकता है। शुरूआती दौर में जितना कम्पनी का बजट होता है उससे ज्यादा उस कम्पनी में निवेश की जरूरत होती है। इसीलिए कम्पनी के संस्थापक कई तरह से कम्पनी में निवेश लेकर आते है परन्तु, एक स्टार्टअप में सबसे ज्यादा निवेश वैंचर कैपिटलिस्ट से मिलता है।

क्योंकि बिजनेस को एक व्यक्ति द्वारा चलाया जाता है, जबकि स्टार्टअप

को चलाने के लिए कई व्यक्ति की जरूरत होती है। बिजनेस में निवेश इन्वेस्ट करने को तैयार नहीं होते है। वे स्टार्टअप में निवेश करना पसंद करते है।

बिजनेस में टेक्नोलॉजी एडाप्ट करना मुश्किल होता है लेकिन स्टार्टअप की शुरूआत ही टेक्नोलॉजी के दम पर होती है। दूसरे शब्दों में स्टार्टअप टेक्नोलॉजी पर आधारित होता है। इसलिए किसी स्टार्टअप को शुरू करने के लिए आपको सबसे पहले एक आईडिया सोचना होगा। यदि आपके पास पहले से ही कोई बिजनेस आइडियाज है, तो ठीक है। लेकिन कोई स्टार्टअप आईडिया नहीं है, तो अपने दिमाग को शांत रखें। उसके बाद आपका दिमाग जो सोचना चाहता है, उसे सोचने दे। बस आप अपने मन में ख्याल रखें कि आपको एक अच्छा सा बिजनेस आईडिया ढूंढना है। कुछ देर के बाद आपके दिमाग में खुद ही एक से एक बड़ा आईडिया आना शुरू हो जाएगा। उसको आप कही लिख लें, फिर आप उस आईडिया पर विचार करे।

अब आप यह सोचें कि आपके स्टार्टअप में कौन-कौन शामिल होगा-? आप जितने भी लोगो को अपने स्टार्टअप में शामिल करना चाहते हैं-? उसके नाम लिख लें। उसके बाद यह भी लिखें कि वह आपकी कम्पनी में क्या काम करेंगे और उसकी स्टार्टअप में क्या जरूरत है-? फिर सोचें कि उनका कम्पनी में कोई हिस्सा होगा-? यदि हाँ, तो कितना प्रतिशत होगा-?

उसके बाद जानें कि आपका प्रोडक्ट या सर्विस बाजार में बिकेगा या नहीं-? लेकिन ऐसा कुछ भी नहीं होता। इसकी शुरूआत आपके प्रोडक्ट और सर्विस से होती है। आप अपने प्रोडक्ट को जान लें उसके बाद फिर जानें कि आपका प्रोडक्ट किस क्षेत्र में आता है-? फिर उस क्षेत्र से जुडी जानकारी को हासिल करें और लोगो से मिलें, जो उस क्षेत्र में काम कर रहे हैं। तीसरी स्टेज में आप उस क्षेत्र की लाइफ देखें क्योंकि हर प्रोडक्ट, सर्विस या क्षेत्र का एक वक्त होता है। जब उसकी शुरूआत होती है, तब वह अपने सबसे ज्यादा सफल स्टेज पर होता है। उदाहरण के तौर पर पेट्रोल और डीजल के वाहनों का समय अब खत्म होने वाला है। वह धीरे-धीरे असफल और बंद होने के कागार पर आ चुका है। कुछ साल बाद कई देशो की सड़को पर कोई भी पेट्रोल और डीजल का वाहन देखने कोई नहीं मिलेगा। लेकिन स्टार्टअप को सफल बनाने में सबसे ज्यादा योगदान ग्राहकों का होता है। वे तय करते हैं कि बिजनेस सफल होगा या नहीं-? इसके लिए आपको ग्राहक को पहचानना होगा-? परन्तु स्टार्टअप को कैसे रजिस्टर कराना है-? कैसे सरकार से लोन लेना है-? कैसे आर्डर लेने है-? कैसे माल सप्लाई करना है-? इस सब प्रश्नों का उत्तर आपको पुस्तक के अंदर पेजों पर मिल जाएगा-?

-प्रकाशक-

मत सिमटो अपनी दुनिया मे।
युग का आलम बदल रहा है।।
मस्तिष्क के दरवाजे खोल।
समय स्टार्टअप का फिसल रहा है।।

लेखक:
तरुण इन्जीनियर

ISBN: 978-93-5682-160-6
eISBN: 978-93-5682-162-0

प्रकाशकः प्रभाकर प्रकाशन
प्लॉट नं.-55, मेन मदर डेयरी रोड
पांडव नगर, ईस्ट दिल्ली-110092
फोनः 011-40395855

ई-मेलः sales@pharosbooks.in
वेबसाइटः www.prabhakarprakashan.com

संस्करणः 2023

,

कैसे शुरू करें अपना अधिक प्रॉफिट वालर सटार्टअप
तरुण इन्जीनियर

विषय-सूची

सब लोग स्टार्टअप से अमीर क्यों नहीं बन पाते-?

२% लोग दूसरों की सफलता को देखकर अपना प्रोजेक्ट शुरु कर देते हैं, परन्तु उसे असली जामा नहीं पहना पाते।

३% लोग रातों-रात अमीर बनने की योजना बनाते हैं और फिर अपराध की दुनिया में प्रवेश कर जाते हैं।

५% लोग पारिवारिक तरीकों को अपनाते हैं और अन्त में अपनी आकांक्षाओं को मार कर बैठ जाते हैं।

१०% अपनी पिछली गलतियों को बार-बार दोहराते हैं फिर प्रोजेक्ट ओवर बजट हो जाता है।

१५% लोग प्रोजेक्ट शुरू करने के बाद सफलता और असफलता के बीच फंस कर रह जाते हैं।

२०% लोग शुरू में मिली दो-तीन विफलताओं से निराश होकर हमेशा के लिए प्रोजेक्ट बन्द कर देते हैं।

४५% लोग नये आइडिये पर रिस्क नहीं लेते इसलिए उनका प्रोडक्ट उत्पादन होने तक पुराना हो जाता है-?

कैसे चुने अधिक प्रॉफिट वाला स्टार्टअप-?

प्रधानमंत्री मोदी ने स्टार्टअप कारोबारियों से अपील की है कि आप गावों की तरफ बढ़ें। क्योंकि 21वीं सदी में आपको ये बात ध्यान रखनी है कि जिस स्पीड से, जिस स्केल में आज सरकार गांव-गांव तक डिजिटल एंक्सेस देने के लिए काम कर रही है, उससे भारत में करीब 100 करोड़ इंटरनेट यूजर होने वाले हैं। यह भी कहा है कि सरकार उद्यमियों की मदद के लिए हमेशा तैयार है।

क्योंकि स्टार्टअप यूनिट्स नए भारत का आधार-स्तंभ 16 जनवरी को राष्ट्रीय स्टार्टअप दिवस के तौर पर मनाया जाएगा और भविष्य में इंडस्ट्रीज के लिए रिसर्च और डेवलेवमेंट में निवेश करना सरकार की प्राथमिकता है।

कारोबारियों को संबोधित करते हुए पीएम मोदी ने कहा कि मैं आपको विश्वास दिलाता हूं कि आपके सभी सुझावों, विचारों और इनोवेशन को सरकार से पूरा समर्थन मिलेगा। फिर भारत के स्टार्टअप खुद को आसानी से दुनिया के दूसरे देशों तक पहुंचा सकते है इसलिए आप अपने सपनों को सिर्फ लोकल न रखें, बल्कि ग्लोबल बनाएं इस मंत्र को हमेशा याद रखें, **''लेट्स इन्नोवेट फॉर इंडिया इन्नोवेट फ्रोम इंडिया''**!

क्योंकि जिस स्पीड और स्केल में आज भारत का युवा स्टार्टअप बना रहा है, वह वैशिक महामारी के इस दौर में भारतीय की प्रबल इच्छा शक्ति और संकल्प शक्ति का प्रमाण है। पहले बेहतरीन समय में इक्का-दुक्का कंपनियां ही

बड़ी बन पाती थी, लेकिन बीते साल तो 12 यूनिकॉर्न देश में बने हैं। साल 2013-14 में जहां चार हजार पेटेंट को स्वीकृति मिली थी, वहीं पिछले वर्ष इनकी संख्या 28 हजार से ज्यादा हो गई। आज देश में 60,000 से अधिक स्टार्टअप इकाइयाँ है। इनमें से 42 यूनिकॉर्न (एक अरब डॉलर से अधिक मूल्यांकन) है। हजारों करोड़ रूपये की ये कंपनियां आत्मनिर्भर है और आत्मविश्वासी भारत की पहचान है। आज भारत तेज़ी से यूनिकॉर्न की सेंचुरी लगाने की तरफ बढ़ रहा है मैं मानता हूं, भारत के स्टार्टअप का स्वर्णिम काल शुरू हो रहा है।

प्रधानमंत्री ने स्टार्टअप नीति के साथ ही एक ऑनलाइन पोर्टल का भी शुभारंभ किया। जिसके जरिए नये उद्यमों को स्टार्टअप नीति का फायदा पहुंचाया जाएगा। इस पोर्टल को केंद्र सरकार ने एम.एस.एम.ई. से जोड़ा गया है हर राज्य को अब तक लगभग 700 करोड़ रूपये की फंडिंग मिल चुकी है। राज्य के सूक्ष्म, लघु और मध्यम उद्यम (एम.एस.एम.ई.) विभाग के सचिव पी. नरहरि ने कहा कि अगर कोई नया उद्यम किराये की जगह पर चल रहा है, तो उसे इस नीति के तहत राज्य सरकार हर माह 5,000 रूपये किराये के लिए देगी। साथ में सलेक्टेड स्टार्टअप को अधिकतम 25 कर्मचारियों के लिए प्रति कर्मचारी 5,000 रूपये का मासिक वेतन भत्ता दिया जाएगा।

स्टार्टअप उद्यमों को उनके कर्मचारियों की ट्रेनिंग के लिए भी अलग से भत्ता दिया जाएगा। इससे रोजगार के अवसर बढ़ेंगे और लोगों के जीवन में सुधार आएगा। आने वाले दिनों में सरकार स्टार्टअप को गारंटी के जरिय कोष जुटाने में भी मदद कराने वाली है। देश में एडवांस टेक्नोलॉजी वाले नए एंटरप्राइजेज (उद्यमों) और इनोवेशन (नवोन्मेष) को बढ़ावा देने के लिए प्रधानमंत्री नरेंद्र मोदी ने 1,000 करोड़ रूपये के 'स्टार्टअप इंडिया सीड फंड' की शुरूआत की है। स्टार्टअप केवल बड़े शहरों तक ही सीमित नहीं है, बल्कि नए उभरते 40 प्रतिशत स्टार्टअप देने के दूसरी और तीसरी कैटेगरी के शहरों से सामने आ रहे हैं। स्टार्टअप पारिस्थितिकी के मामले में **"युवा का, युवा द्वारा, युवाओं के लिए"** के मंत्र पर काम कर रहा है। आपको अगले पांच साल के लिए अपने लक्ष्य तय करने होगे।

हम तकनीक की बात करे तो हर जगह डिजिटल शब्द की चर्चा सुनते हैं। कुछ लोग इसे चौथी औद्योगिक क्रांति भी कहते है, पर यह बेहद खास है। आमतौर पर देखें तो जब भी कोई तकनीकी सफलता मिली, अर्थव्यवस्था में जबरदस्त विकाय दिखा है क्योंकि इससे कई चीजें आसान या संभव हो जाती है। इससे हम नई दुनिया की कल्पना कर पाते हैं। भाप का इंजन आया तो यही हुआ। बिजली बनी तब भी। जनसंख्या बढ़ोतरी की तुलना में दुनिया की इकॉनामी

जीडीपी के नजरिये से 10-12 गुना बढ़ गई। लेकिन पिछले 30-40 बरसों में कंप्यूटर और इंटरनेट आया तो आर्थिक विकास 37 गुना हो गया। अगर पीछे मुड़कर देखें तो 1950-60 में हम कहां थे? लेकिन डिजिटल के साथ बहुत से रास्ते खुल गए।

ऐसा इसलिए क्योंकि बड़ी तादाद में टेक्नॉलजी सामने आती जा रही है और आपस में जुड़ रही है। पहले अगर कोई तकनीकी क्रांति होती थी तो उसका असर दशक तक रहता थी। लेकिन अब मैं नहीं जानता कि कितने युवाओं ने फैक्स मशीन देखी है क्योंकि 15 साल पहले हम फैक्स मशीनों की बात करते थे ओर 20 साल पहले टेलेक्स मशीनों की। अब जो नई तकनीकें आ रही हैं, वे हर साल, दो साल या तीसरे साल की स्पीड से आ रही हैं। यें सब मिलकर एक-दूसरे की ताकत बढ़ा रही हैं।

बिजनेस में हम प्रोसेस और डेटा की बात करते हैं। अधिकतर बिजनेस पिछले कई दशकों में प्रोसेस पर फोक्स करने की वजह से सफल हुए हैं। चाहे वह मैन्युफैक्चरिंग हो या सर्विसेज, सब जगह देसा ही हुआ। लेकिन अब सिर्फ तकनीकी बदलाव नहीं हो रहा है। अब बिजनेस के नजरिये से बदनाव हो रहा है। इसलिए हम ऐसे वक्त में जा रहे हैं जहां डेटा मैच्योरिटी पा लेंगे और इसके बाद बिजनेस को स्थापित किया जाएगा। अब पुराने पैटर्न पर काम नहीं होगा। अब यह डेटा के रीयल टाइम रेस्पॉन्स की जगह अनुमानित डेटा की प्रतिक्रिया से जुड़ा होगा।

मैं एक बदलाव और महसूस कर रहा हूं कि तकनीक की मदद लेने वाले बिजनेस की जगह तकनीक में बिजनेस को शामिल करने वाले नए बिजनेस आ रहे हैं। कुछ ऐसे ही स्टार्टअप्स के बारे में हम सुन भी रहे हैं। यह मूल बदलाव है, बहुत सारे मौके मिलने वाले हैं। यह टेक्नॉलजी के इनोवेशन की बात नहीं है, हम बिजनेस प्रोसेस के इनोवेशन की बात भी नहीं कर रहे, हम बिजनेस मॉडल के इनोवेशन की बात कर रहे हैं। आप इसे हर बिजनेस में देख सकते हैं। ट्रैवल इंडस्ट्री या होटलों में, डिजिटल इंडस्ट्री की अपनी मार्केट वैल्यू है और यह असल इंडस्ट्री से कई गुना ज्यादा है। यह आर्थिक मौका है और इससे बहुत सारी नौकरियां भी पैदा हुई हैं। इसे भारत से जोड़कर देखें तो यह सबसे शानदार वक्त है। हम दुनिया की बड़ी कंस्यूमर इकॉनमी हैं। हमारे यहां काफी बड़ा स्टार्टअप इकोसिस्टम है। यह लगभग ऐसी स्थिति है जिसमें सितारे हमारे पक्ष में हैं। सरकार भी इसे बढ़ावा दे रही है। चाहे वह तकनीक अपनाने की बात हो या आर्थिक सुधारों की। इससे बहुत बड़े मौके मिलेंगे लेकिन साथ की कुछ चुनौतियों की भी सामना करना होगा। हमारे लिए सबसे बड़ा मौका डिजिटल है

क्योंकि हमारे पास युवा आबादी बहुत हैं।

कुछ स्टार्टअप ऐसे भी है जिनकी महिलाएं मुख्य भूमिका में है। उनमें काम करने वालों का बड़ा हिस्सा महिलाओं का है। इन्होंने एक ही परिपाटी पर चलते रहने की सोच को बदला है।

इसलिए पुस्तक को घ्यान से पढ़िये और कोई नया आइडिया दिमाग में लाना होगा। कैसे लाना है-? और उसे कैसे अमल में लाना है-? यही सबकुछ इस पुस्तक में बताया गया है ताकि आप उन लोगों में शामिल हो सकें, जो अपना स्टार्टअप शुरू करके अमीर बन चुके हैं।

इसलिए पुस्तक को एक बार जरूर पढ़ें। हो सकता है कि कल आप सफल उद्योगपति बन जाएं-? या ई-कॉमर्स के शहंशाह बन जाएं-? या किसी टी.वी. चैनल के मालिक बन जाएं-? कुछ भी हो सकता है, क्योंकि किस्मत को बदलने वाली पुस्तक आपके हाथ में है।

आपका अपना

-तरुण इन्जीनियर

Wkawvapp:# (0) #8860544101

Moeile:# (0) #9899153952

#E-mail: #wauxnengineeu2003@|akoo1com

चमत्कार आप भी कर सकते हैं-? शर्त यह है कि पहले खुद से पूछें, मैं क्या पाना चाहता हूं, क्यों पाना चाहता हूं और क्या वह मेरी जरूरत है-?

यदि पाना चाहते हैं, तो चमत्कार नहीं होगा। क्योंकि चाहता तो इंसान बहुत कुछ है-? लेकिन आप उसे जरूरत बना लेंगे, तो चमत्कार जरूर होगा। यह सृष्टि का नियम है, जो हर क्षेत्र में बराबर काम करता है।

कैसे बनें प्रधानमंत्री की मुहिम का हिस्सा

उद्योग जगत में कुछ नया शुरू करने वालों के लिए ऑन्ट्रप्रनरशिप शब्द का इस्तेमाल होता है। लेकिन स्टार्टअप उस बिजनेस को कहते हैं, जो किसी ऐसे आइडिया पर शुरू होता है, जिस पर पहले काम नहीं हुआ हो। मान लीजिए एक नया रेस्तरां उसी बाजार में खुलता है, जहां पहले बहुत से रेस्तरां हैं। तो वो स्टार्टअप नहीं कहलाएगा। लेकिन कोई पहली बार एक मोबाइल ऐप बनाता है जिससे आप घर बैठे आसपास के रेस्तरां के मेनू देख सकते हैं, खाना ऑर्डर कर सकते हैं, कीमतों की तुलना कर सकते हैं, खाने की क्वालिटी की रेटिंग देख सकते हैं। ऐसे कारोबार को शुरू करने वाली कम्पनी स्टार्टअप कहलाएगी। फेसबुक, गुगल कभी ऐसी ही स्टार्टअप थे।

इसलिए प्रधानमंत्री नरेंद्र मोदी ने स्टार्टअप की ताकत को पहचान लिया है और देश स्टार्टअप नेशन की ओर चल पड़ा है। लेकिन बिजनेस की शुरूआत करने से पहले इनक्यूबेटर, अक्सेलरेटर और फंडिंग यानि एंजल इनवेस्टर के बारे में जानना जरुरी है। क्योंकि स्टार्टअप में इनका बहुत महत्व है।

इसलिए पहले इनक्यूबेटर के बारे में जानें। यह आइडिया को हकीकत के धरातल पर लाने का काम करता है। मान लीजिए यदि कोई आइडिया सुनने में अच्छा लगे, लेकिन बिजनेस में न बदला जा सके। तब इनक्यूबेटर उसे रिजेक्ट कर देगा। क्योंकि इनक्यूबेटर का काम आइडिया को फाइन ट्यून करने का होता है और एंजल इनवेस्टर भी उसी आइडिया पर दांव लगाते हैं, जो इनक्यूबेटर की कसौटी पर खरा उतरता है।

अब बात करते हैं अक्सेलरेटर की। इसमें आइडिया को बिजनेस के लिए तैयार किया जाता है। इसका रोल तब अधिक होता है, जब एक बिजनेस आइडिया इनक्यूबेटर के लेवल से आगे निकल जाता है।

उसके बाद आप **'गो'** मोड पर पहुंच जाते हैं। फिर एंजल इनवेस्टर नाम का फरिश्ता आपके आइडिया को ऊंची उड़ान के लिए तैयार करता है।

लेकिन आप सोच रहे होंगे कि ये एंजल इनवेस्टर कौन होते हैं-? आपको बता दूं कि ये वे लोग होते हैं, जो अपनी फील्ड में नाम कमा चुके होते हैं और अलग-अलग बिजनेस आइडियाज पर पैसा लगाते हैं।

इससे स्टार्टअप के फाउंडर को इक्विटी बेचने में आसानी हो जाती है। उदाहरण के तौर पर **'हैलो इंग्लिश'** ऐप की मदद करने के लिए गुगल इंडिया ने हाथ बढ़ाया था। यदि गुगल इंडिया उसके शेयर नहीं खरीदता, तो **'हैलो इंग्लिश'** आज इस मुकाम पर नहीं होता-?

इसलिए स्टार्टअप शुरू करने से पहले ऊपर लिखी तीनों बातों पर ध्यान दें, फिर सोचें कि ऑर्गेनाइजेशन का स्ट्रक्चर क्या होगा-? किस मार्केट को टारगेट करना है-? उसके बाद स्टार्टअप मुहिम का हिस्सा बनें। क्योंकि देश 2025 तक विश्व का नेतृत्व करने की प्लानिंग कर चुका है। आपको उसमें महत्वपूर्ण भूमिका निभानी है।

नैस्कॉम की एक रिपोर्ट के अनुसार चीन के स्टॉक मार्केट में गिरावट आई है और अमेरिका का रियल एस्टेट मार्केट संकट में है। लेकिन भारत स्टार्टअप के द्वारा सब देशों को पीछे छोड़ देगा और दुनिया का सबसे सम्पन्न और समृद्ध देश बन जाएगा।

इसलिए वक्त की नजाकत को समझो, दिल की आवाज सुनो और कोई नया आइडिया खोजो। यदि खोजने में कोई परेशानी आ रही है-? तो निराश मत हो, हम बताएंगे नया आइडिया कैसे ढूंढा जाता है।

■■■

"अमीर बनना आपका अधिकार है। क्योंकि आप इस दुनिया में सम्पन्न और सुखी जीवन जीने के लिए पैदा हुए हैं। इसलिए रोजी-रोटी लायक पैसे कमाकर संतुष्ट न हों। कुछ नया सोचो, बड़ा सोचो और अमीर बनो।"

-**अनिल अम्बानी** (उद्योगपति)

उत्साह पैदा करने वाली प्रार्थना

थककर यदि बैठूंगा पथ में, तो मंजिल कैसे पाऊंगा।
असफलता का मातम घर में, कितने दिन बनाऊंगा॥
जोश भरूंगा अपने दिल में, साहस मन में जगाऊंगा।
मेहनत के जादू के बल से, मिट्टी को सोना बनाऊंगा॥
थककर यदि बैठूंगा पथ में, तो मंजिल कैसे पाऊंगा।
असफलता का मातम घर में, कितने दिन बनाऊंगा॥
दृढ़ संकल्प लूंगा अब मैं, ऊंचे पर्वतों को हिलाऊंगा।
सागर को लांघने के लिए, खुद में आत्मविश्वास जगाऊंगा॥
थककर यदि बैठूंगा पथ में, तो मंजिल कैसे पाऊंगा।
असफलता का मातम घर में, कितने दिन बनाऊंगा॥
मोड़ूंगा रुख हवाओं का, तन को फौलादी बनाऊंगा।
विपदाओं से नहीं डरुंगा, इच्छाशक्ति को बढ़ाऊंगा॥
थककर यदि बैठूंगा पथ में, तो मंजिल कैसे पाऊंगा।
असफलता का मातम घर में, कितने दिन बनाऊंगा॥
कल की चिंता छोड़ रहा हूं, व्यक्तित्व को चमकाऊंगा।
इस पुस्तक को गुरु मानकर, अपना स्टार्टअप लगाऊंगा॥
थककर यदि बैठूंगा पथ में, तो मंजिल कैसे पाऊंगा।
असफलता का मातम घर में, कितने दिन बनाऊंगा॥

यह प्रार्थना आपकी किस्मत को चमका सकती है–? क्योंकि प्रार्थना आपके अन्तःकरण को झंझोड़ती है और वाणी के माध्यम से ईश्वर तक पहुंचती है। इसलिए प्रार्थना को हृदय की पुकार भी कहा गया है। यह देवत्व और पुरुषार्थ का समन्वित रुप है। इसमें विनयशीलता, पवित्रता, विनम्रता और दिव्यता के गुण हैं।

मेक्सिको में लोग सोने से पहले प्रार्थना करते हैं और अमेरिका, कनाड़ा तथा जापान के लोग सुबह उठकर प्रार्थना करते हैं। लेकिन भारत के लोग हर शुभ काम शुरू करने से पहले प्रार्थना करते हैं।

इसलिए पुस्तक को पढ़ने से पहले उत्साह पैदा करने वाली प्रार्थना करें, ताकि आपकी मुंहमांगी मुराद पूरी हो सके–? क्योंकि रोबिन क्रिस्टो कहते हैं, **"प्रार्थना किसी जाति या समुदाय के लिए नहीं है, बल्कि उन सबके लिए है, जो सुख-शान्ति, समृद्धि, शोहरत, दौलत और ख्याति पाना चाहते हैं। क्योंकि प्रार्थना है अनुग्रह भाव। जब निर्मल हृदय अस्तित्व के साथ सुर से सुर मिलाता है, तब प्रार्थना फूट पड़ती है। आंखों से, होठों से, थिरकने से और गीतों की झंकार से। उसके बाद पृथ्वी पर स्वर्ग का साम्राज्य स्थापित हो जाता है।"**

अंधा आदमी सुंदर दृश्यों को देखने लगता है, कायर स्टार्टअप शुरू करने लगता है, मूर्ख लोगों पर शासन करने लगता है और नास्तिक आस्तिक बन जाता है। इसलिए सच्चे मन से प्रार्थना करें। क्योंकि ईश्वर का वचन है, **"जो प्रयास करता है, वह हर हाल में सफलता पाता है।"**

स्टार्टअप आपका इंतजार कर रहा है

सोचो! एक लाइन लिखकर दुनिया में प्रसिद्धि कैसे पाई जा सकती है और कैसे करोड़ों रुपए कमाए जा सकते हैं-? इस रहस्य को जानने के लिए आपको **'नथिंग ऑफिशियल अबाउट इट'**, **'ओए बबली'** और **'डर के आगे जीत है'** जैसी पंच लाइन लिखने वाली क्रिएटिव राइटर अनुजा चौहान के जीवन में झांकना पड़ेगा।

1994 में अनुजा ने जेडब्ल्यूटी इंडिया एडवर्टाइजिंग कम्पनी ज्वॉइन की थी और पेप्सी के लिए **'नथिंग ऑफिशियल अबाउट इट'** जैसी पंच लाइन गढ़कर करोड़ों रुपए कमा लिए।

अब अनुजा फिल्मों की स्क्रिप्ट लिखने की प्लानिंग कर रही हैं। क्योंकि आज की तारीख में केवल तीन देशों में बड़े पैमाने पर फिल्में बनाई जा रही हैं- भारत, अमेरिका और चीन। इंग्लैंड, यूरोप और जापान में बहुत सीमित संख्या में फिल्में बनती हैं।

इसलिए भारतीय फिल्में उन देशों में भी पसन्द की जाने लगीं, जहां लोग फ्री सेक्स को अहमियत देते थे। क्योंकि भारतीय फिल्मों में इश्क है, प्रेम है, मोहब्बत है, तड़प है, कशिश है और रिश्तों की गरिमा है। यहां अर्जुन केवल योद्धा ही नहीं हैं, प्रेमी भी हैं। कृष्ण केवल चक्र धारण नहीं करते, बल्कि वे प्रेम की बांसुरी भी बजाते हैं।

यहां परंपराएं मरती नहीं। जेट आकाश में उड़ता है, तो पुल के ऊपर तेजी से गुजरती रेलगाड़ी के नीचे बैलगाड़ी भी नजर आती है। क्योंकि आधुनिकता के साथ पारंपरिकता का सामंजस्य भारत की ताकत रही है।

भारतीय फिल्मकार इन सब बातों को ध्यान में रखकर ही फिल्में बनाते हैं और दर्शकों को दीवानगी के समुंद्र में डुबो देते हैं। लेकिन वे इस बात को हमेशा याद रखते हैं कि सिनेमा महंगा माध्यम है।

यह उपन्यास या कविता लिखने से अलग है। इसमें पूंजी का वापस आना जरूरी है और लाभ कमाने का भी महत्व है। कला के प्रति अपनी आस्था से बंधे और सामाजिक रिश्तों से प्रेरित फिल्मकार हमेशा इस फिराक में रहे हैं कि पूंजी पर लाभ कमाने के साथ ही वे अपनी बात भी कह सकें-? इस तरह का रास्ता उन्होंने खोजा और वे सफल भी हुए।

उन्हीं के प्रयासों से भारत दुनिया में सबसे अधिक फिल्में बनाने वाला देश बन गया है और हजारों-लाखों लोगों को रोजगार दे रहा है।

वैसे तो फिल्म उद्योग बॉक्स ऑफिस के नियमों पर चलता है, लेकिन नई प्रतिभाओं को भी बढ़ावा देता है। क्योंकि नई प्रतिभाओं में नई सोच होती है, नई कल्पना होती है और नया आइडियाज होते हैं, जो फिल्म को कम कीमत में अधिक मुनाफा दिला देते हैं।

इसलिए यह मानकर चलें कि अच्छा दिमाग होना जरूरी नहीं, बल्कि दिमाग का अच्छा इस्तेमाल होना जरूरी है।

जापान के लोग इस बात से पूरी तरह सहमत हैं और दिमाग का साइज छोटा होने के बाद भी बड़े-बड़े आविष्कार करते हैं। 2013 में जापान ने एक ऐसी रेलगाड़ी का परीक्षण किया था, जिसकी रफ्तार 500 किलोमीटर प्रति घंटे होगी। यह रेलगाड़ी लोहे की पटरियों पर नहीं दौड़ेगी, बल्कि पटरी से ऊपर हवा में अदृश्य चुंबकीय ट्रैक पर दौड़ेगी। उसे जापान ने **'मैगलेव'** नाम दिया है।

क्योंकि इसके लिए लोहे की परंपरागत पटरियों के बजाए नई तरह की चुंबकजड़ित पटरियां बिछाई जाती हैं। चुंबक के विपरीत ध्रुव एक-दूसरे की ओर आकर्षित होते हैं। यह विज्ञान का नियम है। जब लोहे की छड़ के चारों ओर प्लास्टिक चढ़े तार की कुंडली लपेट कर उसके दोनों सिरों को बैटरी से जोड़ दिया जाता है, तो स्विच ऑन करते ही तार की कुंडली में बिजली दौड़ने लगती है और कुंडली के भीतर की लोहे की छड़ शक्तिशाली चुंबक बन जाती है। लेकिन स्विच ऑफ करते ही छड़ का चुंबकत्व समाप्त हो जाता है।

चुंबकीय शक्ति से चलने वाली **'मैगलेव'** रेलगाड़ियों का भी यही रहस्य है। पटरी पर लगे इलैक्ट्रोमैगनेटों के तीव्र चुंबकीय बल के कारण वे हवा में कुछ सेंटीमीटर ऊपर उठ जाती हैं और चुंबकों के कारण ही हवा में सरपट भागती हैं। क्योंकि पटरी और रेलगाड़ी पर लगे चुंबकों से **'आकर्षण'** और **'विकर्षण'** बल पैदा होता है, जिसकी वजह से रेलगाड़ी हवा में सरकती चली जाती है।

उन रेलगाड़ियों के चलने के बाद जापान का इतिहास पूरी तरह से बदल जाएगा। लेकिन वह भारत से आगे कभी नहीं निकल पाएगा। क्योंकि इंटरनेशनल रिस्क रेटिंग कम्पनी ने ग्लोबल इन्वेस्टर्स की कॉन्फिडेंशियल रिपोर्ट में बताया है कि भारत दुनिया में सबसे बेहतर ग्रोथ मार्केट साबित हो सकता है-?

ब्रिटेन की रेटिंग कम्पनी मैपलक्रॉफ्ट का तो यह भी मानना है कि जिस गवर्नेंस के हिमायती नरेंद्र मोदी हैं, उससे इन्वेस्टर्स बहुत प्रभावित हैं। वे अपना पैसा भारत में लगाना चाहते हैं।

भारत की ग्रोथ को देखकर अमेरिका के अर्थशास्त्रियों ने अपनी सरकार को सलाह दी कि पूरे वर्ल्ड में आर्थिक उदारवाद और भौगोलीकरण की प्रक्रिया को लागू करें, ताकि भारत को आगे बढ़ने से रोका जा सके।

विदेशी धन वापस आने पर क्या हो सकता है:

दुनिया में दौलत की कमी नहीं है। यदि धरती पर मौजूद सोने को पिघला दिया जाए, तो उससे 20 मीटर ऊंची, 20 मीटर लंबी और 20 मीटर चौड़ी बिल्डिंग बनाई जा सकती है। यह अनुमान सोने के सर्वे का रिकॉर्ड रखने वाले थॉम्पसन राइटर्स का है। उनके अनुसार दुनिया में 1,71,300 टन सोना मौजूद है। यदि इसे विंबल्डन के कोर्ट में रखा जाए, तो 9.8 मीटर ऊंची मीनार बन जाएगी।

माना जाता है कि जब कोलम्बस अमेरिका की यात्रा पर निकला था, तब 12,700 टन सोना ब्रिटेन में मौजूद था। उस समय भारत को सोने की चिड़िया कहा जाता था। लेकिन विदेशी आक्रमणकारियों ने इसे खूब लूटा और दौलत को बोरों में भरकर अपने-अपने देशों में ले गए। **'कोहिनूर'** नाम का हीरा आज भी ब्रिटेन के पास है।

उसके बाद भी लगभग 400 से 1400 अरब अमेरिकी डॉलर की ध नराशि भारत से बाहर है। अब सोचो यदि वह पैसा वापस आ जाता है, तो भारत फिर से सोने की चिड़िया बन सकता है-?

क्योंकि भारत का कुल विदेशी कर्ज 200 अरब डॉलर के आसपास है। यदि अपने देश में टैक्स दरें कम हो जाएं और ब्याज दरें आकर्षक हो जाएं, तो प्रवासी भारतीय बड़े पैमाने पर भारत में निवेश करेंगे। क्योंकि उन लोगों की आत्मा अब भी भारत में बसती है।

शायद आपको पता हो कि चीन में प्रवासी चीनियों ने हांगकांग, चीन तथा मकाउ में सिर्फ 70 अरब डॉलर का निवेश किया था, जिससे तीन देशों की तकदीर बदल गई। अब यदि विदेशी धन वापस भारत आ जाता है, तो अनुमान लगाओ कि अपना देश कितना सम्पन्न हो जाएगा-?

अमेरिका को पीछे छोड़ देगा। क्योंकि स्विट्जरलैंड के दावोस में जब **'वर्ल्ड**

इकोनॉमी फोरम' की मिटिंग हुई थी, तब बराक ओबामा बहुत चिंतित थे। उसका मुख्य कारण था, एशिया डेवलपमैंट बैंक के चेयरमैन का बयान। जिसमें कहा गया था कि आने वाले 5 सालों में भारत, चीन और इंडोनेशिया वर्ल्ड इकोनॉमी के पावरहाउस होंगे।

देश की किस्मत से जुड़ी है आपकी किस्मतः

राजस्थान के शहर बाड़मेर में 9 मिलियन टन वाली रिफाइनरी और हाइड्रोकार्बन कॉम्प्लेक्स बनाने की प्रक्रिया जब से शुरू हुई, तब से बराक ओबामा की नींद उड़ गई है।

क्योंकि उसमें जितना स्टील और लोहा लगेगा, उससे दो बुर्ज खलीफा और पंद्रह एफिल टॉवर बनाए जा सकते हैं-? रिफाइनरी में चीन की दीवार से कई गुना लंबी केबिल लगेगी, पिरामिड जितना लाइम-स्टोन खप जाएगा और ताजमहल को बनाने में जितने कारीगरों, राज-मिस्त्रियों ने काम किया था, उससे तीन गुना लोग वहां काम करेंगे।

इसलिए यह मत सोचो कि मेरे पास डिग्री नहीं है, तो मैं कोई बड़ा काम नहीं कर सकता-? यह भी मत सोचो कि मेरे पास पैसा नहीं है, तो मैं बिजनेसमैन नहीं बन सकता-?

आप सबकुछ कर सकते हैं, सबकुछ बन सकते हैं। सिर्फ **'ऑल कार्गोलॉजिस्टिक लिमिटेड'** के एक्जीक्यूटिव चेयरमैन शशि किरण शेट्टी की तरह संकल्प लेना होगा।

ये वही शशि किरण शेट्टी हैं, जिन्होंने बॉलीवुड के पहले सुपरस्टार राजेश खन्ना का **'आशीर्वाद'** बंगला खरीदा है। जबकि किसी जमाने में वे मुम्बई की सड़कों पर खाक छानते थे।

क्योंकि शशि किरण तब एक छोटी सी शिपिंग कम्पनी में काम करते थे। एक दिन भटकते-भटकते डॉकयार्ड पहुंच गए। पहली बार बड़े-बड़े शिप देखे, तो उनके मस्तिष्क में कार्गो कम्पनी खोलने का आइडिया आ गया।

फिर शशि किरण ने 25 हजार रुपए जोड़े और नौकरी छोड़ दी। उसके बाद पी डिमेलो रोड स्थित व्यापार भवन में एक कमरे का ऑफिस खोला। तब चार लोगों का स्टाफ था। जान-पहचान के ट्रांसपोटर्स से कुछ ट्रक किराए पर लिए। उनसे जहाज तक माल पहुंचाने का काम शुरू किया।

शिपिंग कम्पनियों को उन्होंने इस बात के लिए मना लिया था कि वे महीने के बजाए रोज पेमेंट लेंगे। वहीं से उनकी कम्पनी **'ट्रांस इंडिया फ्राइट सर्विसेज'** की शुरूआत हो गई। फिर जो भी कमाते, उसे उपकरण खरीदने में लगा देते।

अब वह कम्पनी **'ऑल कार्गोलॉजिस्टिक लिमिटेड'** में परिवर्तित हो चुकी है। आज की तारीख में उसका टर्नओवर 3 हजार करोड़ रुपए है।

तभी तो किसी शायर ने कहा है:-

संघर्ष में आदमी अकेला होता है, सफलता में दुनिया साथ होती है।
जब कभी हंसता है कोई आप पर, तब जीत की शुरूआत होती है।।

अब मैं आपको लुधियाना के हरनवबीर सिंह की कहानी सुनाता हूं। उसकी उम्र 26 साल है, लेकिन शौक है फोटोग्राफी का। उस शौक की खातिर उसने इन्जीनियरिंग फाइनल इयर की परीक्षाएं भी नहीं दीं और पूरी तरह से फोटोग्राफी में डूब गया। देखकर कोई भी हरनवबीर को निहंगा कहेगा। क्योंकि वह नीला चोला पहनता है, नीली पगड़ी बांधता है और गले में कृपाण डालता है। लेकिन उसकी आंखे हमेशा कैमरे के लैंस पर टिकी रहती हैं।

फिल्म **'थ्री इडियट्स'** के फरहान की तरह प्रोफेशनल फोटोग्राफर बनना चाहता है। जब किसी पत्रकार ने उससे पूछा, **"आप इन्जीनियरिंग की पढ़ाई अधूरी छोड़कर फोटोग्राफर क्यों बनें-?"**

तब हरनवबीर ने उत्तर दिया, **"परिवार के लोग चाहते थे कि मैं इन्जीनियर बनूं, लेकिन मैं बचपन से ही फोटोग्राफर बनना चाहता था। वो उनकी सोच थी, लेकिन यह मेरा तरीका है जीने का। अब मैं प्रोफेशनल फोटोग्राफर हूं और ग्राफिक डिजाइनर का भी काम करता हूं। जैजी बी, गिप्पी गरेवाल और दिलजीत की नई एलबमों के कवर भी मैंने डिजाइन किए हैं।"**

जानकी विश्वनाथन की कहानी भी कुछ ऐसी ही है। किसी जमाने में वे पत्रकार थीं और समाचार पत्र में काम करती थीं, लेकिन अब अवॉर्ड विनिंग फिल्म डायरेक्टर हैं।

वे कहती हैं, **"मैंने अखबार में काम किया। इसके बाद टी.वी. चैनल में और फिर मैगजीन में भी रही। मीडिया के सभी विभागों में काम करने के बाद मैंने अपनी पहली फिल्म तमिल में 'कुट्टी' बनाई, जिसका मतलब होता है लिटिल वन। वह फिल्म चाइल्ड लेबर पर आधारित थी और उसे नेशनल अवॉर्ड मिला। अब मैं हिन्दी फिल्म 'बकरापुर' बनाने में व्यस्त हूं।"**

दुबराज महतो का किस्सा भी फिल्मों की कहानियों से मिलता-जुलता सा लगता है। क्योंकि ग्रेजुएशन करने के बाद वह नौकरी की तलाश में कई साल भटका, लेकिन अब लोगों को रोजगार बांट रहा है।

लहराती सब्जियों की फसल, उनकी सफलता की कहानी बयां करती है। जहां देशभर में किसान घाटे का सौदा मानकर खेती छोड़कर दूसरे काम अपना रहे हैं, वहीं दुबराज महतो ने कृषि को ही रोजी-रोटी का आधार बनाया। लेकिन

लगन और मेहनत के बल पर आज सफलता उसके कदम चूम रही है और वह किसानों के लिए मिसाल बन गया है।

अब दुबराज बताता है, **"पढ़ाई पूरी करने के बाद मैंने कई दफ्तरों के चक्कर काटे, लेकिन नौकरी नहीं मिली। एलआईसी एजेंट बना, लेकिन खर्च भी नहीं निकाल सका। बत्तख फार्म खोला, बड़ा घाटा हो गया। मुर्गी फार्म शुरू किया, मेहनत के बावजूद अपेक्षित लाभ नहीं हुआ। परन्तु मुझे अपने आप पर भरोसा था, फिर मैंने बैंक से एक लाख रुपए लोन लिया और सब्जियों की खेती शुरू कर दी। उसने मेरी जिंदगी पूरी तरह से बदल दी।"**

इसलिए आप भी अपना इतिहास बदल सकते हैं। क्योंकि चौथी कोशिश में जब हरिता वी. कुमार यूपीएससी के एग्जाम में ऑल ओवर इंडिया टॉप कर सकती है, तो आप भी टॉप पर पहुंच सकते हैं-?

आपने फैशन डिजाइनर ट्रॉय कॉस्टा का नाम जरूर सुना होगा-? मुम्बई में पले-बढ़े ट्रॉय कॉस्टा ने सिलाई सीखने के लिए 17 साल की उम्र में घर छोड़ दिया था। जबकि बचपन में उन्हें क्रिकेट खेलने का बहुत शौक था। लेकिन घर की माली हालत खराब थी, जिसकी वजह से क्रिकेटर नहीं बन पाए। परन्तु किस्मत ने उन्हें फैशन डिजाइनर बना दिया।

ट्रॉय कॉस्टा बताते हैं, **"मैं 17 साल की उम्र में पैटर्न मेकिंग सीखने के लिए ब्रिटेन गया था, लेकिन आर्थिक तंगी चलते मुझे वापस मुम्बई लौटना पड़ा। उसके बाद मैंने एक छोटी सी वर्कशॉप में सिलाई का काम शुरू किया और रोज 15 घंटे काम करके अपना काम बढ़ाया।"**

अब ट्रॉय कॉस्टा प्रधानमंत्री नरेंद्र मोदी के कपड़े डिजाइन करते हैं। वे अम्बानी परिवार, रितिक रोशन, सैफ अली खान, अनिल कपूर और फरहान अख्तर के कपड़े भी डिजाइन करते हैं।

ट्रॉय कॉस्टा अपने डिजाइन का जलवा दुबई, मुम्बई और दिल्ली के कई फैशन शो में दिखा चुके हैं। साउंड डिजाइनर रेसुल पोकुटी ने 2010 के एकेडमी अवॉर्ड समारोह में कॉस्टा की डिजाइन की हुई ड्रेस पहनी थी। इरफान खान ने भी पिछले साल टोरंटो अंतर्राष्ट्रीय फिल्म समारोह में कॉस्टा के डिजाइन किए हुए कपड़ों में नजर आए थे।

साधारण आइडिया भी कमाल करता है:

चीन में 2014 में पांच करोड़ एयरकंडीशनर बिके। भारत में भी इतने ही बिके, लेकिन दो साल में। अब उन एयरकंडीशनरों से लाखों टन कार्बन डाइऑक्साइड निकल रही है, जो वातावरण को प्रदुषित कर रही है।

कल्पना कीजिए कि आप कार से कहीं जा रहे हैं-? तब क्या आप अपनी

कार का शीशा खोलकर ड्राइविंग करेंगे-? आपका उत्तर ना में होगा। क्योंकि प्रदूषण आपको ऐसा करने से रोक देगा।

अब सोचो कि आपकी कार के शीशे यदि स्मार्ट हो जाएं। वे ठंड के दिनों में सूरज की गर्मी को भीतर आने दें और गर्मियों में उसे रोकें, तो कैसा रहे-? क्या आप उस तरह के शीशों के इस्तेमाल के लिए उत्सुक नहीं होंगे।

आपका उत्तर अब **'हां'** में होगा। लेकिन इस सुविधा को पाने के लिए आपको थोड़ा इंतजार करना पड़ेगा-? क्योंकि अमेरिका में रहने वाले सरबजीत बनर्जी ने खास किस्म के शीशे विकसित किए हैं, उनमें वेनेडियम ऑक्साइड का उपयोग किया गया है।

वेनेडियम ऑक्साइड सिंथेटिक मटेरियल है। एक तयशुदा बिन्दु से ऊपर जाते ही इस मटेरियल की मदद से गर्मी को विपरीत दिशा में मोड़ा जा सकता है। सरबजीत का दावा है कि जब इस पदार्थ का व्यावसायिक इस्तेमाल होने लगेगा, तो इसकी कीमत सिर्फ 25 रुपए वर्गफुट होगी। उनकी उपलब्धि के लिए मैसाचुसेट्स यूनिवर्सिटी ऑफ टैक्नोलॉजी ने उन्हें 35 साल से कम उम्र वाले आविष्कारकों में शीर्ष स्थान दिया है।

इसे आप साधारण आइडिया मान सकते हैं-? लेकिन कभी-कभी साधारण से दिखने वाले आइडियाज भी बड़े बिजनेस में बदल जाते हैं।

18 हजार करोड़ की टर्नओवर वाला **'अमूल को-ऑपरेटिव'** संभालने वाले जेठाभाई ने 1980 में किराने की एक छोटी सी दुकान खोली थी। दुकान थोड़ी चली, तो उसी में सब्जी बेचना भी शुरू कर दी। फिर उन्हें इतना मजा आने लगा कि हाईस्कूल के बाद कभी स्कूल का मुंह नहीं देखा। उसी दौरान उनके गांव जामणा में एक डेयरी खुल गई। वहां ग्रामीणों से सीधे दूध खरीदा जाता था।

रोज जमा होने वाली भीड़ देखकर जेठाभाई के दिमाग में एक बिजनेस आइडिया कौंधा। वे भी एक दिन पहुंच गए। सीधे डेयरी मालिक से दूध खरीदी का भाव पूछा। हिसाब-पुस्तक लगाने के बाद उन्हें यह फायदे का सौदा नजर आया। घर में तब दो भैंसे थी। वे रोज 15 लीटर दूध डेयरी पहुंचाने जाते। बदले में तब 50 रुपए मिलते थे।

धीरे-धीरे दुकान का काम छोड़कर वे उसी में लग गए। पाई-पाई जोड़कर उन्होंने 7 भैंसे और खरीदीं, फिर ज्यादा से ज्यादा दूध डेयरी पहुंचाने लगे।

एक दिन ऐसा आया, जब वे गांव के सबसे बड़े सप्लायर बन गए और दूध मंडी के चेयरमैन चुने गए। धीरे-धीरे ओहदा बढ़ा। 1998 में वे इलाके की सबसे बड़ी साबर डेयरी के डायरेक्टर बने। 2003 में उसी डेयरी के चेयरमैन थे।

हाल ही में अमूल के निर्विरोध चेयरमैन चुने गए हैं। कभी 50 रुपए का दूध

सप्लाई करने वाले जेठाभाई आज 18 हजार टर्नओवर वाली कम्पनी '**अमूल**' के चेयरमैन हैं।

दूसरा किस्सा 30 साल की सामंथा हेस का है। '**जादू की झप्पी**' देने वाले फिल्म अभिनेता संजय दत्त ने कभी नहीं सोचा होगा कि यह झप्पी बिजनेस में बदल सकती है-?

आज वही जादू की झप्पी सामंथा हेस को हर घंटे 3600 रुपए कमाकर दे रही है। सामंथा बताती हैं, **"मुझे यह आइडिया संजय दत्त की फिल्म देखने के बाद आया था कि जादू की झप्पी देकर पैसा कमाया जा सकता है। क्योंकि मानव का संपर्क हमें उत्कृष्टता की अनुभूति कराता है। यह शारीरिक, मानसिक या भावनात्मक सदृढ़ता के लिए सर्वोत्तम है। वैसे भी स्पर्श में वह ताकत है, जो आपको दुख से, बीमारी से, अकेलेपन से बाहर निकालता है। इससे आपको लगता है कि आपके आसपास कोई है। जो आपका अपना है।"**

सामंथा अब किसी भी अंजान व्यक्ति के साथ बेधड़क लिपटकर लेट जाती हैं। परन्तु उस दौरान वे सतर्क रहती हैं, ताकि उनसे कोई सेक्स संपर्क स्थापित न कर सके।

उन्होंने यह काम मई 2013 में शुरू किया था। उसके बाद एक अखबार '**बेस्ट ऑफ पोर्टलैंड**' नें उनके बारे में लिखा। बस फिर क्या था उनकी कम्पनी को रास्ता मिल गया आगे बढ़ने का। उनकी स्टोरी को 40 टीवी स्टेशन के जरिए पूरे देश में प्रसारित किया गया। उस प्रोग्राम को करीब 1.70 करोड़ लोगों ने देखा, फिर चल पड़ा झप्पी का बिजनेस।

वे हफ्ते भर में छह दिन यह काम करती हैं। पूरे दिन में सिर्फ पांच बार सेशन होते हैं। हर महीने करीब 4.32 लाख रुपए कमाती हैं। उनके 90 फीसदी कस्टमर किसी गंभीर मानसिक परेशानी या ट्रॉमा से गुजरने वाले होते हैं।

उन्हें तुरन्त आराम मिलता है। इसलिए सामंथा अपने काम को '**दिमाग की मालिश**' कहती हैं। क्योंकि झप्पी से उनका कस्टमर खुद को ताजा महसूस करता है और दिमाग से लेकर पैरों तक एक अजीब तरह की झनझनाहट महसूस करता है।

उनके द्वारा लिखी गई पुस्तक '**टच**' आजकल चर्चा में है। 90 लाख लोग अब तक उस पुस्तक को पढ़ चुके हैं।

इसलिए प्रधानमंत्री नरेंद्र मोदी ने एलान किया था, **"आइडिया दो, तरक्की पाओ।"**

डिपार्टमेंट ऑफ पर्सनल एंड ट्रेनिंग की नई गाइडलाइन के मुताबिक, अब सभी अधिकारियों और कर्मचारियों को हुनर साबित करने का मौका मिलेगा और काम को सीधे उनके अप्रेजल सिस्टम से जोड़ा जाएगा।

सभी मंत्रालयों और विभागों को भेजी गई इस गाइडलाइन में कहा गया था कि वे बेहतर काम करने वालों को प्रोत्साहित करें। चाहे उनकी उम्र कितनी भी क्यों न हो। क्योंकि नया सोचने की कोई उम्र नहीं होती और बड़ी सफलता पाने का आइडिया कभी भी आ सकता है-?

यह बात बिजनेस पर भी लागू होती है। दुनिया की कई बड़ी कम्पनियों के मालिकों ने काम की शुरूआत उस उम्र में की, जहां से कॅरियर बनाने की संभावना कम होती है। लेकिन उन्होंने सफलतापूर्वक अपना बिजनेस स्थापित किया। कुछ लोगों के बारे में आप जानते भी होंगे:-

- **25 साल की उम्र में जेन क्रूम ने सोशल मीडिया कम्पनी 'व्हॉटसएप' शुरू की थी।**
- **35 साल की उम्र में माइकल ररिंगटन ने आई.टी. कम्पनियों के लिए न्यूज वेबसाइट 'टैंक क्रंच' शुरू की और जिम्मी वेल्स ने इनसाइक्लोपीडिया-विकिपीडिया शुरू की थी।**
- **41 साल की उम्र में रॉबर्ट नॉयस ने सेमीकंडक्टर चिप बनाने वाली कम्पनी इंटेल की स्थापना की।**
- **52 साल की उम्र में रेक्रॉक ने फास्ट फूड रेस्त्रां 'मैक्डोनाल्ड्स' की स्थापना की थी।**
- **55 साल की उम्र में जॉन पेंवरटन ने कोका-कोला शुरू की थी।**
- **65 साल की उम्र में हारलेंड सेंडर्स ने फास्ट फ्रूट रेस्त्रां केएफसी की शुरूआत की थी।**

इनके अलावा और भी बहुत से लोग हैं, जिन्होंने उम्र को सफलता में बाधा नहीं बनने दिया।

अमेरिका के पहले बिलियनेअर हेनरी फोर्ड 40 साल की उम्र में सिर्फ एक शेड ट्री मैकेनिक थे। जब कर्नल सैंडर्स ने केंटकी फ्राइड चिकन स्टोर्स शुरू किया था, तो उनकी उम्र 60 से अधिक थी और जब राष्ट्रपति रीगन को पहली बार राष्ट्रपति पद की शपथ दिलाई गई, तो वे 70 साल के थे।

इसलिए जब आपके मन में उम्र का ख्याल आए, तब निराश मत होना। क्योंकि अपने इतिहास को बदलने की सही उम्र वही है, जो आपकी है। अगर आप नौकरी बदलना चाहते हैं, तो आपकी वर्तमान उम्र सही है।

रोजगार के अवसर हमेशा बदलते रहते हैं:

जब द्वितीय विश्वयुद्ध समाप्त हुआ, तब किसी ने कम्प्यूटरों की जबर्दस्त मांग की भविष्यवाणी नहीं की थी-? टेलीविजन, सड़क निर्माण, जेट एयरक्राफ्ट और

लॉजिंग भी छोटे उद्योग थे। डेक्कन एयरलाइंस और एच.सी.एल. जैसे उद्योग भी छोटे थे। परन्तु इन बिजनेस को उन लोगों ने शुरू किया, जिनके पास नया आइडिया था।

आज आप जब किसी स्वनिर्मित मिलियनेअर को देखते हैं, तो सोचते हैं कि किस्मत से अमीर बने हैं। लेकिन आप यह नहीं देखते कि उसके पीछे कौन सा आइडिया था, जिसने उसे अमीर बनाया-?

बॉलीवुड अभिनेता डिनो मोरिया को वर्ष 2010 में आई फिल्म **'प्यार इम्पॉसिबल'** के लिए जाना जाता है। फिल्म में डिनो के साथ प्रियंका चोपड़ा और अनुपम खेर की मुख्य भूमिका थी। उसके बाद डिनो ने पूरे देश में **'क्रीप स्टेशन'** की शाखाएं खोलकर रेस्टोरेंट-बार व्यवसाय में भी पैर फैलाया।

अब उन्होंने दिल्ली में एक्टिंग क्लास में प्रवेश लिया है। डिनो के पास फिलहाल कोई फिल्म नहीं थी, वे पूरी तरह से खाली थे। इसलिए उन्होंने अपनी अभिनय प्रतिभा को और ज्यादा निखारने का फैसला लिया, ताकि बॉलीवुड की फिल्मों में दोबारा तहलका मचा सकें-?

32 वर्षीय जोसेफ जेगन को कम्प्यूटर एप्लीकेशन में मास्टर डिग्री प्राप्त है और चेन्नई के कई मल्टीनेशनल आईटी कम्पनियों में काम कर चुके हैं। उनकी 28 साल की पत्नी सुजाता भी एमसीए ग्रेजुएट हैं और जोसेफ की तरह ही नौकरी कर चुकी हैं। पति-पत्नी के कामकाजी होने की वजह से उनके घर में रद्दी खूब जमा हो जाती थी। तब जोसेफ के पास समय की कमी थी, दूसरा उन्हें रद्दी बाहर ले जाकर बेचने में शर्मिंदगी महसूस होती थी।

फिर उनके मन में एक आइडिया आया, **"क्यों न रद्दी को खरीदने और बेचने का बिजनेस किया जाए-?"**

उसके बाद जोसेफ ने **'कुप्पाथोट्टी.कॉम'** नाम की कम्पनी बनाई। दो वैन खरीदे, कुछ युवकों को नियुक्त किया और आस-पास के इलाकों में पैम्पलेट बांटकर 100 कस्टमर्स की लिस्ट तैयार कर ली। कुछ दिनों बाद उन्होंने चेन्नई के सबसे पॉश इलाकों अशोक नगर, कलइंगर करुणानिधि नगर तक कम्पनी का विस्तार किया। बाद में कम्पनी ने कस्टमर केयर फोन नंबर्स शुरू कर दिए और ऑनलाइन रजिस्ट्रेशन की शुरूआत की। यानी रजिस्ट्रेशन कराने के बाद हर 30 या 45 दिन में रद्दीवाला आपके घर या कॉलोनी में आएगा।

वैसे कम्पनी दूसरे रद्दीवालों की तुलना में 30 से 35 प्रतिशत तक ज्यादा कीमत का भुगतान भी करती है, क्योंकि वह सीधे रद्दी के फाइनल यूजर से डील करती है। इस प्रक्रिया में बिजौलियों के लिए कोई जगह नहीं है। यूनिफॉर्म पहने कम्पनी के प्रशिक्षित कर्मचारी रद्दी जमा करने के दौरान ही आइटम्स को अलग कर लेते हैं, जिससे गोदाम पर लाने के बाद उसके लिए एक अलग टीम

की जरूरत भी नहीं होती।

अब कम्पनी की कलेक्शन टीम में 1000 सदस्य हैं, सौ लोग कॉल सेंटर को संभालते हैं। जबकि खुद जोसेफ ग्राहकों की संख्या बढ़ाने तथा पिक अप वैंस और कलेक्शन ब्वॉयज के बीच तालमेल बिठाने में लगे रहते हैं।

पिछले साल कम्पनी का सालाना टर्नओवर 130 करोड़ रुपए था और अगले छह महीनों में इसके दोगुना हो जाने की उम्मीद है। अब उनके पास विदेशी निवेशकों के प्रस्ताव भी आने शुरू हो गए हैं।

मुम्बई में भी कुछ ऐसा ही चल रहा है। वहां को-ऑपरेटिव सोसायटियों में प्लंबिंग और इलेक्ट्रिकल फॉल्ट के एएमसी होने लगे हैं। प्लंबर सालभर में किसी भी तरह के पाइपलाइन सम्बंधी कार्य के लिए सालाना 1200 रुपए शुल्क लेते हैं। उस कॉन्ट्रेक्ट पर वह साल में 12 बार बिना किसी सर्विस चार्ज के आते हैं और 100 रुपए से कम कीमत वाले पार्ट्स मुफ्त में डालते हैं।

यह भी बिजनेस का नया आइडिया है। इससे मुम्बई जैसे महानगर में फ्लैट मालिकों की कई समस्याएं हल हो गई हैं। क्योंकि वहां इमरजेंसी में किसी प्लंबर या इलेक्ट्रिशियन की सेवाएं पाना पहाड़ चढ़ने जैसा है। भरोसेमंद प्लंबरों और इलेक्ट्रिशियनों की कमी ने इन दोनों क्षेत्रों से जुड़े प्रोफेशनल्स के लिए एएमसी को एक बिकने वाला उत्पाद बना दिया है।

यदि कोई ग्राहक एकमुश्त भुगतान करने में सक्षम नहीं है, तो उसे कम्पनी मासिक किश्तों (ईएमआई) में भुगतान करने का विकल्प दे देती है। क्योंकि आज के जमाने में किश्तों के द्वारा व्यापार को बढ़ाना आसान है।

इसलिए दुनिया के जाने-माने प्रबंधन विशेषज्ञ पीटर ऊकर ने कहा था, **"यदि लोग मक्खन को खरीद नहीं सकते, तो उसे टुकड़ों में बांट दो।"**

लेकिन बांटने के लिए नीचे लिखी बातों का ध्यान रखना जरूरी है:-

* **योजना (PLANNING)**
* **तैयारी (PREPARATION)**
* **खोज (SEARCH)**
* **प्रेजेंटेशन (PRESENTATION)**

उसके बाद **AAA** काम आता है। जिसमें पहला है **AMBITION** (महत्वाकांक्षा), दूसरा है **ATTITUTE** (नजरिया) और तीसरा है **ACTION** (तैयारी), उसके बाद सीखने की चाहत का होना जरूरी है। क्योंकि सीखना एक सतत प्रक्रिया है। जीवन में अच्छा हो या बुरा, हर तरह की घटनाएं आपको कुछ न कुछ संदेश देती हैं। यह आपके ऊपर है कि आप उससे क्या सबक लेते हैं-?

क्रिएटिविटी के बारे में भी काफी कुछ कहा जाता है। लेकिन अधिक

रचनात्मक बनाने के लिए पांच चीजों को व्यवस्थित करना जरूरी है:-

1. **स्पेस:** यदि आप सामान्य दबाव में काम करते हैं, तो आप अच्छा महसूस नहीं कर पाएंगे और रचनात्मक भी नहीं बन पाएंगे।

2. **टाइम:** सिर्फ स्पेस बनाना ही पर्याप्त नहीं है। आपको विशेष कामों के लिए अलग से समय निकालना होगा।

3. **थिंक:** कुछ अलग काम करने के लिए अपने दिमाग को अधिक से अधिक समय दें, तब आपके दिमाग में नया आइडिया आना शुरू हो जाएगा।

4. **कॉन्फिडेंस:** गलती करने का डर जितने प्रभावी तरीके से आपको रचनात्मक बनने से रोकता है, उतना कोई और नहीं रोकेगा।

5. **ह्यूमर:** हास्य आपको बंद मोड से खुले मोड में दूसरी चीज की तुलना में जल्दी ले जाता है।

क्योंकि प्रकृति ने मनुष्य को एक विकसित दिमाग दिया है। इसके सही इस्तेमाल से मनुष्य नया और क्रिएटिव आइडिया बाहर निकाल सकता है।

ठीक वैसे ही, जैसे कि गुजरात के अमित शाह ने निकाला था। वह टी.वी. पर रोज वाटर प्यूरीफायर का विज्ञापन देखता था, जिसमें हेमा मालिनी कहती हैं, **"हम शपथ लेते हैं, शुद्ध पानी पिलाने की।"**

लेकिन अमित सोचता था कि इतना महंगा वाटर प्यूरीफायर कौन खरीदता होगा-? यदि सस्ता होता, तो हर कोई खरीद लेता-? फिर उनके दिमाग में एक आइडिया आया। क्यों न ऐसा वाटर फिल्टर बनाया जाए, जो 20 परिवारों का पानी एक साथ फिल्टर कर दे-?

उसके बाद चमत्कार हुआ। अमित ने अल्ट्रावॉयलेट टेक्नोलॉजी और सोलर पावर का इस्तेमाल करके एक ऐसा वाटर प्यूरीफायर बना दिया, जो हर दिन 100 लोगों को शुद्ध पानी उपलब्ध करा सकता है।

बाजार में अभी जितने भी प्यूरीफायर हैं, सब के सब रिवर्स ऑसमोसिस तकनीक पर आधारित हैं। जिसमें पानी खूब बर्बाद होता है, लेकिन अल्ट्रावॉयलेट टेक्नोलॉजी में ऐसा नहीं है। बिजली की खपत भी कम है और कीमत है सिर्फ 2 हजार रुपए।

रणनीति हमेशा अच्छे नतीजे देती है:

अमेरिका के रक्षा मंत्री चक हेगल जब अगस्त 2014 में भारत आए थे, तब उन्होंने कहा था, **"यह मात्र संयोग नहीं है कि एक चाय बेचने वाले का बेटा देश का प्रधानमंत्री बना, बल्कि यह सही लोकतंत्र की पहचान है।"**

जबकि ब्रिटेन के पूर्व प्रधानमंत्री चर्चिल को लगता था कि आजादी के बाद भारत के लोग आपस में लड़-मरेंगे और विखंडित हो जाएंगे। लेकिन हमने दुनिया को लोकतंत्र के प्रति अपनी दृढ़ आस्था से परिचित कराया है। 1951-52 के

पहले लोकसभा चुनाव में करीब 17 करोड़, 30 लाख मतदाता थे, आज 81 करोड़ से अधिक वोटर हैं।

वोटिंग प्रतिशत भी 66.4 पर पहुंच गया है। हमने पंचायतों में महिलाओं को 50 फीसदी आरक्षण दिया है। संसद और विधानमंडलों में एक तिहाई सीटें औरतों को देने का विधेयक राज्यसभा से पारित हो चुका है। कई पश्चिमी देश इस मामले में हमसे पीछे हैं।

कुछ लोग कहते हैं कि चीन विकास की दौड़ में हमसे बहुत आगे निकल गया है, लेकिन वे भूल जाते हैं कि वहां लोकतंत्र नहीं है और इस मुकाम को हासिल करने के लिए उन्होंने अपने लाखों लोगों का खून बहाया है।

इसलिए दूसरे देशों के बारे में मत सोचो, बल्कि यह सोचो कि बीजेपी को 2014 के लोकसभा चुनावों में स्पष्ट बहुमत कैसे मिला-? निश्चित तौर से उस सफलता के पीछे एक रणनीति थी, जिसे कारपेट बॉम्बिंग कहा जाता है। इसमें प्रचार करने वाले को सलाह दी जाती है कि वह सामने वालों से बातचीत करे, न कि उनसे अपनी बात कहकर निकल जाए। ये आइडिया सुझाव देता है कि खुद को आगे करने के बजाय नई कहानियां सामने लाई जाएं और कहानी अगर इमोशनल हो तो बहुत अच्छा है।

प्रचार के दौरान सामने आई **'चाय वाला'** की कहानी भी ऐसी ही थी। उससे बीजेपी को दो फायदे हुए। पहला ये कि नरेंद्र मोदी को लोगों की सेम्पैथी मिली और दूसरा फायदा यह हुआ कि चाय की दुकानें लोगों के वाद-विवाद का अड्डा बन गईं। टीम मोदी ने प्रचार के दौरान इसी आइडिया पर काम किया और **'चाय बेचने वाली'** कहानी को जमकर भुनाया।

नतीजा यह हुआ कि बीजेपी को 282 सीटें मिल गईं और नरेंद्र मोदी, किसी दल से समर्थन लिए बिना ही देश के प्रधानमंत्री बन गए।

इसलिए जो भी आप बनना या पाना चाहते हैं, उसकी रणनीति बनाएं और कवि प्रदीप की तरह कुछ नया क्रिएट करें। 1962 की लड़ाई में जब भारतीय सेना चीन की सेना से युद्ध हार गई थी, तब पूरे देश में गम और गुस्से का माहौल था, देशभक्ति के गीत लिखने वाले कवि और गीतकार प्रदीप भी बेचैन थे। वे इस पर कुछ लिखने को छटपटा रहे थे।

बेचैनी में वे मुम्बई में समुंद्र के किनारे टहल रहे थे। सोचते-सोचते अचानक उनके दिमाग में एक आइडिया आया। फिर पैन की तलाश में जेबें टटोलीं, मगर पैन नहीं मिला। तब उन्होंने वहीं टहल रहे एक आदमी से पैन मांगा। पैन मिल गया, मगर अब मुश्किल यह आई कि लिखें तो लिखें कहां-?

तब कवि प्रदीप ने जेब से सिगरेट का पैकेट निकाला और उसमें से सिगरेट

के चारों ओर लिपटा कागज फाड़ लिया। फिर उसी पर पहली 4 लाइनें लिखीं, **"ऐ मेरे वतन के लोगों... जरा आंख में भर लो पानी, जो शहीद हुए हैं उनकी, जरा याद करो कुर्बानी।"**

इसी के साथ एक ऐसे गीत का जन्म हुआ, जो भारतीय इतिहास में अमर हो गया। एक ऐसा गीत, जो 15 अगस्त, 26 जनवरी और ऐसे ही दूसरे मौकों पर सबसे ज्यादा बजाया जाता है।

पुराने लोग बताते हैं कि इस गीत को सुनकर जवाहरलाल नेहरू की आंखों में आंसू आ गए थे।

पाकिस्तान के रिजवान अहमद की कहानी भी कवि प्रदीप से मिलती-जुलती सी है। उसने अमेरिकी कॉफी चेन **'स्टार बक्स'** की तर्ज पर **'सत्तारबक्स'** नाम से पाकिस्तान में 50 रेस्टोरेन्ट खोल दिए। जिनमें डिश देशी हैं, लेकिन परोसा विदेशी अंदाज में जाता है।

अब रिजवान अहमद कहते हैं, **"अच्छे नतीजे पाने के लिए रणनीति बनानी पड़ती है। क्योंकि कामयाबी आवश्यकता की खोज है।"**

इसलिए नीचे लिखी बातों पर ध्यान दें:-

कभी भाग्य के भरोसे न बैठें: भाग्य के भरोसे बैठकर अपने जीवन को नष्ट न करें, हौसला बुलंद रखें। क्योंकि भाग्य कोरी कल्पना है। कामयाबी हासिल करने के लिए धैर्य, ठोस योजना, सही साधन तथा एक आइडिया की जरूरत पड़ती है।

गॉड-फादर खोजने में समय न गवाएं: जीवन में ऐसा व्यक्ति मिलना बहुत मुश्किल है, जो आपको शिखर पर बिठा दे। ऐसे में गॉड-फादर के भरोसे बैठना ठीक नहीं। आपको अपनी जिंदगी की परिभाषा खुद लिखनी होगी और खुद ही अवसर खोजने होंगे।

लकीर का फकीर न बनें: जिंदगी में लकीर का फकीर बने रहना खुद को असफलता की गोद में धकेलने जैसा है। क्योंकि सफल वही होता है, जो वक्त के अनुसार खुद को ढाल लेते हैं।

विश्वसनीयता कभी न खोएं: जीवन में साख बड़ी मुश्किल से बनती है। इसके सहारे बड़े-बड़े काम चुटकियों में हो जाते हैं। आपने यदि जरा-सी भी लापरवाही बरती, तो साख खत्म होने में देर नहीं लगेगी।

अपने बॉस खुद बनें: अगर कामयाबी की डगर पर चलना है, तो आपको अपना बॉस खुद बनना होगा। खुद ही जोखिम उठाने होंगे और दूसरों का मार्ग दर्शन भी करना होगा।

कभी सीखना बंद न करें: बुढ़ापे का उम्र से कोई सम्बंध नहीं है। इसका

सम्बंध अनुभव से है। इसलिए वक्त के साथ खुद को बदलते रहें और हमेशा जवान रहें।

नए अवसर ढूंढते रहें: जिंदगी में जितने भी अवसर आते हैं, उन्हें आपकी आंखें नहीं देख सकती। लेकिन तेज दिमाग उन्हें देख लेता है और पहचान लेता है। क्योंकि जो दिमाग सोचता है, वह आइडिया भी देता है।

अमीर बनने का फॉर्म्यूला जानें: संसार में अमीर बनने का सिर्फ एक ही फॉर्म्यूला है और वह है नए आइडिया पर काम करना और उसे पूरी दुनिया के लोगों तक पहुंचाना। लेकिन **'पैशन जरूरी है।'**

यह कहना है अपूर्वा का। फिक्शन रीडिंग की शौकीन इस टीन ऐक्ट्रेस को साउथ की फिल्मों में पहला ब्रेक मिला था **'बबलगम'** में, उसके बाद **'सिनेमा हंगामा'** और **'टीन एज'** नाम की फिल्मों में लीड रोल मिले। फिर वे बॉलीवुड की ओर मुड़ीं और **'ओह माई गॉड'** में अपनी ऐक्टिंग से लोगों को बता दिया कि मैं ऐक्टिंग की चलती-फिरती पाठशाला हूं।

अब वे कहती हैं, **"मुझे इंडस्ट्री के बड़े कलाकारों के साथ काम करने का मौका मिला। अब मैं उनसे वे गुर सीख चुकी हूं, जिनकी बदौलत उन्होंने अपना मुकाम हासिल किया।"**

क्योंकि सफलता पाने का रास्ता सीधा नहीं होता, जिस पर आसानी से चढ़ा जा सके। लाइफस्टाइल आइकन मार्था स्टीवर्ट ने इसे खुद सीखा है।

एक मॉडल के रूप में कॅरियर की शुरूआत करने वाले स्टीवर्ट ने अपनी सफलता और असफलता दोनों से सबक सीखे हैं। कैटरिंग बिजनेस सफल होने के बाद उन्होंने मनोरंजन करने वाली कई पुस्तकें लिखीं। मीडिया एंड मर्चेन्डाइजिंग कम्पनी **'मार्था स्टीवर्ट लिविंग ओमनी मीडिया'** शुरू की। आज उनके इंटरनेशनल ब्रांड में पुस्तकें, मैग्जीन और टीवी शो शामिल हैं।

बजेगा दुनिया में भारत का डंका:

आज बॉलीवुड की फिल्में यूरोप, यूके, फ्रांस, जर्मनी, के अलावा कुछ ऐसे देशों में भी रिलीज होने लगी हैं, जहां पांच साल पहले बॉलीवुड फिल्मों का नामोनिशां तक नहीं था। फिल्म प्रोड्यूसर और डायरेक्टर विधु विनोद चोपड़ा कहते हैं, **"आज अगर हम फिल्म मेकिंग पर 100-200 करोड़ इन्वेस्ट करने लगे हैं, तो इसकी सबसे बड़ी वजह सात समंदर पार से होने वाली एक्स्ट्रा मोटी कलेक्शन है।**

कुछ साल पहले चीन और पाकिस्तान जैसे पड़ोसी देशों ने हमारी फिल्मों के लिए अपने दरवाजे बंद किए हुए थे। आज उन्हीं दोनों देशों में हमारी फिल्में ज्यादा कमाई कर रही हैं।

अगर आने वाले दिनों में मोदी सरकार फिल्म इंडस्ट्री को करों में रियायत दे दे, तो बॉलीवुड फिल्में हॉलीवुड की फिल्मों को सीधे टक्कर दे सकती हैं-?"

आंकड़ों पर गौर किया जाए, तो आज भी रजनीकांत की फिल्में जापान और मलेशिया सहित एशिया के कई देशों में अपने देश से कहीं ज्यादा का बिजनेस करती हैं। करण जौहर की **'माई नेम इज खान'** अगर बॉक्स ऑफिस पर अपनी लागत वसूलने के बाद साठ करोड़ प्रॉफिट कमाने वाली फिल्मों में शामिल हुई, तो इसका क्रेडिट भी यूरोप और यूएई को जाता है।

सलमान की फिल्म **'किक'** ने भी पहले दस दिनों में ओवरसीज मार्केट में इतनी मोटी कमाई कर ली थी, कि फिल्म देखते ही देखते 300 करोड़ क्लब में शामिल हो गई।

यदि डॉलर में कमाई देखें तो बॉलीवुड की सबसे कामयाब फिल्म है **'3 इडियट्स।"** 2009 में आई इस फिल्म ने 16 करोड़ डॉलर कमाए। आमिर खान अभिनेता **'धूम-3'** बॉलीवुड की दूसरी सबसे कामयाब फिल्म है। जिसकी कुल कमाई 15 करोड़ 60 लाख डॉलर है।

अब बात करते हैं बॉलीवुड डांस की। एना मोरकॉम लंदन की एक यूनिवर्सिटी में संगीत की प्रोफेसर हैं और सालों के शोध के बाद उन्होंने **'कोर्टीसनस, बार गर्ल्स एंड डांसिंग बॉयज'** नाम की एक पुस्तक लिखी है।

उसमें बताया गया है, **"बॉलीवुड डांस आज पूरे विश्व में चर्चा का विषय बना हुआ है। इसने अब एक उद्योग की शक्ल ले ली है, क्योंकि हर देश में लोग यह डांस सीख रहे हैं।"**

इसलिए प्रधानमंत्री नरेंद्र मोदी ने अपनी सरकार के 60 दिन पूरे होने पर कहा था, **"पूर्ण बहुमत पाने से भारत के प्रति दुनिया का नजरिया बदला है। अब दुनिया में भारत का डंका बजेगा। क्योंकि जनता ने अपना कर्त्तव्य पूरा किया है, अब हमें अपना काम करना है।"**

नेपाल के अखबार **'द हिमालयन टाइम्स'** ने एक सम्पादकीय में भारतीय प्रधानमंत्री नरेंद्र मोदी की नेपाल यात्रा को सफल बताते हुए कहा था, **"भारत-नेपाल के सम्बंध जिस ऊंचाई तक पहुंचे हैं, वहां राजनैतिक स्तर पर ये आज तक कभी नहीं पहुंचे थे।"**

उसके बाद आसियान देशों के साथ अपने रिश्तों को नई ऊंचाईयों पर ले जाने के लिए विदेश मंत्री सुषमा स्वराज ने कहा था, **"विविध क्षेत्रों में संपर्क और सहयोग बढ़ाने के लिए भारत 2016 से पांच साल के लिए एक कार्य योजना का मसौदा तैयार करेगा। जिसमें पांच टी-यानी परम्परा (ट्रेडीशन),**

पर्यटन (टूरिज्म), व्यापार (ट्रेड), प्रतिभा (टेलेंट) और प्रौद्योगिकी (टेक्नोलॉजी) पर ध्यान दिया जाएगा।"

अमेरिका के राष्ट्रपति बराक ओबामा भी भारत के रूख से सहमत हैं। क्योंकि उनका मानना है कि भारत अपनी अर्थव्यवस्था के विस्तार और क्षेत्रीय सुरक्षा के लिए जो रणनीति अपनाएगा, उससे एशिया का विकास होगा और भारत की उन्नति हिंद-प्रशांत क्षेत्र को अधिक स्थायित्वपूर्ण, समृद्ध और स्वतंत्र बनाने में सहायक होगी। इसलिए हम भारत को अपना भागीदार बनाना चाहते हैं और तीन क्षेत्रों पर फोकस करेंगे।

पहला है, बुनियादी ढांचा। जिसमें भारतीय इन्फ्रास्ट्रक्चर में अमेरिकी निजी क्षेत्र की भागीदारी बढ़ाने के लिए अनुकूल बिजनेस वातावरण हम अपने स्ट्रेटजिक डायलॉग में तैयार करेंगे।

दूसरा है, प्रतिभा विकास, जिसके द्वारा मैन्युफैक्चरिंग, ट्रेनिंग और एजुकेशन में अच्छी पद्धतियों का कुशलता का साझा करके हम प्रतिभा विस्तार कर सकते हैं।

तीसरा है, बिजनेस का ऐसा माहौल बनाना, जो वैश्विक बिजनेस और निवेश के लिए खुला हो। यह भारत की आर्थिक संभावनाएं खोलने की कुंजी है।

आप सोच रहे होंगे कि अमेरिका भारत को अपना भागीदार क्यों बनाना चाहता है-? इसके पीछे तर्क यह है कि अमेरिका का पाकिस्तान से विश्वास उठ चुका है। क्योंकि पिछले 68 सालों में अमेरिका ने कई धोखे खाए हैं, कई युद्ध लड़े हैं और मानवता को पाकिस्तान में नंगा होते देखा है।

तभी तो गीता में लिखा है, **"सफलता पाने के तीन रास्ते हैं। पहला धोखा देकर आगे बढ़ना, दूसरा युद्ध करके आगे बढ़ना और तीसरा मानवता को ताख पर रखकर आगे बढ़ना। लेकिन तीनों में से कोई भी एक रास्ता मंजिल तक नहीं पहुंचता। जबकि ईमानदारी और नए आइडिया से शिखर पर पहुंचा जा सकता है।"**

इसलिए अपना सारा ध्यान इतिहास रचने में लगा दीजिए और पूरी तरह से कर्मयोगी बन जाइए। क्योंकि हर अमीर आदमी का एक गरीब इतिहास होता है और इतिहास के पन्नों पर लिखा होता है:-

* **बिना पैसे लगाए भी बिजनेस किया जा सकता है।**
* **पैसा पेड़ों पर लगता है।**
* **पैसा मेहनत से नहीं, आइडिया से बढ़ता है।**

इसलिए सोचो, कौन लोग आपके बिजनेस में पैसा लगा सकते हैं-? किनसे लगवाया जा सकता है-? कैसे लगवाया जा सकता है-? क्योंकि आज आप जो कुछ भी हैं, अब तक की सोच का परिणाम हैं और जो आप कल होंगे, इस

पुस्तक की वजह से होंगे।

इसलिए सोचो मत, अपने अंदर के ज्ञान को महसूस करो, शारीरिक ऊर्जा को जाग्रित करो और पुस्तक के आगे के पन्नों को पढ़ने में जुट जाओ। क्योंकि एक नया आइडिया आपका इन्तजार कर रहा है। वह आपको सर्वश्रेष्ठ बनाएगा, आपका स्टार्टअप शुरू करवाएगा और आपको विश्व में ख्याति दिलवाएगा।

■■■

आप अपने आस-पास की दुनिया से बहुत कुछ सीखते हैं-? जिसके आधार पर खड़ा होता है, आपके सपनों का ताजमहल। उसकी एक-एक ईंट आपकी भावनाओं से जुड़ी होती है। लेकिन जब तक आप ताजमहल की दीवारों को सुरक्षित रखने वाले विचारों को अपने मस्तिष्क में नहीं लाएंगे, तब तक आपका सपना अधूरा रह सकता है-? क्योंकि विचारों से निकलने वाली रोशनी आपकी सोई हुई चेतना को जगाती है, फिर आप बाहरी दुनिया से मुकाबला करना सीख जाते हैं। इसलिए कुछ लोग इन्हें विचारों का चमत्कार भी कहते हैं।

इतिहास गवाह है कि सदियों से
'अर्थशास्त्र' यानि ***'STUDY OF POVERTY'***
ने **गरीबों और जरुरतमंदों को जन्म दिया है।**
'औषधियों' यानि ***'SCIENCE OF ISEASE'***
ने **बिमारियों को जन्म दिया है।**
'धर्म' यानि ***'SCIENCE OF SIN'*** ने
पाप करने वालों को जन्म दिया है।
लेकिन 'स्टार्टअप' यानि ***'STARTUP INDIA***
STANDUP INDIA'
केवल उन्ही लोगों को जन्म देगा
जो अमीर बनने की ख्वाइश रखते हैं-?

सोचें कैसे शुरु करना है आपना स्टार्टअप

यह पुस्तक आपके स्टार्टअप शुरू करने का माध्यम बन सकती है-? ठीक वैसे ही जैसे जल की एक बूंद आगे चलकर सागर का रूप धारण कर लेती है। परन्तु इसके लिए आपको अपने जीवन का एक लक्ष्य बनाना होगा-? और यह तय करना होगा कि आपको कितना अमीर बनना है-?

फिर इस पुस्तक को पढ़ने के बाद आप अपने स्टार्टअप को शुरू करने की सोचने लगेगें, जितना कि आपने कल्पना भी नहीं की थी-?

विश्व के तमाम वैज्ञानिकों का भी यही मानना है कि **'जैसा मनुष्य सोचता है, वह वैसा ही बन जाता है।'** इसलिए आपको सबसे पहले अपनी सोच को विकसित करना है।

क्योंकि आपके सोचने का तरीका, आपकी भावनाओं को प्रभावित करने में महत्वपूर्ण भूमिका अदा करता है। फिर सोच स्मृति का सृजन करती है और स्मृति मनोवृत्ति का निर्माण करती है, जो अन्त में सफलता की ऊंचाई को निर्धारित करती है। क्योंकि सोच मानव स्मृति के सृजन की जननी है।

आप जो कुछ भी हैं, वह अब तक की आपकी सोच का परिणाम है। फिर जिस स्टार्टअप के बारे में सोचते हैं, वैसा ही स्टार्टअप का सपना साकार हो जाता है। लेकिन आपके चलने, बोलने, पहनने और खुद को पेश करने का तरीका आपकी सोच को दर्शाता है। इसलिए आप जैसे अंदर हैं, वैसे ही बाहर दिखायी देते हैं। क्योंकि आप अपने विचारों के निर्माता हैं, आप जैसा बनने की सोचते हैं आप वैसे ही बन जाते हैं।

यानि जैसी आपकी सोच होगी, आप वैसे ही कार्य करेगें और जैसे आपके कार्य होंगे वैसी ही सफलता आपको मिलेगी।

बाइबिल भी यही बात कहती है, **'मनुष्य जैसा बीज बोता है, वैसी ही फसल काटता है।'** आपकी सकारात्मक सोच आपको सफलता की ओर ले जाती है। नकारात्मक सोच आपको असफलता की ओर ले जाती है। इसलिए आपको अपनी सोच को सकारात्मक रखना है और विचारों को शुद्ध रखना है।

क्योंकि सोच पहले बनती है, वाणी बाद में निकलती है। फिर जो सोच में होगा, वही वाणी से निकलेगा और जो वाणी में होगा, वही व्यवहार बन जाएगा। परन्तु जो व्यवहार में होगा, वह आपकी आदत में शामिल हो जाएगा। इससे पता चलता है कि आपकी आदतें ही आपके चरित्र का निर्माण करती हैं।

अगर आप अमीर बनना चाहते हैं, तब आप सबसे पहले अपने अन्दर यह विचार पैदा कीजिए की मुझे अमीर बनना है।

क्योंकि जब तक आप यह नहीं सोचेगें, तब तक आप अन्दर से अमीर नहीं बन पाएगें-? परन्तु यह सब होगा आपके द्वारा लिए गए संकल्प से।

इसलिए आप आज ही अमीर बनने का संकल्प लीजिए और अपने दिमाग को नकारात्मक विचारों से मुक्त कीजिए, फिर अपने सामने गांधीजी के तीन बंदरों के साथ चौथा बंदर और रखिए, जो अपनी ऊंगली आपकी तरफ करके प्रेरणा दे कि नकारात्मक मत सोचो-? फिर आपके मस्तिष्क से नकरात्मक विचार पूरी तरह से हट जाएगें, तब आप अमीर बनने की दौड़ में शामिल हो जाओगे-?

क्योंकि आज पूरा विश्व अमीर बनने की दौड़ में शामिल हो चुका है। अब आपकी बारी है। लेकिन बहुत कम लोग ऐसे हैं, जो अमीर बनना चाहते हैं और जो अमीर बनना चाहते हैं, वह धीरुभाई अम्बानी की तरह बन जाते हैं।

एक पुरानी कहानी है, किसी पहलवान के घर में चोर घुस गया। घर में जब खट-पट हुई तब पहलवान की नींद टूट गई। उसने उठकर देखा कि घर में चोर है, तो उसने चोर को ललकारा। चोर जान बचाकर भागने लगा।

पहलवान ने चोर का पीछा किया। कुछ दूर दौड़ने के बाद पहलवान को लगा कि चोर दौड़ में उसे चुनौती दे रहा है-? तब पहलवान ने पूरी ताकत से दौड़ लगाई और चोर से आगे निकल गया।

चोर पीछे रह गया फिर चोर ने राहत की सांस ली। क्योंकि वह अपने उद्देश्य में सफल हो गया था।

इसलिए दौड़ आपके लिए अनिवार्य है। परन्तु आपको पहलवान की तरह नहीं दौड़ना है, क्योंकि बिना लक्ष्य के दौड़ना हानिकारक है।

ओशो भी यही कहते हैं, **"जीवन प्रतिपल चुनौती है। जो उसे स्वीकार नहीं करता, वह जीते जी मर जाता है। जिस क्षण व्यक्ति जीवन की चुनौतियों को स्वीकारना बंद कर देता है, वह उसी क्षण मर जाता है।"**

यही जीवन का सच है, इसलिए चुनौती को सकारात्मक रुप में स्वीकार करना होगा। फिर आप भीड़ का हिस्सा नहीं होंगे, बल्कि भीड़ आपके पीछे होगी।

क्योंकि बिना उद्देश्य के दौड़ने वाले हकीकत में अनिश्चता की स्थिति में होते हैं। अर्जुन भी कुछ ऐसी ही नकारात्मक मानसिकता से ग्रस्त था, तभी तो भगवान कृष्ण ने कहा था:-

द्धरेद्आत्मानाऽऽत्मनंनात्मानम्अवसादयेत्।
आत्मैवह्यात्मनोबन्धुर्आत्मैवरिपुर्आत्मनः॥

इसका अर्थ है कि मनुष्य को अपना उद्धार स्वयं करना है, परन्तु स्वयं को गिराना नहीं है। क्योंकि आप स्वयं ही अपने मित्र हैं और स्वयं ही अपने शत्रु हैं, लेकिन आपके लिए दोनों रास्ते खुले हैं, मित्रता के भी और शत्रुता के भी।

परन्तु बहुत कम लोग आपके मित्र होगें, क्योंकि अधिकतर लोग नकारात्मक भाव में जीते हैं। इसलिए बाहरी सभी आकर्षणों का त्याग करो और अंतर्मुखी बनो। फिर अपने दिल में झांको और खुद अपना आत्मविश्लेषण करो।

क्योंकि आपके अन्दर क्षमताओं का भण्डार है। आप उन्हें विकसित करो और उनके अनुसार लक्ष्य का निर्धारण करो।

भीड़ के साथ क्यों दौड़ते हो-? अपनी क्षमताओं के आधार पर अपने लिए रास्ता बनाओ। तब आपकी सारी ऊर्जा कर्म में परिवर्तित हो जाएगी और लक्ष्य तक पहुँचना आसान हो जाएगा। फिर प्रतिस्पर्धा आपके अन्दर आत्मविश्वास का संचार करना शुरु कर देगी।

ठीक वैसे ही जैसे कि लुई ब्रेल के अन्दर हुई थी। लुई बचपन में एक दुर्घटना में अपनी आंखें गंवा बैठे थे। गांव के पादरी लुई के पिता के मित्र थे। उन्होंने धैर्य नहीं खोया और खुद ही धीरे-धीरे स्पर्श के माध्यम से लुई ब्रेल को वस्तुओं तथा ध्वनियों के माध्यम से प्राणियों की आवाजों के अंतर को पहचानना सिखाया।

लुई जब कुछ बड़े हुए तो उन्हें पेरिस में **'होए'** के विद्यालय में दाखिला करा दिया गया। उस समय दृष्टिहीनों के लिए सिर्फ वही एक स्कूल था। होए के विद्यालय में छात्रों को अक्षरों की सामान्य आकृतियां किसी मोटे कागज पर उभार कर उन्हें उंगली के स्पर्श से पहचानना सिखाया जाता था।

लेकिन यह विधि सिर्फ सीखने के लिए थी, क्योंकि दृष्टिहीनों के लिए शिक्षा का आधार तब रटना था।

शायद इसीलिए कुछ विचारकों ने वर्तमान के क्षण को महत्वपूर्ण माना है।

अब में बताने जा रहा हूँ, कि हाईस्कूल पास धीरुभाई अम्बानी विश्व के नम्बर वन अमीर बनें।

जबकि कुछ लोगों का कहना है कि धीरुभाई अम्बानी धार्मिक प्रवृति के थे और रोज गीता पढ़ते थे, इसलिए वह अमीर बनें-?

इस बात में कितनी सच्चाई है, इसका तो पता नहीं, लेकिन इतना अवश्य जानता हूँ कि भगवान श्रीकृष्ण ने महाभारत के युद्ध के दौरान अर्जुन को जो उपदेश दिया था, वह आज आपके लिए अमीर बनने का सिद्धांत बन चुका है।

क्योंकि इस ग्रंथ में उन सभी महत्वपूर्ण बातों का उल्लेख किया है, जो मनुष्य के पुरुषार्थ यानि धर्म, कर्म, काम और मोक्ष को दिशा निर्देशित करता है। इसके साथ इसमें भक्ति की महत्ता का भी गुणगान किया गया है।

लेकिन गीता में ईश्वर, जीव और प्रकृति के स्वरूप की व्याख्या जिस रूप में की गई है, उसे साधारण ज्ञान वाले व्यक्ति भी आसानी से समझ सकते हैं।

यही वजह है कि कुछ विद्वान इसे कर्म प्रधान धर्म ग्रन्थ मानते हैं, क्योंकि इसमें दोनों तरह की बातों को समावेश किया गया है तथा **'जाकी रही भावना जैसी प्रभु मूरत देखी तिन तैसी'** वाली बात इस महान धर्म ग्रंथ के हर श्लोक में दिखाई पड़ती है।

लेकिन यह सच है कि हर गीता के कर्म करने का उपदेश विश्व के हर व्यक्ति को अपनी ओर खींचता है। क्योंकि यह जीवन हमारे किए गए कर्मों पर आधारित है, इसलिए कर्म करना हर मनुष्य का धर्म है और आपको सारी चिन्ताओं को त्यागकर अपने कर्म में लग जाना है-? क्योंकि कर्म करने से ऊर्जा मिली है, फिर वही ऊर्जा आपकी समस्याओं और कामनाओं का समाधान करती है। तभी तो भगवान कृष्ण कहते हैं कि कर्म को त्यागकर मनुष्य को कभी भी सफलता नहीं मिल सकती-?

क्योंकि लक्ष्य प्राप्ति के लिए कर्म एक साधना है और जो लोग इसे साधना मानकर अपनाते हैं, वे हमेशा सफल होते हैं।

इस सिद्धांत पर चलकर नोएडा में रहने वाले पंकज मित्तल आज करोड़पति बन चुके हैं। बरेली के एक साधारण परिवार में जन्में पंकज जिन्दल के पिता रेलवे में नौकरी करते थे। पंकज ने 12वीं तक की शिक्षा बरेली में पूरी की, फिर इन्जीनियरिंग की प्रवेश परीक्षा पास की और इलाहाबाद से मैकेनिकल इन्जीनियर बनने के बाद वी.एक्स.एल. ग्रुप फरीदाबाद में केवल 950 रूपए में नौकरी की। दो साल काम करने के बाद वे एच.सी.एल. नोएडा में आ गए। तब वे 18-18 घंटे कड़ी मेहनत करते थे। एक दिन उनके दिमाग में आया कि इतनी मेहनत अगर अपने खुद के काम के लिए की जाए, तो मैं अमीर बन सकता हूँ-?

फिर पैसा न होते हुए भी पंकज ने नौकरी छोड़ दी और एक मित्र के जरिए नोएडा सेक्टर-10 में एक छोटा-सा फैक्टी शेड किराए पर लिया। फिर उसमें **'वीओस्का मोलडिंग्स प्रॉइवेट लिमिटेड'** के नाम से कंपनी शुरू की, जहाँ वे ऑटो मोबाइल्स इंडस्ट्रीज के लिए प्लास्टिक पार्ट्स बनाने लगे।

उन्हें सफलता मिली और उनके बनाए पार्ट्स चल निकले। फिर पंकज ने सेक्टर-5 में 450 वर्गमीटर का प्लॉट खरीद लिया और इसी नाम से कम्पनी को विस्तार दे दिया। अब उनकी कम्पनी भारत की पहली कम्पनी बन चुकी है, जिसने प्लास्टिक इंडस्ट्री में विश्वस्तरीय कामयाबी हांसिल की है।

परन्तु उनकी सफलता के पीछे समय का बड़ा महत्व रहा है। तभी तो पंकज मित्तल कहते हैं, **"जो समय को बर्बाद करता है, समय उसको बर्बाद कर देता है।"**

आज पूरा विश्व मंदी की चपेट में है। कोई भी देश ऐसा नहीं है, जो इस मंदी से प्रभावित न हो-? इसलिए सारी दुनिया की निगाहें अब ओबामा के प्रशासन पर लगी हैं। लेकिन थोड़े समय में ओबामा द्वारा जो किया जा सकता है, उम्मीदें उससे बहुत आगे हैं।

जबकि सुरक्षा और भू-राजनीति की समस्याओं की वजह से अमेरिका की अपनी अर्थव्यवस्था डांवाडोल है और यह समस्या बैंकों, वित्तीय क्षेत्रों, आवास, मार्टगेज (रेहन), बेरोज़गारी, जी.डी.पी. में लगातार हो रही गिरावट की वजह से लंबी चल सकती है-?

क्योंकि वहां आशाओं का संकट है और आम अमेरिकी को अपना भविष्य अंधकार में लग रहा है। इसलिए ओबामा को विश्वास की बहाली और आशावाद का निर्माण करने के लिए बहुत प्रयास करने होगें-?

लेकिन हमारे लिए भी यह एक बेहद कठिन साल होगा-? क्योंकि आने वाले सालों में जी.डी.पी. की वृद्धि दर 7 प्रतिशत से नीचे रहने वाली है और अगले साल वह 5 फीसदी से ज्यादा नहीं होगी-?

दूसरी तरफ हम आपको अमीर बनाना चाहते हैं, क्योंकि जब तक आप अमीर नहीं बनेगें, तब तक देश की अर्थव्यवस्था ठीक नहीं हो सकती-? और अर्थव्यवस्था को पटरी पर लाने का सबसे अच्छा तरीका यही है कि देश का हर व्यक्ति अमीर हो-?

क्योंकि भूतकाल भूत बन जाता है और भविष्य का कोई ठिकाना नहीं होता-? फिर जो करना है इसी क्षण करना है। संत कबीर ने इस सत्य को आज से छह सौ साल पहले ही भांप लिया था, तभी तो लिखा था:-

कल पर छोड़कर अपने काम, समय को न बर्बाद करो।

कल के काम आज करो, फिर दुनिया पर राज करो ॥

कहने का अर्थ है कि आपको तुरन्त अपने लक्ष्य की ओर अग्रसर होना है, क्योंकि समय किसी की प्रतीक्षा नहीं करता-?

इतिहास साक्षी है, जिन्होंने ईश्वर का साथ लिया, वह अपने लक्ष्य में हमेशा सफल हुआ है। बाबर जब राणा सांगा से युद्ध में बार-बार पराजित हो रहा था, तब उसने खुदा से विनती की, **"मुझे इस युद्ध में विजय दिलाओ, फिर मैं पूरी तरह से धार्मिक और सदाचारी बन जाऊंगा।"**

फिर सफल होने के बाद उसने सोने-चांदी से बने शराब के सारे प्याले तोड़ दिए थे। कुछ इस तरह बाबर ने पहले भी किया था, जब उसका पुत्र हूमायूं मृत्यु सय्या पर लेटा था, तब उसने सय्या की परिक्रमा करके खुदा से प्रार्थना की थी कि पुत्र के बदले मेरे प्राण ले लो-! फिर ऐसा ही हुआ। बाबर बीमार हो गया और उसकी मृत्यु हो गयी, परन्तु हुमायूं जीवित रहा।

प्रसिद्ध वैज्ञानिक एडिसन बिजली के बल्ब के निमार्ण में हजारों बार असफल हुए, तब दूसरे वैज्ञानिक उनकी कोशिशों पर खिल्ली उड़ाते थे, परन्तु एडिसन ने अपना प्रयोग जारी रखा और अन्त में उन्हें सफलता मिली। आज पूरा विश्व उनके अविष्कार से जगमगा रहा है।

इसलिए आप हिम्मत मत हारिए-? अपने लक्ष्य पर ध्यान दीजिए। क्योंकि यह पुस्तक आपको **'स्टार्टअप शुरू करने का विज्ञान'** सिखाने जा रही है, जिसके द्वारा दुनिया के करोड़ों लोग अमीर बन चुके हैं, अब आपकी बारी है-? लेकिन इस विज्ञान को समझने के लिए आपको अपने दिमाग के सारे दरवाजे खुले रखने हैं ताकि आप हवा के उन झोंकों का अहसास कर सकें, जो आपको अमीरी के आसमान में ले जाने के लिए बेसब्री से इन्तजार कर रहे हैं...!!!

■■■

इतिहास गवाह है कि सपने भी सच होते हैं। क्योंकि इंसान ने अंतरिक्ष की सैर, रोबोट का आविष्कार और कैंसर जैसी बीमारी का इलाज खोजकर साबित कर दिया है कि कुछ भी असंभव नहीं है। अरविंद केजरीवाल का दिल्ली का मुख्यमंत्री बनना भी सपने के सच होना जैसा ही है। इसलिए खूब सपने देखिए और उन्हें साकार करने में जुट जाइए।

क्या आपने कभी सोचा है कि सिकंदर ने आधा विश्व किस शक्ति से जीता था-? नेपोलियन वीर पुरुष क्यों कहलाया था-? चंद्रगुप्त सम्राट कैसे बनें थे-? क्योंकि प्रकृति ने सबको साहस रूपी शक्ति दी है। लेकिन वह शक्ति भीतर दबी हुई होती है और तब बाहर आती है, जब आप परेशानियों का सामना करते हैं-? इसलिए उस दिशा में बढ़ो, जहां कोई रास्ता न हो-? बिना डरे, अकेले। क्योंकि जब व्यक्ति अकेला होता है, तब वह साहस से आगे बढ़ता है।

स्टार्टअप के लिए हर अवसर सही अवसर

एसोचैम की स्टडी में कहा गया है कि यदि भारत का हर बुद्धिजीवी अमीर बनने की ठान ले, तो इंडियन इकॉनमी चौथी सबसे मजबूत अर्थव्यवस्था के तौर पर उभर कर सामने आ सकती है-?

फिर हमसे मजबूत सिर्फ चीन, रूस और दक्षिण अफ्रिका ही होंगे। क्योंकि अमेरिका, ब्रिटेन और जापान जैसी विकसित अर्थव्यवस्थाएं इस मंदी से उबरने में उतना बेहतर प्रदर्शन नहीं कर पाएंगी-?

इंडिया ऐंड जी-२०: इकनॉमिक फंडामेंटलस एमिड ग्लोबल रिसेशन द्वारा की गई एक स्टडी में कहा गया है कि मजबूत आर्थिक आधार, ऊंची विकास दर, सुदृढ़ नीति और मंदी से निपटने के उपाय भारत को वित्तीय संकट से उभरने में मदद करेंगे।

इस स्टडी में सात आर्थिक मानकों पर विचार किया गया है, जिनमें इकॉनमी का आकार, खर्च करने की क्षमता, कर ढांचा, ब्याज दर नीति, बजट संतुलन, कर भार और विदेशी मुद्रा भंडार प्रमुख हैं।

यही वजह है कि दुनिया की टॉप-20 इकॉनमी में बजट संतुलन के आधार पर भारत को 19वें पायदान पर रखा गया है।

इसलिए आप सिर्फ अमीर बनने की सोचिए, मंदी का रोना आपके लिए ठीक नहीं है। क्योंकि किसी शायर ने कहा है:-

"मंदी को ज्यादा बिसूरिए मत"

यानि मंदी का समय ऐसा होता है, जिसमें आप आसानी से अमीर बन सकते हैं-? क्या आप बता सकते हैं कि एच.पी. यानि हेवलेट पैकर्ड, जी.ई. (जनरल इलेक्ट्रिक), माइक्रोसाफ्ट, फेडेक्स, सी.एन.एन. गर्बर किंग, एम.टी.वी. और विकीपीडिया जैसी दिग्गज कम्पनियां में एक समानता क्या है-?

क्योंकि ये सभी कम्पनियां अमेरिका में अलग-अलग वक्त पर मंदी और संकटों के कठिन आर्थिक दौर में शुरू की गईं थीं-?

आज इनके कारोबार के सामने दुनिया के कई देश छोटे पड़ जाते हैं। इसलिए मंदी एक मौका है और यह मौका है बदलने और झाड़ पोंछ करके चाक चौबंद होने का, बल्कि कुछ अनोखा और नया काम करके सबसे आगे निकल जाने का।

क्योंकि 1930 के दशक की महामंदी के बाद अमेरिका में जितने लोग करोड़पति बने थे, उतने पहले शायद कभी नहीं बने-?

इसलिए मंदी के कठिन दौर में नया कर गुजरने वाली कम्पनियां और लोग आगे निकल जाते हैं।

इसका उदाहरण है जी.ई. यानि जनरल इलेक्ट्रिक कार्पोरेशन, जिसे 1876 में थॉमस अल्वा एडीसन ने बनाया था। तब अमेरिका में गृह युद्ध के बाद आई मंदी का दौर था और तब अमेरिका का सबसे बड़ा बैंक **'जे कुक'** डूबा था।

इसलिये बिजली का बल्ब इतिहास के सबसे क्रांतिकारी आविष्कारों में से एक माना जाता है। परन्तु यह बात कुछ ज्यादा पुरानी है।

अब बात करते हैं हेवलेट पैकर्ड यानि एच.पी. इलेक्ट्रानिक्स उद्योग की, जो कि अमेरिका में 30 के दशक की महामंदी के अंतिम चरम में बनी थी और वह भी सिर्फ 538 डॉलर के निवेश से।

उस मंदी के माहौल में विलियम हेवलेट और डेविड पैकर्ड ने कुछ नया करने की ठानी और बाद में जो हुआ, वह दुनिया के कॉरपोरेट इतिहास में दर्ज है। क्योंकि आज यह कम्पनी 104 अरब डॉलर का कारोबार कर रही है।

1957-58 में अमेरिकी आर्थिक मंदी के दौरान एक छोटा सा होटल हयात शुरू हुआ था, जो अब **'हयात होटल कॉर्पोरेशन'** में परिवर्तीत हो चुका है। फिर 1973 के तेल संकट में **'फेडेक्स'** की स्थापना हुई, जोकि आज **'कूरियर कार्गो कम्पनी'** में बदल चुकी है। यहाँ तक कि बिल गेट्स की **'माइक्रोसॉफ्ट'** भी तेल संकट के दौरान 1975 में बनी थी।

सी.एन.एन. और एम.टी.वी. नेटवर्क्स भी 1980 के मौद्रिक संकट के समय में पैदा हुए थे और दुनिया की सबसे बड़ी ऑनलाइन इनसाइक्लोपीडिया की **"पिकीपीडिया कॉर्पोरेशन"** का जन्म 9/11 के संकट के बाद जनवरी 2001 में हुआ था।

दुनिया के कॉर्पोरेट जगत में इस तरह के उदाहरणों की कमी नहीं है। लेकिन यह सभी कम्पनियां जिस एक बात के लिए दुनिया में आज भी जानी जाती हैं, वह है इनकी नई सूझ-बूझ और लीक तोड़ने की खूबी।

यदि आप माइक्रोसॉफ्ट के बिल गेट्स, एप्प के स्टीव जॉब्स, इंफोसिस के नारायण मूर्ति, रिलायंस के धीरूभाई अंबानी और निरमा के करसनभाई पटेल जैसे उद्यमियों के शून्य के शिखर तक पहुँचने को अपवाद मानते हैं, तो अपने आसपास के सफल उद्यमियों की जीवनी में झांकिए। इनमें से अधिकतर लोगों की कहानी आपसे अलग नहीं है।

43 साल के **'विशाल रिटेल'** के रामचंद्र अग्रवाल की कहानी आज के युग का अनूठा प्रयोग है। उन्होंने 1958 में 300 रुपए प्रतिमाह वेतन पर एक रोलिंग शटर कंपनी में नौकरी की शुरुआत की।

एक साल बाद उन्होंने 1,200 रुपए प्रतिमाह के किराए पर कोलकता के लाल बाजार स्ट्रीट में एक 50 वर्ग फीट की दुकान खरीदी, फिर 1989-90 में **'एम.एन.सी. क्लोदिंग ब्रांड्स'** की डिस्काउंट सेल शुरू की और आज जाने माने **'विशाल मेघा मार्ट'** के मालिक हैं।

इस सम्बंध में रामचंद्र अग्रवाल का कहना है, " **यदि उनके पास धैर्य और अच्छा नेतृत्व है, तब आप अमीर बन सकते हैं-?"**

आई.आई.एम. अहमदाबाद के एम.बी.ए. और राउरकेला स्थित सेल के कर्मचारी के बेटे शांतनु प्रकाश दिमाग खुजलाकर अपने दिमाग में आइडिया लाते हैं-?

1990 में उन्होंने अपने एक दोस्त के साथ मिलकर **'ब्रिक-एंड-मोर्टर'** कम्पनी की स्थापना की थी, फिर दुनिया को बदलने के उद्देश्य से चार साल पहले 1 लाख की पूंजी और दो कर्मचारियों के साथ **'एडुकेंप'** कम्पनी की स्थापना की। अब उनकी कुल बाजार पूंजी करीब 4 हजार करोड़ से ऊपर है।

कुछ ऐसी ही कहानी सोनालिका ग्रुप के चेयरमैन लक्ष्मनदास मित्तल की है, जो होशियारपुर मे थ्रेसर बनाया करते थे, तब वे दिवालिया हो गये थे।

लेकिन आज उनके पास 30 हजार करोड़ से ज्यादा का सोनालिका ग्रुप है, जिसे वाशिंगटन की पर्यावरण संरक्षण एजेंसी ने मान्यता दी है।

लक्ष्मण दास मित्तल अपने संघर्ष के दिनों को याद करते हुए बताते हैं, **"एक बार मैंने मारुति उद्योग में डीलरशिप के लिए आवेदन किया था, जिसके लिए वहाँ के मैनेजमैंट ने मना कर दिया था, तब मैंने अपने दिल में ठान लिया था कि मैं भी मारुती उद्योग जैसा प्लांट लगाऊंगा। फिर मैंने सोनालिका ट्रेक्टर बनाने का प्लान बनाया और सफल हो गया। आज मैं खुद दूसरों को डीलरशिप देता हूँ।"**

लक्ष्मण दास मित्तल का यह कहना आज की युवा पीढ़ी को आकर्शित करता है। जबकि ट्रेक्टर बनाना उनका एक आइडिया था, जिसपर कड़ी मेहनत की गयी थी। परन्तु सही रणनीति अपनाने के बाद ही वह आइडिया सफल हुआ था, क्योंकि अमीर बनने का फार्मूला रणनीति में छिपा है:-

कमजोरी + खतरे + शक्ति + अवसर + लक्ष्य = रणनीति

यदि आप रणनीति शब्द पर नजर डालें, तो पाएंगे कि यह दो शब्दों का मेल है। रण यानि लड़ाई, और नीति का मतलब है तरीका। इसलिए कहा गया है कि हर चीज का नियम होता है। शरीर के विकास का भी नियम है और पतन का भी नियम है-?

लेकिन जो व्यक्ति इन नियमों का पालन करता है, वह गणित के फार्मूले की तरह सफलता के मुकाम तक पहुंच जाता है। जबकि रणनीति शब्द मूल रूप से युद्ध से निकला है, परन्तु अब इसे जीवन के किसी भी क्षेत्र में अपनाया जा सकता है-?

युद्ध की बहुत सी स्थितियां आज आधुनिक रोज़मर्रा के जीवन में भी मौजूद हैं। क्योंकि युद्ध में स्थितियां लगातार बदलती रहती हैं। वहाँ दांव पर बहुत कुछ लगा होता है। फिर जरा सी भूल हार में बदल सकती है-?

ठीक वैसा ही आधुनिक व्यवसायिक दुनिया में लगातार टेक्नोलॉजी बदलती है, बाजार की जरूरतें बदलती हैं। तब जरा सी गलती कम्पनी को डुबो सकती है-? ऐसे में आप खुद को हालात के भरोसे नहीं छोड़ सकते-?

एक पुरानी कहानी है, एक राजा अपनी 18 हजार सैनिकों और घुड़सवारों की सेना के साथ, एक पहाड़ी पर खड़ा नीचे घाटी में तैनात 2 लाख सैनिकों वाली सेना को देख रहा था।

तब राजा के सेनापति इतनी विशाल सेना को देखकर घबरा गए थे। जीत का सपना देखना तो दूर, उन्हें तो जिन्दा बचे रहने पर भी शक होने लगा था। परन्तु वे सब राजा को देखकर हैरान थे, क्योंकि वो मुस्करा रहे थे। थोड़ी देर बाद राजा अपने सेनापतियों की ओर मुड़ा और बोला, **"कल की लड़ाई में हमारी जीत होगी।"**

फिर उसकी भविष्यवाणी सही हुई। उस राजा का नाम था सिकन्दर, जो बाद में सिकन्दर महान कहलाया। तब हारने वाले राजा दारा को जान से हाथ धोना पड़ा था। परन्तु लड़ाई के बाद हैरान सेनापतियों ने सिकन्दर से पूछा, **"आप जीत के प्रति इतना आश्वस्त कैसे थे-?"**

सिकन्दर ने कहा, **"हार और जीत संख्या, शक्ति या तकनीक पर नहीं टिकी होती, बल्कि रणनीति पर निर्भर करती है और मेरे पास बेहतर**

रणनीति थी।"

लेकिन यह रणनीति का सिर्फ एक पहलू था, जबकि रणनीति के चार पहलू और होते हैं। जिसमें सबसे महत्वपूर्ण है- लक्ष्य। यानि आपका क्या होना चाहिए-? आपको कहां पहुंचना है-? कितने वक्त में पहुंचना है-?

फिर सोचना होता है कि शक्ति, और लक्ष्य के रास्ते में आने वाले खतरे क्या हैं-? उन खतरों के बीच मौके कितने हैं-? उनका फायदा उठाने के लिए कितनी शक्ति है-? और खतरों से निपटने में कमजोरियां क्या हैं-?

यदि आप इन सबको ध्यान में रखकर कोई योजना बनाएंगे, तो वह अवश्य सफल होगी।

परन्तु अमेरिका ने इन पहलुओं पर ध्यान नहीं दिया, जिसकी वजह से वहाँ मंदी का दौर आया है।

अगर लीमैन ब्रदर्स ने सही लक्ष्य रखकर जनता के पैसे का निवेश किया होता, तो आज अमेरिकी अर्थव्यवस्था की ये नौबत न आती-? जबकि रणनीति में सफलता और असफलता दोनों पहलू मौजूद होते हैं। परन्तु अच्छी रणनीति वही होती है, जो अभियान शुरू होने से पहले ही जीत के सारे पहलुओं को मजबूत कर देती है।

अब अमेरिका की अर्थव्यवस्था को लीजिए, सारी परेशानी की जड़ सब प्राइमल उधार थे, जो ऐसे लोगों को दिए गए थे, जिनके बारे में पहले से पता था कि वो उधार चुकाने के मामले में कच्चे हैं।

जबकि ऐसे लोगों को ऋण देकर पैसा कमाने की योजना रणनीति नहीं कहलाती बल्कि लालच कहलाता है। क्योंकि इसमें मौके का फायदा उठाने के लिए खतरों, कमजोरियों जैसे पहलुओं को नजरअंदाज किया गया था। लेकिन अच्छे रणनीतिकार कभी ऐसा नहीं करते-? वे खुद को और बाजार को इन चार पहलुओं पर रखकर तौलते हैं, फिर अपना निर्णय लेते हैं।

इसीलिए चीन के महान जनरल सुन-त्सू ने कहा है, **"रणनीति के बगैर सेना ठीक वैसी होती है जैसे मानचित्र के बिना यात्री। क्योंकि रणनीति आपको ऐसा वैचारिक नक्शा देती है, जिसके जरिए आप अपनी ऊर्जा को सही करके अपने निर्धारित लक्ष्य तक पहुंच सकते हैं-?"**

क्योंकि रणनीति वो कुंजी है, जिससे किसी भी समस्या को सुलझाया जा सकता है और किसी भी असफलता को सफलता में बदला जा सकता है-?

बिना सोचे समझे जोश या आवेश में आकर काम करने वाले भी कभी-कभी सफल हो सकते हैं-? लेकिन वो सफलता टिकाऊ नहीं होती।

क्योंकि रणनीति के महारथी उस दृष्टा की तरह होते हैं, जिन्हें अपने और

विरोधी के बारे में सब कुछ पता होता है।

अब आप गुड़गांव और चीन के शंघाई शहर के पूडांग इलाके को देखिए-? दोनों इलाके एक ही वक्त में विकसित होने शुरू हुए थे। लेकिन गुड़गांव का विकास बिना प्लानिंग से हुआ, जबकि पूडांग में पहली इमारत बनने से पहले पूरे मूलभूत ढांचे की योजना बनाई गई, फिर निर्माण शुरू हुआ।

यही कारण है कि 12 साल बाद आज गुड़गांव की चमक फीकी पड़ रही है और विकास की कमियां जाहिर हो रही हैं, जबकि पूडांग चीन में विश्व निवेश के बड़े केन्द्र की तरह उभर रहा है।

इसलिए हम कह सकते हैं कि दो शहरों की अलग-अलग स्थितियों के बीच का फर्क संसाधनों या समझदारी का नहीं है बल्कि रणनीति का है।

क्योंकि पूडांग प्रशासन को पता था कि उसे कहां जाना है-? उस रास्ते में क्या अड़चनें हैं-? और उसे कैसे दूर किया जा सकता है-?

दूसरी तरफ गुड़गांव प्रशासन को पता था कि भविष्य किस दिशा में बढ़ रहा है-? परन्तु उसका पूरा फायदा कैसे उठाया जाए, इसका उन्हें अंदाजा नहीं था-?

क्योंकि नीति कहती है कि सफलता के लिए, शिक्षा, ज्ञान, धन, सम्पर्क, और उच्च कुल की जरूरत नहीं होती बल्कि सही रणनीति की जरूरत होती है।

इसलिये धीरुभाई अम्बानी अक्सर कहा करते थे, **"नसीब कभी-कभी ही दरवाजा खटखटाता है और मनुष्य से पूछता है कि तुझे अमीर बनना है क्या-?"**

इसका मतलब है कि जीवन में सही मौके पर समझदारी के साथ उचित निर्णय लेना जरुरी है। परन्तु ओशो ने मौके की तुलना एक ऐसी लड़की से की है, जिसका चेहरा सुन्दर है, बाल हवा में लहरा रहे हैं और उसके पैरों में पंख लगे हैं, जो उसको तेज गति से उड़ाना चाहती हैं। लेकिन डर की वजह से वह उड़ नहीं पाती-? तभी तो किसी शायर ने कहा है:-

दिल में है जनून, तो पंखों में जान पैदा कर।
उड़ान भरनी है, तो खुद आसमान पैदा कर॥

यानि आपको अपने अन्दर खुद ही शक्ति पैदा करनी होगी और मौका मिलने पर अपनी सफलता का आसमान खुद ही बनाना होगा-?

'टाइम मैंनेजमेंट' गुरुओं का भी यही मानना है कि जीवन में आए अवसरों को मत छोड़ो, अवसर चाहे छोटा हो या बड़ा-? अपने विवेक से उस पर सही निर्णय लेकर कामयाबी की और बढ़ो।

क्योंकि अवसर तीव्र गति से छूटे धनुष बाण की तरह होते हैं, जो कभी

वापस नहीं आते-? इसलिये एयरटैल के एम.डी. सुनील मित्तल ने कहा है, **"बुद्धिमान मनुष्य मिले अवसरों में से ही बेहतर अवसर तलाश लेता है। क्योंकि वह उनपर तेजी से विचार करता है।"**

लेकिन कोई भी उद्योग विचारों की नींव पर नहीं खड़ा किया जा सकता-? जबकि पहला स्तंभ बेशक विचार हो सकता है-?

परन्तु उद्यम को खड़ा करने के लिए क्षमता पर भी ध्यान देना जरुरी है। क्योंकि इस क्षमता के अभाव में कई उद्यम चरमरा कर ढ़ह चुके हैं। जबकि मामूली से लगने वाले वही विचार कई बार सफल हुए हैं, क्योंकि उन पर अमल सही ढंग से किया गया था।

इसलिए वेंचर कैपिटलिस्ट इस पहलू पर खासा महत्व देते हैं और किसी भी नए उद्यम में पैसा लगाने से पहले अच्छी तरह छानबीन करते हैं कि उसमें कितना दम है-?

लेकिन उद्यम की सफलता में कुछ बातों पर खास ध्यान देना जरूरी है।

जैसे कि क्या आपके उत्पादन की मांग है-? कहीं ऐसा तो नहीं कि आपका आइडिया पुराना हो-? इसलिए उसमें पैसा लगाने से पहले सर्वे जरूर करें,फिर उसकी मांग पैदा करने के लिये रणनीति बनाएं।

पैसे का प्रबंध कहाँ से होगा-? इसका भी प्लान करें। क्योंकि माल की माँग होने पर वेंचर कैपिटलिस्ट या बैंक पैसा लगा सकते हैं-? परन्तु शुरु में आपको अपनी जेब से पैसा लगाना पड़ेगा, इसलिए अपनी फाइनेंसियल परिस्थितियों का भी ध्यान रखें।

और आलीशान दफ्तर बनाने पर पैसा बहाने की गलती न करें-? पहले बुनियादी सुख-सुविधाएं के साथ एक टीम खड़ी करें, जो उत्पादन, ग्राहक सेवा, मार्केटिंग, प्रबंधन आदि का काम संभाले। परन्तु इस टीम की नियुक्ति में कंजूसी न करें।

क्योंकि सही टीम आपके उद्यम को बल देगी। उसके बाद सोचें कि ग्राहक को कैसे आकर्षित किया जाए-? जिनसे यह पता चलेगा कि आप मार्केट में टिक सकते हैं या नहीं-?

फिरे दृढ़ संकल्प से इन समस्याओं का समाधान ढूंढ़ा जा सकता है-? क्योंकि ईश्वर ने आपको कल्पनाशील मस्तिष्क से नवाजा है, जो आपको दूसरों से अलग करता है। परन्तु जरूरत है उसका विकास करके उपयोग में लाने की-?

आपने अलादीन की कहानियां जरुर पढ़ी होंगी, जिनमें वह चिराग को घिसकर जिन्न को बुलाता है और जिन्न उसकी मुश्किल से मुश्किल जरूरत को पूरा करता है।

ठीक वैसा ही जिन्न आपके अन्दर है, जो आपके लिए सभी तरह का काम कर सकता है, लेकिन उसे जगाने की जरुरत है-? जबकि अधिकतर लोग कम्फर्ट जोन में रहना पसंद करते हैं और जोखिम उठाने से डरते हैं।

परन्तु आपको ऐसा नहीं करना है। आपको अपने मन-मस्तिष्क पर नियंत्रण रखना है ताकि आप अपने लक्ष्य की ओर फोकस रहें और किसी भी तरह की मानवीय संवेदनाओं से न घिरें।

ठीक वैसे ही जैसे कि एक दावत में जब तमाम लोग भरपेट भोजन कर चुके थे। तब एक सेठ ने शर्त रख दी कि जो व्यक्ति पांच दर्जन केले और खाएगा, उसे मैं एक हीरे की अंगूठी ईनाम में दूँगा।

एक ब्राह्मण बोला, **"अगर मुझे आधे घंटे का वक्त दिया जाए, तो मैं कोशिश कर सकता हूँ-?"**

सेठ ने इजाजत दे दी। वह आधे घंटे के लिए बाहर गया और लौट कर पांच दर्जन केले खा गया।

सबने उसकी तारीफ की और सेठ ने खुश होकर हीरे की अंगूठी ईनाम में दे दी। लेकिन किसी को यह समझ नहीं आ रहा था कि वह ब्राह्मण बाहर क्या करने गया था-? जाते वक्त सेठ ने उससे बाहर जाने की वजह पूछी, तो ब्राह्मण बोला, **"मैंने बाहर जाकर पांच दर्जन केले खाकर देखे कि मैं खा सकता हूँ या नहीं-? जब मुझे यकीन हो गया, तो मैंने यहाँ आकर पांच दर्जन और केले खा लिए।"**

जबकि ब्राह्मण ने पांच की जगह दस दर्जन केले खाए थे-?

लेकिन यह उसकी योजना का एक हिस्सा था। इसलिए आपको भी अमीर बनने के लिए कुछ ऐसी ही योजना बनानी होगी-? आपको अपनी क्षमता बढ़ानी होगी-? मस्तिष्क का सही प्रयोग करना होगा-? मस्तिष्क को री-प्रोग्राम करना होगा-?

लेकिन आपके इस पृष्ठ को पढ़ने से पता चलता है कि आपमें अपने मस्तिष्क को री-प्रोग्राम करने की शक्ति है-? आपमें लक्ष्यों को भेदने की क्षमता है-? और आप अमीर बनने की सीढ़ी पर चढ़ना चाहते हैं-?

क्योंकि आप उन सुखों का स्वाद लेना चाहते हैं, जो सिर्फ अमीर लोगों को ही मिलते हैं। आप उन लोगों में शामिल होना चाहते हैं, जो लम्बी-लम्बी गाड़ियों में घूमते हैं-?

इसलिए आज ही अमीर बनने का संकल्प लें, क्योंकि अमीर बनने के सिर्फ 12 सिद्धांत हैं और उन सिद्धांतो को सिखाने वाली पुस्तक आपके हाथ में है।

परन्तु पुस्तक का हर अध्याय ध्यान से पढ़ें और आने वाले स्वर्ण युग का

हिस्सा बनें। अब आपके जीवन के सबसे अच्छे दौर के शुरू होने में कुछ ही घंटे बाकी हैं-?

क्योंकि हाल ही में प्रकाशित एक रिपोर्ट में कहा गया है कि भारत में प्रत्येक 1,000 परिवारों में से एक परिवार की आय एक करोड़ से अधिक है और लगभग दस लाख परिवार करोड़पति हैं।

इसलिए हम आपको भी अमीर बनाना चाहते हैं ताकि आप देश की समृद्धि का हिस्सा बनें-? सरकार को ज्यादा इनकम टैक्स दें-? स्मार्ट तरीके से बैंकों से कर्ज लें-? और जब आप अमीर होगें, तब देश खुद ही समृद्ध हो जाएगा।

■■■

पुस्तक की दुकान में रखी हुई गीता या गुरुग्रंथ सामान्य पेपर पुस्तक हैं। श्रद्धा से, आंखों से देखने से या माथा झुकाने मात्र से उसमें ईश्वरीय ऊर्जा का आभास मिलने लग जाता है। फिर जिस वस्तु को आप श्रद्धा से देखते हैं, उसमें ईश्वर पैदा हो जाता है। जिस यंत्र, ताबीज या मंत्र से आप श्रद्धा पैदा कर देते हैं, उनमें शक्ति पैदा हो जाती है।

पहला अध्याय
1
इसे याद रखें
सफलता का ताला आप, खोल सकते हैं।
योग्यता को अपनी आप, तोल सकते हैं।।
यही कहता है, साहस का नियम।
सितारों की तरह जीना, आप सीख सकते हैं।।

स्टार्टअप शुरू करने का आपका आइडिया क्या है-?

भारतीय सिनेमा खुद में एक माइथोलॉजी है। जिसे बॉलीवुड सेल्यूलाइट के पर्दे पर फैहरा रहा है और भूली-बिसरी कथाओं को जीवित कर रहा है। इसलिए सोचो कि फिल्म **'शोले'** क्यों सुपरहिट हुई थी-? सलीम-जावेद ने गब्बर सिंह का करेक्टर कैसे रचा था-? सुरमा भोपाली का रोल कैसे यादगार बना था-? क्योंकि फिल्म के अंदर सफलता में गहरे रहस्य छिपे हुए हैं।

आपको शायद पता हो कि सलीम-जावेद के सलीम खान के पिता मध्य प्रदेश में सीनियर पुलिस अफसर थे। वे अक्सर अपने बच्चों को अपराधियों के किस्से सुनाते थे, जिन्हें सलीम खान बड़े चाव से सुनते थे। उन किस्सों में कान, नाक, हाथ काटने वाले डाकू गब्बर सिंह का भी किस्सा था। जिसे सलीम खान ने फिल्म **'शोले'** में भव्यता से गढ़ा था।

कहानी तो ठाकुर और गब्बर सिंह की थी, लेकिन सलीम-जावेद की जोड़ी ने उसमें वैस्ट का तड़का लगाया और अंग्रेजों के जमाने के जेलर का रोल उसमें जोड़ दिया। जिसकी वजह से संघर्ष का समीकरण बदल गया और फिल्म सुपरहिट हो गई।

क्योंकि सलीम-जावेद का आइडिया दूसरे राइटरों से अलग था, इसलिए दर्शकों को पसन्द आया। डायलॉग भी नए अंदाज में गढ़े गए थे, जो अवचेतन में गहरी पैंठ बना गए। जबकि **'कितने आदमी थे-?'** कोई सारगर्भित संवाद नहीं है, लेकिन यह गली-गली में गूंजा। **'सरदार हमने आपका नमक खाया है, तो अब गोली खा'** में कोई विट नहीं है, परन्तु लोकप्रिय है।

इसे आइडिया का रसायन कहते हैं, जो सिर चढ़कर बोलता है। इसलिए

पुस्तक को आगे पढ़ने से पहले यह जान लें कि आपका आइडिया क्या है-? क्योंकि किसी भी क्षेत्र में सफलता पाने का शॉर्टकट है इनोवेटिव आइडिया। आपका आइडिया जितना नया होगा, सफलता भी उतनी ही बड़ी मिलेगी।

कुछ दिनों पहले टेलीविजन पर चॉकलेट का एक विज्ञापन दिखाया जा रहा था, जिसमें रेखा ने अभिनय किया है। विज्ञापन में क्रिकेट खिलाड़ी मैच खेलने जा रहे हैं और पीछे की सीट पर रेखा बैठकर चिड़चिड़ाहट और नाराजगी प्रगट कर रही हैं तथा हैंड ग्लब्ज को पसीने की दुकान कहकर फेंक देती हैं।

अगली सीट पर बैठा व्यक्ति रेखा को चॉकलेट देकर कहता है कि हमारा यह पुरुष खिलाड़ी भूख लगने पर ऐसा बर्ताव करता है। फिर अगले ही शॉट में जहां रेखा बैठी थी, वहां एक पुरुष बैठा चॉकलेट खा रहा है। इसी तरह मैदान पर पहुंचते ही कार से निकल कर उर्मिला चिढ़कर कहती है, **"क्या सिर्फ मुझे ड्राइवर समझा है, मैं नहीं खेलूंगी।"** उन्हें भी चॉकलेट दी जाती है।

इस विज्ञापन ने चॉकलेट की सेल 100 गुना बढ़ा दी। क्योंकि विज्ञापन में संदेश दिया गया है कि भूख लगने पर चॉकलेट से पेट भरा जा सकता है। यह इम्तियाज अली का आइडिया था, जो लोगों के मस्तिष्क पर गहरी चोट कर गया।

इसलिए यह मानकर चलें कि बड़ी सफलता वही लोग पाते हैं, जिनके पास धांसू आइडिया होता है।

निर्देशक आयान मुखर्जी की फिल्म **'ये जवानी है दीवानी'** सफलता के झंडे गाड़ चुकी है। 300 करोड़ का आंकड़ा भी पार कर चुकी है। ऐसी सफलता की उम्मीद न तो आयान को थी और न ही रणबीर-दीपिका को। लेकिन इस शानदार फिल्म का आइडिया आयान को अपने एक दोस्त की शादी से मिला था, जहां वह अपने दोस्तों के साथ जश्न मना रहे थे।

दूसरा किस्सा इस्राइल की डांसर शाकेद दगान का है। वे 2010 में जब पहली बार भारत आईं, तो उन्हें लगने लगा कि इस देश में कुछ अलग बात है। एक आर्टिस्ट होने के नाते भारत को अपनी आर्ट में उतारने का आइडिया कुछ ही महीनों में उनके पास था। फिर तीन साल बाद 2013 में वह आइडिया कोरियोग्राफर शाकेद की स्पेशल परफॉर्मेंस में बदल गया। शाकेद के उस डांस शो को दिल्ली गैंग रेप के बाद और जोरदार बना दिया।

अब शाकेद कहती हैं, **"उन दिनों गैंग रेप की खबरें पढ़कर लगा कि मुझे शो में औरतों की दुनिया के हर एंगल को डालकर पेश करना चाहिए।"**

फिर वही हुआ, उस टेंपरेरी डांस शो में 6 अलग-अलग देशों की 7 डांसर्स के साथ शाकेद ने वूमेन वर्ल्ड को डांस पीस में बुन डाला।

उसके बाद किसी शायर ने कहा था:-

अपने हौसले को यह मत बताओ, कि परेशानी कितनी बड़ी है।
अपनी परेशानी को यह बताओ, कि मेरा हौसला कितना बड़ा है।

संघर्ष की ताकत को पहचानें:

अब मैं आपको सॉफ्ट ड्रिंक **'कोका-कोला'** के बनने की कहानी सुनाता हूं। यह उस दिन शुरू हुई, जब पहली बार कुदरती खनिज पदार्थों से युक्त जल स्रोत इंसान के हाथ लगे थे। वैसे तो जल स्रोत में नहाना इंसान के लिए अच्छा माना गया है, लेकिन वैज्ञानिकों ने जान लिया कि कुदरती खनिज पदार्थों से युक्त झरणों के जल में बुलबुले कार्बनडाईऑक्साइड के कारण उठते हैं।

फिर 1676 में पहली बार सोफ्टड्रिंक बाजार में पहुंचा, जो पानी और नींबू के रस के मेल से तैयार किया गया था। उसे मीठा करने के लिए शहद मिलाया गया था। फेरी वाले उस पेय को एक छोटे ड्रम में भर कर घूमते रहते थे और प्यासों को पिलाते थे। बाद में एक अंग्रेज डॉक्टर जोसेफ प्रिस्टले ने सोड़ा तैयार किया और उस पेय में मिला दिया। लेकिन लोगों को उसका स्वाद पसन्द नहीं आया।

तब डॉक्टर जौन स्टिथ अटलांटा में दवा की दुकान चलाते थे। उन्होंने उस पेय में कोका के पत्ते और अफ्रीका के कोला नामक बादाम पीसकर डाल दिए। फिर जिसने भी उसे पिया, उसके दिमाग और नाड़ियों में स्फूर्ति आ गई। एक दिन एक ग्राहक जौन स्टिथ के पास आया और बोला, **"मेरे सिर में दर्द हो रहा है। कोई ऐसी दवा दो, जिसे पीने के बाद मुझे आराम मिले-?"**

तब जौन स्टिथ ने वह पेय सोडा मिलाकर उस ग्राहक को पिला दिया। ग्राहक का सिरदर्द कुछ ही देर में ठीक हो गया। उसके बाद जौन स्टिथ ने उस पेय का नाम रख दिया **'कोका-कोला'**, जो अब दुनिया के हर देश, शहर, गांव और गली में बिकता है।

तभी तो बायोकोन की चेयरपर्सन किरण मजूमदार शॉ कहती हैं, **"हर विफलता, सफलता के नए रास्ते खोलती है। विफलता क्षणिक होती है और सफलता के रास्ते पर आगे बढ़ा जा सकता है। विफलता तब स्थायी बन जाती है, जब इंसान प्रयास करना छोड़ देता है।"**

गीतकार प्रसून जोशी कहते हैं, **"मुश्किल रास्ता आपको मंजिल की तरफ ले जाता है और खूबसूरत रास्ता अपने आप में एक मंजिल होता है।"**

फेसबुक की स्थापना करने वाले मार्क जुकेरबर्ग कहते हैं, **"अपनी राह पर तेज चलो और इस बात का ध्यान मत दो कि तीव्र गति से कुछ चीजें टूट गई हैं। यदि चीजें टूटने की आवाज आपको सुनाई दे रही है, तो समझो कि आपकी गति तेज नहीं है।"**

अलग दिखने के लिए कुछ अलग सोचिए:

मोबाइल गेम्स की दुनिया में अब नरेंद्र मोदी काले धन के पीछे लगे हैं। स्मार्ट फोन के प्ले स्टोर पर **'मोदी चेज ब्लैक मनी'** और **'मोदीज ब्लैक मनी चेज'** तेजी से पॉपुलर होता जा रहा है।

मुफ्त में उपलब्ध इन गेम्स को लोग जमकर डाऊनलोड कर रहे हैं। क्योंकि नरेंद्र मोदी देश के प्रधानमंत्री हैं, इसलिए इन खेलों का क्रेज भी खास है। लोकसभा चुनाव से पहले **'मोदी रन'** नाम से गेम आया था, जिसमें सरकार बनाने का खेल था। वह खूब लोकप्रिय हुआ था।

लेकिन सरकार बनने के बाद लोग यही संभावना जता रहे हैं कि विदेशों में चोरी से जमा किया गया भारत का पैसा वापस जरूर आएगा। इस गेम में 6 राउंड हैं। एक के बाद एक राउंड पार करते हुए काला धन जमा करने वालों को मोदी पकड़ते हैं।

लेकिन आपको यह पता नहीं होगा कि इस गेम को किसने बनाया है-? वर्जिन ग्रुप की कम्पनी ने। वही वर्जिन ग्रुप, जिसके मालिक रिचर्ड ब्रेनसन हैं। उनकी आठों कम्पनियां बिलियन डॉलर के ऊपर का कारोबार करती हैं। जबकि उन्होंने 16 की उम्र में स्कूल से ड्रॉप आउट कर लिया था और 20 की उम्र में बिजनेस शुरू कर दिया था।

ब्रिटेन के धनी व्यक्तियों में शामिल ब्रेनसन को उनके कामों के लिए सन 2000 में ब्रिटेन की महारानी ने नाइट की उपाधि से नवाजा था।

उनकी कम्पनी के पोर्टफोलियो में म्यूजिक, एविएशन, इंडस्ट्री, बेवेरेजिस और मोबाइल आते हैं। लेकिन उनके कुछ सिद्धांत हैं, जो आपके लिए मील का पत्थर साबित हो सकते हैं:-

- **बिना रिस्क लिए आप कभी आगे नहीं बढ़ सकते।**
- **अपने नाम और काम को सोच-समझकर पेश करें।**
- **जितना पहली बात का असर रहता है, उससे कहीं कम असरदार दूसरी बात का नहीं होता।**
- **गलतियों को खुद पर हावी मत होने दें, उनमें इस तरह से सुधार करें कि वह प्रेरणा का सबब बन जाए।**
- **जितना हो सके मेल और मोबाइल की जगह आमने-सामने की बात-चीत को तवज्जो दें।**
- **हमेशा साथ चलने की कोशिश करें, क्योंकि किसी का साथ आपको निर्भरता की ओर ले जाता है।**

इन्हीं सिद्धांतों को अपनाकर के.वी.एम. दिल्ली के 16 स्टूडेंट्स **'स्पार्क्ज लिमिटेड़'** नाम की कम्पनी चला रहे हैं। न एम.बी.ए. हैं, न इन्जीनियर हैं, न

प्रोफेशनल हैं, फिर भी स्टेशनरी बेचते हैं।

कम्पनी के सी.ई.ओ. अनन्य जैन कहते हैं, **"मैंने इस तरह की शॉप चंडीगढ़ में देखी थी। आइडिया अच्छा लगा और के.वी.एम में आने के बाद 'स्पार्क्ज लिमिटेड़' की शुरूआत कर दी।"**

नौकरी में भी इस तरह के आइडियाज की जरूरत पड़ती है, लेकिन नौकरी में ऐसा आइडिया दूसरों के लिए इस्तेमाल होता है।

'पब्लिक इन्फॉर्मेशन इन्फ्रास्ट्रक्चर एण्ड इनोवेशन' मामलों पर प्रधानमंत्री के सलाहकार सैम पित्रोदा यानी सत्यनारायण गंगाराम पित्रोदा बताते हैं, **"मैं बढ़ई का बेटा हूं। जब टेलीकॉम इन्जीनियर बना, तो मैंने खुद को परखने की कोशिश की। इसलिए मैं अमेरिका चला गया और नौकरी करने लगा। वहां मुझे इनोवेशन डिपार्टमेंट में काम करने का मौका मिला, जहां मैं वैज्ञानिक बन गया। उसके बाद भारत आया और 'राष्ट्रीय ज्ञान आयोग' का अध्यक्ष पद संभाला। क्योंकि इनोवेशन का मतलब विज्ञान और तकनीकी से नहीं है, बल्कि नया आइडिया उत्पन्न करना है।"**

इतिहास गवाह है कि भारत ने हमेशा से नए विचारों और नई खोजों को प्रोत्साहित किया है। शून्य की खोज हमने की, इस खोज ने गणित में क्रान्ति ला दी। अगर हम अपनी एतिहासिक और सांस्कृतिक धरोहरों पर नजर डालें, तो पाएंगे कि भारतीयों ने शिल्प तथा वास्तुकला के क्षेत्र में अद्‌भुत नमूने पेश किए हैं। ताजमहल और कुतुब मीनार जैसी इमारतें इसका सबूत हैं। हर्बल दवाओं के क्षेत्र में भी हमने तमाम नई खोज की हैं। अगर शिक्षा की बात करें, तो नालंदा और तक्षशिला जैसे विश्वविद्यालयों की स्थापना नए विचारों की ही देन है।

मिशन इम्पॉसिबल को पूरी तरह से मिटा दें:

एक बार किसी ने रब से कहा, **"ऐ खुदा! कितना अच्छा होता यदि जिंदगी होती, मौत नहीं-? स्वर्ग होता, नर्क नहीं-? अमीरी होती, गरीबी नहीं-? सेहत होती, बीमारी नहीं-?"**

तब रब की आवाज गूंजी, **"यदि मौत न होती, तो मेरा दीदार न होता-? यदि नर्क न होता, तो मेरी हस्ती से कौन डरता-? यदि गरीबी नहीं होती, तो मेरा शुक्रिया कौन अदा करता-? यदि बीमारी न होती, तो मुझे कौन याद करता-?"**

इसलिए लंका में रावण नहीं, राम हैं। रामायण में सुंदर कांड और लंका कांड में जिन स्थानों के बारे में आपने पढ़ा है या सुना है, वे सभी श्रीलंका के विभिन्न शहरों में मौजूद हैं और सुरक्षित भी। आपको जानकर आश्चर्य होगा कि वहां रावण का एक भी मंदिर नहीं है, बल्कि राम के मंदिर हैं।

आज भी वह पत्थर मौजूद है, जहां सीताजी अपने स्वामी राम के विलाप में खोई हुई बालों को संवारती थीं। वो कुंड भी है, जहां सीताजी आंसू बहाती थीं।

रावण ने सीताजी की सेवा के लिए जहां 16 हजार दासियां रखी थीं, वो स्त्रीपुरम भी कोलम्बो से 220 किलोमीटर की दूरी पर मौजूद है। लेकिन रावण का कोई भी मंदिर वहां मौजूद नहीं है-?

इसलिए मिशन इम्पॉसिबल को पूरी तरह से मिटा दें और कर्म पर ध्यान दें। क्योंकि कर्म से ही प्रकाश मेहरा सफल निर्माता-निर्देशक बने थे। जबकि उनका जन्म 13 जुलाई 1939 को उत्तर प्रदेश के बिजनौर शहर में हुआ था। वहां उनके पिता की **'प्रिंस ड्राइक्लीनर्स'** के नाम से ड्राइक्लीन की दुकान थी।

तब उन्हें गीत लिखने का शौक था। उसी शौक ने उन्हें बिजनौर से मुम्बई पहुंचा दिया था। बाद में उन्होंने **'जंजीर'**, **'शराबी'** जैसी कई सुपरहिट फिल्में बनाई और अपना दफ्तर बनाने के लिए जुहू होटल खरीदा।

कुछ लोग कहते हैं कि प्रकाश मेहरा के भाग्य में निर्माता-निर्देशक बनना लिखा था, इसलिए वे बिजनौर से भागकर मुम्बई आए थे-? लेकिन ऐसा कुछ नहीं था। भाग्य अपना काम करता है, परन्तु उसकी कुछ सीमाएं हैं-? वह इच्छाशक्ति, संकल्प, लगन, जुनून, मेहनत, आइडिया और प्रकृति से बदलता है।

गहराई से समझने के लिए एक नदी की कल्पना करें। उसका उदय पहाड़ों से होता है। लेकिन शुरू में वह एक नाले जैसी होती है। फिर वह झरना बन जाती है। मैदानी इलाकों में बहते हुए अंत में यह समुंद्र में जा मिलती है। क्या यह इस नदी का भाग्य है-? नहीं। यह नदी का भाग्य नहीं है, बल्कि नदी के पानी की प्रकृति है। क्योंकि उसका काम ऊंची जगह से नीची जगह की तरफ लगातार बहना है। इसलिए फिर सोचो कि आपका आइडिया क्या है-?

सफलता का रहस्य जानें:

रोज आपके दिमाग में सैकड़ों आइडियाज आते हैं, लेकिन आप उन सब पर काम नहीं करते-? क्योंकि आप असफल होने से डरते हैं।

जबकि हर आइडिया पर सोचना जरूरी है। उसके बाद आइडियाज की छटाई करें और अपने कौशल से मिलाएं। यदि जवाब मिले, **"यस! आई कैन"**, तब उस आइडिया को अमल में जरूर लाएं।

क्योंकि जिस आइडिया पर आप निरंतर काम करते हैं, उसी से आपके व्यक्तित्व का निर्माण होता है और व्यक्तित्व से आपकी किस्मत चमकती है।

पुराना किस्सा है। एक बार अमेरिका के नामी उद्योगपति क्लैरंस डैरो से किसी पत्रकार ने पूछा, **"आप अपनी सफलता का रहस्य बताएं-?"**

तब क्लैरंस डैरो ने कहा, **"मैं एक टाल पर काम करता था। एक दिन जब**

बहुत गर्मी थी, मैं सूखी घास के गटट्र बना रहा था और उन्हें बांट रहा था। टाल वाला बार-बार मेरे ऊपर और गटट्र लाद देता था। दोपहर तक मैं थक कर चूर हो चुका था। फिर मैं उस फर्म से निकल आया और वहां कभी वापस नहीं लौटा। क्योंकि दौलत कमाने का आइडिया मैंने खोज लिया था।"

पत्रकार ने दूसरा प्रश्न दागा, **"आप अपनी सफलता का श्रेय आइडिया को दे रहे हैं, जबकि दूसरे लोग अपनी सफलता का श्रेय कठिन परिश्रम को देते हैं। ऐसा क्यों-?"**

"क्योंकि आइडिया के बाद ही कठिन परिश्रम काम आता है।" क्लैरंस डैरो ने उत्तर दिया।

इसलिए गांधी जी हमेशा नए आइडियाज पर विचार करते रहते थे और उनका नामांकरण करते रहते थे। आपको शायद ही पता हो कि उनके तीन बंदर कहां से आए थे-? बात 1939 की है। चीन का एक प्रतिनिधिमंडल उनसे मिलने आया। बातचीत के बाद उन लोगों ने गांधी जी को एक भेंट देते हुए कहा कि यह एक बच्चे के खिलौने से बड़े तो नहीं हैं, लेकिन हमारे देश में बहुत ही मशहूर हैं। गांधीजी ने तीन बंदरों के सेट को देखते ही उनका नामांकरण कर दिया, **"बुरा मत देखो, बुरा मत सुनो, बुरा मत बोलो।"**

यह एक आइडिया था, जो बाद में गांधी जी के सिद्धांतों में जुड़ गया।

शराब, मनोरंजन और शबाब तीनों हैं लाजवाब:

वाल्मीकि ने रामायण में लिखा है, **"उत्साह से बढ़कर कोई बल नहीं है और उत्साही मनुष्य के लिए जगत में कोई वस्तु दुर्लभ नहीं है।"**

इसका प्रत्यक्ष प्रमाण आप खुद अपने जीवन में देख सकते हैं-? एहसास कर सकते हैं-? जब आपके मन में कार्य करने की प्रबल इच्छा जागृत होती है, तब आप एकदम उठकर खड़े हो जाते हैं और कहते हैं, **"मुझे यह कार्य करना है।"** उत्साह इतना बढ़ जाता है कि आप बड़े से बड़ा कार्य भी क्षणभर में कर देते हैं। इसलिए उत्साह की विशेषताएं जानें:

- **यह आपको जिंदादिल बनाए रखता है।**
- **इसमें धैर्य, संयम और सहनशीलता जैसे गुण छिपे हैं।**
- **यह क्रोध को नियंत्रण में रखने का एक मानवीय गुण है।**
- **यह संघर्ष की क्षमता में कभी गिरावट नहीं आने देता।**
- **यह आपका साहस बढ़ाता है।**
- **यह आपको कर्त्तव्यपरायणता की ओर ले जाता है।**
- **यह आपके सार्थक जीवन की ऊर्जा है।**

सोनीपत जिले के चटिया गांव के निवासी दीपक भारद्वाज में गजब का

उत्साह था, जिसकी वजह से वे एक साधारण क्लर्क से अरबपति बने थे। जबकि किसी जमाने में वे दिल्ली सरकार के रजिस्ट्रार कार्यालय में क्लर्क थे। वहां रहते हुए उन्हें दिल्ली भूमि कानून की काफी जानकारी हो गई थी। जिसके इस्तेमाल से वे प्रोपर्टी के कारोबार में आए और अरबपति बन गए।

दीपक के एक करीबी ने बताया, **"नौकरी के दौरान सबसे पहले उन्हें एक बिल्डर का काम करने की एवज में लाखों रुपए मिले, तो उन्होंने नौकरी छोड़ दी। उस रकम से दीपक ने सबसे पहले लाजवंती इलाके में एक घर लिया। कुछ समय ऑटो पार्ट्स का भी कारोबार किया। लेकिन कुछ दिन बाद वे प्रोपर्टी के कारोबार में उतर गए और साधारण आदमी से अरबपति बन गए। क्योंकि वे शराब, मनोरंजन और शबाब का सही उपयोग करना सीख गए थे।"**

पॉन्टी चड्ढा भी इसी तरह से अमीर बने थे। जबकि किसी जमाने में वे अपने पिता के साथ मुरादाबाद में देशी शराब के ठेके के सामने नमकीन का ठेला लगाते थे। बाद में उनके पिता को किसी तरह एक शराब की दुकान का लाइसेंस मिल गया। उसी समय पॉन्टी चड्ढा पर लिकर बैरन होने का भूत सवार हुआ। फिर उसी दुकान के मालिक बने, जहां पर ठेला लगाते थे।

बाद में हजारों की श्रंखला खड़ी कर दी। जबकि पॉन्टी चड्ढा से पहले यह धंधा कुछ अलग नियमों पर चलता था और उसमें समान हैसियत वाले कई खिलाड़ी थे। परन्तु पॉन्टी चड्ढा ने सारे नियम बदल दिए और ऐसे शहंशाह बन गए कि जहां खड़े होते थे, लाईन वहीं से शुरू होती थी।

कहते हैं कि तीन व्यवसाय ऐसे हैं, जिनमें मंदी के दौर का प्रभाव नहीं पड़ता। वे हैं शराब, मनोरंजन और शबाब। पॉन्टी चड्ढा ने तीनों ही व्यवसाय किए और अमीर लोगों की जमात में शामिल हो गए।

इसलिए एक बार फिर सोचो कि आपका आइडिया क्या है-? क्योंकि आइडिया जितना दमदार होगा, उतना ही दौलत को खींचेगा।

पंजाब इन्जीनियरिंग कॉलेज में बीटेक करने वाले विनय जौहर ने एक दोस्त के आइडिया पर ऐसी आईटी कम्पनी खड़ी कर दी, जो आज 20 से अधिक देशों में 380 से अधिक कम्पनियों को सर्विसेज दे रही है। उनके ग्राहकों में विप्रो से लेकर सैमसंग शामिल हैं।

रिज्यूमे पार्सिंग (बायोडाटा प्रोसेसिंग) सर्विसेज देने वाली कम्पनी **'आरचिली'** ने पहले साल में सिर्फ 15 लाख का कारोबार किया था। लेकिन दूसरा साल पूरा होने से पहले ही कारोबार 10 करोड़ तक पहुंच गया। अब कम्पनी ने अगले दो साल में 100 करोड़ के टर्नओवर को पार करने का प्लान बनाया है।

आइडिया नया है तो नामुमकिन कुछ भी नहीं:

एक हाईप्रोफाइल सेंधमार की देश के कई शहरों में तलाश थी। उसने हैदराबाद, बेंगलुरू, जयपुर, पुणे, चेन्नई, अहमदाबाद, मुम्बई जैसे शहरों में सैकड़ों घरों में सेंधमारी के जरिए लूट की वारदातें की थीं। लेकिन अपराध के उसके तौर-तरीके ऐसे थे कि वह सालों तक पकड़ा नहीं जा सका।

जहां लूट करनी होती, वहां वह लैंडक्रूजर जैसी महंगी गाड़ी से जाता था, साथ में उसके अगल-बगल दो खूबसूरत लड़कियां भी होती थीं। इस तामझाम को देखकर सुरक्षाकर्मी अक्सर धोखा खा जाते थे।

एक बार उसने बाबा घटकर के आश्रम को लूटा। तब बाबा ने संकल्प लिया कि वह उस चोर का पता लगाकर ही रहेंगे। क्योंकि उनके सी.सी.टी.वी. में चोर की तस्वीरें कैद हो चुकीं थीं। फिर बाबा घटकर ने छह महीने के भीतर यह करके भी दिखा दिया और पुणे की पुलिस ने उस छंटे हुए सेंधमार को पकड़ लिया। उसका नाम है सलीम अली हुसैन खान उर्फ कुरैशी।

क्योंकि बाबा के दिमाग में उस चोर को पकड़वाने का गजब का आइडिया आ गया था। उन्होंने चोर की फोटो **'मराठा अखबार'** में छपवा दी और लिखवा दिया, **"लापता की तलाश, पता देने वाले को 15 करोड़ का ईनाम दिया जाएगा।"**

चोर को लालच आ गया। उसने मुखबिर बनाकर बाबा के आश्रम में अपनी पत्नी को भेज दिया, ताकि ईनाम का पैसा उसकी पत्नी को मिल जाए। परन्तु पुलिस ने जब सख्ती करी, तो पत्नी ने सच उगल दिया। फिर पकड़े जाने पर उसने गुनाह कुबूल किया। उसके पास से लूट का काफी माल बरामद हुआ। पुलिस ने बताया कि लूट और सेंधमारी की 121 से ज्यादा वारदातों में पिछले 10 सालों से उसकी तलाश थी।

इसलिए **'ओम शांति ओम'** फिल्म में शाहरूख खान ने कहा था, **"आप यदि किसी चीज को शिद्दत से चाहते हो, तो पूरी कायनात उसे आपसे मिलाने की कोशिश में जुट जाती है।"**

मशहूर शायर **'शुजाअखावर'** का एक शेर है:-

जानेमन मौत से पहले, जरूर जी लेना।
जीना मुश्किल हो, तो थोड़ी सी पी लेना॥

यहां पर पीने का अर्थ है जुनून और जीने का अर्थ है आइडिया। यानी मौत से पहले दिमाग में दौलत कमाने का आइडिया लाओ और उसे अमल में लाने का जुनून पैदा करो।

क्योंकि इंद्रा नूई आज जिस मुकाम पर हैं, वे अपने आइडिया की वजह से ही हैं। जबकि उनकी प्रारंभिक शिक्षा काठमांडू स्थित वनस्थली हाईस्कूल में हुई

थी। उसके बाद 1974 में उन्होंने मद्रास क्रिश्चियन कॉलेज से रसायन विज्ञान में स्नातक किया, फिर इंडियन इंस्टीट्यूट ऑफ मैनेजमेंट, कोलकाता से एमबीए की डिग्री हासिल की।

लेकिन उन्हें सफलता विरासत में नहीं मिली, बल्कि उसके लिए उन्हें काफी संघर्ष करना पड़ा। नूई की पहली नौकरी एक ब्रिटिश टेक्सटाइल कम्पनी में लगी। उसके बाद इंद्रा ने ब्रांड मैनेजर के रूप में **'जॉनसन एण्ड जॉनसन'** के मुम्बई ऑफिस में काम किया। कुछ ही समय बाद इंद्रा को लगा कि बिना पूरी तैयारी के वह बिजनेस की दुनिया में उतर आई हैं-?

फिर उन्होंने आगे अमेरिका में पढ़ाई करने की ठानी और अप्लाई करने पर **'येल यूनिवर्सिटी'** में स्नातक स्तर पर मैनेजमेंट में दाखिला हो गया। यह नूई के जीवन की नई शुरूआत थी। उसके बाद उन्होंने **'पेप्सिको'** ज्वाइन किया।

लेकिन पेप्सिको उस समय ज्वाइन किया था, जब पेप्सी और कोका-कोला के बीच जबर्दस्त प्रतिस्पर्द्धा चल रही थी। उसके बाद भी नूई ने पेप्सी के कारोबार को विश्व बाजार में एक नई पहचान दी। उन्होंने पेप्सी के साथ ही **'माउंटेन ड्यू'** और **'स्नैक्स'** की नई रेंज भी बाजार में उतारी और मार्केटिंग स्ट्रेटजी के तहत पेप्सी को गांव-गांव तक पहुंचाया।

2006 में उन्होंने कम्पनी की सी.ई.ओ. और 2007 में चेयरपर्सन का पदभार संभाला। फॉरच्यून पत्रिका ने लगातार 2006, 2007 और 2008 में बिजनेस की दुनिया में सबसे ताकतवर महिलाओं में उन्हें शुमार किया। भारत सरकार ने 2007 में इंद्रा नूई को **'पद्मभूषण'** से सम्मानित किया और 2008 में अमेरिकन एकेडमी ऑफ आर्ट एंड साइंस ने उन्हें फेलोशिप प्रदान किया।

इसलिए बार-बार सोचें कि आपका आइडिया क्या है-? जब निश्चित हो जाए, तब उसे नीचे लिख दें।

मेरा आइडिया '.. ....' ई-बिजनेस करने का है, वैब पोर्टल बनाने का है, फ्रेंचाइजी खोलने का है, टी.वी. सीरियल बनाने का है, एप बनाने का है, बिल्डर बनने का है, प्रोसेसिंग का काम शुरू करने का है, फिल्मों में गीत लिखने का है, इलेक्शन में जीतने का है, प्रधानमंत्री बनने का है या वो लिखें जो आप बनना चाहते हैं-?

अपने आइडियाज को परखें:

अब सोचो कि क्या आइडिया कारगर है, बिकाऊ है-? क्या उसकी लोगों को जरूरत है-? क्योंकि आइडिया कैसा भी हो। बेचने का, सेवा देने का या सुझाव देने का। सबमें शर्त एक ही लागू होती है कि बिकाऊ है या नहीं-? यदि बिकाऊ है, तो समझ लीजिए कि आपने सफलता की पहली सीढ़ी पार कर ली

और यदि टिकाऊ है, तो समझ लीजिए कि आपने दूसरी सीढ़ी खोज ली।

फिर सोचें कि कितना पैसा उसे शुरू करने में लगेगा-? वह पैसा कहां से आएगा-? यदि पैसा डूब गया तो भविष्य पर क्या प्रभाव पड़ेगा-? जब इसका पता चल जाए, तब सोचें कि उस प्रोडेक्ट का खरीदार कौन है-? कैसे उसे कस्ट्यूम तक पहुंचाना है-? कितने दिन तक प्रोडेक्ट खराब नहीं हो सकता-? खराब होने पर क्या करना है-? क्योंकि हर जगह सफलता आइडिया और उसकी जरूरत पर निर्भर करती है। अब तक जितने भी आइडियाज सफल हुए हैं, वे वक्त की जरूरत से ही उद्योग में बदले हैं।

इसलिए किसी शायर ने कहा था:-

मन में हौसला जगा तू, पंख फैलाना खुद ही आ जाएगा।
हवाओं के साथ घूमता रह, उड़ान भरना खुद ही आ जाएगा।।

क्योंकि सफलता पाने के लिए आपके पास बहुत कम समय होता है और पैदा होने से लेकर बुढ़ापे तक आप न जाने कितना समय बर्बाद कर देते हैं। उसका हिसाब जोड़ेंगे, तो नीचे लिखे तथ्य सामने आएंगे:-

- **जब आदमी पैदा होता है, तो सांख्यिकी आधार पर उसके पास लगभग 78 साल होते हैं।**
- **उसमें से एक-तिहाई वक्त लोग सोने में गुजार देते हैं, फिर उनके पास 49 साल बचते हैं।**
- **जब पढ़ने का वक्त आता है, तब वे 31,000 घंटे पढ़ाई में बिता देते हैं। जो साढ़े तीन साल के आस-पास बैठते हैं।**
- **एजुकेशन पूरी होने के बाद 91,000 घंटे दफ्तर में बिताएंगे। जिसके साढ़े दस साल बनते हैं।**
- **लगभग एक साल ट्रैफिक जाम में गुजर जाएगा। क्योंकि सड़कों पर ट्रैफिक बहुत ज्यादा है।**
- **दांत मांजने में, टॉयलेट में, नहाने में और कपड़े पहनने-उतारने में ही ढाई साल का वक्त गुजर जाएगा।**
- **खाने में, पानी पीने में 4 साल गुजर जाएंगे।**
- **शॉपिंग में, परचून की दुकान से सामान लाने में, सब्जी खरीदने में, इन्टरनेट पर ब्लू फिल्में देखने में भी ढाई साल के आस-पास का समय गुजर जाएगा।**
- **बीवी से या पति से प्यार जताने और बढ़ाने में लगभग 6 साल गुजर जाएंगे।**
- **बच्चों को पढ़ाने में, उन्हें स्कूल छोड़ने में और उनसे लाड़ लड़ाने में डेढ़ साल का समय हवा हो जाएगा।**

➲ **टी.वी. देखने में, शौक पूरा करने में, दोस्तों के साथ गप-शप करने में भी वक्त जाया होगा। उसे 8 साल के बराबर मान सकते हैं।**

अब बचे सिर्फ 10 साल, जो सिर्फ आपके लिए हैं। इतने समय में आपको एक नया आइडिया सोचना है, उसे अमल में लाना है और सफलता के शिखर पर पहुंचना है। देश तरक्की कर रहा है, आपको उसके साथ चलना है।

क्योंकि तकनीक की दुनिया में भारत का डंका बज रहा है। 11 मई 1998 में भारत ने पोखरण में परमाणु परीक्षण करके दुनिया को यह बता दिया था कि देश में संसाधनों की कमी नहीं है। जमीन से हवा में मार करने वाली मिसाइल **'आकाश'** भी हमने बनाई है। 1980 में **'एसएलवी-3 सैटेलाइट'** भी लांच किया है, 1992 में **'इनसेट 2A सैटेलाइट'** भी फ्रेंचगुयाना से दागा गया है, **'परम युवा-2 सुपर कम्प्यूटर'** भी हमने बना लिया है।

लड़ाकू विमान **'तेजस'** वायु सेना में शामिल हो चुके हैं, **'आई.एन.एस. अरिहंत'** एटमी पनडुब्बी भी 2013 में तैनात हो चुकी है, जो एटमी हथियारों से लैस है। देश का पहला स्वदेशी युद्धपोत आई.एन.एस. कर्मोटा भी अगस्त 2014 को नौसेना में शामिल हो चुका है। यह रडार की पकड़ से बाहर रहता है और पनडुब्बी को मारने में सक्षम है। क्षेत्रीय नौवहन उपग्रह प्रणाली (आई.आर.एन.एस. एस-**1A**) का प्रक्षेपण भी 1 जुलाई 2013 की रात को 11 बजे हो चुका है, जिसे स्टैंडर्ड पोजिशनिंग सिस्टम (एस.पी.सी.) नाम दिया गया है।

यह उपग्रह हिन्द महासागर के ऊपर तैनात है। वहां से वह विमानों, जहाजों, स्मार्टफोन और जी.पी.एस. प्रणाली से युक्त वाहनों की निगरानी करता है और विमान तथा जहाजों के पायलटों-कैप्टनों को दिशा की सही जानकारी देता है। अब मानव रहित विमान **'निशांत'** और **'रुस्तम'** पर तेजी से काम चल रहा है, जिसे आपको पूरा करना है। हो सकता है आपका आइडिया उसे पूरा करने में काम आए-? इसलिए अपने आइडिया को परखें और आगे बढ़ें।

ऐसे आइडियाज जिन्होंने दुनिया बदल दीः

एक अच्छा आइडिया दुनिया को बदलने की ताकत रखता है। कई बार ऐसा होता है कि दूसरों के लिए काम करते हुए अचानक अपने लिए ही दिमाग में आइडिया आ जाता है-?

➲ **आई.आई.टी. खड़गपुर से शिक्षा प्राप्त करने के बाद 1990 में रवि कुचिमंची यूनिवर्सिटी ऑफ मैरीलैंड से फिजिक्स में पी.एच.डी. करने के लिए अमेरिका गए। वहां उन्हें एक अच्छी सी नौकरी, बड़ा घर और खूबसूरत पत्नी मिल गई। जब इतनी सारी चीजें हों, तो किसी की भारत वापस लौटने की इच्छा भला कहां होती है-? लेकिन रवि**

कुचिमंची ने जब 'स्वदेश' फिल्म देखी, तो उनका मन बदल गया। उस फिल्म में नायक शाहरुख खान नासा में काम करने के बाद अपने गांव लौट आता है। रवि भी फिल्म के हीरो की तरह वापस लौटकर आंध्र प्रदेश में अपने गृह नगर राजमुंदरी आ गए। फिर उन्होंने भूमिहीन मजदूरों के लिए किचन गार्डन की शुरूआत की। वे निर्धन किसानों को पचास रुपए में सब्जियों की देसी प्रजाति के बीज देते थे। जिससे इतनी सब्जी पैदा हो जाती थी कि मजदूर के परिवार की जरूरत पूरी हो सके। फिर रवि ने अपने शहर के आस-पास स्थित पचास गांवों के तीन सौ किसानों को वही बीज दिए। उसके बाद इलाके में भूख की समस्या काफी हद तक हल हो गई और वे देखते ही देखते कुछ ही सालों में लोकप्रिय हो गए।

- **आज से दो दशक पूर्व एकता कपूर ने अपने बंगले के गैरेज में छोटा सा दफ्तर बनाया था, तब उनकी पूंजी मात्र दो लाख रुपए थी। बड़ी जद्दोजहद के बाद उन्हें 'हम पांच' सीरियल मिला। जिसके निर्देशक थे कपिल कपूर, जो चरित्र अभिनेता कमल कपूर के बेटे थे। धीरे-धीरे मेहनत करके एकता कपूर ने सीरियल संसार में सास-बहु वाली कहानियों की भरमार कर दी। यह उनका अपना आइडिया था, टी.वी. उद्योग में जमने का। लेकिन आइडिया नया था, जिसकी वजह से उन्होंने एतिहासिक सफलता प्राप्त की। अब वे अमेरिका के एक विश्वविद्यालय में व्यवसाय प्रबंधन का कोर्स कर रही हैं। यह कोर्स उन लोगों के लिए है, जो अपनी खुद की कम्पनी के प्रबंधक हैं। उसका एक विषय तेजी से बदलता अर्थशास्त्र है, जो एकता कपूर को और अधिक सफलता दिलाएगा और उन्हें सीरियल की महारानी बना देगा।**

अपने दिल की बात सुनोः

आमिर खान ने जब से '**थ्री इडियट्स**' बनाई है, तब से हर कोई यही कहता है, "**जो दिल कहे, वही करो।**" क्योंकि सफलता का फॉर्म्यूला कहता है:-

उत्साह + कर्म = सफलता

यहां पर उत्साह मनोवैज्ञानिक एडीनलिन है, जो मस्तिष्क, शरीर और इच्छा से काम करवाता है, ताकि आप मुश्किलों, प्रतियोगिता, सीमित धन और दूसरी कमियों के बावजूद जीत सकें।

इसलिए जब आप किसी खिलाड़ी को रिकॉर्ड तोड़ते देखते हैं, तो आप उत्साह का भौतिक रूप देखते हैं। क्योंकि हर इंसान एक मनोवैज्ञानिक इग्नीशन

सिस्टम के साथ पैदा होता है, जो उसके अंदर उत्साह पैदा करता है। यह पूरी तरह से अदृश्य होता है, लेकिन आप हर दिन उसके परिणाम देखते हैं।

तभी तो किसी शायर ने कहा था:-

कौन अमीर कौन गरीब, टेढ़ा सवाल है।
दोनों के बीच फैला, मोह-माया का जाल है।।
बिना योग्यता के, महाभारत होता है रोज।
किस्मत पर सदियों से, आइडिया का राज है।।

जो इस बात की ओर इशारा करता है कि इंसान के मन में काम के लिए जितना उत्साह होगा, वह अपने लक्ष्य को पाने में उसी अनुपात में सफल होगा। क्योंकि महान सफलता हमेशा महान उत्साह की बदौलत ही आती है। जबकि लोगों का मानना है कि असाधारण लोगों का मस्तिष्क **'सामान्य'** लोगों की तुलना में बड़ा होता है। परन्तु **'महान'** लोगों के मस्तिष्कों पर जब प्रयोग किए गए और उनका वजन तौला गया, तो उनमें और सामान्य लोगों के मस्तिष्क के वजन में कोई अंतर नहीं पाया गया।

अक्सर कहा जाता है शिक्षा भी इस अंतर का कारण है। परन्तु यह भी सच नहीं है। भौतिक शास्त्र में क्रान्ति लाने वाले अल्बर्ट आइंस्टीन और अंतरिक्ष अन्वेषण के प्रवर्तक वॉन ब्रॉन के पास पी.एच.डी. की डिग्री नहीं थी।

दूसरा उदाहरण सफल कलाकारों, बिजनेस एक्जीक्यूटिव्ज, बिजनेसमैन, किसानों और दार्शनिकों का है, जिनमें से कइयों की स्कूली शिक्षा बहुत कम रही है, उसके बाद भी वे सफल हुए।

मेलकम मैक्लीन को तो आप जानते ही होंगे-? वे कम-पढ़े लिखे थे और बचपन में अपनी मां के साथ फुटपाथ पर अंडे बेचते थे। लेकिन 1930 में दुनिया में छाई आर्थिक मंदी ने फार्मिंग सेक्टर को सबसे ज्यादा प्रभावित किया। ऐसे में उनके पास करने को कुछ नहीं था।

काफी मिन्नतों के बाद एक पेट्रोल पंप पर उन्हें काम मिला। फिर दो तीन साल वहां काम करने के बाद उन्होंने इतने पैसे बचा लिए थे कि एक सेकंड हैंड ट्रक खरीद सके। उससे उन्होंने ट्रांसपोर्टेशन का नया काम शुरू किया। जिससे मैक्लीन ट्रकिंग कम्पनी का जन्म हुआ।

जब बिजनेस चल पड़ा, तब उन्होंने पांच नए ट्रक खरीदे और उनके लिए ड्राइवर भी रखे। लेकिन खुद ट्रक चलाना नहीं छोड़ा। 1937 में एक दिन वे होबोकन बंदरगाह पर कॉटन के बंडल डिलीवर करने गए थे। मजदूर एक-एक बंडल को नीचे उतारकर क्रेट पर रख रहे थे और एक क्रेन इन्हें शिप पर रख रही थी। इस काम में सुबह से शाम हो गई। पूरे दिन वे ट्रक में ही बैठे रहे। समय

और पैसे दोनों का नुकसान उठाना पड़ा।

तभी मैक्लीन को आइडिया आया कि क्यों न कुछ ऐसा किया जाए कि बिना किसी सामान को छुए पूरे के पूरे ट्रेलर को शिप पर एक बार में लोड कर दिया जाए-?

फिर उन्होंने बैंक से 500 मिलियन डॉलर का लोन लेकर द्वितीय विश्वयुद्ध के दो टी-2 टैंकर खरीद लिए। साथ ही बड़े-बड़े कंटेनर बनवाए, जो सीधे ट्रक से उतारकर शिप पर रख दिए जाते थे। उसके बाद सभी बंदरगाहों पर ऐसा होने लगा और मैक्लीन अपने आइडिया से अमीर बन गए।

अब बात करते हैं अरुणिमा सिन्हा की जो युवा पीढ़ी के लिए हौसलों की मिसाल बन गई हैं। जबकि वे कभी नेशनल लेवल की बॉलीबॉल खिलाड़ी थीं, लेकिन एक हादसे में उनके पैर खराब हो गए। उसके बाद भी नकली पैर के सहारे दुनिया की सबसे ऊंची एवरेस्ट की चोटी पर चढ़ाई की और इतिहास रच दिया।

वह ऐसा करने वाली दुनिया की पहली विकलांग हैं। क्योंकि उन्होंने गीता पढ़कर यह जान लिया था कि अर्जुन ने कैसे उस अनिश्चितता का सामना किया और युद्ध में कैसे विजय प्राप्त की-?

अमेरिकी फिल्म डायरेक्टर क्विंटिन टैरंटीनो दिन में एक बार जरूर गीता पढ़ते हैं। वे मशहूर फिल्म **'किल-बिल'** सीरीज बना चुके हैं। उनकी फिल्मों को अब यूनिवर्सिटी के कोर्स में पढ़ाया जा रहा है। क्योंकि उनकी फिल्मों में कुछ ऐसे नियम भी छुपे हैं, जो किसी भी तरह के बिजनेस को सफल बना सकते हैं।

फिल्म अभिनेता संजय दत्त डायरेक्टर क्विंटीन टैरंटीनो के सबसे बड़े प्रशंषक हैं और उनके उसूलों पर चलते हैं। इसलिए उनकी बॉलीवुड की फिल्मों में ज्यादा डिमांड है। एक मुलाकात में संजय दत्त ने बताया था, **"मुझे इतनी ज्यादा फिल्मों में रोल करने के ऑफर आते हैं कि उनमें से ज्यादातर रोलों को ठुकराना पड़ता है। जबकि कुछ अभिनेताओं को ऑफर ही नहीं मिलते-?"**

क्योंकि अधिकांश अभिनेता सिर्फ अभिनय ही करते हैं, जो अभिनय कम नाटक ज्यादा लगता है। लेकिन संजय दत्त जिस रोल को करने की ठान लेते हैं, वह उसमें पूरी तरह से डूब जाते हैं। यदि उन्हें लगता है कि मैं रोल के भीतर प्रवेश नहीं कर सकता, तो वे उस ऑफर को अस्वीकार कर देते हैं।

क्योंकि उत्साह विश्वास का बाई-प्रोडक्ट है। इसलिए जिस काम को करने में आपको विश्वास होगा, वह काम आपके अंदर उत्साह पैदा कर देगा। कुछ लोग सोचते हैं कि आज के दौर में बड़ी सफलता पाना मुश्किल है। इसलिए वे धोखाधड़ी या हेराफेरी से दौलत कमाने में जुट जाते हैं।

आई.पी.एल. में सट्टे की कहानी तो आपने सुनी होगी-? यह काम बुकी के द्वारा किया जाता है और टॉस होने से लेकर मैच के दौरान फ्री हिट गेंद मिलने

तक, हर चीज पर सट्टा लगा होता है। क्योंकि खिलाड़ियों को जल्द से जल्द अमीर बनने का चस्का लग चुका है। जबकि ईमानदारी, जुनून और धीरज से भी बहुत कुछ हासिल किया जा सकता है।

इसका ताजा उदाहरण है **'रेनबैक्सी लैबोरेट्री'** में नौकरी करने वाले दिनेश ठाकुर। वे कम्पनी में डायरेक्टर ऑफ प्रोजेक्ट एंड इन्फॉरमेशन के पद पर काम करते थे। उन्होंने 2005 में कुछ मसलों की वजह से कम्पनी छोड़ दी। उसके बाद अमेरिकी अधिकारियों को कुछ सबूत दिए, जो बताते थे कि दवाईयों को बनाने और प्रबंधन के स्तर पर किस तरह की गड़बड़ियां हो रही हैं-? फिर भारत में रेनबैक्सी के दो मैन्यूफैक्चरिंग प्लांट में जांच शुरू हुई। उनमें हल्की गुणवत्ता की दवाईयां बनाने और उन्हें वितरित करने के आरोप सही पाए गए।

उसके बाद कम्पनी को करीब 50 करोड़ डॉलर (लगभग 2,739 करोड़ रुपए) का मुआवजा देना पड़ा। दिनेश ठाकुर को भी उसमें से 4.8 करोड़ डॉलर (लगभग 263 करोड़ रुपए) मिले। क्योंकि उन्होंने जांच में मदद की थी। ठाकुर को ये पैसे अमेरिकी सरकार से मिले। क्योंकि अमेरिकी कानून में भ्रष्टाचार उजागर करने वालों को इस तरह का ईनाम देने का प्रावधान है।

दूसरा उदाहरण है ड्यूक यूनिवर्सिटी की बॉस्केटबॉल टीम में खेलने वाली स्यू हार्नेट की। वे 1980 और 90 के दशक में अच्छी खिलाड़ियों में गिनी जाती थीं। क्योंकि उन्हें पता था कि अच्छे शॉट कैसे लगाए जाते हैं-? कैसे उन्हें प्वाइंट में तब्दील किया जाता है-? अमेरिका के डरहम में एक फोटो रिप्रोडक्शन कम्पनी की मालिक के तौर पर भी वे यही सब कुछ कर रही हैं। इसलिए 16 लोगों वाली उनकी कम्पनी में उन्हें **'शॉट डॉक्टर'** कहा जाता है।

हार्नेट की कम्पनी का नाम है, **'रीप्ले फोटोज।'** यह कम्पनी कॉलेजों के एथलेटिक्स डिपार्टमेंट्स और प्रोफेशनल स्पोर्ट टीमों के लिए उनकी तस्वीरों के ऑनलाइन प्रबंधन का काम करती है। क्योंकि हर कोई बड़े खेलों या आयोजनों की यादों को किसी न किसी तरह हमेशा के लिए सहेजकर रखना चाहता है। रीप्ले इस काम में उनकी मदद करती है। हार्नेट के दिमाग में रीप्ले शुरू करने का आइडिया 2002 में आया था, उस वक्त वे हैल्थकेयर प्रशासक के तौर पर काम करती थीं।

तब एथलेटिक डायरेक्टर ने उनसे कुछ ऐसे तरीके सुझाने को कहा, जिससे विभाग के आमदनी के संसाधन बढ़ाए जा सकें-? काफी मशक्कत के बाद उन्हें आइडिया आया कि खेलों से जुड़ी पुरानी तस्वीरें काफी कारगार हो सकती हैं-?

फिर उन्होंने अच्छी तस्वीरें जुटाईं और डाटाबेस तैयार किया। उसके बाद एक प्रोग्रामर ढूंढा, जो उनकी वेबसाइट के संचालन के लिए ई-कॉमर्स इंजन तैयार कर सके। धीरे-धीरे कम्पनी ने काम बढ़ाया। कुछ ऐसे लोग मिले, जिन्होंने इसमें निवेश

किया। फिर आमदनी बढ़ी और हार्नेट ने ज्यादा कर्मचारी अपनी कम्पनी के लिए जोड़े। ड्यूक के अलावा दूसरे स्कूल-कॉलेजों के एथलेटिक्स डिपार्टमेंट को भी साथ जोड़ा।

अब खेलों के प्रसंशक रीप्ले के ऑनलाइन फोटो स्टोर से हर तरह की तस्वीरें खरीद सकते हैं। साल 2011 की शुरूआत में रीप्ले ने दक्षिण अफ्रीका की फैनटेक के साथ पांच साल का करार किया है, ताकि फैनटेक की तस्वीरों को रीप्ले अमेरिका में बेच सकें। मार्च 2014 में रीप्ले का बिजनेस लाखों डॉलर का हो चुका है और स्यू हार्नेट अमीर महिलाओं में गिनी जाने लगी हैं।

बहुत कुछ सीख सकते हैं आप कॉरपोरेट जगत से:

अमेरिका में जब-जब मंदी आती है या वह किसी और संकट में फंसता है, तब उसे एक सुपर हीरो की जरूरत पड़ती है। पहली बार **'सुपरमैन'** का कॉन्सेप्ट तब आया, जब अमेरिका विश्वव्यापी मंदी से परेशान था। उस **'सुपरमैन'** ने फैंटेसी के जरिए अमेरिकियों को मुश्किलों से जूझने और जीतने का अहसास कराया।

आज भी अमेरिका कई तरह की आर्थिक परेशानियों से घिरा है। इसलिए अब **'आयरनमैन'** के कारनामे लोगों को मानसिक तौर पर राहत दे रहे हैं। एक राजा की कहानी भी आजकल वहां चर्चा में है। जिसमें राजा चाहता है कि सफल होने के लिए क्या करना जरूरी है-?

फिर वह अपने राज्य के सबसे समझदार लोगों को उस रहस्य को खोजने के लिए लगा देता है और कहता है, **"मैं आप लोगों को जवाब खोजकर लाने के लिए एक साल का समय देता हूं।"**

एक साल बाद समझदार लोग लौटे और उन्होंने राजा की टेबल पर 24 पुस्तकें रख दीं। राजा ने कहा, **"यह रहस्य बहुत जटिल दिख रहा है। संक्षिप्त जवाब खोजने के लिए आप एक साल और मेहनत करें।"**

एक साल बाद विद्वान दुबारा लौटे। इस बार उन्होंने राजा की मेज पर सिर्फ एक पुस्तक रखी। राजा ने कहा, **"यह अब भी थोड़ा जटिल लग रहा है। मैं आपको एक साल और देता हूं, ताकि आप सफलता का संक्षिप्त सिद्धांत पता कर सकें।"**

एक साल और गुजर गया। समझदार लोगों ने इस बार राजा की मेज पर सिर्फ एक कागज रखा, जिसमें लिखा था, **"एक आइडिया किसी की भी किस्मत बदल सकता है।"**

राजा ने खुश होकर कहा, **"इतने साल लगे रहने के बाद आप लोगों ने सफल होने का सिद्धांत ढूंढ लिया है, अब इसे अमल में लाओ और अमेरिका को मंदी के दौर से बाहर निकालो।"**

लेकिन भारत के लोग राजा की कहानी से आगे की सोचते हैं, इसलिए

हमारा देश आज अमेरिका से ज्यादा सम्पन्न और खुशहाल है। क्योंकि हम लोग नीचे लिखे सिद्धांतों से अच्छी तरह से वाकिफ हैं:-

- **जीवन में कुछ भी स्थायी नहीं है और खुशी या दुख जैसी कोई बात नहीं है। ये हमारी अपनी सोच और भावनाएं हैं, जो हमें इन दोनों बातों का एहसास कराती हैं। खुशी और दुख एक-दूसरे से जुड़े हुए हैं और एक के लिए दूसरे का आना जरूरी है।**
- **कई बार हम विफलताओं को अहमियत देते हैं। लेकिन विफलता का मतलब अयोग्य होना नहीं है। इसलिए विफलताओं पर जोर देने की बजाए हम रोज सुबह उन तीन ऐसी चीजों के बारे में सोचते हैं, जो जीवन में सही चल रही हैं। इससे सोच पॉजिटिव होती है।**
- **जो चीज हमें पहले से हासिल हैं, उससे संतुष्ट हो जाना आगे बढ़ने की राह में बाधा है। इससे हम आरामपसन्द हो जाते हैं। जबकि जीवन का मतलब आराम छोड़कर नई चीजों के बारे में जानना और उन्हें हासिल करना है। यह हमारी सोच पर निर्भर करता है कि हम समस्याओं से संघर्ष करके आगे बढ़ना चाहते हैं या उनसे असंतुष्ट होकर दुखी रहना चाहते हैं।**
- **मनुष्य अपनी धारणाओं की सीमाओं से नहीं, बल्कि पूर्वाग्रहों से बंधे होते हैं। लेकिन हमें जब हालात में सुधार की कोई उम्मीद नहीं दिखती, तो इसका मतलब यह नहीं है कि कोई उम्मीद है ही नहीं-? बल्कि इसका मतलब यह है कि हम ऐसा सोचते नहीं हैं। यदि सोच सही हो, तो कई बार असम्भव काम भी हम आसानी से कर लेते हैं।**
- **जीवन में कोई चीज सुरक्षित नहीं है और न ही असुरक्षा उतनी बुरी है, जितनी हम महसूस करते हैं। जबकि असुरक्षा का मतलब है खुद को नए अवसरों और जीवन की खूबसूरती से रू-ब-रू कराना।**

क्योंकि रोजगार के अवसर हमेशा बदलते रहते हैं। किसी जमाने में हमारी सरकार कहती थी पेड़ लगाओ, लेकिन अब सरकार खुद पेड़ लगा रही है। झारखंड के पुपुनकी और पावराटांड आदर्श ग्राम बनने जा रहे हैं। वहां लाखों, करोड़ों रुपयों का वृक्षारोपण हो रहा है, जिससे नए रोजगार का सृजन होगा। आम, कटहल, नींबू, बेर, पपीता, मिर्ची, केला और चीकू के पेड़ लग रहे हैं।

लेकिन पेड़ लगाने के बाद वन विभाग की जिम्मेदारी खत्म हो जाती है, क्योंकि उन्हें ग्रामीणों के हवाले कर दिया जाता है। ग्रामीण ही उन्हें सीचेंगे और बड़ा करेंगे, फिर उन पर आने वाले फलों को बाजार में बेचेंगे।

कोई फल तोड़ेगा, कोई उन्हें पैक करेगा, कोई बाजार तक पहुंचाएगा, कोई

उसका हिसाब-पुस्तक रखेगा। कितने लोगों को रोजगार मिलेगा, इसका अंदाजा आप खुद लगा सकते हैं-?

आज के दौर का यह सबसे अच्छा बिजनेस आइडिया है। क्योंकि यह भविष्य की आवश्यकताओं को पूरा करेगा। इसलिए मानकर चलें:-

मेहनत + आइडिया = बिजनेस

कॉरपोरेट वर्ल्ड में यह फॉर्म्यूला सबसे ज्यादा लोकप्रिय है। क्योंकि जरूरत पूरी करने वाला आइडिया दौलत के अम्बार लगाता है।

सबसे अच्छे की तलाश करें:

प्रधानमंत्री नरेंद्र मोदी ने जो **'जन-धन योजना'** शुरू की है, उसके पीछे **'अच्छे दिन आने वाले हैं'** का फॉर्म्यूला काम कर रहा है। क्योंकि यह भविष्य के लिए बचत है, बैंक माध्यम है और लक्ष्य पैसा है।

यह वह पैसा है जो गरीबी से लड़ने में काम आता है, परिवार को पालने में काम आता है और बच्चों को पढ़ाने के काम आता है।

अर्थशास्त्री हैरान हैं कि **'जन-धन योजना'** से पैसा कैसे आएगा-? इससे तो पैसा जाएगा। लेकिन प्रधानमंत्री की सोच है, **"मनी इज व्हाइट मनी डज"** यानी पैसा वो, जो पैसों का काम करे।

क्योंकि पैसे की सबसे बड़ी विशेषता यह है कि यह अनंत है। जितना हो, कम है। जितना बढ़े, उतना बढ़ाने की इच्छा प्रबल करता है। समूचे संसार में बारह महीने-बत्तीसों घड़ी-दसों दिशाओं में मनुष्य मन से, वचन से और कर्म से पैसा कमाने में जुटा है।

'कोल्ड ब्लडेड विट्' के लिए प्रसिद्ध आयरिश साहित्यकार ऑस्कर वाइल्ड ने कहा था कि वे छोटे थे, तो सोचते थे पैसे बहुत ही महत्वपूर्ण हैं। बड़ी उम्र में जाकर पता चला, वास्तव में यही सच है! पैसा सुविधा देता है।

इसलिए किसी शायर ने कहा है:-

पैसा ताकतवर बनाता है, पैसे से चतुराई आती है।
पैसा किस्मत जगाता है, पैसे से सुरक्षा मिलती है॥
पैसा दोस्त बनाता है, पैसे से महल बनता है।
पैसा आइडिया देता है, पैसे से हिम्मत खुलती है॥

इसलिए प्रधानमंत्री चाहते हैं कि पैसे से, पैसा बने। गरीब, अमीर बने। अमीर और अमीर बने। कहावत है कि **'जिसके पास पैसा नहीं, वह गरीब है। जिसके पास पैसा है, वह राजा है।'**

एक युवक गन्नौर स्थित **'गुप्तिधाम तीर्थ केंद्र'** गया और जैन धर्म के महान

संत गुप्तिसागर से बोला, **"महाराज, मैं जीवन में सर्वोच्च शिखर पाना चाहता हूं, लेकिन इसके लिए मैं निम्न स्तर से शुरूआत नहीं करना चाहता-? क्या आप मुझे कोई ऐसा रास्ता बता सकते हैं, जो मुझे सीधा सर्वोच्च शिखर पर पहुंचा दे।"**

गुप्तिसागर बोले, **"अवश्य बताऊंगा। पहले तुम बाहर के बगीचे से सबसे सुंदर गुलाब का फूल लाकर मुझे दो। लेकिन एक शर्त है। जिस गुलाब को तुम पीछे छोड़ जाओगे, उसे पलट कर नहीं तोड़ोगे।"**

युवक यह आसान सी शर्त मानकर बगीचे में चला गया। वहां एक से एक सुंदर गुलाब खिले थे। जब भी वह एक गुलाब तोड़ने के लिए आगे बढ़ता, उसे कुछ दूर पर उससे भी अधिक सुंदर गुलाब नजर आते और वह उसे छोड़कर आगे बढ़ जाता। ऐसा करते-करते वह बगीचे के मुहाने पर आ पहुंचा। लेकिन उसे यहां जो फूल नजर आए, वे एकदम मुरझाए हुए थे। अंत में वह फूल लिए बिना ही वापस आ गया। उसे खाली हाथ देखकर गुप्तिसागर ने पूछा, **"क्या हुआ बेटा, गुलाब नहीं लाए-?"**

युवक बोला, **"बाबा, मैं बगीचे के सुंदर और ताजा फूलों को छोड़कर आगे बढ़ता रहा, मगर बाद में केवल मुरझाए फूल ही बचे थे। आपने मुझे पलटकर फूल तोड़ने से मना किया था। इसलिए मैं गुलाब के ताजा और सुंदर फूल नहीं तोड़ पाया।"**

गुप्तिसागर मुस्कराकर बोले, **"जीवन भी इसी तरह से है। इसमें शुरूआत में भी सफलता मिल सकती है और अंत में भी-?"**

13 जुलाई 2014 को ब्राजील में रियो डि जेनेरियो के मरकाना स्टेडियम में जब फुटबॉल वर्ल्डकप का फाइनल मैच चल रहा था, तब अर्जेंटीना के गोलकीपर सर्जियो रोमेरो, गोलपोस्ट पर दीवार की तरह खड़े हुए थे। ईसा मसीह की प्रतिमा की तरह दोनों बाहें फैलाए हुए। उस दीवार का भेद पाना जर्मनी के खिलाड़ियों के लिए बहुत मुश्किल हो रहा था। पूरे 112 मिनट वे संघर्ष करते रहे, लेकिन 113वें मिनट में उनकी मेहनत रंग लाई। जर्मनी के आंद्रे शुर्ले ने बेहतरीन मूव बनाया और अर्जेंटीना के स्टार स्ट्राइकर लियोनेस मेसी के साथ दौड़ रहे अपनी टीम के युवा खिलाड़ी गोएत्ज की तरफ गेंद उछाल दी। गोएत्ज पूरी तरह से तैयार थे। उसी बीच अर्जेंटीना के गोलकीपर रोमेरो कुछ आगे आ गए। गोएत्ज ने उन्हें छकाया और क्रॉस किक लगाते हुए गेंद को गोलपोस्ट में डाल दिया।

पूरे स्टेडियम में खुशी और तनाव की लहर दौड़ गई। खुशी जर्मनी के खेमे में थी और तनाव अर्जेंटीना के खेमे में। क्योंकि मैच का वह गोल निर्णायक था। जर्मनी ने 1-0 से अर्जेंटीना को हरा दिया और चौथी बार वर्ल्ड कप पर कब्जा जमा लिया। जर्मनी की जीत इस बात को साबित करती है कि सफलता अंतिम

क्षणों में भी मिल सकती है-?

अब **'ओकुलस रिफ्ट'** कम्पनी की कहानी सुनिए। लेकिन कहानी सुनने से पहले जानना होगा कि जॉन कारमेक कौन हैं-? कारमेक ने दो साल पहले थ्री डायमेंशन वीडियो गेम की प्रोग्रामिंग की थी। उन्होंने पहला वास्तविक थ्री-डी गेम **'क्वेक'** बनाया था। वे ऐसे माध्यम के शिल्पकार हैं, जिन्होंने लोगों को अंतहीन मनोरंजन मुहैया कराया और दो साल में **'ओकुलस रिफ्ट'** को जमीन से आसमान तक पहुंचा दिया। अब फेसबुक ने **'ओकुलस रिफ्ट'** को 120 अरब रुपए में खरीद लिया है।

इसे कहते हैं अरबों का आइडिया। सौदे के बाद फेसबुक के मालिक मार्क जकरबर्ग ने कहा था, **"मोबाइल वर्तमान दौर का प्लेटफार्म है। अब हम भविष्य के प्लेटफार्म की तैयारी कर रहे हैं। ओकुलस हमारे काम करने, मनोरंजन और संवाद के तरीकों को बदल सकता है-?"**

यह सौदा इस बात को साबित करता है कि सफलता शुरूआत में भी मिल सकती है-?

अच्छे-बुरे को परखते रहें:

कभी आपने महाभारत के युधिष्ठिर के बारे में सोचा है-? यदि नहीं सोचा, तो अब सोचिए। लोग उसे वाइजमैन मानते हैं, परन्तु एक भी फैसला उसका सही नहीं निकलता-? जानता है कि दुर्योधन उसे बर्बाद करने पर तुला है, लेकिन जितने भी मौके उसको सजा मिलने के आते हैं, हर बार उसे बचा लेता है। यह कह कर कि घर में हम सौ और पांच हैं, लेकिन बाहर के लिए एक सौ पांच हैं।

जब उस पर और उसके फैमिली मेंबर्स पर मार पड़ती है, तब भी शांति-शांति चिल्लाता है। अपना सब कुछ दांव पर लगा देता है, भाईयों और पत्नी को भी जुए में हार जाता है। उसके बाद भी खुद को बुद्धिमान मानता है-?

इसके विपरीत हनुमान का चरित्र रामायण में प्रेरणादायक है। वह जीवन का फलसफा समझा देता है। जिस अशोक वाटिका में रावण ने सीताजी को रखा था, हनुमान उसी के एक पेड़ पर बैठे थे। लंका पहुंचने के बाद विभीषण ने उन्हें वहां का पता दिया था। सीता जी की हालत दयनीय थी। उन्हें कई राक्षसियां परेशान कर रही थीं।

तभी रावण वहां पहुंच गया। उसने सीता जी के सामने शादी का प्रस्ताव रखा। धमकी दी कि अगर उन्होंने यह प्रस्ताव नहीं माना तो नतीजे खतरनाक होंगे। सीता जी ने विरोध किया, तो रावण उन्हें मारने के लिए दौड़ा। लेकिन त्रिजटा नामक एक राक्षसी ने रावण को समझाया और सीता जी को कुछ वक्त देने को कहा।

रावण को उसकी बात ठीक लगी। वह सीता जी को एक डैडलाइन बता

गया। यानी वह वक्त, जब तक सीता जी को रावण के प्रस्ताव पर फैसला करना था। उस वक्त के बाद रावण अपने हिसाब से निर्णय लेने के लिए आजाद होगा।

रावण के जाते ही सीता जी रोने लगीं। त्रिजटा ने उस वक्त उन्हें भी ढांढस बंधाया। उस घटनाक्रम को हनुमान देख रहे थे। सीता जी की दशा ने भावुक कर दिया। लेकिन उन्होंने इमोशन्स को अपने ऊपर हावी नहीं होने दिया।

वे चाहते तो सीधे रावण को मुकाबले के लिए ललकार सकते थे-? उसके जाते ही सीता जी के सामने आ सकते थे-? लेकिन उन्होंने ऐसा कुछ नहीं किया, बल्कि समझदारी से सही वक्त का इंतजार किया।

जब सभी राक्षसियां सीता जी को अकेला छोड़कर चली गईं, तो उन्होंने ऊपर से ही पहले भगवान राम की ओर से दी गई अंगूठी उनकी गोद में डाली। फिर राम चरित सुनाया और उसके बाद सीता जी के सामने आए।

यह सब इसलिए किया, क्योंकि सीता जी वहां मायावी शक्तियों से घिरी हुई थीं। इसलिए अगर हनुमान सीधे उनके सामने आते, तो वे शायद उन पर भरोसा न कर पातीं-? ऐसे में उनका उद्देश्य अधूरा रह जाता। वे सीता जी को भगवान राम का संदेश भी नहीं दे पाते।

तभी तो किसी शायर ने कहा है:-

ऐसे ही नहीं मिलती किसी राही को मंजिल।
जुनून सा दिल में जगाना पड़ता है।।
भरनी पड़ती है उड़ान बार-बार।
तिनका-तिनका उठाना पड़ता है।।

गीता में कहा गया है कि इंसान तीन मूलभूत तत्वों का मिश्रण है, इच्छा, अनुभव और ज्ञान। तीन तरह के स्वभाव होते हैं, क्रियाशील, भावुक और तर्कसंगत। इन तीनों तरह के स्वभाव के लिए तीन तरीके हैं। तर्कसंगत स्वभाव के लिए जनन योग, जिसे ज्ञान योग भी कहते हैं। भावुक व्यक्तित्व के लिए भक्ति योग और क्रियाशील व्यक्तित्व के लिए कर्मयोग।

लेकिन आप सफलता पाने के लिए क्रियाशील हैं, इसलिए खुद को कर्मयोगी मान सकते हैं-? परन्तु बिना नए आइडिया के आप बड़ी सफलता प्राप्त नहीं कर सकते। इसलिए एक बार फिर सोचिए कि आपका आइडिया क्या है-?

क्योंकि दुनिया के सात अजूबों में एक अजूबा है ताजमहल, जोकि आगरा में स्थित है। उसी ताजमहल से करीब दो सौ मीटर की दूरी पर **'होटल ताज प्लाजा'** है, जिसके कॉनफ्रेंस हॉल में मुझे उत्तर प्रदेश के 2000 व्यापारियों को सम्बोधित करना था।

क्योंकि वह **'स्टार्टअप शुरू करने की टेक्निक'** जानना चाहते थे। मैने

निश्चित समय पर होटल के हॉल में प्रवेश किया, उपस्थित व्यापारी मेरे सम्मान में खड़े हो गये। मैने एक नजर चारों तरफ डाली, फिर उन्हे बैठने का इशारा किया। हॉल में पूरी तरह से सन्नाटा छाया हुआ था।

तब मैने माइक सम्भालते हुऐ कहा, "आपकी खामोशी से पता चलता है कि आप सब लोग **'स्टार्टअप के विज्ञान'** के बारे में जानने के लिये बहुत ज्यादा उत्साहित हैं-? जिसके लिये मैं आपका शुक्रिया अदा करता हूँ और वचन देता हूँ कि मैं आपको इस विज्ञान का रहस्य विस्तार से बताऊँगा, ताकि आप भी धीरुभाई अम्बानी की तरह अमीर बन सकें-?"

क्योंकि आप स्टार्टअप शुरू करने का पहला सिद्धांत कहता है कि आपका दिमाग आपकी कल्पनाओं से भी ऊंची उड़ान भर सकता है-? लेकिन शर्त यह है कि आप इसके बारे में सोचें-?

यह बात एक शोध से पता चली है कि आदमी अपने दिमाग को उतना ही इस्तेमाल करता है, जितना की उसे जरुरत होती है। क्योंकि 1998 में इंटरनेट की दुनिया में जब गुगल ने कदम रखा था, तब दो दार्शनिकों एंडी क्लार्क और डेविड कॉलर्म्स ने कहा था, "**दिमाग सिर्फ कोशिकाओं और हड्डियों से भरा डिब्बा नहीं है, बल्कि एक ऐसा कम्प्यूटर है, जिसको आवश्यकता के अनुसार री-प्रोग्रामिंग भी किया जा सकता है-?**"

फिर मनोवैज्ञानिक सीमंस और क्रिस्टोफर केब्रिस ने एक प्रदर्शन द्वारा यह गुत्थी सुलझाने की कोशिश की-? तब उन्होंने लोगों से वीडियों देखने को कहा, जिसमें छात्र एक दूसरे को बास्केटबॉल पास कर रहे थे। उनमें से आधे छात्र काली शर्ट पहने थे और आधे सफेद।

एक टीम दूसरी टीम को कितनी बार गेंद देती है-? इस पर नजर रखनी थी। अभी प्रदर्शन चल ही रहा था, तभी वहां से एक गोरिल्ला गुजरा। सबकी निगाहें उस गोरिल्ले पर टिक गयी-? तब रिर्जल्ट निकाला गया कि हम देखी हुई चीजों को पूरी तरह कॉपी करने के बजाए, सिर्फ कुछ बिन्दुओं पर ही फोकस करते हैं।

फिर यह बात सामने आई कि दिमाग हमेशा नई चीजों को अपने फीडबैक सिस्टम में शामिल करता है और सोचने की प्रक्रिया को बदलता है।

महाभारत के शुरू होने से ठीक पहले अर्जुन को भी ऐसी ही स्थिति का सामना करना पड़ा था। ऐसा नहीं था कि अर्जुन में सामर्थ्य की कमी थी-? लेकिन युद्ध के परिणम क्या होंगे-? अनुकूल होंगे या नहीं-? ये दो सवाल उन्हें इतना परेशान करने लगे। कि उन्होंने कृष्ण से कह दिया कि में युद्ध नहीं करुँगा।

इस बात से पता चलता है कि धीर, गंभीर, सामर्थ्यवान और पराक्रमी व्यक्ति

भी कई बार नतीजों के बारे में इतने भ्रमित हो जाते हैं कि उनकी कर्म करने की शक्ति खत्म हो जाती है।

तब अर्जुन की इस स्थिति को देखकर कृष्ण ने कहा था:-

दूसरे हावंर कर्म बुद्धयोगाद्धन जया,

बुद्धौ श्रणमन्विच्छ कृष्णाः फलहेतवः।

इसका अर्थ है कि बुद्धि के नजरिए से देखोगे, तो कर्म बहुत छोटा दिखायी देगा। इसलिए धनन्जय सद्धबुद्धि बनाए रखें, क्योंकि फल के लिए काम करने वाले बहुत कमजोर होते हैं।

क्योंकि निश्चित नतीजे को सोचने और उस पर आश्वस्त हो जाने के बाद आपकी ऊर्जा काम के बजाए इच्छित नतीजे पर ज्यादा लगने लगती है।

ठीक वैसे ही जैसे एक लड़का एक लड़की को खूब चाहता था और उससे शादी करने का सपना देखता था, परन्तु उसके मन में हमेशा डर रहता था कि यदि लड़की ने मना कर दिया तो क्या होगा-?

इसी जद्दोजहद में समय बीतता गया। लड़का हिम्मत न जुटा पाया और लड़की की शादी हो गई। कई सालों बाद दोनों की फिर मुलाकात हुई, तब लड़के में आत्मविश्वास आ गया था।

उसने लड़की को बताया कि वो उससे शादी करना चाहता था-? तब लड़की ने जवाब दिया कि वो भी यही चाहती थी, परन्तु जब तुमने पहल नहीं की, तो मैंने दूसरे आदमी से शादी कर ली।

इससे पता चलता है कि घबराहट या दीवानगी में व्यक्ति की पूरी निष्ठा, ईमानदारी और मेहनत की काबलियत खत्म हो जाती है।

आपने सुना होगा **'क्या फायदा होगा, इस काम को करने से-?'** ऐसा कहने वाले अपना सर्वश्रेष्ठ प्रदर्शन करने से रुक जाते हैं।

एक बार ऑस्ट्रेलिया के महान कप्तान स्टीव वॉ से पूछा गया कि ऐसा क्यों है कि आपकी टीम हमेशा जीतती है और विरोधी टीम हार जाती है-?

तब स्टीव वॉ ने कहा था, **"हम जीतने के लिए खेलते हैं, जबकि विरोधी हार के नतीजों से बचने की कोशिश करते हैं।"**

क्योंकि नतीजों पर ध्यान लगा रहने के कारण व्यक्ति डर जाता है और उससे बचने के लिए खुद को भ्रम में रखता है।

1973 में इजरायल पूरे पश्चिम एशिया में सबसे ताकतवर देश था, तब वहाँ के रक्षा मंत्री ने घोषणा कर दी कि हमारी जीत हमारी ताकत पर निर्भर है। इसलिए खुफिया विभाग ने भी वही रिपोर्ट देनी शुरू की, जो रक्षा मंत्री को पसंद थी।

क्योंकि सबको पता था कि अगर किसी ने कोई दूसरी रिपोर्ट दी, तो उसकी

नौकरी चली जाएगी। फिर रक्षा मंत्री को सही साबित करने के लिए तमाम झूठी रिपोर्ट आने लगीं और देश भ्रम में जीने लगा।

लेकिन जब इजरायल-मिस्र की लड़ाई हुई, तब इजरायल जंग हार गया। इस जंग ने एक बार फिर साबित कर दिया कि नतीजों में उलझा दिमाग कभी जंग नहीं जीत सकता-?

अब अमेरिका के नए राष्ट्रपति बराक हुसेन ओबामा की जीत की कहानी पर ध्यान दीजिए। उन्होंने अमेरिका की राष्ट्रीय राजनीति में 2004 में कदम रखा। वे अश्वेत हैं और उनके पिता मुसलमान थे।

परन्तु वे खुद एक ईसाई बहुल देश में थे, जहाँ पहले कोई अश्वेत राष्ट्रपति नहीं बना था।

लेकिन ओबामा ने नतीजे पर ध्यान न देकर कर्म पर ध्यान दिया और अपनी कोशिशों में पूरी ईमानदारी बरती। फिर चार साल के अन्दर उन्होंने एक नया इतिहास रच दिया।

क्योंकि जब आप कोई सपना देखते हैं और साकार होने पर विश्वास करते हैं, तब आपका अवचेतन मन उसे साकार करने के उपाय खोजने लगता है। आपका शरीर भी उत्साह से साथ देता है, जिससे आप को ऊर्जा और शक्ति मिलती है।

इसलिए आपको अपनी क्षमता पर भरोसा होना चाहिए-? क्योंकि वैज्ञानिकों का कहना है कि इंसान अपनी क्षमता का सिर्फ 15 प्रतिशत दिमाग उपयोग करता है। अगर आपका सपना बड़ा है, तब दिमाग की क्षमता अपने आप उस सपने के स्तर तक बढ़ सकती है-? शर्त यह है कि उस सपने पर पूरे विश्वास और लगन के साथ मेहनत की जाए।

फिर सपना अतिरिक्त मानसिक क्षमता का ताला खोल देता है और आपको उसे साकार करने की ऊर्जा, शक्ति और समाधान अपने आप मिलने लगते हैं।

ठीक वैसे ही जैसे हेनरी फोर्ड ने सस्ती कार बनाकर अपने दिमाग की क्षमता बढ़ाई थी, बिल गेट्स ने कम्प्यूटर सॉफ्टवेयर बनाकर दिमाग की क्षमता बढ़ाई थी। आज उस सॉफ्टवेयर्स और आपॅरेटिंग सिस्टम की बदौलत कम्प्यूटर आपके ऑफिस, स्कूल तथा घर तक पहुँच चुके हैं। जिसकी वजह से बिल गेट्स दुनिया के सबसे अमीर आदमी बन गए।

कुछ ऐसी ही कहानी विप्रो के अजीम प्रेमजी की भी है, जिनको 21 साल की उम्र में विरासत में सिर्फ 7 करोड़ रुपए की कम्पनी मिली थी, जो वनस्पति घी, तेल और कपड़े धोने का साबुन बनाती थी।

उस समय प्रेमजी बिजनेस में बिल्कुल अनाड़ी थे। यह बात उन्होंने एक

इन्टरव्यू में खुद स्वीकार की है, **"तब मैं बिजनेस के लिए बिल्कुल तैयार नहीं था। लेकिन तब मेरे पास एक सपना था, एक बड़ी कम्पनी बनाने का और वह सपना अब पूरा हो चुका है, लेकिन जैसे-जैसे मेरी कम्पनी का विस्तार होता गया, मेरे सपने भी बड़े होते गए-?"**

आज विप्रो दुनिया की टॉप 10 की आई. टी. कम्पनियों में से एक है। जबकि टाई वार्नर का सपना एक ऐसा लोकप्रिय खिलौना बनाने का था, जिसे बच्चे अपनी जेब में रख सकें और हर वर्ग का बच्चे उससे खेल सकें-? फिर वार्नर ने बीनी बेबी बनाकर सपने को साकार किया और बिलियनेअर बन गए।

लेकिन धीरूभाई अम्बानी ने गरीब होने के बाद भी बड़े सपने देखे-? जब वह अदन में **'शेल कम्पनी'** के पेट्रोल पम्प पर पेट्रोल भरने का काम करते थे, तब उनके मन में यह सपना अपनी नींव मजबूत कर चुका था कि वे भी भारत में **'शेल'** जैसी कम्पनी बनाएगें।

फिर उन्होंने मुम्बई आकर उस सपने पर काम किया और विश्व के न॰1 अमीर बन गए। बिल्कुल ऐसे ही राइट बंधुओं ने हवाई जहाज बनाने का सपना देखा था। एडीसन ने बिजली के बल्ब बनाने का सपना देखा था। फिर इन लोगों को अपने सपने से इतनी शक्ति मिली कि वे अमीर हो गए।

लेकिन इन सबके अन्दर कुछ गुण समान थे, जिसकी वजह से ये अमीर बनें:-

- **ये सब व्यंग्य पर ध्यान नहीं देते थे और चट्टानों को पिघलाने का हौसले रखते थे।**
- **ये सब अंगारों पर चलने की हिम्मत रखते थे।**
- **ये सब दानी प्रवृति के थे।**
- **ये सब दूसरों को प्रोत्साहित करते थे।**
- **ये सब सत्य और अहिंसा के पुजारी थे।**
- **ये सब छोटी-मोटी घटनाओं से प्रभावित नहीं होते थे।**
- **ये सब विपरीत परिस्थितियों में भी सोचते थे।**
- **ये सब बेकार की बातों से दूर रहते थे।**
- **ये सब क्रोध पर संयम रखते थे।**

ये सब यूनान के महान दार्शनिक सुकरात के पदचिन्हों पर चलते थे। क्योंकि सुकरात ने कहा था, **"अपने आपको जानो-? ध्यान मत बांटो-? अपना ध्यान इधर-उधर मत होने दो-? क्योंकि जो घोड़ा अपने आप चल नहीं सकता, उस पर सवारी कौन करेगा-? जो कार खराब है, वह कैसे गैरिज तक जाएगी-? उसको तो धक्का मारना पड़ेगा।"**

एक पुरानी कहानी है, एक बार एक व्यक्ति जंगल में घूमते-घूमते थक गया फिर वह पेड़ के नीचे बैठ गया। लेकिन वो पेड़ कल्पवृक्षा का था और उसकी खासियत थी कि उसकी छांव में बैठ कर मन में जो भी इच्छा करो, वह पूरी हो जाएगी।

वह जब आराम से बैठ गया, तब उसके मन में विचार आया कि काश यहां शीतल जल मिल जाता-? उसके मन में यह बात आते ही कल्पवृक्ष ने उसे पूरा कर दिया। शीतल जल आ गया और उस व्यक्ति ने जल पी लिया।

फिर उसकी इच्छा हुई कि काश कहीं से भोजन मिल जाता-? उसके इतना कहते ही कल्पवृक्ष ने तुरन्त भोजन पेश कर दिया।

फिर उसकी इच्छा हुई कि यहां बिस्तर मिल जाता तो मैं सो जाता-? बिस्तर भी आ गया।

लेकिन बिस्तर पर लेट कर वह सोचने लगा, यह सब तो ठीक है, पर सोऊं कैसे-? घना जगल है, कहीं कोई शेर आकर मुझे खा न ले-? फिर सचमुच वहां शेर आ गया और उसको मारकर खा गया।

इसलिए पुराणों में कहा गया है कि दुनिया में जो भी होता है, संकल्प से ही होता है। क्योंकि सृष्टि की उत्पत्ति के मूल में संकल्प है और मनुष्य भी अपने संकल्पों के आधार पर अमीर बनता है।

जितना वह संकल्प करता है, उतना उसको प्राप्त होता चला जाता है। इसलिए मनुष्य को सोच-समझकर संकल्प लेने चाहिए-?

यदि आप संकल्प करें कि मेरे पास बड़ी गाड़ी हो-? मेरा बहुत बड़ा घर हो-? तब वह संकल्प अवश्य पूरा होगा। लेकिन उस संकल्प पर मेहनत करना जरूरी है। क्योंकि संकल्प दृष्टिकोण का निर्माण करता है और जैसी दृष्टि होती है, वैसी सृष्टि बन जाती है। तभी तो राम ने अयोध्या लौट कर आदर्श आचरण रखने का उपदेश दिया था।:-

जो अनीति कछु भाखों भाई, तों मोहिं बरजहु भय बिसराई।

इसका अर्थ है कि यदि किसी को मेरे विचार ठीक नहीं लगे, तो वह निर्भय होकर मुझे बताए। क्योंकि मेरा संकल्प है, उत्पाती राक्षसों से मानव जाती की रक्षा करना-? अहिल्या का उद्धार करना-? और मार्ग में मिलने वाले ऋषियों की समस्याओं का निवारण करना-?

कहते हैं बचपन में नेपोलियन की इच्छा थी कि वह लेखक बनें-? साहित्य के क्षेत्र में प्रसिद्धि प्राप्त करे-? क्योंकि वे अपने जीवन में **'यश'** प्राप्त करना चाहते थे। जबकि स्कूल के दिनों में वह बेहद दुबले-पतले थे और उनके साथी उन्हें छेड़ा करते थे। इसके बाद भी वह अपने आप को लोकप्रिय साबित करना

चाहते थे।

तब उन्होंने दो पुस्तकें पढ़ीं। जिसमें एक थी रूसो की **'सोशल कन्ट्रैक्ट'** और दूसरी थी **'एब्बे रेनॉल'** की लिखी हुई कविताएं।

फिर नेपोलियन ने एक लेख लिखा और **'एब्बे रेनॉल'** के पास भेज दिया। एब्बे रेनॉल ने उत्तर में लिखा, **'गहरी खोज करो, फिर इसे दोबारा लिखो।'**

तब नेपोलियन ने कुछ और लेख लिखे, कहानियां लिखीं, परन्तु कोई नतीजा नहीं निकला-? हार कर नेपोलियन ने अपने भाई जोसेफ को पत्र लिखा, **"अब मेरे अन्दर लेखक बनने की आकांक्षा खत्म हो चुकी है।"**

फिर उनके भाई ने उत्तर दिया, **"जीतने वाले को सिकंदर कहते हैं और हारने वाले को नेपोलियन।"**

उसके बाद नेपोलियन ने संकल्प लिया और बाद में अपने लेखन से पूरे विश्व में प्रसिद्धि प्राप्त की।

इससे पता चलता है कि यदि आपकी इच्छाएं पूर्ण न भी हों, तब भी आप अपने संकल्प से विचलित न हों।

एक बार एक अपंग लड़की ने उत्सुकता दिखाते हुए एथलेटिक्स व एथलीटों के बारे में विस्तार से जानना चाहा-? तब टीचर ने व्यंग्य करते हुए कहा, **"तुम एथलेटिक्स के बारे में जानकर क्या करोगी-? तुमने कभी अपने पैरों की तरफ देखा है-? तुम तो ढंग से चल भी नहीं सकती-? फिर दौड़ना तो बहुत दूर की बात है। इसलिए तुम खिलाड़ियों के बारे में न जानो तो अच्छा है-?"**

लड़की टीचर का उत्तर सुनकर दुखी हुई, फिर उसने पास में पड़ी अपनी बैसाखी उठाई और दृढ़ स्वर में टीचर से बोली, **"ठीक है, आज मैं अपाहिज हूं, चल-फिर नहीं सकती-? लेकिन मैं आप सबके सामने संकल्प लेती हूँ कि मैं एक दिन अवश्य ही एथलेटिक्स बनूंगी और कई पदक जीतूंगी। फिर आप यह मानने पर मजबूर हो जाएंगे कि अपंग व्यक्ति सब कुछ कर सकता है।"**

उसके बाद उसने बिना बैसाखी के चलने का अभ्यास करना शुरू कर दिया। एक दिन वह भी आया, जब वह बिना बैसाखी के चलने लगी। फिर उसने दौड़ने का अभ्यास शुरू किया। उसकी लगन देखकर सब चकित थे।

फिर 1960 के ओलंपिक में उसे दौड़ने का अवसर मिला। तब उसने एक साथ तीन स्वर्ण पदक जीतकर पूरी दुनिया को हैरत में ड़ाल दिया। वह थी टेनेसी राज्य की **'विल्मा गोल्डीन रूडाल्फ'**, जिसने साबित कर दिया था कि संकल्प से मनुष्य असाधारण उपलब्धियाँ प्राप्त कर सकता है।

शायद इसी बात को ध्यान में रखते हुए अमेरिका के राष्ट्रपति बराक हुसेन ओबामा ने कहा था, **"यदि मुझे किसी पेड़ को काटना हो, तब मैं दिए गए आठ घंटों में से छह घंटे कुल्हाडी की धार तेज करने में लगाऊंगा और फिर पेड़ को सिर्फ दो घंटों में काट डालूंगा।"**

मुझे याद है जब धीरूभाई का पाताल गंगा में रिफायनरी का प्लांट लग रहा था, तब उन्होंने अपने प्रोजेक्ट मैनेजर से पूछा था, **"इस प्लांट को लगाने में कितना वक्त लगेगा-?"**

प्रोजेक्ट मैनेजर ने कहा, **"कम-से-कम एक साल।"**

फिर धीरूभाई बोले, **"तब तो घाटा हो जाएगा, क्यों न इस प्रोजक्ट को छह महीनों में पूरा किया जाए-?"**

तब प्रोजेक्ट मैनेजर बोला, **"परेशानी है सर! हम दिन में तो काम की रफ्तार बढ़ा सकते हैं, लेकिन रात में काम नहीं कर पाते-?"**

धीरूभाई ने मुस्करा कर कहा, **"तो रात को दिन में बदल दो।"**

फिर उन्होंने बड़े-बड़े लाइटिंग टावर खड़े करा दिए थे। पूरा प्लांट बिजली की रोशनी से जगमगा उठा था। क्योंकि उन्होंने रात को दिन में बदल दिया था। और छह महीनों में वह प्लांट पूरा हो गया था।

इसलिए धीरूभाई अम्बानी बिरला, टाटा और मोदी से आगे निकल गए। अब आपको इन सबसे आगे निकलना है और अपने सपने को साकार करना है, तभी आप अमीर बन सकते हैं-?

काइजेन एक जापानी शब्द है और इसका मतलब होता है, अपनी काबलियत में थोड़ा-थोड़ा सुधार करते रहना।

इसलिए जापानी समाज में इसका बहुत महत्व है, क्योंकि यह सिद्धांत उन्हें बौद्ध धर्म से मिला है। आज मनोवैज्ञानिक भी यही करते हैं कि अगर आप रोज़ एक ही विषय पर ध्यान देते रहें, तो वक्त बीतने के साथ-साथ आपके सामने उस विषय के इतने नए आयाम खुलते चले जाएगें हैं कि आपको इस बात का एहसास ही नहीं होगा कि कब आप उस विषय के एक्सपर्ट हो गए-?

शायद हमारे ऋषियों को इस सिद्धांत के बारे में पहले से ही पता था, इसीलिए उन्होंने इस कहावत को रचा था:-

'करत करत अभ्यास के जड़मति होत सुजान।'

यानि लगातार अभ्यास करते रहने से सफलता मिलती है, जोकि काइजेन के सिद्धांत को दर्शाती है। परन्तु काइजेन शब्द का इस्तेमाल सबसे पहले जापान में यौद्धा या समुराईयों को तलवारबाजी सिखाने के लिए किया गया था। वहाँ पर एक ऐसा समुराई था, जो लगातार तीस सालों तक जीतता रहा। उसका नाम मियामोतो

मुसाशी था।

फिर मुसाशी ने अपने जीवन के अंत में एक किताब लिखी थी, जिसका नाम **'द बुक ऑफ फाइव रिंग्स'** था, उसमें मुसाशी ने काइजेन के सिद्धांत की चर्चा करते हुए कहा था, **"हर दिन का थोड़ा सुधार, बड़े विकास की नींव रखता है।"**

तभी तो महान चीनी दार्शनिक लाओत्यू ने कहा है,, **"हजार मील का सफर एक-एक कदम बढ़ा कर ही तय किया जाता है।"**

जबकि मियामोतो मुसाशी एक समुराई था और 19वीं शताब्दी के अंत में जापान सरकार ने समुराई प्रथा पर प्रतिबंध लगा दिया था। इसलिए उनकी इस विद्या का ज्ञान दुनिया में देर से आ पाया था। क्योंकि जापान ने तब दो युद्ध लड़े थे और अंत में वह पूरी तरह तबाह हो गया था।

उस समय जापान की छवि एक ऐसे देश की थी, जो सस्ती और खराब चीजें बनाता था। फिर **'जापानी सामान'** एक मुहावरा बन गया था, जिसका मतलब होता था कि सामान खराब है।

लेकिन द्वितीय विश्व युद्ध के बाद जापान ने तेजी से प्रगति की, फिर उसके उत्पादनों की क्वालिटी अच्छी हो गई।

उसके बाद जापानी कार निर्माताओं ने अमेरिका के कार निर्माताओं को उन्हीं के बाजार में मात देनी शुरुकर दी थी। फिर अमेरिका विश्वविद्यालय के प्रबंधन और दर्शन विभाग के प्रोफेसर डा.लारेंस पीटर ने इस पर रिसर्च की और पता लगाया कि वो कौन से कारण हैं, जिन्होंने जापान को इतनी तेजी से प्रगति करने में मदद दी-?

उस रिसर्च ने प्रबंधन का एक महत्वपूर्ण सिद्धांत दिया कि **"हर व्यक्ति कभी न कभी सीखने की प्रक्रिया छोड़ देता है और नई चुनौतियों का सामना करने में खुद को असमर्थ पाता है। परन्तु कायजेन का नियम उससे काम करवाता है।"**

पीटर कायजेन के सिद्धान्त को जानने के बाद, जापान की सफलता से इतने प्रभावित थे कि बाद में उन्होंने जापानी कम्पनियों का निरीक्षण किया और जाना कि बाहर से जापानी कम्पनियाँ अमेरिकी कम्पनियों की तरह काम करती नजर आती हैं, लेकिन कम्पनी के अन्दर काम करने की शैली काफी अलग है।

क्योंकि जापानी कम्पनियों ने काइजेन के सिद्धांत को अपना रखा था, जो कि उनके काम करने के तरीकों को दर्शाता था। तब मियामोतो मुसाशी की किताब **'द बुक्स ऑफ फाइव रिंग्स'** जापानी कम्पनियों का हिस्सा बन चुकी थी।

भारतीय शास्त्रों में भी अध्यात्म के क्षेत्र में **'अभ्युदय'** शब्द का इस्तेमाल होता है, जिसका अर्थ है, **'जो उदय हो रहा हो।'** जबकि आध्यात्म गुरु रविशंकर का मानना है कि उत्थान पर जोर नहीं दिया जाना चाहिए-?

क्योंकि भारतीय चिंतन मानता है कि उत्थान के प्रति दीवानगी व्यक्ति को गलत रास्ते पर लेजा सकती है-? और विवेक को खत्म कर सकती है-? क्योंकि इस सिद्धांत को अपनाने के बाद व्यक्ति तत्काल फायदे से प्रेरित होकर फैसले करने लगता है। जिसकी वजह से उसका नजरिया सिकुड़ने लगता है और उत्थान पतन की ओर अग्रसर हो जाता है।

जबकि **'अभ्युदय'** में दो बातें महत्वपूर्ण होती हैं। एक श्रद्धा और दूसरा संयम। इन दो बातों की मदद से व्यक्ति लगातार अपने हर कदम को देखता चलता है।

जब कोई व्यक्ति जिन्दगी के किसी भी क्षेत्र में इन दो सिद्धांतों का इस्तेमाल सही ढंग से करना सीख जाता है, तब वह लगातार अपनी स्थिति बेहतर बना लेता है-?

अमेरिका के आर्थिक जगत में आई मंदी का कारण भी यही है। जबकि अमेरिकी बहुत बुद्धिमान हैं, परन्तु अधिक मुनाफा कमाने की चाह में वे खुद को बदलती स्थितियों के लिए तैयार नहीं कर पाए-?

पहले सब कुछ ठीक चल रहा था, इसलिए किसी को शिकायत नहीं थी। परन्तु जब मंदी का दौर आया, तो उस समस्या को सुलझाने की काबलियत किसी ने नहीं दिखाई-?

अगर वे **'अभ्युदय'** के सिद्धांत पर चलते, तो जनता के पैसे का सदुपयोग करते-? जनता की भावनाओं की कद्र करते-? जिन्होंने पूरे विश्वास के साथ उन्हें पैसा सौंपा था।

लेकिन जल्दी मुनाफा कमाने के बजाए यदि वे संयम से काम लेते, तो उनके काम की गुणवत्ता बढ़ती, फिर मुनाफा भी धीरे-धीरे लगातार बढ़ता और उन संस्थानों की साख पुख्ता हो जाती।

क्योंकि लगातार सुधार वो सिद्धांत है, जो असफलता की संभावना को जड़ से खत्म कर देता है।

आपने सुना होगा कि नेपोलियन ने जब एलप्स पर्वत को लांघने की घोषणा की थी, तब वह अपनी सेना लेकर निकल पड़ा था। फिर उसने तलहटी में खड़े होकर पहाड़ की दुर्गमता का अंदाजा लगाया था, उसके बाद सेना को आगे बढ़ने का आदेश दिया था।

तब पास में ही एक बुढ़िया लकड़ी काट रही थी। उसने कहा, **"क्यों जान**

दे रहे हो-? तुम्हारे जैसे कितने आए और मुंह की खाकर चलें गए।"

यह सुनकर नेपोलियन ने अपने गले से हीरे का हार उतारकर बुढ़िया को दिया और कहा, **"आपने मेरा उत्साह कई गुना बढ़ा दिया है, क्योंकि मैं भी और लोगों की तरह मरना चाहता हूं। अगर बच गया तो मेरी जय-जयकार करना।"**

बुढ़िया बोली, **"तुम पहले ऐसे इंसान हो, जो मेरी बात सुनकर हताश नहीं हुए, लेकिन यह सच है कि जो सच्चे मन से कुछ करने की ठान लेता है, वह कभी नहीं हारता।"**

इसलिए आपका सपना नेपोलियन की तरह बड़ा होना चाहिए, जो आपको ऊंचा उठा सके-? जिसे प्राप्त करने पर उत्साह बढ़े-? सम्मान बढ़े-? और आपकी लोकप्रियता में चार-चाँद लगाए-?

क्योंकि अब विज्ञान ने सपनों की दुनिया का विस्तार कर दिया है और सपनों का दायरा इतना बढ़ा दिया है कि किसी भी एक छोटे से उद्योग से आप अमीर बन सकते हैं-?

नारायणमूर्ति ने जब सॉफ्टवेयर कम्पनी का सपना देखा था, तब उनके पास पैसे नहीं थे। तब उनकी पत्नी ने 1982 में उन्हें दस हजार रुपये अपने गहने बेचकर दिए थे और चालीस हजार उनके चार साथियों ने लगाए थे। तब जाकर उन्होंने अपनी कम्पनी की शुरुआत की थी।

लेकिन अपनी क्षमता, आत्मविश्वास और उम्मीद के बल पर उन्होंने **'इन्फोसिस टेक्नोलॉजी'** को विश्व की नम्बर वन कम्पनियों में दर्ज करा दिया है। आज नाराणमूर्ति फोब्स की सूची में 51वें नम्बर के अमीर हैं।

इसलिए सपने देखो, लेकिन उन्हें साकार करने के लिए उम्मीद के साथ आगे बढ़ो। क्योंकि स्टार्टअप का विज्ञान कहता है कि आपके सपने एक दिन अवश्य साकार होंगे-?

आइडिया को स्टार्टअप में बदलने के तरीके जानें:

कभी आपने सोचा है कि गुजरात में सबसे ज्यादा हीरों के व्यापारी क्यों हैं-? जबकि एंटवर्प हीरों के कारोबार का केंद्र है और इस पर सदियों से पुरातनपंथी यहूदियों का कब्जा रहा है।

यूरोप में आज भी इस धंधे से जुड़े हजारों काले फ्रॉक-कोट और ऊंचे हैट लगाए हेसिडिक यहूदी देखने को मिल जाएंगे। लेकिन अब यह बिजनेस यहूदियों के हाथ से निकलकर गुजरातियों के पास आ गया है। क्योंकि गुजरात में हीरा तराशने के काम में निपुण कारीगरों की भरमार है और यूरोप की तुलना में मजदूरी

भी बहुत कम है।

आज लगभग 400 गुजराती परिवारों के हाथ में एंटवर्प का 70 प्रतिशत हीरा व्यापार है। जबकि गुजरातियों ने वहां के व्यापार में 1960 से दखल देना शुरू किया था। उस समय गुजरातियों को एंटवर्प में छोटी-मोटी चीज माना जाता था। क्योंकि तब वहां गुजराती निचले दर्जे के अनगढ़ पत्थरों तक ही सीमित थे, जिस पर गौर करना यहूदियों के लिए मामूली बात थी।

फिर वही अनगढ़ पत्थर, तराशने के लिए गुजरात आने लगे और हीरा बनकर एंटवर्प जाने लगे। इस काम में गुजरात के लोगों ने खूब नाम कमाया और धीरे-धीरे हीरों के 70 प्रतिशत व्यापार पर अपना कब्जा जमा लिया।

उसके बाद बॉस्टन कंसल्टिंग ग्रुप के चेयरमैन हैंस बर्कनर ने कहा था, **"अगले 10 सालों में भारत दुनिया की बड़ी ताकत बनकर उभरेगा। क्योंकि भारत के लोग क्रिएटिव हैं और दौलत कमाना जानते हैं।"**

कुछ दिनों पहले खबर छपी थी कि जयपुर के अरविंद जुनेजा ने ई-बे पोर्टल पर 3.69 कैरेट का माणिक यानी रुबी आठ लाख बीस हजार में बेचा है, तब से हैंस बर्कनर भारत के लोगों का लोहा मानने लगे हैं।

यह ई-बे पर ई-कॉमर्स के जरिए बिकने वाला सबसे महंगा रत्न था। इसलिए आपको यह जानना जरूरी है कि बिजनेस की शुरूआत कैसे की जाए और आइडिया को हकीकत में कैसे बदला जाए-?

कुछ साल पहले की बात है। जब आईपीएल मैच फिक्सिंग में चंद्रेस पटेल का नाम आया था, तब उसने पुलिस से हुई पूछताछ में खुलासा किया था, **"सट्टेबाजी का आइडिया मुझे जन्नत फिल्म देखने के बाद आया था। क्योंकि उसमें नायक अपना कर्जा चुकाने के लिए क्रिकेट मैच में सट्टा लगाता है। किस्मत से वह काफी रुपया जीत जाता है। सट्टा लगाते-लगाते वह बड़ा बुकी बन जाता है। फिर फेमस होने पर अंडरवर्ल्ड के लोग उससे कांट्रेक्ट करते हैं और बुकी का काम छोड़कर वह फिक्सर बन जाता।"**

इसलिए जब भी कोई मुझसे पूछता है, **"कौन से तीन महान गुण हैं, जो लोगों को अमीर बनाते हैं-?"**

तब मैं कहता हूं, **"आइडिया, जोखिम और उम्मीद।"**

इन तीनों के बिना कोई अमीर नहीं बन सकता। भारतीय फिल्मों की सफलता का आधार भी यही है। वहां भी आइडिया बिकता है, जोखिम दिखता है और फिल्म के सफल होने की उम्मीद रखनी पड़ती है।

इसलिए आज भारतीय सिनेमा हॉलीवुड को टक्कर दे रहा है। प्राइस वाटरहाउस कूपर्स का मानना है, **"भारतीय फिल्म इंडस्ट्री ने पिछले पांच सालों में 11.**

6 प्रतिशत की दर से विकास किया है। 2008 में भारत के कुल जीडीपी में 6.2 अरब डॉलर (28,305 करोड़ रुपये) का योगदान फिल्म इंडस्ट्री ने दिया था और इस इंडस्ट्री से लगभग 18 लाख लोगों को सीधे रोजगार मिल रहा है।"

जबकि गांधी जी को फिल्में पसन्द नहीं थीं। उनकी मर्जी चलती, तो सारे सिनेमा हॉल कताई मिल में बदल देते-? लेकिन आज गांधी जी जीवित होते, तो पिछले सौ सालों में बॉलीवुड की तरक्की को देखकर अपना विचार बदल लेते-?

क्योंकि हिन्दी और दूसरी प्रांतिय भाषाओं में हर साल करीब 900 फिल्में बनती हैं। यदि मुम्बई फिल्म इंडस्ट्री को लें, तो भी यह दुनिया की सबसे बड़ी फिल्म इंडस्ट्री है। बिना किसी सरकारी संरक्षण और सहायता के बॉलीवुड की फिल्मों का एक्सपोर्ट करीब 100 देशों में हो रहा है। 1999 में रिलीज हुई सुभाष घई की फिल्म **'ताल'** ने पहली बार कमाई के हिसाब से अमेरिका में टॉप 20 और यूके में टॉप 10 में जगह बनाई थी।

यह हाल तब है जब हमारी ज्यादातर फिल्में जालंधर, लुधियाना, इलाहाबाद, बिजनौर, पटना और धनबाद को ध्यान में रखकर बनाई जाती हैं। न ही हमारा बजट हॉलीवुड जितना होता है और न ही फिल्म इंडस्ट्री इंटरनेशनल पब्लिसिटी के लिए भी उतना पैसा नहीं खर्च करती, जितनी कि हॉलीवुड की फिल्में करती हैं। उसके बाद भी हॉलीवुड को सीधे टक्कर दे रही हैं।

फिल्म **'दिलवाले दुल्हनिया ले जाएंगे'** (डीडीएलजे) को भारतीय सिनेमा के पिछले 100 वर्षों के इतिहास की सबसे पसन्दीदा फिल्म चुना गया है। भारतीय फिल्मों के लिए इंग्लैंड की सबसे बड़ी **'पे पर व्यू'** (पीपीवी) सर्विस प्रदान करने वाली वेबसाइट **'सोनाना'** ने कुछ समय पहले एक ऑनलाइन मतदान आयोजित किया था, जिसमें सिनेमा प्रेमियों ने सोशल नेटवर्किंग साइट्स, ई-मेल और मूवी पोर्टल के जरिए अपना मत दिया। उसमें **'डीडीएलजे'** पुरानी तीन सदाबहार फिल्में **'आवारा'**, **'मदर इंडिया'** और **'शोले'** को पछाड़कर नंबर-वन बनी।

क्योंकि इस फिल्म में ग्लोबलाइजेशन और लिबरलाइजेशन को कहानी का विषय बनाया गया था, जो दर्शकों के लिए एकदम नया था। वैसे तो भारतीयों के विदेश जाने का सिलसिला पहले से चला आ रहा है, लेकिन अब तेज हो गया है। विदेश नजदीक लगने लगा है और आम मध्यवर्गीय लोगों के सपनों का हिस्सा बन चुका है।

जिसकी वजह से एक ऐसे भारतीयों का समूह तैयार हुआ है, जो रहता तो अमेरिका या यूरोप में है, परन्तु उसका मन हमेशा भारत में पड़ा रहता है। विदेश

की भौतिक समृद्धि उसे आकर्षित करती है, लेकिन भारतीय जीवन शैली **a)**उसकापीछा नहीं छोड़ती। यही फिल्म की कहानी थी। लेकिन साथ में भारतीय जीवन की झांकी भी डाली गई थी, जिसने फिल्म को हिट कर दिया।

इसलिए आइडिया को हकीकत में बदलने का तरीका जानें। शास्त्रों में लिखा है, **"मनुष्य में दो तत्व विराजमान हैं-एक जड़ और दूसरा चेतन। जड़ मनुष्य में तन, मन, बुद्धि से आते हैं और चेतन तत्व आइडिया है।"**

इसे बिजली और बल्ब के उदाहरण से भी समझ सकते हैं। आपके घर में 25 वॉट के भी बल्ब होते हैं और 100 वॉट के भी। हर बल्ब का बाहरी शीशे का ढांचा लगभग एक जैसा होता है। पीछे से मिलने वाली बिजली भी बराबर होती है। परन्तु 25 वॉट के बल्ब की चमक कम होती है, 40 वॉट की अधिक होती है और 100 वॉट की और अधिक होती है।

इस भिन्नता का कारण है बल्ब के अंदर का फिलामेंट। क्योंकि बल्ब की रोशनी, पीछे से आती हुई बिजली तथा शीशे के कवर पर निर्भर नहीं करती। वह तो निर्धारित होती है उसके अंदर के फिलामेंट से।

आपका तन बल्ब के शीशे के कवर की तरह है, मन-बुद्धि फिलामेंट की तरह और आइडिया बिजली की तरह। यानी मन और बुद्धि तब विकसित होती है, जब आप किसी भी काम में सफलता पा लेते हैं। इसलिए अपने मन-बुद्धि को विकसित करें और आगे बढ़ने के लिए तैयार हो जाएं।

सफलता जगह के चयन पर निर्भर करती है:

यदि आपका आइडिया बिजनेस करने का है या कोई उद्योग लगाने का है, तब सोचें कि उसे कहां शुरू करना है-? क्योंकि ऊनी और सूती हौजरी का गढ़ तिरूपुर, लुधियाना, कलकत्ता तथा दिल्ली में है। खेल सम्बंधी सामान मेरठ और जालंधर में अधिक बनते हैं।

हाथ के औजार ज्यादातर जालंधर तथा नागपुर में बनते हैं। शीशा और सिरामिक खुरजा तथा फरूखाबाद में अधिक बनते हैं। ताले बनाने का गढ़ अलीगढ़ में है। वैज्ञानिक औजार अंबाला और अजमेर में बनते हैं। दियासलाई सिवकासी में बनती है।

साईकिलें तथा उसके पुर्जे लुधियाना में अधिक बनते हैं। तांबे के पुर्जे जामनगर में बनते हैं। डीजल इंजन गाजियाबाद, कोल्हापुर, आगरा, राजकोट तथा कोयंबटूर में बनते हैं। बिजली का सामान मुम्बई, पुणे, और बैंगलोर में अधिक बनता है और घरेलू बिजली के उपकरण दिल्ली में ज्यादा बनते हैं।

मार्केट का चयन हो जाने के बाद अपने आइडिया को हकीकत में बदलने के लिए ऑफिस, दुकान या फैक्ट्री की जमीन का चयन करें। लेकिन चयन करते

समय नीचे लिखी बातों का ध्यान रखें:-

- a) **क्या वहां पर यातायात की सुविधा है-?** हां ☐
- b) **क्या वहां पर बिजली की स्थिति अच्छी है-?** हां ☐
- c) **क्या वहां पर टेलीफोन कनेक्शन मिल सकता है-?** हां ☐
- d) **क्या वहां पर लोन मिल सकता है-?** हां ☐

यदि आप फैक्ट्री लगाने जा रहे हैं तो उससे सम्बंधित प्राधिकरण से अनुमति लेनी जरूरी है।

कम्पनी को रजिस्टर्ड करने की प्रक्रिया जानें:

भारत में कम्पनी का निगमीकरण, कम्पनी अधिनियम 1956 द्वारा अधिशासित होता है और केंद्रीय सरकार द्वारा क्रियांवत होता है। नई कम्पनियों का पंजीकरण कम्पनी रजिस्टार के द्वारा होता है।

कम्पनी के पंजीकरण के लिए आवेदन पत्र के साथ चुनिंदा नाम, संघ का ज्ञापन और संघ के लेख और दूसरे आवश्यक दस्तावेज राज्य के कम्पनी रजिस्टार के पास फाइल करने होते हैं। कम्पनी प्राइवेट लिमिटेड भी हो सकती है और सार्वजनिक लिमिटेड भी हो सकती है।

वर्किंग कैपिटल के बारे में सोचें:

इससे किसी कम्पनी की परिचालन क्षमता का पता चलता है। अगर किसी कम्पनी के पास पर्याप्त मात्रा में वर्किंग कैपिटल है, तो इसका मतलब है कि वह ठीक से अपना परिचालन कर पाएगी। यदि कम्पनी के पास इसकी कमी है, तो उसके परिचालन में दिक्कत आएगी। वर्किंग कैपिटल का कम्पनी के विस्तार में भी अहम रोल होता है। अगर किसी कम्पनी के पास वर्किंग कैपिटल अधिक मात्रा में है, तो कम्पनी अच्छा लाभ कमाएगी और तेजी से विस्तार करेगी।

बिजनेस के लिए डिग्री का होना जरूरी नहीं है:

यदि आप अधिक पढ़ नहीं पाए, तो निराश न हों, सिर्फ अपने भविष्य के प्रति सजग रहें। क्योंकि दुनिया में बहुत सारे ऐसे लोग हैं, जो स्टडीज में कुछ खास नहीं कर सके। लेकिन जुनून और दूरदर्शिता के सहारे आज कामयाबी की बुलंदियों पर हैं:-

- **वर्जिन एटलांटिक एयरवेज के मालिक रिचर्ड ब्रेंसन पढ़ाई में अच्छे नहीं थे। उन्होंने 16 साल की उम्र में स्कूल छोड़ दिया और लंदन चले गए। वहां उन्होंने अपना खुद का काम शुरू किया और 'स्टूडेंट' नाम की एक मैगजीन पब्लिश की।**
- **ब्रिटिश पीएम रह चुके जॉन मेजर एक एवरेज स्टूडेंट थे। उन्होंने**

हाईस्कूल O-level (बेहद औसत मार्क्स) से पास की थी। बाद में 16 की उम्र में उन्होंने पढ़ाई छोड़ देने का फैसला किया।

- **मोबाइल और कम्प्यूटर टेक्नोलॉजी की दुनिया में क्रान्ति लाने वाले स्टीव जॉब्स ने कॉलेज जॉइन करने के 6 महीने बाद ही पढ़ाई छोड़ दी थी। क्योंकि उनकी समझ में नहीं आ रहा था कि पढ़ाई उनके लिए किस तरह से फायदेमंद साबित होगी-?**
- **डेविड कार्प के सफल होने की कहानी एक दम अलग है। क्योंकि उनकी पुस्तकों से दोस्ती कभी नहीं हो पाई थी।**

कहावत है कि पढ़ें नहीं, कढ़ें। इन चारों के बारे में यह बात सच लगती है। ये पढ़े नहीं, कढ़े थे। किसी को खेल पसन्द था, किसी को कम्प्यूटर पर खेलना अच्छा लगता था और किसी को प्लेन में उड़ना अच्छा लगता था।

इसलिए डेविड के घरवाले बेचैन रहते थे और सोचते थे कि सातवीं-आठवीं में पढ़ने वाला बच्चा पुस्तकों से बेरूख हो रहा है और कम्प्यूटर से करता क्या है-? फिर वही बच्चा 26 साल की उम्र में खरबपति बन गया है। क्योंकि ब्लॉगिंग साइट **'टम्बलर'** के कर्ता-धर्ता डेविड को याहू ने अपने साथ जोड़ लिया है और **'टम्बलर'** के बदले याहू ने डेविड को 1.1 अरब डॉलर दिए हैं।

जबकि उनके माता-पिता ने उन्हें न्यूयॉर्क के एक स्कूल में शुरूआती पढ़ाई के लिए भेजा था। लेकिन कुछ सालों तक पढ़ाई करने के बाद डेविड का मन पुस्तकों से ऊब गया, फिर वे कम्प्यूटर से सम्बंधित तमाम चीजों को सीखने में दिलचस्पी दिखाने लगे।

बच्चे का ध्यान पढ़ाई से हटाने पर माता-पिता शुरू में थोड़ा परेशान हुए। लेकिन कुछ समय बाद उनकी मां ने ही कह दिया कि वह स्कूल जाना बंद करें और घर से पढ़ाई करें। इसके लिए उन्हें सुविधाएं भी दी गईं। लेकिन दसवीं पास भी नहीं कर पाए कि डेविड को एनिमेशन में मजा आने लगा।

उन्होंने एनिमेशन की बारीकियां सीखीं और फ्रेडरेटर स्टूडियो में काम शुरू कर दिया। फिर जब वे 17 साल के हुए, तब उनके माता-पिता में अलगाव हो गया। उसके बाद डेविड ने ऑन लाइन पैरेंटिक फोरम (माता-पिता को ऑन लाइन सलाह) **'अर्बन बेबी'** के नाम से शुरू किया। वे इस फोरम से 2006 तक जुड़े रहे, फिर डेविड ने अपनी सॉफ्टवेयर कंसलटेंट कम्पनी खोल दी।

कुछ समय बाद वही कंसलटेंट कम्पनी **'टम्बलर'** के नाम से काम करने लगी। धीरे-धीरे उस पर करोड़ों ब्लॉग्स बन गए। **'टम्बलर'** की इसी प्रसिद्धि और हिट का परिणाम था कि याहू ने डेविड के साथ करार किया।

कुछ ऐसा ही हावर्ड यूनिवर्सिटी में पढ़ने वाले डस्टिन और मोस्कोविट्ज के

साथ हुआ था। उन्होंने 2008 में फेसबुक छोड़ने के बाद मोबाइल एप्लीकेशन आसान बनाया, जिसकी वजह से मोस्कोविट्ज को 2011 में फोर्ब्स मैग्जीन ने सबसे छोटे बिलियनेयर का दर्जा दिया था। अब उनकी उम्र 29 साल है और संपत्ति है 148 अरब डॉलर।

इसलिए स्टार्टअप शुरू करने से पहले अपनी आदतों में सुधार कर लें और अपने शब्दकोष से **'असम्भव'** शब्द पूरी तरह से हटा दें। क्योंकि सड़क पर युद्ध हिम्मत से लड़ा जाता है, हथियारों से नहीं।

कोडैक की कहानी याद कीजिए। अमेरिका के रोचेस्टर शहर की इस कम्पनी को किसी जमाने में बड़ा गुमान हुआ करता था। क्योंकि दुनिया में शायद ही ऐसा कोई हो, जो साल में कम से कम एक बार उसके कैमरे इस्तेमाल न करता हो-? कभी बीवी या बच्चों की तस्वीरें लेने के लिए, तो कभी शादी, बर्थडे या ऐसे ही किसी और फंक्शन की यादें सहेजने के लिए। दुर्घटना या युद्ध में भी इससे तस्वीरें ली जाती थीं।

लेकिन आगे चलकर हुआ क्या-? मोबाइल पर कैमरा आते ही कोडैक का गुमान छिन्न-भिन्न हो गया। इसी तरह जब वीडियो आया तो रेडियो पीछे रह गया। सीडी ने ऑडियो-वीडियो टेप को खत्म कर दिया। डिजिटाइल्ड म्यूजिक ने सीडी को पीछे छोड़ दिया। मोबाइल फोन में तो यह सभी चीजें हैं। इसलिए यह छोटा सा खिलौना लेंडलाइन फोन को लगभग खत्म कर चुका है।

यह कहानी संदेश देती है कि यदि आप तेजी से विकसित होती तकनीक के प्रति सतर्क नहीं हैं, तो आपको धक्का लग सकता है-? आपका बिजनेस प्रतिस्पर्धी आपके इर्द-गिर्द ही है। आपको उससे सचेत रहना होगा।

गलती से सीखें और आगे बढ़ें:

एक बार एक महिला ओशो से मिलने आई। ओशो उस समय हर व्यक्ति से मिलकर उसकी छोटी-छोटी समस्याओं का हल बताते थे। उस महिला ने कहा, **"मुझे उदासी के झोंके आते हैं। वे लहरों की तरह आते हैं और मैं उनमें डूब जाती हूं। तब मैं न तो उदासी से लड़ पाती हूं और न ही उस समय खुश रहने का नाटक कर सकती हूं-?"**

ओशो ने उससे जो कहा वह आपके बहुत काम आएगा। क्योंकि उदासी हमारी बचपन की सहेली है। यूं ही बैठे-बैठे अचानक उदासी के बादल घेर लेते हैं। कहां से आते हैं, क्यों आते हैं कुछ समझ में नहीं आता। उस दौर में दुनिया बिल्कुल स्याह नजर आती है, जीने में कोई सार नहीं लगता। ऐसे में करें तो क्या करें-?

जबकि सबसे पहला उसूल यह है कि उस अंधियारे से भागने की कोशिश

न करें। किसी भी स्थिति से भागना केवल उसे मजबूत करना और आग को हवा देने जैसा है। इसलिए जब भी उदासी घेर ले, कमरा बंद करके बैठ जाएं और पूरी तरह से उदास हो जाएं। रोना है तो रो लें, उदासी का पूरा स्वाद लें। उदासी सिर्फ मन के अंदर नहीं है, वह शरीर के रोएं-रोएं में बैठी हुई है। शरीर को उदासी का पूर्ण अनुभव करने दें। जमीन पर गिर पड़ें, सिकुड़ जाएं, लोटपोट हो जाएं। इससे बचने की कोशिश न करें।

कुछ ऐसी स्थिति बिजनेस में भी आ जाती हैं-? गलतियां सबसे होती हैं। लेकिन आप गलती कर रहे हैं, यह आभास हो रहा है या नहीं, यह देखना बहुत महत्वपूर्ण है। यदि गलतियों के प्रति आप सजग हैं और वे आपको दिखाई देती हैं, तो समझना चाहिए कि आप अपने जीवन के प्रति लापरवाह नहीं हैं।

एक सच्चा किस्सा है। जैन धर्म के महान संत गुप्तिसागर के पास पिछले साल एक युवक आया और बोला, **"तेजी से सफलता पाने का कोई गुरुमंत्र बताइए-?"**

गुप्तिसागर ने कहा, **"तुम सार्वजनिक क्षेत्र में काम करते हो। इस क्षेत्र में सफल होने के लिए दो फैक्ट्रियां खोल लो।"**

युवक चौंक गया, फिर गुप्तिसागर से बोला, **"गुरुदेव आपने फैक्ट्री खोलने की बात कही है, लेकिन मैं तो नौकरी करता हूं-?"**

गुप्तिसागर ने युवक को समझाते हुए कहा, **"फैक्ट्रियां खोलने का आशय समझो। आपके पास दो फैक्ट्रियां होनी चाहिए। एक आइस फैक्ट्री, दूसरी शुगर फैक्ट्री।"**

युवक ने पूछा, **"गुरुदेव! आइस फैक्ट्री और शुगर फैक्ट्री का सार्वजनिक क्षेत्र में काम करने से क्या सम्बंध है-?"**

गुप्तिसागर ने कहा, **"बहुत गहरा सम्बंध है, लेकिन दोनों फैक्ट्रियां भूमि के प्लॉट पर नहीं, तुम्हारे भीतर स्थापित होनी चाहिए। दिमाग में आइस फैक्ट्री और जुबान पर शुगर फैक्ट्री, ताकि मस्तिष्क ठंडा रहे और वाणी से मधुरता टपकती रहे।"**

क्योंकि बिजनेस में बहुत सारी समस्याएं प्रतिक्रिया के कारण पैदा होती हैं। किसी ने कुछ कह दिया। उसको डीपली लिया गया और मन में एक गांठ बननी शुरू हो गई। लेकिन नजरिया ठीक हो, तो व्यक्ति हर समस्या का कोई न कोई समाधान खोज ही लेता है।

महान चीनी विचारक मेन्सियस की मां एक समझदार महिला थीं। अपने जीवनकाल में अपने बेटे के कारण तीन बार उन्होंने अपना निवास बदला। पहले वे एक कब्रिस्तान के पास रहती थीं। एक दिन उन्हें लगा कि उसका बेटा

धीरे-धीरे गहरे दुख में डूबता जा रहा है। क्योंकि कब्रिस्तान में आने वाले लोग दुख से रोते-बिलखते रहते थे। मेन्सियस उन्हें रोज ही देखता था, इसलिए वह उन्हीं की तरह बर्ताव करने लगा था।

मेन्सियस की मां को चिंता हुई। उन्होंने वहां से दूसरी जगह जाना तय कर लिया। अब वे चहल-पहल भरे एक बाजार में रहने लगीं। कुछ समय बाद उन्होंने देखा कि उनका बेटा मेन्सियस एक दुकानदार की तरह बर्ताव करने लगा है। वह घर का सामान सजाकर एक दुकानदार की तरह बैठ जाता।

बाजार में दुकानदारों और उनके ग्राहकों के बीच जैसी बात-चीत सुनी थी, वैसी ही बात-चीत वह करने लगा। मां अपने बेटे का ऐसा व्यवहार देखकर चिंतित हो गईं।

उन्होंने वहां से भी निकलना तय कर लिया। इस बार उन्होंने एक विद्यालय के पास मकान लिया। वहां उनका बेटा मेधावी विद्यार्थियों का अनुसरण करने लगा। वह सब विषयों की जानकारी पाने की कोशिश करने लगा और हर विषय पर गहन अध्ययन करने लगा।

मां यह देखकर बड़ी प्रसन्न हुईं। उन्हें लगा कि उसके बेटे पर माहौल का सही प्रभाव पड़ा है, फिर उस वातावरण में बड़ा होकर मेन्सियस चीन का एक बहुत बड़ा विद्वान बना। यह कहानी भी यही संदेश देती है कि गलती से सीखो और आगे बढ़ो।

आप शायद नहीं जानते होंगे कि फिल्म **'दीवार'** में अमिताभ बच्चन की कमीज फिल्मी दर्जी ने गलती से अधिक लंबी बना दी थी। तब निचले हिस्से को गठान की तरह बांधा गया और कंधे पर रस्सी रख दी गई, ताकि वह कुली लग सके।

लेकिन मजबूरी के कारण बांधी गठान कॉस्ट्यूम की कला मान ली गई, क्योंकि फिल्म हिट थी। उसके बाद सलीम-जावेद ने अपनी जिंदगी से पूछा, **"तू इतनी कठिन क्यों है-?"**

जिंदगी ने हंसकर कहा, **"क्योंकि दुनिया आसान चीजों की कद्र नहीं करती।"**

आपका मिशन क्या है:

फिल्म **'नाम'** में एक सीन में दुबले-पतले संजय दत्त को चंद हथियारबंद गुंडे घेर लेते हैं। वह कहता है, **"पहले आगे आने वाले एक व्यक्ति को मैं मार दूंगा, फिर भले ही सब मिलकर मुझे मार दें।"**

तब हर गुंडे को यकीन हो गया था कि यह पहले हमलावर को मार देगा। बिल्कुल ऐसा ही बिजनेस में होता है। अपने उद्योग को सफलता के शिखर तक

पहुंचाने के लिए दूसरों में दहशत पैदा करनी पड़ती है।

तभी तो रतन टाटा ने फिक्की की एक सेमीनार में कहा था, **"आपको अपने अंदर दूरदर्शिता लानी होगी। ऐसी दूरदर्शिता, जिससे आप भविष्य देख सकें। क्योंकि ऐसे कई मौके आएंगे, जब आप सही और गलत के दोराहे पर खुद को खुदा पाएंगे। तब आपको दृढ़निश्चय और खुद पर भरोसा करना होगा। यदि आप उस पर कायम रहते हैं, तो कामयाबी हर हाल में आपको मिलेगी।"**

इसलिए कम्पनी को रजिस्टर्ड करवाने के बाद आगे की प्लानिंग में जुट जाएं। यहां पर प्लानिंग का मतलब है, योजना का प्रोजेक्ट तेयार करना। इसमें बिजनेस की कार्यनीतियों का विस्तार से उल्लेख किया जाता है। जो साबित करता है कि भविष्य में व्यापार के कितना फैलने की संभावनाएं हैं-? रिस्क फैक्टर्स क्या हैं-? और बैंकों से कितना ऋण लिया जा सकता है-?

प्रोजेक्ट में आप संसाधनों का ब्योरा भी दे सकते हैं। जैसे आपके पास कितना पैसा है और शेष पैसा कहां से आएगा-? कम्पनी का श्लोगन क्या होगा-? उत्पादन कैसे होगा-? प्लांट और मशीनरी कहां से आएंगी, कब आएंगी, कितने की आएंगी-?

कच्चा माल कहां रखा जाएगा-?, फिनिश माल कैसे मार्केट में भेजा जाएगा-? मार्केटिंग में कितना पैसा लगेगा-? कितने स्टाफ की जरूरत पड़ेगी-? कितनी उनकी सेलरी जाएगी-? माल बिकने के बाद पैसा कैसे आएगा, कब आएगा, कितना आएगा-? सब खर्चे निकालने के बाद प्रॉफिट कितना होगा-?

कहां से लें तकनीकी परामर्श:

देश के हर राज्य में जिला स्तर पर जिला उद्योग केंद्र खुले हुए हैं, जो बिजनेस से सम्बंधी जानकारी उपलब्ध करवाते हैं और विभिन्न योजनाओं के अंतर्गत ऋण भी दिलवाते हैं। कुछ ऋण ऐसे भी होते हैं, जिन पर सब्सिडी का प्रावधान है। अधिक जानकारी के लिए नीचे लिखे संस्थानों से संपर्क साधें:-

- **राष्ट्रीय औद्योगिक विकास निगम**
- **खादी और ग्रामीण उद्योग आयोग**
- **कुटीर उद्योग**
- **भारतीय उद्यम विकास संस्थान**
- **राष्ट्रीय उद्यम और लघु व्यवसाय विकास संस्थान**
- **राष्ट्रीय लघु उद्योग विस्तार और प्रशिक्षण संस्थान**
- **भारतीय लघु उद्योग विकास बैंक (सिडबी)**

बैंक में कम्पनी का अकाउंट कैसे खोलेंः

जब भी खोलें 3 इन 1 अकाउंट खोलें, क्योंकि यह ऐसा अकाउंट होता है, जिससे आप तीन अकाउंट का काम ले सकते हैं। यानी सेविंग, ट्रेडिंग और डिमेट। इसे ब्रोकरेज की किसी भी बैंकिंग शाखा में खोला जा सकता है।

सामान्य अकाउंट की तुलना में इस अकाउंट के कई लाभ हैं। इसकी मदद से सेविंग अकाउंट से ट्रेडिंग अकाउंट में धन ट्रांसफर किया जा सकता है।

उदाहरण के लिए मानें कि आपका कोई ऑन लाइन अकाउंट है और आप अपने सेविंग अकाउंट से ट्रेडिंग अकाउंट में पैसा ट्रांसफर करना चाहते हैं, तो आपको दो पासवर्ड रखने होंगे।

लेकिन इस अकाउंट में ऐसा नहीं है, इसमें एक ही पासवर्ड से काम चल जाएगा। यदि आप ऑनलाइन अकाउंट से किसी ट्रेडिंग अकाउंट में पैसा ट्रांसफर करना चाहते हैं, तो आपको बैंक में जाने की जरूरत नहीं है। यह काम आप खुद ही कर सकते हैं।

कम्पनी की वेबसाइट कैसी बनवाएंः

बिजनेस शुरू करने के बाद आपको एक वेबसाइट बनवानी होगी। जहां तक इसकी लागत की बात है, तो यह इस बात पर निर्भर करता है कि आप किस तरह का बिजनेस शुरू कर रहे हैं-?

आज मार्केट में कई ऐसी कम्पनियां हैं, जो फ्री में आपको वेबसाइट और स्पेस उपलब्ध करवाती हैं। लेकिन उनकी कुछ शर्तें होती हैं। वे आपको फ्री ऑनलाइन इन्फॉर्मेशन और टूल्स मुहैया कराएं। इसलिए आप अपनी साइट पर इस तरह के लिंक्स दें, जिससे आपके विजिटर्स किसी प्रोडक्ट के बारे में अधिक से अधिक जानकारी हासिल कर सकें। इसके लिए आपको अपनी वेबसाइट पर कंटेंट और इन्फॉर्मेशन को अपडेट रखना होगा।

यदि इन्फॉर्मेशन पुराना होगा, तो आपके क्लाइंट दूसरी साइट की तरफ मूव कर जाएंगे। इसलिए यह जरूरी है कि साइट पर आप अच्छी सूचनाएं दें, ब्लॉग बनाएं और उन्हें समय-समय पर अपडेट करते रहें।

फिजूल खर्चों से बचेंः

बिजनेस के लिए एक फाइनेंशियल स्ट्रेटजी बनानी पड़ती है, ताकि कम्पनी में कैश फ्लो बराबर बना रहे। इस पहलू पर ज्यादातर बिजनेसमैन ध्यान नहीं देते, लेकिन यह सबसे महत्वपूर्ण प्वाइंट है बिजनेस को नॉन-स्टॉप चलाने का। क्योंकि कुछ खर्चे ऐसे होते हैं, जिनमें कैश भुगतान होता है। इसलिए बिजनेस की शुरूआत करने के बाद फिजूल खर्चों से बचें।

ऑल राउंडर स्टाफ का चयन करें:

आपने देखा होगा कि बैंक के कर्मचारी से कभी भी एक ही सीट पर काम नहीं लिया जाता। उसे अलग-अलग सीटों पर बिठाकर, अलग-अलग काम करवाया जाता है। इसका फायदा यह रहता है कि जब एक अधिकारी या कर्मचारी छुट्टी पर होता है, तो उसकी सीट का काम नहीं रुकता। उसका काम दूसरा कर्मचारी देखने लगता है।

इसलिए ऑल राउंडर स्टाफ का चयन करें, ताकि किसी एक के न होने पर काम न रुके। उसका स्थान दूसरा तत्काल ले ले और काम पहले की तरह जारी रहे। इसके दो फायदे होते हैं। पहला फायदा तो यही है कि किसी कर्मचारी के रहने या न रहने से काम बाधित नहीं होता और दूसरा फायदा यह होता है कि किसी भी कर्मचारी को अपने काम पर घमंड नहीं होता।

बारकोड के बारे में जानें:

यह 13 अंकों का एक खास ग्राफ होता है, जिसके पहले दो अंक बताते हैं कि वह चीज किस देश की बनी हुई है। बाद के पांच अंकों में चीज के बारे में सारी जानकारी होती है और अंतिम चार अंक यह क्रॉस चेक करते हैं कि कम्प्यूटर द्वारा बारकोड सही ढंग से पढ़ा गया है या नहीं-?

इसे बनाने का श्रेय पेंसिलवेनिया (अमेरिका) के जोसेफ वुडलैंड और बर्नार्ड सिल्वर को जाता है। लेकिन इसका पहला व्यावसायिक इस्तेमाल 1970 में अमेरिका की मोनार्क कम्पनी ने किया था। अब यह पूरी दुनिया में इस्तेमाल होता है। इसलिए आपको बारकोड के बारे में जानना जरूरी है, ताकि आप अपने उत्पादनों में इसका इस्तेमाल कर सकें।

बारकोड को पढ़ने के लिए बारकोड रीडर की जरूरत पड़ती है, जो एक तरह की स्टेशनरी डिवाइस होती है। वह बारकोड की इन्फॉर्मेशन को स्टोर करती है। रीडर में एक लेजर बीम लगी होती है, जो लाईन तथा स्पेस को रिफ्लेक्शन के द्वारा डिजिटल डाटा में बदल देती है और कम्प्यूटर को ट्रांसफर कर देती है।

कैश का फ्लो ठीक रखें:

बिजनेस में कैश का नियमित प्रवाह होना बहुत जरूरी है। कभी-कभी पैसे की कमी हो जाना ठीक है, लेकिन यदि बिजनेस में पैसे की कमी लगातार बनी रहती है, तो अपने बिजनेस मॉडल पर नजर डालें। कहीं ऐसा तो नहीं कि उसमें लाभ का मार्जिन बहुत कम हो, या आप समय पर पार्टी से पैसा ले न पाते हों-? ऐसी किसी भी खामी का पता लगाएं और फिर उसे दूर करें। आप कैश फ्लो से बिजनेस को आगे बढ़ा सकते हैं।

पार्टनर संभलकर बनाएं:

बिजनेस में पार्टनरशिप का एक बड़ा फायदा यह है कि आप ऐसे क्षेत्र में प्रसार कर लेते हैं, जिनमें आप अकेले शायद काम न कर पाते। लेकिन पार्टनरशिप करने से पहले उस व्यक्ति की विश्वसनीयता का आंकलन अवश्य कर लें। इसके अलावा पार्टनरशिप की सभी शर्तें लिखित में रखें। ऐसा करने से आप भविष्य में किसी भी तरह की परेशानी में नहीं फसेंगे।

प्लान बी तैयार रखें:

आपकी योजनाएं तभी ठीक तरह चलती हैं, जब स्थितियां ठीक वैसी ही होती हैं, जैसी आपने सोची होती हैं। अब चूंकि स्थितियां हमेशा एक सी रहती नहीं हैं, इसलिए अपने पास प्लान बी हमेशा तैयार रखें। आर्थिक मंदी, कॉस्ट कटिंग या अन्य किसी आपात कारण की वजह से कम्पनी पर आ सकने वाले संकट से बचने का यह सबसे अच्छा तरीका है।

बिजनेस बढ़ाने के आधुनिक तरीके जानें:

फेसबुक से आप अपने बिजनेस को बढ़ा सकते हैं, क्योंकि आज की तारीख में फेसबुक पर लगभग 900 मिलियन यूजर्स हैं और हर दिन यह संख्या बढ़ती जा रही है। ऐसे में आप अपने उत्पादनों को उन लोगों तक पहुंचा सकते हैं-?

फेसबुक की खास बात यह है कि इस पर जो विज्ञापन दिए जाते हैं, वे लोगों की रुचि को देखते हुए प्लेस किए जाते हैं। इसलिए व्यक्ति को यह पता चल जाता है कि वह किस तरह के कस्टूमर को किस जगह पर टार्गेट कर रहा है, और कैसे कस्टूमर ग्रुप तक पहुंच सकता है-? लेकिन इस पर अकाउंट खोलने के कुछ तरीके हैं:-

- **प्रोफाइल मैनेज करें।**
- **अपना प्रोफाइल सही तरह कंप्लीट करें।**
- **प्रॉपर फीडबैक के लिए सही एप्लीकेशंस इंस्टॉल करें।**
- **सेटिंग्स में पर्सनल इन्फॉर्मेशन का पार्ट प्राइवेट कर दें।**
- **ब्रांड की सही इमेज के लिए अपनी प्रोफेशनल और पर्सनल कैजुअल पिक्चर्स पोस्ट करें।**
- **फेसबुक वैनिटी यूआरएल लें, ताकि लोग आपको आसानी से सर्च कर सकें।**
- **अपने फेसबुक यूआरएल को अपने ई-मेल में बतौर सिग्नेचर एड करें।**
- **अपनी क्रेडिबिलिटी बढ़ाने के लिए अपने बिजनेस से जुड़े आर्टिकल्स और इंटरेस्टिंग इन्फॉर्मेशन दें।**

- **फेसबुक अकाउंट को ट्विटर जैसे दूसरे सोशल मीडिया टूल से जोड़ें, फिर कनेक्टेड लोगों की लोकेशंस चेक करें।**
- **ज्यादा कनेक्शंस ढूंढ़ने के लिए अपने ई-मेल से कॉन्टैक्ट्स अपलोड कर लें।**
- **फ्रेंड्स लिस्ट में म्यूचुअल कॉन्टैक्ट्स तलाशें।**
- **अपने फिल्ड के एक्सपर्ट को आप अपने ब्लॉग पर गेस्ट ब्लॉगर बना सकते हैं।**
- **सही ऑडियंस तक पहुंचने के लिए फेसबुक ऐड्स खरीदें।**

भारत में बहुत कम लोग होंगे, जो इसका फायदा बिजनेस को बढ़ाने के लिए उठा रहे हैं-? जबकि अलग-अलग इंटरेस्ट वाले लोगों का अकाउंट यहां होने की वजह से बिजनेस बढ़ाने का पूरा स्कोप है और बहुत कम रुपयों से काम चलाया जा सकता है। क्योंकि स्पेसिफिकेशंस तय करने के बाद उसी हिसाब से बजट तय किया जा सकता है, साथ ही प्रोडक्ट्स के ऑनलाइन कॉन्टेस्ट्स भी चलाए जा सकते हैं।

अब तो जी.एस.टी. यानी गुड्स एण्ड सर्विस टैक्स भी आने वाला है। उसके लागू होने से कई फायदे होंगे। जो वैट या सी.एस.टी. हर सेल या परचेज पर लगता है, वह सिर्फ एक बार ही लगेगा। लेकिन इसका फायदा उठाने के लिए आपको असफलता के डर से बाहर निकलना होगा। क्योंकि विफलता का मतलब यह नहीं है कि आप नाकाम हो चुके हैं, बल्कि इसका मतलब यह है कि आप सफलता पाने का प्रयत्न जारी रखे हुए हैं।

3 जुलाई 2013 की रात को जब 12 अरब का रूसी अभियान 17 सैकेंड में तबाह हो गया था, तो क्या रूस ने उसके बाद उपग्रह में रॉकेट दागने छोड़ दिए थे-? नहीं! बल्कि वह और जोर-शोर से नेवीगेशन उपग्रहों को ले जाने के लिए अपने मिशन में जुट गया।

क्योंकि वह जानता है कि विफलता के बाद सफलता का मिलना तय है। इसलिए गर्व से कहो:-

अभी न पूछो हमसे मंजिल कहां है।
अभी तो हमने चलने का वादा किया है॥
न हारे थे, न हारे हैं, न हारेंगे कभी।
ये हमने खुद से वादा किया है॥

क्योंकि आप खुद एक कल्पवृक्ष हैं। आपके अंदर सभी देवी-देवताओं का निवास है। ईश ज्ञानी बताते हैं कि जिस समय मनुष्य अपने उद्देश्य में सफल हो जाता है, उस समय वह फरिश्तों की दुनिया में होता है।

उसमें ईश्वर या भाग्य का कोई लेन-देन नहीं होता। निर्णय आपका होता है। चुनाव आपका होता है। वह तो नियम-कानून बनाकर हमेशा के लिए सो गया। संसार में ईश्वर नहीं, नियम काम कर रहे हैं। नियम को जानकर, अपनाकर कोई भी असीम धन-संपदा प्राप्त कर सकता है-?

पॉपुलर केटरर्स के शिवाना शेट्टी सात साल की उम्र में मैंगलोर से भागकर मुम्बई आ गए थे। पहले कई छोटी-मोटी नौकरी की, उसके बाद उन्होंने नटराज स्टूडियो में अपनी कैंटीन खोली और प्रमोद चक्रवर्ती, रामानंद सागर, विधु विनोद चोपड़ा, बोनी कपूर, एन.चोपड़ा जैसे प्रोड्यूसर्स के लिए केटरिंग की। फिर उन्होंने पूरे सेट की केटरिंग के ऑर्डर लेने शुरू कर दिए और '**रामलीला**', '**ये जवानी है दीवानी**' तथा '**गब्बर**' जैसी बड़ी बजट वाली फिल्मों की केटरिंग संभाली। क्योंकि उनके अंदर कुछ नया करने का जज्बा था, इसलिए सफल हुए।

एक पुरानी घटना है। इंग्लैंड में आदिवासियों का एक छोटा द्वीप था। वहां बहुत ही सरल व सीधे-सादे लोग रहते थे। एक दिन किसी पादरी को उन पर दया आ गई। पादरी ने सोचा कि उन्हें कुछ ज्ञान देना चाहिए-?

वह एक जहाज पर बैठे और उस द्वीप पर पहुंच गए। दिन भर सीधे-सादे आदिवासियों को समझाते रहे कि ईश्वर क्या है, कैसा है-? और उस तक कैसे पहुंचा जा सकता है-? समझाते-समझाते शाम हो गई, फिर वे वापस उसी जहाज से लौटने लगे। लेकिन जब वे आधे रास्ते में पहुंचे, तो उन्होंने देखा कि चार-पांच आदिवासी पानी पर दौड़ते हुए आ रहे हैं। पादरी को बड़ा आश्चर्य हुआ।

थोड़ी देर बाद वे सभी पादरी के जहाज के सामने खड़े हो गए और हाथ जोड़कर बोले, **"पादरी जी! आपने प्रभु को पाने के लिए जो मंत्र बताया था, वह हम भूल गए। कृप्या एक बार और बता दें।"**

पादरी ने उन लोगों के पैर पकड़ लिए और कहा कि जब तुम पानी पर दौड़ सकते हो, तो तुम्हें किसी मंत्र की जरूरत नहीं है। तुम सब कुछ कर सकते हो, सब कुछ पा सकते हो।

नई तकनीक को अपनाने के लिए तैयार रहें:

केन्या में नेरोबी नेशनल पार्क के दक्षिणी हिस्से में रहने वाले रिचर्ड टूरेर बताते हैं, जहां मैं रहता हूं वहां पार्क से निकलकर कई जानवर कालोनी में आ जाते हैं। उनके पीछे शेर भी चले आते हैं और वे हमारे पालतू जानवरों को मारकर खा जाते हैं। एक रात घर में शेर घुसा और उसने हमारी भैंस को मारकर खा लिया। अगली सुबह जब मैं उठा तो मुझे काफी तकलीफ हुई, क्योंकि हमारे पास सिर्फ एक ही भैंस थी।

फिर मैंने सोचा कि कुछ ऐसा किया जाए कि शेर कभी इधर न आए-? इस बीच कालोनी के कुछ बुजुर्गों ने बताया कि शेर आग से डरता है। तब मैंने आग जलाई, लेकिन इससे उसे ही फायदा हुआ। तब वह हमारे गाय के बाड़े को आराम से देख सकता था-? फिर मैंने यह विचार छोड़ दिया, परन्तु हार नहीं मानी।

दूसरी बार मैंने एक बाड़ा बनाया। उसके बाद शेर आया और बाड़ा देखकर चला गया। फिर वह दूसरे दिन आया, उसने देखा कि बाड़ा अपनी जगह से हिलता नहीं है। वह चालाक था, इसलिए अंदर कूदकर उसने हमारे दो जानवरों को मार डाला।

कुछ दिन बीतने के बाद एक रात मैं बाड़े में टॉर्च लेकर घूम रहा था, उस रात शेर पास नहीं आया। तब मैं जान गया कि शेर हिलती रोशनी से डरता है। फिर मैंने कार की पुरानी बैटरी, इंडीकेटर बॉक्स, ऑन-ऑफ करने वाला स्विच और फ्लैश लाइट से टूटी एक टॉर्च ली। उन सबको सोलर पैनल, चार्जर, बैटरी से जोड़कर इंडीकेटर बॉक्स के साथ लगा दिया।

रात के अंधेरे में वह अलग-अलग जगह जलता-बुझता दिखता था। जिससे शेर को लगा कि मैं बाड़े में टॉर्च लेकर टहल रहा हूं। जबकि मैं अंदर आराम से सो रहा होता था।

केन्या की सरकार ने उस आविष्कार को नाम दिया है **'लॉयन लाइट'**, जो आने वाले समय में एक स्टार्टअप में परिवर्तित हो जाएगा-?

इसलिए सेवा का भाव रखिए, पैसा खुद चलकर आपके पास आ जाएगा। यह आइडियाज को हकीकत में बदलने का सबसे अच्छा नियम है।

आप यदि स्टूडेंट हैं और ए ग्रेड हासिल करना चाहते हैं, तो कोर्स के शुरू में शिक्षक से यह पूछ लें कि ए ग्रेड हासिल करने के लिए क्या जरूरी है-? यदि आप वकील हैं और किसी को न्याय दिलाने में लगे हैं, तो कोर्ट में जाने से पहले यह ठीक से जान लें कि क्लाइंट ने क्या जुर्म किया है-? यदि आप प्रमोशन पाना चाहते हैं, तो अपने बॉस से यह पूछ लें कि इसे हासिल करने के लिए क्या करना होगा-?

क्योंकि द्वितीय विश्वयुद्ध में सबसे महत्वपूर्ण बात जर्मन युद्धपोत बिस्मार्क का डूबना था। यदि बिस्मार्क को डुबाया न गया होता, तो शायद ब्रिटेन हार गया होता-?

तभी तो शास्त्रों में लिखा है, **"ईश्वर ने हर एक को कोई न कोई अनूठा गुण जरूर दिया है और हर मनुष्य को किसी न किसी क्षेत्र में विश्व चैंपियन बनने का भी आशीर्वाद दिया है।"**

समय के अनुसार बिजनेस में बदलाव लाते रहें:

एक सर्वे से पता चला कि चीनी उत्पादों के बढ़ते इम्पोर्ट से भारत में तीस हजार छोटे और मझौले उद्योग बंद हो चुके हैं। इनमें से अधिकतर इलाहाबाद, आगरा, हाथरस, मथुरा, वृंदावन, दिल्ली, कानपुर, लखनऊ तथा पटना में थे। जिससे भारतीय और चीनी उत्पादों का अनुपात 19.1 हो गया है, जो 20 प्रतिशत की वार्षिक दर से बढ़ रहा है। होली से सम्बंधित उत्पादों का बाजार पिछले साल 15 हजार करोड़ रुपए के आंकड़े को छू चुका है।

क्योंकि हम समय के अनुसार बिजनेस में बदलाव नहीं ला पाते, जबकि हम चाइना से सस्ते और आकर्षक उत्पादन बना सकते हैं। हमारे पास दिमाग है, आइडिया है। लेकिन हम उसका इस्तेमाल समय के अनुसार नहीं करते। लकीर के फकीर बने हुए हैं। जो दूसरे करते हैं, वही करने की सोचते हैं। फिर परिणाम कोडैक और फूजी जैसा निकलता है।

कोडैक को मोबाइल फोन निगल गए और फूजी को डिजीटल कैमरे। यदि वे समय के अनुसार बिजनेस में बदलाव लाते, तो आज दोनों सैमसंग और नोकिया को टक्कर दे रहे होते-?

इसके विपरीत कुछ ऐसी कम्पनियां हैं, जो समय के अनुसार बदलती रहीं। उनमें से एक कम्पनी है मर्सिडीज बेंज, जिसने एससीएल 600 जैसी अत्याधुनिक कारों का निर्माण किया है, जो सड़क पर बिना किसी स्टीयरिंग, ब्रेक, एक्सेलेटर और गियर के दौड़ती है।

उस कार को छह साल का बच्चा भी उतनी ही आसानी से चला सकता है, जितनी कि वह अपने टीवी स्क्रीन पर वीडियो गेम खेलता है। इसलिए आज मर्सिडीज बेंज जैसी छोटी कम्पनियां बेशुमार दौलत कमा रही हैं।

मुम्बई का फिल्म उद्योग भी पीछे नहीं है। उसमें काम करने वाले लोग समय के अनुसार खुद में बदलाव ला रहे हैं। जो पहले अभिनय करते थे, वे फिल्में बना रहे हैं। कोरियोग्राफर, निर्देशन कर रहे हैं।

रेमो डिसूजा यूं तो जाने जाते हैं **'डांस इंडिया डांस'** के लिए। लेकिन उनके हिस्से में जितनी फिल्में बतौर कोरियोग्राफर दर्ज हैं, उतनी उनकी उम्र भी नहीं है। रेमो का काम एक निर्देशक के तौर पर जैकी भगनानी की फिल्म **'फालतू'** से सामने आया। **'फालतू'** सफल रही और इसके बाद रेमो ने फिल्म **'एबीसीडी'** का निर्देशन किया। **'एबीसीडी'** की अप्रत्याशित सफलता ने रेमो को इंडस्ट्री के स्थापित निर्देशकों की श्रेणी में लाकर खड़ा कर दिया।

सरोज खान के साथ बतौर सहायक के तौर पर काम प्रारंभ करने वाली फराह खान ने नब्बे के दशक की सुपरहिट फिल्मों में अपनी नृत्य कला के जलवे बिखेरे। उनके कोरियोग्राफ किए गए कुछ गाने सुपरहिट रहे और उनका काम कुछ

ही दिनों बाद नोटिस किया जाने लगा। **'कहो न प्यार है'**, **'दिल चाहता है'** और **'दिल से'** जैसी प्रयोगधर्मी और पॉपुलर फिल्मों ने उन्हें सफलता के सातवें आसमान पर पहुंचा दिया।

'मैरीगोल्ड' जैसे इंटरनेशनल प्रोजेक्ट और **'ब्लू'** जैसी फिल्म में काइली मिनाग के साथ काम करने के बाद फराह खान की लोकप्रियता लगातार बढ़ती गई। यही समय था जब फराह को अहसास हुआ कि उन्हें निर्देशन की तरफ मुड़ जाना चाहिए। उन्होंने **'मैं हूं ना'** के जरिए निर्देशन के क्षितिज पर कदम रखा। फराह को यहां भी दर्शकों ने हाथों-हाथ लिया। उसके बाद **'ओम शांति ओम'** और **'तीस मार खां'** जैसी फिल्मों का निर्देशन भी किया। दोनों फिल्मों को दर्शकों ने खूब पसन्द किया।

मशहूर संगीतकार एआर रहमान 22 साल तक हिन्दू थे। एक दिन उनकी बहन बीमार पड़ी। उनके एक दोस्त ने उनकी बीमार बहन के लिए मस्जिद में दुआ मांगी। बहन ठीक हो गई और पूरे परिवार ने इस्लाम कबूल कर लिया।

क्योंकि हर आदमी के भीतर अनेक आदमी रहते हैं। वे आपके हमसफर हैं, चहेते हैं और लाइफ कोच हैं। जब उनमें से कोई भी आप पर हावी हो जाता है, तो आप उस जैसे बन जाते हैं।

कल्पना करें कि छुट्टी के दिन अमीर लोग क्या करते हैं-? आप कहेंगे, **"वे घूमते हैं, घुड़सवारी करते हैं, फिल्में देखते हैं, रोमांस करते हैं और फाइव स्टार होटल में रात गुजारते हैं।"**

लेकिन उद्योगपति पवन खेतान ऐसे नहीं हैं। वे छुट्टी के दिन अपने खेतों पर निकल जाते हैं, सब्जियां उगाने के लिए। खेतान 58 साल के हैं। कोलकाता के लेक रोड इलाके में रहते हैं। मछली पकड़ने के काम आने वाले उपकरणों को कई देशों में एक्सपोर्ट करते हैं।

अलग-अलग लोग अलग-अलग किस्म की चीजों से प्रेरणा लेते हैं। पौधे रोपकर, खाद-पानी देकर, उन्हें बढ़ते देखकर पवन खेतान को प्रेरणा मिलती है। फिर वे अपने व्यापार को और ज्यादा देशों तक फैलाने का आइडिया सोच लेते हैं। लेकिन कुछ ऐसे लोग भी हैं, जो खुद को समय के अनुसार बदल नहीं पाए और अंत में गुमनामी के अंधेरे में खो गए।

आत्मविश्लेषण करें, लेकिन इसकी अति न करें:

चार्ल्स श्वाब कॉरपोरेशन ब्रोकरेज फर्म के संस्थापक और सीईओ के नेतृत्व में **'बेथेलहेम स्टील'** दूसरी सबसे बड़ी स्टील कम्पनी बनी और केवल 35 साल की उम्र में वे **'कार्नेगी स्टील'** कम्पनी के प्रेसीडेंट बन गए थे। लेकिन मृत्यु के समय वे दिवालिया हो चुके थे और मौत के पांच साल पहले से ही उन्हें

अपनी जिंदगी उधार के पैसों पर गुजारनी पड़ी थी।

25 जुलाई, 2012 को अमेरिका की सबसे बड़ी गैस कम्पनी के प्रेसीडेंट होवार्ड हब्सन की जब मौत हुई, तो उनके पास एक पैसा नहीं था। वे दिमागी असंतुलन के शिकार हो गए और मृत्यु से पहले उनका जीवन मानसिक रोग अस्पताल में बीता।

न्यूयॉर्क स्टॉक एक्सचेंज के अध्यक्ष रिचर्ड व्हिटनी को जेल भेजा गया था। क्योंकि उन्होंने ब्लू चिप कम्पनियों के शेयर कम खरीदे और इस्पात कम्पनियों के शेयर ज्यादा खरीदे। उन्होंने वॉल स्ट्रीट में बड़ी गिरावट को रोकने के लिए ऐसा किया था। फिर तीन साल और चार महीने जेल में बिताने के बाद रिचर्ड को अगस्त 1941 में पैरोल पर रिहा किया गया।

तब उन्हें शेयर बाजार की गतिविधि से आजीवन प्रतिबंधित कर दिया गया था और 1974 में मृत्यु से पहले वे न्यूजर्सी में गुमनाम जिंदगी जी रहे थे। जबकि इससे पहले वे एक डेयरी फार्म में मैनेजर थे।

आर्थर कटन की कहानी रिचर्ड व्हिटनी जैसी ही है। वे बड़े कमॉडिटी ट्रेडर्स में से एक थे, लेकिन मरने से ठीक पहले उन्होंने खुद को दिवालिया घोषित कर दिया था।

परन्तु जब मैंने इन लोगों के जीवन का अध्ययन किया, तो पाया कि सब ने आत्मविश्लेषण कुछ ज्यादा ही कर लिया था, जिसकी वजह से इन्हें ऐसे दिन देखने पड़े।

ये सारे तथ्य बताते हैं कि आत्मविश्लेषण करें, लेकिन लिमिट में करें। तब आपको वही परिणाम मिलेंगे, जो महान लोगों को मिले थे।

फन कैन चेंज द थ्योरी:

यह घटना 1947 के आसपास की है। लेस्टर वंडरमैन नामक युवक न्यूयॉर्क की एक विज्ञापन एजेंसी में काम करता था। एक दिन एजेंसी के मालिक को लगा कि यदि वह कुछ कर्मचारियों की छंटनी कर दें, तो उसे अधिक मुनाफा होगा-? यह सोचकर उसने अनेक कर्मचारियों को एजेंसी से हटा दिया। वंडरमैन भी उनमें से एक था।

लेकिन नौकरी से निकाले जाने के बाद भी वह एजेंसी में आकर कार्य करता रहा। वहां के कर्मचारी उससे बोले, **"वंडरमैन। जब तुम्हें यहां से निकाल दिया गया है, तो तुम यहां काम क्यों कर रहे हो-?"**

वंडरमैन ने कहा, **"मैं बिना तनख्वाह के काम कर रहा हूं। मुझे लगता है कि मैं इस एजेंसी के मालिक से बहुत कुछ सीख सकता हूं।"**

एजेंसी के मालिक सैकहीम, वंडरमैन को देखकर भी नजरअंदाज करते रहे।

उन्होंने एक महीने तक उसे नजरअंदाज किया और तनख्वाह भी नहीं दी। लेकिन वंडरमैन ने हार नहीं मानी और वहां काम करता रहा। कुछ समय बाद सैकहीम, वंडरमैन के पास आकर बोले, **"ठीक है, तुम जीत गए। मैंने पहले कभी ऐसा आदमी नहीं देखा, जिसे तनख्वाह से ज्यादा काम प्रिय हो।"**

वंडरमैन वहीं पर काम करता रहा। उसने वहां विज्ञापन की बहुत सी बारीकियां समझीं। जब उसे काम करते हुए काफी अनुभव हो गया, तो उसने अपने तरीके और समझ से विज्ञापन बनाना शुरू कर दिया और कुछ दिनों बाद वह विज्ञापन की दुनिया में छा गया। आज वंडरमैन को डायरेक्ट मार्केटिंग के जनक के रूप में याद किया जाता है।

अब राजकोट के विवेक व्यास और विमल पोपट की कहानी सुनें। ये दोनों एक इंश्योरेंस कम्पनी में काम करते थे और सफलतापूर्वक लोगों को पॉलिसियां बेच रहे थे। एक दिन वे दोनों सड़क के किनारे एक दुकान पर समोसे खाने को रूक गए। दुकानदार ने उन्हें अखबार के टुकड़े में रखकर समोसे दिए। खा-पीकर वे हाथ में रखे उस अखबार के टुकड़े को फैंकने ही वाले थे कि उनकी नजर उसमें छपी एक सूचना पर गई। वह किसी की मौत पर शोक संदेश था।

उसे पढ़कर दोनों बहुत डिस्टर्ब हो गए। दोनों को लगा कि क्या शोक संदेश और ज्यादा सम्मानित तरीके से प्रजेंट नहीं किए जा सकते-? क्या ये तरीका ऐसा नहीं हो सकता जो लोगों को हमेशा याद रहे-? इसी तरह के कुछ और सवाल उनके दिमाग में उमड़-घुमड़ रहे थे।

फिर अचानक विवेक व्यास के दिमाग में एक आइडिया आया। उसने विमल पोपट को उसके बारे में बताया। विमल पोपट उस आइडिया पर काम करने के लिए सहमत हो गया। उसके बाद एक वेब पोर्टल का जन्म हुआ, जिसका नाम है **'श्रद्धांजलि डॉट कॉम।'**

भारत में इस तरह का यह अपनी तरह का पहला पोर्टल है। इस पर लोग अपने दिवंगत परिजनों के लिए शोक संदेश डाल सकते हैं। उसे अपने और नाते-रिश्तेदारों तक पहुंचा सकते हैं। यही नहीं आने वाली पीढ़ी भी जब चाहे अपने बुजुर्गों से सम्बंधित शोक संदेशों को इस पोर्टल पर जाकर पढ़ सकती है।

मुम्बई के सोमाया इंस्टीट्यूट ऑफ इन्जीनियरिंग कॉलेज की कहानी और भी ज्यादा दिलचस्प है। वहां रिसर्च इनोवेशन इनक्यूबेशन डिजाइन लैब के छात्रों ने अपने सहपाठियों को सीढ़ियों के इस्तेमाल करने के लिए अनूठा प्रयोग किया। जिसे नाम दिया **'फन कैन चैंज द थ्योरी।'**

उन्होंने देखा कि सारे छात्र सीढ़ियों की जगह सिर्फ एलिवेटर का इस्तेमाल करते हैं, तब उन्होंने सीढ़ियों को ही पियानो का स्वरूप दे दिया। उन्हें इस तरह

डिजाइन किया गया कि जैसे ही कोई इन सीढ़ियों पर कदम रखेगा, उनमें से संगीत निकलेगा।

बोरिंग सीढ़ियों के इस कायापलट के बाद अब छात्रों के कदम सीढ़ियों पर खुद-ब-खुद थिरकने लगते हैं। यही नहीं सीढ़ियों के सिरे पर एक मोशन इफेक्ट सॉफ्टवेयर स्क्रीन भी लगाई गई है, जिसमें सीढ़ियों का इस्तेमाल कर रहे छात्रों की अलग-अलग तस्वीरें और स्पेशल इफेक्ट दिखाई देते हैं।

कभी तो वे आग की लपटों में दिखाई देते हैं, तो कभी उनके चेहरे कार्टून जैसे नजर आने लगते हैं। इस काम को अमलीजामा पहनाने वाले गौरांग शेट्टी और हिरेन पटेल बताते हैं, **"यह आइडिया हमें एक अंतर्राष्ट्रीय कार कम्पनी के कैंपेन को देखकर आया था। उस कम्पनी ने सीढ़ियों को पेंट से डैकोरेट कर दिया था, जिससे लोगों को इस्तेमाल करने में मजा आता था।"**

गौरांग शेट्टी और हिरेन पटेल की सफलता इस बात की ओर इशारा करती है कि सफल वह है, जो जिंदगी की लौ को ऊंची करके चलता है। तब नसीब लाख करवटें बदल ले, लेकिन मनुष्य के जज्बों का सूरज बादलों में नहीं छिप पाता। वह चमकता ही रहता है।

क्योंकि मनुष्य के लिए सिर्फ दो ही रास्ते हैं। वह चढ़ सकता है उन्नति के सर्वोच्च शिखर पर या गिर सकता है अंधेरी खाई में। इसलिए आप ओबामा भी बन सकते हैं और लाडेन भी बन सकते हैं-? राम भी बन सकते हैं और रावण भी बन सकते हैं-? आप पर निर्भर करता है सबकुछ।

मुरलीधर नवदा की मिसाल ही लें। 15 साल तब **'इंटेल'** की नौकरी की और कम्प्यूटर टेक्नोलॉजी को जाना। अब उसी टेक्नोलॉजी को हिंदुस्तान के दिल तक पहुंचाने में जुटे हैं। क्योंकि उन्होंने **'विदटेक'** नाम से एक वेबसाइट बनाई है, जो नेविगेशनल सॉल्यूशन के द्वारा रोजमर्रा की उलझनों को चुटकियों में सुलझा देती है। उस वेबसाइट पर आप किसी भी जगह का मैप ढूंढ सकते हैं।

उनकी खासियत यह है कि आप भारत के किसी भी शहर, कस्बे या गांव की मुख्य सड़कों की वीडियो रिकॉर्डिंग भी देख सकते हैं। जिससे आपको भटकना नहीं पड़ेगा और आप सीधा अपने गंतव्य स्थान पर पहुंच जाएंगे।

दूसरा उदाहरण है **'गोल्फ रग'** का आइडिया। 2008 में जब दुनिया आर्थिक मंदी से जूझ रही थी, तब बेंगलुरु के फर्नीचर डिजाइनर थॉमस के.टी. के पास भी कमाई का कोई जरिया नहीं बचा था। फिर उन्होंने सोचा कि यदि नौकरी चली गई, तो कुछ ऐसा किया जाए जो दौलत का अम्बार लगा दे-?

उसके बाद थॉमस ने ऐसा कारपेट बनाने की सोची, जिस पर गोल्फ का 9-होल गेम खेला जा सके, वह भी अपने लिविंग रूम में। फिर थॉमस ने गोल्फ

कोर्स जैसा ही डिजाइन बनाया और उसे कई रंग दिए। अब ग्राहक अलग-अलग डिफिकल्टी लेवल के अनुरूप उन्हें चुन सकते हैं और अपने लिविंग रूप में उन्हें बिछाकर गोल्फ का मजा ले सकते हैं।

चेन्नई का भी एक हिस्सा आपको हैरान कर सकता है। क्योंकि पिछले दिनों चेन्नई की एक कम्पनी **'इन्वेंशन लैब्स'** ने एक प्रोडक्ट **'आवाज'** को बाजार में उतारा है, जो सेरेब्रल पाल्स से ग्रस्त बच्चे के सिर की मूवमेंट को आवाज में बदल देता है। यह प्रोडक्ट सॉफ्टवेयर इन्जीनियर अजीत नारायण ने बनाया है, जो भविष्य में विकलांग लोगों के लिए मददगार साबित होगा और देश की इकोनॉमी में इजाफा करेगा। यानी जिस आइडियाज को कुछ दशकों पहले **'अजीब'** मानते थे, अब वही आइडियाज **'बिजनेस'** बनकर उभर रहे हैं।

मुम्बई के एक युवक ने बम ढूंढने की एक ऐसी किट तैयार की थी, जिसे अब अमेरिका अपने यहां इस्तेमाल करेगा। उसका नाम है **'ईडीके।'**

अमेरिका के पूर्व रक्षा मंत्री विलियम एस.कोहेन ने इसे बेहतर तकनीक माना है। यह किट **'मेड इन इंडिया'** है, लेकिन इस्तेमाल अमेरिका में होगा। क्योंकि इसमें बहुत सारी खूबियां हैं:-

- **जेब में रखने लायक छोटे बॉक्स की तरह दिखने वाली यह एक्सप्लोसिव डिटेक्शन किट हर तरह के विस्फोटक का पता सिर्फ 2-3 मिनट में लगाने में सक्षम है।**
- **आरडीएक्स में मिले प्लास्टिक विस्फोटक को ढूंढने में ज्यादातर इलेक्ट्रॉनिक डिवाइस फेल हो जाती हैं, लेकिन ईडीके उनका भी आसानी से पता लगा लेती है।**
- **यह किट हल्की, लाने-ले जाने में आसान और सस्ती है। भारत में बमनिरोधक दस्ते 2013 से इसका इस्तेमाल करते आ रहे हैं।**

इसलिए तैयार हो जाइए, अपने आइडिया को हकीकत में बदलने के लिए। लोकप्रियता के शिखर पर पहुंचने के लिए और दौलत का अम्बार लगाने के लिए। क्योंकि आप उस देश में रहते हैं, जिसने थोरियम पर आधारित एटमी रिएक्टर विकसित किया है।

बीजगणित (एलजेब्रा), त्रिकोणमिति (टिगनोमेट्री) तथा कैल्कुलस भारत की देन है। मोबाइल का दूसरा सबसे बड़ा यूजर भारत है। सबसे सस्ता सुपर कम्प्यूटर भारत के पास है। विश्व का सबसे बड़ा टू-व्हीलर निर्माता भारत है। कम कीमत पर बेहतरीन आई सर्जरी के लिए विश्व विख्यात भारत है। सोने का सबसे बड़ा आयातक और ग्राहक भारत है।

विश्व में इस्तेमाल होने वाले 90 प्रतिशत हीरे भारत में ही पॉलिश किए जाते

हैं। यहां लगभग 15 सौ फिल्में एक साल में बनती हैं और 25 प्रतिशत फिल्में 100 करोड़ से ज्यादा का व्यापार करती हैं।

'दिलवाले' फिल्म ने सिर्फ तीन दिनों में 100 करोड़ इकट्ठा कर लिए थे। अब शाहरूख खान का टारगेट है, एक दिन में 100 करोड़ रुपए कमाने वाली फिल्म बनाने का।

इसलिए आप भी शाहरूख खान की तरह अपना टारगेट फिक्स करें और अपने आइडिया को हकीकत में बदलने में जुट जाएं। क्योंकि आप उन तरीकों को जान चुके हैं, जिनके द्वारा किसी आइडिया को बिकाऊ बनाया जाता है।

■■■

अच्छी तरह जियो, जवानी में मरो और अमर हो जाओ। क्योंकि कल कुछ भी हो सकता है-? इसलिए जो भी करना है, अभी करो। स्वर्ण युग आपके सामने है। इसे देखो, परखो और खुद को इसके अनुसार ढाल लो।

आप आसमान के चमकते हुए सितारे हैं। आपके हाथों में हथियार हैं, औजार हैं, टेक्नोलॉजी है। पैरों में पहिए हैं, आंखों पर चश्मा है, उंगलियों में रिमोट है, हाथों में मोबाइल है, दिल में कम्प्यूटर है, सिर में चिप है।

कुल मिलाकर आप जैन्टिलमैन हैं, स्पाइडरमैन हैं, सुपरमैन हैं। आपके ऊपर बाप का हाथ है, मां की गोद है, समाज का साथ है।

इन्हीं से आपको भाषा मिली, शब्द मिले, कथाएं मिलीं, कलाएं मिलीं। इसलिए आप अकेले नहीं हैं, बेसहारा नहीं हैं, कमजोर नहीं हैं।

आपके साथ सृष्टि है, ब्रह्मांड है, संस्कृति है, सभ्यता है, धर्म है। ये आपको जीने की कला सिखाएंगे और आगे, बहुत आगे ले जाएंगे। इसलिए डटे रहो,

दूसरा अध्याय

2

इसे याद रखें

सफलता का कोई, मुकाम नहीं होता।
आस्था में डूबा कभी, नाकाम नहीं होता।।
जान लो क्या है, बिजनेस का नियम।
किस्मत को बहकाना, आसान नहीं होता।।

स्टार्टअप आपको शिखर पर पहुंचा सकता है

सितम्बर 2014 में जब दो दिन के दौरे पर ऑस्ट्रेलियाई प्रधानमंत्री टोनी एबट भारत आए थे, तब उन्होंने मुम्बई के ताज होटल में पत्रकारों को सम्बोधित करते हुए कहा था, **"दुनिया की उभरती लोकतांत्रिक महाशक्ति भारत में व्यापार के बहुत ज्यादा मौके हैं, जिनका हमें लाभ उठाना है।"**

टोनी एबट के बयान के बाद अमेरिका के राष्ट्रपति बराक ओबामा की नींद उड़ गई थी। अब वे अपने देश के लोगों को नए विचार अपनाने पर जोर दे रहे हैं, ताकि भारत के लोगों से टक्कर ली जा सके-?

उन्होंने मानव मस्तिष्क की कार्यप्रणाली को समझने के लिए एक परियोजना भी शुरू की है। उस परियोजना से वैज्ञानिकों को बड़ी उम्मीद है। क्योंकि उसके द्वारा मस्तिष्क के अरबों न्यूरॉन यानी स्नायु कोशिकाओं के क्रियाकलाप का गहराई से अध्ययन किया जा सकेगा।

उससे मस्तिष्क की चिंतन प्रक्रिया और चेतना जैसी जटिल चीजों को समझने में मदद मिलेगी और आर्टीफिशियल इंटेलिजेंस के क्षेत्र में आगे बढ़ने का रास्ता भी खुल जाएगा। क्योंकि 100 अरब न्यूरॉन से बना मानव मस्तिष्क इतना जटिल है कि अमेरिकी वैज्ञानिक अभी तक उसकी गतिविधियों को रिकॉर्ड करने का कोई कारगर तरीका नहीं खोज पाए।

दूसरी तरफ भारत के वैज्ञानिक हैं, जिन्होंने दावा किया है कि कई अद्‌भुत और अनोखे तत्वों का खजाना है मनुष्य का शरीर। डी.एन.ए. से लेकर एटम तक शरीर के हर अंग की अपनी अलग भूमिका है।

क्योंकि आप जिस भी चीज का अनुभव करते हैं, वह सुपरसाइम्ड मॉलीक्यूल

की बनी होती है। उनका आकार अलग-अलग होता है। लेकिन प्रकृति का सबसे बड़ा मॉलीक्यूल आपके शरीर में पाया जाता है, उसे क्रोमोसोम कहते हैं। एक सामान्य व्यक्ति में 23 जोड़ी क्रोमोसोम होते हैं। परन्तु मॉलीक्यूल ऑफ डीएनए सबसे बड़ा होता है। इसमें करीब 10 अरब अणु हैं, जो आपकी मांसपेशियों को चुस्त-दुरूस्त रखते हैं।

ये अणु एक-दूसरे को कभी नहीं छूते, लेकिन पोर्फिरिन के साथ जब आयरन जुड़ता है, तब उनका आकार बदल जाता है। जिसकी वजह से खून का रंग लाल दिखता है और खून का रंग जितना लाल होगा, मस्तिष्क भी उतना तेज काम करेगा।

इसलिए यह मानकर चलें कि किसी भी मनुष्य की सफलता, उसके द्वारा किए गए कर्म पर अस्सी प्रतिशत और लक पर बीस प्रतिशत निर्भर करती है। गुरु द्वारा मार्गदर्शन और बुजुर्गों का आशीर्वाद लक के अंतर्गत आता है। लेकिन कर्म वाले हिस्से में बहुत सी चीजें आती हैं-? उसमें सबसे पहली है नेतृत्व करने की क्षमता, जिसे लीडरशिप भी कहते हैं।

इसके बिना सफलता पाना लगभग नामुमकिन है। यदि लीडरशिप नहीं है, तो अच्छे से अच्छा आइडिया फ्लॉप शो बनकर रह जाता है। इसलिए अधिकतर सफल उद्योगपति, वकील, सी.ए., डॉक्टर, अभिनेता, बिजनेसमैन और नेताओं में यह गुण प्रचूर मात्रा में पाया जाता है।

लेकिन इसे किस्मत से हासिल नहीं किया जा सकता है-? शिक्षा से भी इसका कोई सम्बंध नहीं है-? परन्तु इसे विकसित किया जा सकता है। इसलिए नीचे लिखी बातों पर ध्यान दें:-

1. उत्कृष्ट सोचें:

एक सेठ का बटुआ बाजार में गिर गया। उसे घर पहुंच कर इस बात का पता चला। बटुए में जरूरी कागजों के अलावा कई हजार रुपए भी थे। फोरन वह मंदिर गया और प्रार्थना करने लगा कि बटुआ मिलने पर प्रसाद चढ़ाऊंगा, गरीबों को भोजन कराऊंगा। संयोग से वो बटुआ एक बेरोजगार युवक को मिला। बटुए पर उसके मालिक का नाम लिखा था। इसलिए युवक सेठ के घर गया और बटुआ उन्हें दे दिया। सेठ ने तुरन्त बटुआ खोलकर देखा, उसमें सभी कागजात और रुपए रखे हुए थे।

सेठ ने प्रसन्न हो कर युवक की ईमानदारी की प्रशंसा की और उसे बतौर इनाम कुछ रुपए देने चाहे। जिन्हें लेने से युवक ने मना कर दिया। इस पर सेठ ने कहा, **"अच्छा कल फिर आना।"**

युवक दूसरे दिन आया, तो सेठ ने उसकी खूब खातिर की। युवक चला गया।

युवक के जाने के बाद सेठ अपनी चतुराई पर बहुत खुश था, क्योंकि वह उस युवक को हजार रुपए देना चाहता था। लेकिन वह बिना कुछ लिए ही चला गया। परन्तु बटुआ पाकर सेठ यह भूल गया कि उसने मंदिर में कुछ वचन भी दिए थे-?

सेठ ने अपनी चतुराई का किस्सा अपनी पत्नी को सुनाया और कहा, **"देखो वह युवक कितना मूर्ख था। हजारों का माल बिना कुछ लिए ही दे गया।"**

सेठानी ने कहा, **"तुम उल्टा सोच रहे हो। वह युवक ईमानदार था। इसलिए उसने बिना खोले ही बटुआ लौटा दिया। यदि वह चाहता तो सब कुछ अपने पास रख लेता, फिर तुम क्या करते-? ईश्वर ने दोनों की परीक्षा ली। वो पास हो गया, तुम फेल। अब जाओ और उसे खोजो। उसके पास ईमानदारी की पूंजी है। उसे अपने यहां काम पर रख लो, व्यापार में बढ़ोत्तरी होगी।"**

इसलिए अच्छा सोचें। यह लीडरशिप का पहला गुरुमंत्र है।

2. दूसरों को समझाने का तरीका जानें:

एक देश का राजा बहुत अच्छा था। प्रजा उससे बहुत प्रसन्न रहती थी। लेकिन राजा को पीने की लत लग गई। वह शराब में बेसुध रहने लगा, जिससे राज-काज की व्यवस्था बिगड़ने लगी। बात धीरे-धीरे फैली, प्रजा भयभीत हो गई और सोचने लगी कि यदि पड़ोसी राजा ने कभी हमला कर दिया, तो सबको मार डालेगा और सारा धन लूटकर ले जाएगा-?

संयोग से एक साधु बाबा घूमते-घूमते उस राज्य में आ गए। वहीं उन्होंने अपना डेरा डाल दिया। एक दिन राज्य के कुछ बड़े-बूढ़े उनके पास गए और अपनी समस्या बताई। साधु ने सारी बात सुनकर कहा कि अगर आप राजा को बचाना ही चाहते हो, तो मेरी एक विशाल सभा करवाओ।

प्रजा ने मिलकर सभा का आयोजन किया। उसमें कथा-कीर्तन के बाद साधु बाबा ने शराब का गुणगान करना शुरू किया और कहा, **"शराब पीने वाला गीता में दी गई समदर्शन अवस्था को प्राप्त कर लेता है। वह कभी बूढ़ा भी नहीं होता। उसके घर में कोई चोर चोरी भी नहीं कर सकता।"**

बात राजा तक भी पहुंची, तो उसने साधु बाबा को महल में बुलवा लिया और वहीं उनके ठहरने की व्यवस्था करवाई। फिर उनसे कहा, **"महाराज! मुझे भी कुछ उपदेश दें, ताकि मेरा जीवन धन्य हो जाए-?"**

साधु बाबा बोले, **"राजन, यह कलयुग है, इसमें हरिनाम बहुत जरूरी है, इसलिए रोज आप हरिनाम जपा करो।"**

फिर एक थैली में कुछ लकड़ी के मनके और गिलास देते हुए कहा, **"इसे मैंने सिद्ध कर दिया है, अब आप शराब इसी गिलास में पीना। बस एक मनका रोज गिलास में डालते रहना। लेकिन ध्यान रखना कि जो मनके**

इसमें डालो, उन्हें कभी वापस मत निकालना।"

राजा रोज एक मनका डालता और उसी गिलास में शराब पीता। धीरे-धीरे गिलास मनकों से भरने लगा। शराब कम होने लगी, तो नशा भी कम होने लगा और कम नशे में होश ज्यादा रहने लगा।

एक दिन राजा ने देखा कि उसके मंत्री भी शराब पीकर पड़े रहते हैं, किसी को राज्य का ध्यान नहीं। यह देखकर वह गुप्त रूप से राज्य के भ्रमण पर निकला। पता लगा कि प्रजा उससे प्रसन्न तो है, परन्तु उसकी शराब पीने की आदत से डरी हुई है कि कहीं पड़ोसी राजा उन पर हमला न कर दे-?

राजा की आंखें खुल गई। महल में वापस आकर उसने शराब न पीने का प्रण लिया और राज्य की हालत सुधारने में जुट गया। राजा को ठीक हुआ देख, मंत्री भी संभल गए और राज्य का कार्यभार संभालने लगे।

फिर राजा साधु के पास गया और बोला, **"आपकी बड़ी कृपा है कि आपने मेरी शराब छुड़ा दी। परन्तु आपने जन सभा में यह क्यों कहा था कि शराब पीने वाला समदर्शन अवस्था को प्राप्त करता है-?"**

साधु ने हंसते हुए कहा, **"क्योंकि शराब में धुत व्यक्ति को पता ही नहीं चलता कि उसके आस-पास क्या हो रहा है-? उसका ध्यान तो शराब पीने में लगा होता है। गीता का समदर्शन भी यही है। शराब पीने वाला बूढ़ा भी नहीं होता, क्योंकि वह तो जवानी में ही मर जाता है। शराब पीने वाले के घर चोर भी नहीं आते, क्योंकि वह शराब पीने के लिए घर का सारा सामान पहले ही बेच चुका होता है। जब घर में कुछ बचेगा ही नहीं, तो चोर उसके घर में क्यों आएंगे-?"**

इसलिए दूसरों को समझाने का तरीका सीखें। यह लीडरशिप का दूसरा गुरुमंत्र है।

3. सोच-समझ कर बोलें:

कहते हैं, बात-चीत का भी एक गणित होता है। अगर आपका गणित अच्छा है तो ठीक है, नहीं तो गुणा भाग और घटा तो सीखना ही पड़ेगा। इसलिए बोलने से पहले अपनी बात को मन में गुणा कीजिए।

सोचिए कि इसके कितने अर्थ निकाले जा सकते हैं-? फिर घटा कर अपना अभीष्ट निकालिए, आखिर में भाग करके जो शेष बचे वही मुंह से निकालिए। क्योंकि ज्यादा बोलने की वजह से कभी-कभी बड़ी परेशानी का सामना भी करना पड़ सकता है-?

पिछले साल जब मैं गुजरात के **'सासन ग्रीनेशनल पार्क'** घूमने गया था, तब पार्क का गाइड भावेश बहुत गुस्से में था। वह मुझसे बोला, **"गुजरात के**

विज्ञापन में अमिताभ बच्चन का ज्यादा बोलना ठीक नहीं रहा साहब।"

मैंने कहा, **"बच्चन ने आपका क्या बिगाड़ा है, जो सुबह-सुबह उनकी बुराई करने लगे-?"**

भावेश झुंझलाकर बोला, **"विज्ञापन के बाद यहां बहुत टूरिस्ट आने लगा है साहब। एजुकेशन नहीं है उसके पास। डिस्कवरी चैनल देखकर आते हैं और 2 घंटे की सफारी में शेर, शेरनी, बच्चे सब देखना चाहते हैं। शेर की रनिंग, शेर की रोरिंग...। अरे साहब ये नेचुरल सफारी है। शेर दिखा तो दिखा, नहीं दिखा तो नहीं दिखा। बताएं डिस्कवरी चैनल वालों को एक घंटे का प्रोग्राम बनाने में कितना टाइम लगता है-? कितना पैसा बहाते हैं वे-? इसलिए कहता हूं अमिताभ बच्चन का विज्ञापन में ज्यादा बोलना ठीक नहीं रहा साहब।"**

भावेश की बात सुनकर मेरी आंखों के सामने **'कुछ दिन तो गुजारिए गुजरात में'** की गुजारिश करता अमिताभ बच्चन का चेहरा तैरने लगा। इसलिए जो भी बोलें सोच-समझ कर बोलें, वर्ना भावेश की तरह बातें सुननी पड़ेंगी।

धार्मिक ग्रंथों में भी जुबान को महत्वपूर्ण मानते हुए संभाले रखना जरूरी बताया गया है। यजुर्वेद में एक प्रार्थना है, जिसका सार है, **"हे! वाणी की देवी हमारी बातों को मीठा और नम्र बनाओ।"**

बुद्ध भी यही कहते थे, **"मनुष्य को अपने शब्दों पर ध्यान देना चाहिए।"** ओल्ड टेस्टामेंट भी जुबान को दुष्टता और कपटपूर्ण बातों से दूर रहने का उपदेश देते थे। क्योंकि एक अच्छे लीडर को हर दिन कई महत्वपूर्ण फैसले लेने पड़ते हैं। इसलिए भगवान कृष्ण से मैनेजमेंट के फंडे सीखने जरूरी हैं:-

1. व्यापक विजन:

तीन स्टूडेंट्स थे। तीनों से एक सवाल पूछा गया, **"आप पढ़ क्यों रहे हो-?"**

पहला बोला, **"मुझे परिवार का पेट पालना है।"**

दूसरे ने कहा, **"मैं यह दिखाना चाहता हूं कि मैं दुनिया का सबसे जीनियस स्टूडेंट हूं।"**

तीसरे ने कहा, **"मैं पढ़कर एक बेहतर समाज और देश का निर्माण करना चाहता हूं।"**

तीनों एक ही काम कर रहे हैं, लेकिन तीनों के नजरिए में कितना फर्क है-? इसलिए कृष्ण कहते हैं कि आप जो भी कर रहे हैं, उसे लेकर आपकी सोच और आपका विजन व्यापक होना चाहिए।

2. वर्तमान पर फोकस:

कृष्ण कहते हैं कि जो भी आपका काम है, उसे पूरे निर्लिप्त भाव से करें।

आपका जो वर्तमान काम है, उसे अपनी भविष्य की चिंताओं और अपेक्षाओं के बदले गिरवी रखकर करेंगे तो कभी भी अपना काम सही तरीके से नहीं कर पाएंगे। अपनी ड्यूटी निभाने का सबसे अच्छा तरीका निष्काम कर्म ही है।

3. पॉजिटिव एटीट्यूडः

कृष्ण दो तरह की वर्क कल्चर की बात करते हैं। एक है दैवीय और दूसरी आसुरी। दैवीय वर्क कल्चर में जहां निडरता, आत्म नियंत्रण, दूसरों की गलतियां न ढूंढना, शांत मन, सज्जनता शामिल होती हैं। वहीं आसुरी वर्क कल्चर में भ्रम, व्यक्तिगत इच्छाएं और नेगेटिविटी होती हैं। कृष्ण दैवीय कल्चर पर जोर देते हैं।

4. मोटिवेशनः

कृष्ण खुद तो मोटिवेटेड रहते हैं और अपने संपर्क में आने वाले दूसरे लोगों को भी मोटिवेटेड रखते हैं। समझाते हैं, ज्ञान देते हैं और जरूरत पड़ने पर डांटते भी हैं। एक अच्छे वक्त की तरह उन्होंने युद्ध के दौरान दुखी हो रहे अर्जुन को अपना कर्म करने के लिए प्रेरित किया और उसमें कामयाबी पाई।

5. मन पर नियंत्रणः

लालच, जलन, क्रोध, फ्रस्ट्रेशन और शक करने की आदत लीडर बनने के रास्ते में सबसे बड़ी बाधाएं हैं। कुशल मैनेजमेंट के लिए इन चीजों से हर हाल में दूर रहना बेहद जरूरी है। तभी उसकी मेंटल हेल्थ दुरुस्त होगी। गीता में कृष्ण ने इस तरह के तमाम दुर्गुणों से हमेशा बचने का उपदेश दिया है।

आपने जर्मन-स्विस कवि हरमन हैसी के बारे में जरूर सुना होगा और उनकी दो पुस्तकें **'सिद्धार्थ'** और **'जर्नी टु द ईस्ट'** के बारे में भी पता होगा-? उन पुस्तकों में वासुदेव और लिओ मुख्य किरदार हैं।

अब ये दोनों कॉरपोरेट जगत के रोल मॉडल्स बन चुके हैं। हैसी की दूसरी पुस्तक **'जर्नी टु द ईस्ट'** में लोगों का एक ग्रुप सफर पर निकलता है। उस ग्रुप में लिओ नाम का नौकर भी चलता है। लिओ ग्रुप में रोज के जरूरी काम करता है। लेकिन कुछ दिनों बाद उसके कार्यों को आसान और गैर जरूरी बता कर ग्रुप से निकाल दिया जाता है।

उसके जाने से ग्रुप टूट जाता है और सफर पूरा नहीं होता। अंत में ग्रुप का एक सदस्य लिओ को लीडर बनाता है। जो इस बात की ओर इशारा करता है कि हर आदमी नेतृत्व कर सकता है, लीडर बन सकता है।

रेड वेंचर कम्पनी के सी.ई.ओ. रिक इलियास बताते हैं कि मैंने एक विमान को क्रैश होते हुए देखा है। वह जमीन से तीन हजार फीट की ऊंचाई पर था। उस विमान में मैं भी सवार था।

लेकिन अचानक एक धमाका हुआ और विमान के भीतर धुंआ ही धुंआ फैल गया। फिर पायलट ने **'ब्रेस फॉर इंपैक्ट'** बोला और विमान एक झटके में जमीन पर आ गिरा। बाद में आग लग गई और उसमें सवार लोग वहीं दफन हो गए। परन्तु मैं जाने कैसे जिंदा बच गया। उस हादसे से मैंने तीन सबक सीखे:-

➲ पहला सबक:

मैने सीखा कि सब कुछ एक पल में बदल जाता है। उससे पहले तक मैं किसी से मिलने के बारे में सोचता था या किसी काम को करने की सोचता था, तो उसे अगले दिन या आगे के लिए टाल देता था। लेकिन अब मैं कुछ भी बाद के लिए नहीं टालता।

➲ दूसरा सबक:

जब विमान जॉर्ज वाशिंगटन पुल के ऊपर था, तब मैं सोच रहा था कि मैंने बहुत अच्छा जीवन जिया और गलतियों को भी बीच में आने दिया। लेकिन उस हादसे के बाद मैंने गलती करना छोड़ दिया। जो भी किया, पूरे परफैक्शन के साथ किया।

➲ तीसरा सबक:

जब विमान नीचे आ रहा था तब मेरे दिमाग में उल्टी गिनती चलने लगी थी। मैं चाहता था कि सब कुछ एक धमाके में खत्म हो जाए, लेकिन ऐसा नहीं हुआ। क्योंकि मैं जिंदा बच गया था। अब मेरे दिमाग से मरने का डर पूरी तरह से खत्म हो चुका है।

इसलिए जो लीडर होते हैं, वे मौत से नहीं डरते। हर काम बेखौफ हो कर करते हैं। कृष्ण इसका सबसे अच्छा उदाहरण हैं। वे गोपियों के साथ रास भी रचाते थे और राक्षसों का वध भी करते थे। वे राजनीति और दर्शन के पंडित थे। उन्होंने कौरवों के विरुद्ध पांडवों का साथ दिया।

कहते हैं कि अगर कृष्ण उस समय मौजूद होते, तो न चौसर का खेल होता और न पांडव पराजित होते-? तब वे शाल्व से युद्ध करने के लिए चले गए थे। जब वापस आए, तब पांडवों को उन्होंने न सिर्फ विजय दिलाई बल्कि उनके नेतृत्व में यादवों का एक राज्य भी बना दिया। क्योंकि यादवों की जिद ने एक मुहिम का रुप धारण कर लिया था।

इसलिए मान लें कि हर बड़े और महान काम की शुरूआत उस व्यक्ति से होती है, जो सबसे अलग करने की पहल करता है। वह दूसरे लोगों को यह सिखाता है कि फॉलो कैसे किया जाए। जब उसका एक अनुयायी बनता है, तो वह उसे बराबरी का दर्जा देता है।

यदि आप किसी आंदोलन की शुरूआत होते देखेंगे, तो पता चलेगा कि पहला फॉलोअर हकीकत में लीडर से कुछ कमतर आंका हुआ व्यक्ति होता है। जब दूसरा फॉलोअर आता है, तो वह सनकी होता है। लेकिन तीन होते ही मजमा लगने लगता है। कभी गौर कीजिए-? जैसे-जेसे लोग जुड़ते जाते हैं, जोखिम कम हो जाता है।

कुछ ऐसा ही बिजनेस में भी होता है। क्योंकि बिजनेस में '**3D**' काम करते हैं। यानी **DESTINATION, DETERMINATION** और **DIRECTION.** इसलिए सफल वही होता है, जो जोखिम लेता है।

किसी नए काम को शुरू करने में और ज्यादा जोखिम लेने की जरूरत पड़ती है। यही वजह है कि महान उपलब्धियां जोखिम लेने वालों ने ही हासिल की हैं।

प्रधानमंत्री नरेंद्र मोदी 2014 के लोकसभा इलैक्शन की चुनावी रैलियों में इस बात को दूसरे तरीके से समझाते थे, **"भारत अब स्नेक चामर्स का देश नहीं रहा, यह जोखिम लेने वालों का देश है, नेतृत्व करने वालों का देश है और आइडियाज को दौलत में बदलने वालों का देश है।"**

आप जो चाय में दूध इस्तेमाल करते हैं, वह गुजरात का है। यूरोप में भिंडी गुजरात की हैं। सिंगापुर में भी दूध गुजरात का है। अफगानिस्तान में टमाटर गुजरात के हैं और पूरा विश्व जो नमक खाता है, वह भी गुजरात का है। इसलिए अब हम स्नेक चार्म्स से माउस चार्म्स बन गए हैं और कम्प्यूटर माउस पर अपनी अंगुलियों के जरिए पूरी दुनिया पर राज कर सकते हैं-? क्योंकि जब दुनिया कहती है गिलास में पानी आधा है या आधा गिलास खाली है। तब हम कहते हैं, **"गिलास में आधा पानी है और आधी हवा है।"**

आने वाले अच्छे दिनों की कल्पना करें:

प्रधानमंत्री नरेंद्र मोदी ने 15 अगस्त 2014 को लालकिले की प्राचीर से **'मेक इन इंडिया'** नारा दिया था और विदेशी उद्योगपतियों को आमंत्रित किया था, **"आइए। भारत में विनिर्माण कीजिए और इलैक्ट्रिक से इलैक्ट्रॉनिक, कैमिकल से फार्मास्युटिकल्स, प्लास्टिक से पेपर, ऑटो से एग्रो इंडस्ट्री और उपग्रह से पनडुब्बी के विनिर्माण जैसे विविध क्षेत्रों में निवेश कीजिए।"**

उन्होंने उद्योगों और औद्योगिक हुनर रखने वाले युवकों को भी आह्वान किया था कि आप ऐसे उत्पाद तैयार करें, ताकि दुनिया भर में **'मेड इन इंडिया'** का नाम स्थापित हो-? क्योंकि अब सरकार ने इन सब बातों पर फोकस करना शुरू कर दिया है:-

1. **कारोबार के रास्ते आसान बनेंगे, लाइसेंसिंग में ढिलाई दी जाएगी और जमीन अधिग्रहण कानून में बदलाव किए जाएंगे।**
2. **एफडीआई की नीति और निवेश के फायदे का प्रचार-प्रसार किया**

जाएगा और निवेशकों के लिए खास पोर्टल तैयार किया जाएगा।

3. **इनवर्टेड ड्यूटी स्ट्रक्चर में बदलाव किया जाएगा। तैयार माल के मुकाबले कच्चे माल पर कम इम्पोर्ट ड्यूटी ली जाएगी।**

जब ऐसा हो जाएगा, तब नरेंद्र मोदी का **'मेक इन इंडिया, मेड इन इंडिया'** का सपना साकार हो जाएगा। क्योंकि युवाओं में ऊर्जा है, जोश है और कहावत है, जहां ऊर्जा होती है, वहां जोश होता है। जहां जोश है, वहां तरक्की है।

यूरोप तो बूढ़ा हो चुका है। जापान, कोरिया और चाइना भी इसी श्रेणी में हैं। लेकिन भारत में 35 साल से कम लोगों की प्रतिशतता 65 से ज्यादा है। 31 दिसम्बर, 2012 की जनगणना से पता चलता है कि भारत की आबादी 1 अरब 30 करोड़ 40 लाख से अधिक है, जो विश्व की कुल आबादी का 19.08 प्रतिशत हिस्सा है।

मानव-जाति की आबादी लगभग 7 अरब 9 करोड़ 61 लाख से अधिक लोगों की है और संपूर्ण मनुष्यता का व्यस्क प्रतिशत आज की तारीख में 29.4 है। आंकड़ों से साफ पता चलता है कि दुनिया भर की तुलना में भारत में अधिक युवा हैं और भारत विश्व की ऐसी आबादी वाला देश है, जिसका मानव-जाति में प्रतिनिधित्व लगातार बढ़ता जा रहा है।

विश्व के तमाम उद्योगों में, कुशल और दक्ष कारीगरों में हम सबसे आगे हैं। इन्जीनियरिंग, मेडिसिन, वित्त एवं प्रबंधन में भारतीयों की भागीदारी लगातार बढ़ती जा रही है। जो आने वाले 20 सालों में दुनिया के नक्शे पर जबर्दस्त बदलाव लाएगी। क्योंकि पश्चिमी दुनिया के पास संसाधन तो होंगे, परन्तु दक्ष लोगों के लिए उन्हें अब तक **'कमतर'** और **'कमजोर'** समझे जाने वाले देश भारत पर आश्रित होना होगा।

विशेषज्ञों की मानें तो 2030 तक भारत एक धनी आबादी वाला देश होगा। इसके कई फायदे होंगे। क्योंकि बूढ़े हो रहे देशों के बीच हम नई ऊर्जा और हिम्मत के साथ एक नई दुनिया बना रहे होंगे। ऐसी दुनिया, जिसमें सदियों से संजोया अनुभव होगा, सपने होंगे और हमारी संस्कृति का विस्तार होगा। विज्ञान, राजनीति, कला, साहित्य, उद्योग, व्यापार में हमारी तूती बोलेगी। इसलिए अपने काम में जुट जाएं और शिखर पर पहुंचने की तैयारी करें।

अध्यात्म में कहा गया है कि इंद्रियों का सम्बंध रस से होता है। जहां भी थोड़ा रस मिले, इंद्रियां वहां बह लेती हैं। लेकिन आपको उसका स्वाद बदलना होगा। क्योंकि दागिस्तान की एक कहावत है, **"बीस साल की उम्र तक आपमें ताकत नहीं आई, तो उसका इंतजार मत करो। वह नहीं आएगी। तीस साल तक आपको अक्ल नहीं आई, तो उसका भी इंतजार मत करो। वह नहीं आएगी। चालीस की उम्र तक आपके पास दौलत नहीं आई, तो उसका भी**

इंतजार मत करो। वह नहीं आएगी।"

इसलिए दुनिया की सभी सभ्यताओं में ऐसा माना जाता है कि आपको जो कुछ भी बनना होता है, वह 30 साल की उम्र तक आप बन चुके होते हैं।

लेकिन यह एक गलत धारणा है, जिसे आपको बदलना होगा। क्योंकि 30 साल उम्र का एक ऐसा पड़ाव है, जिसके बाद आपको अपनी सोच का पैटर्न बदलने की जरूरत पड़ती है। लेकिन रचनात्मकता की दृष्टि से यह कोई ठहरने की जगह नहीं है। कई रचनाकारों ने अपने जीवन की सबसे बड़ी रचनाएं चालीस के बाद ही दी हैं। तुलसीदास ने रामचरितमानस तैंतालीसवें साल में लिखनी शुरू की और पैंतालीसवें में खत्म की।

30 साल की उम्र में अलेक्जेंडर प्लेमिंग ने एंटीवायोटिक्स पेनसिलिन की खोज की, 45 साल की उम्र में गैलीलियो ने टेलीस्कोप बनाया, 35 साल की उम्र में टिम जॉस बैनेंस ने वर्ल्ड वाइड वेब बनाया और 34 साल की उम्र में लियो टॉलस्टॉय ने **'वार एण्ड पीस'** सुपरहिट उपन्यास लिखा।

इसलिए अपनी उम्र को न देखें, खुद को बदलने की सोचें। अच्छे कपड़े पहनें, सुंदर दिखने की कोशिश करें और अपनी बॉडी लैंग्वेज पर ध्यान दें।

क्योंकि किसी शायर ने कहा है:-

रात भर जागकर, देखता था नए सपने।
नींद खुली तो, सजने-संवरने का ख्याल आया।।

यहां पर सजने-संवरने का अर्थ है स्वस्थ, फुर्तीले शरीर का मालिक होना, जहां आप खुद को बिना चोट पहुंचाए अपनी गतिविधियों को अंजाम दे सकें।

आप बस पकड़ने के लिए दौड़ते हैं, तो आप तब तक कोशिश करते हैं, जब तक थक कर निढाल न हो जाएं। यदि आपसे अचानक किसी इवेंट को आयोजित करने के लिए कहा जाए, जिसके लिए आपको दिन में कम से कम अट्ठारह घंटे तक दौड़-भाग करनी हो, तो आप बगैर थके उस काम को आसानी से अंजाम दे सकते हैं।

शास्त्रों में इसे तन की सुंदरता कहा गया है। दूसरे देशों में भी कई कामयाब राजनेता खूबसूरत व्यक्तित्व के स्वामी रहे हैं। वामपंथी राजनीति में लेनिन से लेकर नरेंद्र मोदी के मोहक व्यक्तित्व को युवाओं ने सराहा है।

मैसाचुसेट्स इंस्टीट्यूट ऑफ टेक्नोलॉजी के रिसर्चर्स ने ब्राजील और मेक्सिको के कुछ लोगों की तस्वीरें अमेरिका, भारत और मेक्सिको के मतदाताओं को देकर कहा कि वे इनमें से सबसे अच्छे नेता का चुनाव करें। तब तीनों देशों के मतदाताओं ने प्रधानमंत्री नरेंद्र मोदी का चुनाव किया।

जाहिर है, उनकी नजर में आकर्षक व्यक्तित्व ही उम्मीदवारों की योग्यता

का पैमाना बना। जो इस बात को दर्शाता है कि परिधान आपकी सोच और आपके विचार का प्रतिनिधित्व करते हैं। इसलिए पहनावे को कार्यशैली से भी जोड़कर देखा जाता है।

बॉडी लैंग्वेज से संवरेगी आपकी पर्सनैलिटी:

आपने कहावत सुनी हागी, **"जो फिट है, वो हिट है।"** इसका अर्थ यह है कि जो व्यक्ति शारीरिक रूप से फिट है, वह कामयाब है। क्योंकि कमजोर व्यक्ति कहीं भी अपना प्रभाव नहीं छोड़ पाता।

कहा तो यह भी जाता है कि आपका चेहरा आपकी सोच का आईना होता है। लेकिन एक नए अध्ययन के शोधकर्ताओं की मानें तो आपका चेहरा नहीं, आपका शरीर यह दर्शाता है कि आपके मन में क्या चल रहा है-?

खिलाड़ियों की भिंची हुई मुट्‌ठी उनकी जीत को दर्शाती है और उनकी बाहर की ओर खुली हुई अंगुलियां हार की कहानी कहती हैं।

शोधकर्ता और यूनिवर्सिटी ऑफ कैलीफोर्निया के प्रोफेसर एल्बर्ट मेहराबियन बताते हैं, **"संवाद की सभी भाषाओं की तरह बॉडी लैंग्वेज शरीर की भाषा है। यह इंसान के भीतर चल रहे विचार, सोच और इरादों को दर्शाती है। इसे समझ पाना हर किसी के बस की बात नहीं है। लेकिन जो इसे समझ लेते हैं, वे पुस्तकों की तरह इंसानों को पढ़ना सीख जाते हैं। यह कला जीवन के हर क्षेत्र में काम आती है। यह गणित के फॉर्म्यूले की तरह है, इसका हल आपको पेशेवर जिंदगी में ऊंचाइयों पर ले जाता है। क्योंकि मानव संवाद का 93 प्रतिशत हिस्सा बॉडी लैंग्वेज और संकेतों से मिलकर बना होता है, जबकि शब्दों के माध्यम से कुल संचार का 7 प्रतिशत हिस्सा होता है।"**

क्योंकि बॉडी लैंग्वेज के तीन महत्वपूर्ण तत्व होते हैं। पहला बॉडी लैंग्वेज, दूसरा आवाज और तीसरा शब्द। यानी किसी भी बात-चीत में 55 प्रतिशत प्रभाव व्यक्ति की बॉडी लैंग्वेज से प्रकट होता है।

रोजर ई. एक्सटेल की पुस्तक, **'द डूज एंड टैबूज ऑफ बॉडी लैंग्वेज अराउंड द वर्ल्ड'** दस साल से अधिक समय के अनुसंधान का परिणाम है, जो उन्होंने अपनी इंग्लैंड, जर्मनी, थाईलैंड, मलेशिया, इंडोनेशिया और फिलीपींस की यात्राओं के दौरान अपने अनुभवों के आधार पर लिखी थी। उस पुस्तक का उद्‌देश्य लोगों को यह बताना था कि बॉडी लैंग्वेज के द्वारा आप इशारों से कैसे नकारात्मक और सकारात्मक तरीके से अपनी बात कह सकते हैं, वह भी शब्दों का इस्तेमाल किए बिना।

रोजर के अनुसार, आपकी आंखें, मुंह, हाथ, पैर, कंधे और शरीर के दूसरे

अंग आपके विचारों को अभिव्यक्त करने में महत्वपूर्ण भूमिका निभाते हैं और आपकी बॉडी लैंग्वेज को तैयार करते हैं:-

तेजी से चलना

अर्थ: आत्मविश्वास की झलक

कमर पर हाथ रखकर चलना या फिर खड़े होना

अर्थ: आक्रामकता का भाव या किसी विषय के बारे में उत्सुकता

पैरों को थोड़ा फैलाकर बैठना

अर्थ: आसानी से घुलने-मिलने वाला व्यक्ति या आराम की मुद्रा

हाथों को सीने पर बांधकर खड़े होना या फिर इसी मुद्रा में चलना

अर्थ: निराशा का भाव या किसी से बात न करने की इच्छा

ठोड़ी को पकड़ना या फिर हाथ लगाना

अर्थ: अंतिम निर्णय की स्थिति में पहुंचना

नीचे देखते हुए अपना चेहरा दूसरी ओर घुमा लेना

अर्थ: किसी की बातों पर विश्वास न करना

नाखूनों को मुंह से काटना

अर्थ: घबराहट और असुरक्षा का अभाव होना

नक्सलियों ने भले ही अपना मजबूत सूचना तंत्र ईजाद कर लिया हो, परन्तु आदिवासी उन्हें संकेत देने के लिए परंपरागत तौर-तरीकों को ही अपनाते हैं।

मानव विज्ञानी डॉ. के.के. झा के मुताबिक, आदिवासी अलग-अलग अंदाज में सीटी, ढोल और तूड़ा (वाद्ययंत्र) बजाकर अपने लोगों को उत्सव, मातम और खतरे का संकेत देते हैं।

- **सीटी की तेज आवाज :** हमले के लिए मोर्चा लेना।
- **ढोल की आवाज :** सड़क के किनारे के गांव में पुलिस का आना।
- **पशु-पक्षियों की आवाज :** इलाके में आगे बढ़ चुकी है पुलिस।
- **धीमी-धीमी आवाज में सीटी बजाना :** सतर्क हो जाएं।
- **सीटी की मध्यम आवाज :** आसपास मौजूद लोग एकत्र हों।

माड़िया जनजाति के लोग सीटी बजाने में माहिर हैं। वे मुंह से अंगुलियों द्वारा ढोल की आवाज निकालते हैं, जिससे पूरे इलाके को खबर हो जाती है।

वे फोर्स के गांव में पहुंचने की सूचना भी इसी तरह, जंगलों में मौजूद नक्सलियों को दे देते हैं।

तब नक्सली चौकस हो जाते हैं और मौके की नजाकत को देखकर या तो एंबुश लगाकर पुलिस पर हमला कर देते हैं, या फिर समय रहते वे वहां से सुरक्षित निकल जाते हैं। बारूदी सुरंग विस्फोट करने वाले जिस वाहन को निशाना

बनाना होता है, उसकी एमिंग के लिए लेटकर पोजीशन ले लेते हैं। जैसे ही उन्हें वाहन का अगला चक्का नजर आता है, टिगर दबा देते हैं।

इसलिए विपरीत परिस्थितियों में नीचे लिखे गुरुमंत्रों को अपनाएं:-

- **जब बाकी लोग आसान रास्ते पर चलें, तो आप तिरछे रास्ते पर चलना शुरू कर दीजिए।**
- **जब आपके आगे कई संभावनाएं आएं, तो प्राथमिकता के आधार पर फैसला लीजिए।**
- **जब सब काम सही चल रहे हों, तो अपने अगले छोटे कदम को लेकर चिंता जताइए।**
- **जब आप कुछ कहना चाहते हैं, तो उसे बोलने का साहस भी रखिए।**
- **जब आपके लिए कुछ हासिल करना जरूरी बन जाए, तो उस बारे में दूसरों को बताइए और जुट जाइए।**
- **जब किसी बात का कोई मतलब समझ में न आए, तो उससे सम्बंधित कई प्रश्न पूछिए।**
- **जब आपके दिमाग में कोई संदेह हो, तो अपनी काबिलियत पर विश्वास रखिए।**
- **जब कुछ ऐसा हो जाए जिसके बारे में आपने सोचा न हो, तो उसे स्वीकार कीजिए।**
- **जब सभी चीजें सफलतापूर्वक खत्म होने वाली हों, तो खुद के प्रतिद्वंद्वी बन जाइए।**
- **जब दिन खत्म होने वाला हो, तो खुद से कहिए कि मैंने सर्वश्रेष्ठ दिया है।**

कुछ लोगों का बॉडी लैंग्वेज ठीक नहीं होता, लेकिन उनके आस-पास स्थितियां ऐसी निर्मित हो जाती हैं कि वे धन या पद से चमकते हैं। यदि ये चीजें उनसे हटा ली जाएं, तो वे दो कौड़ी के रह जाते हैं।

इसलिए जीवन में जब आप थोड़ा ऊपर उठ रहे हों या व्यवहारिक परिस्थितियों से पद-प्रतिष्ठा मिल रही हो, तब सोचें कि मेरे भीतर के सर्वश्रेष्ठ को बाहर निकालना अभी बाकी है।

जिंदगी के 73 बसंत पूरा करने वाले अमिताभ बच्चन ने कामयाबी की बुलंदियों को छूने के बावजूद अपने पैर हमेशा जमीन पर रखे और कामयाबी की खुमारी को कभी अपने पर हावी नहीं होने दिया।

रजा मुराद बताते हैं कि बिग बी वक्त के इतने पाबंद हैं कि अगर सुबह सात बजे सेट पर पहुंचना है, तो ठीक सात बजे ही वहां पहुंचते हैं। उन्हें चाहे कितना

ही जरूरी काम क्यों ना हो, यदि किसी को समय दिया है तो वह उस कमिटमेंट को पूरा करते हैं।

मान लिया तो हार ठान लिया तो जीतः

ग्रीस के विचारक डायोजनीस का फलसफा था, **"जिंदगी की तमाम जरुरतें और खुशियां कुर्बान करने के बाद ही इल्म हासिल किया जा सकता है।"**

इस फलसफे को विस्तार से समझने के लिए सिकंदर का स्मरण करें। एक बार वह अपनी सेना के साथ उस इलाके से गुजरा, जिधर डायोजनीस रहते थे। फिर कुछ दिन वह डायोजनीस के पास ठहर गया।

डायोजनीस ने आने का कारण पूछा, तो सिकंदर बोला, **"मैं अगले जन्म में आपके जैसा बनना चाहता हूं। इसलिए आपके दर्शन करने की इच्छा जाग उठी।"**

डायोजनीस ने कहा, **"अगले जन्म में क्यों, अभी क्यों नहीं बन जाते-?"**

सिकंदर पहले मुस्कुराया, फिर बोला, **"अभी तो मैं विश्वविजेता बनना चाहता हूं।"**

डायोजनीस ने फिर कहा, **"अगले जन्म पर भरोसा मत करो। जो भी करना है, इसी जन्म में करने की सोचो और मौका देखकर चौका मार दो।"**

उसके बाद सिकंदर ने क्या उत्तर दिया, इसका तो पता नहीं-? लेकिन ओडिशा में रहने वाले विभु कुमार ने जो ठाना, वही कर दिखाया। आज-कल वे राउरकेला में फैशन डिजाइनिंग का काम करते हैं, जबकि कुछ साल पहले तक समुंद्र से मछलियां निकालते थे। अब उनके डिजाइन किए हुए कपड़े सोनम कपूर, आलिया भट्ट, करीना कपूर और प्रियंका चौपड़ा जैसी हीरोइनें पहनती हैं।

26 जनवरी 2015 को जब अमेरिका के राष्ट्रपति बराक ओबामा मुख्य अतिथि बनकर गणतंत्र दिवस के समारोह में शामिल होने दिल्ली आए थे, तब उनकी पत्नी मिशेल ने ब्लू फ्लोरल मोटिक वाली जो जियोमेट्रिकल ड्रेस पहने हुई थी, उसे भी प्रभु कुमार ने ही डिजाइन किया था और वो भी बहुत कम समय में।

तभी तो शास्त्रों में लिखा है, **"समय आपके जीवन का सिक्का है। और यह ऐसा सिक्का है, जिसे आप ही तय कर सकते हैं कि इसे कैसे खर्च करना है-? यदि आप तय नहीं करते, तो लोग इसे खर्च कर देंते हैं।"**

कहते हैं कि सभी प्राणियों में तीन गुण होते हैं-सत्व, रज और तम। काल की प्रेरणा से समय-समय पर शरीर, प्राण और मन में उनका ह्रास और विकास होता रहता है। इसलिए जब आप सत्वगुण में हों, तो वह समय कृतयुग है। रजोगुण में हों, तो त्रेता युग है और रज या तम की मिश्रित अवस्था में हों, तो वह द्वापर

युग है और जब आप पूरी तरह से तामसिक हो जाएं, तो समझें कि कलयुग है।

इसलिए अमेरिकी विचारक बेंजामिन फ्रेंकलिन ने समय के महत्व पर बहुत जोर दिया था। क्योंकि उनके नर्व सेल्स सभी अनुभूतियों को पहले ही दिमाग तक पहुंचा देते थे, जिसकी वजह से वे अतिसंवेदनशील हो जाते थे। उन्होंने एक बार कहा था कि समय ही धन है। इसे मनोविज्ञान की दृष्टि से देखेंगे, तो पता चलेगा कि समय ही संज्ञान है।

इसलिए गोएथे ने अपनी चर्चित पुस्तक **'फाउस्ट'** में लिखा है, **"जीवन की धारा में, गति की झंझा में, कार्य के उत्साह में, अग्नि में, तूफान में, यहां और वहां, ऊपर और नीचे, मैं चलता हूं और घूमता हूं। जन्म और मरण का असीम सागर, जहां विक्षुब्ध तरंगें हमेशा उठती हैं और अपने उत्तेजित संघर्ष से नीचे और ऊपर होती रहती हैं। लेकिन मैं निर्भय होकर उन्हें देखता हूं और भविष्य के सपने बुनता हूं।"**

यानी समय का जो अंश आपकी चेतना से बचा रह जाता है, उसे आप **'स्मृति'** कहते हैं। अंतरिक्ष के जिन क्षेत्रों में मनुष्य की पहुंच नहीं है, वहां समय है ही नहीं। वहां भूत, वर्तमान और भविष्य के बारे में सोचना व्यर्थ है। लेकिन जहां जीवन है, वहां समय का महत्व सबसे ज्यादा है।

इसलिए जो पल आने वाले हैं, उनका इंतजार न करें, निश्चित समय में जिंदगी के हर लम्हे को खूबसूरत बनाने की कोशिश करते रहें और नीचे लिखे गुरुमंत्रों पर ध्यान दें:-

- **बेहतर कल के बारे में सोचें, क्योंकि जिस बात को आप बार-बार सोचते हैं, वैसे ही परिणाम मिलने लगते हैं।**
- **अपने आप पर विश्वास करें, फिर भले ही आपका दिल कुछ भी कह रहा हो।**
- **छोटी चीजों में भी सुंदरता तलाशें। बचपन में जिस तरह से कुछ देखकर आप उत्सुक हो जाते थे, अपने आपको उसी बचपन से रुबरू कराएं।**
- **अच्छा महसूस करें और अपनी योग्यता पर विश्वास करें। क्योंकि आप अपनी ही परछाई हैं।**
- **हर चीज से जुड़ें और अपने आपको समझाएं कि जीवन तेजी से बदल रहा है।**

अवसर को सफलता में बदलने की कोशिश करें:

एक साक्षात्कार के दौरान कांची मठ के स्वामी जयेंद्र सरस्वती ने कहा था कि वैसे तो हर कोई इस दुनिया में ईश्वर द्वारा तय नियति के साथ आता है, परन्तु यह इंसान पर निर्भर है कि वह किस तरह उस नियति के साथ चांस लेते हुए आगे बढ़े।

उन्होंने जिंदगी की तुलना रमी गेम से की है, जिसमें हर किसी को 13 पत्ते दिए जाते हैं और किसी को पता नहीं होता कि नीचे रखे ताश के बंडल में क्या छिपा है-? लेकिन कई बार ऐसा होता है कि खिलाड़ी किसी दूसरे के द्वारा फेंके गए पत्ते को उठा लेता है। क्योंकि उसे गेम जीतने के लिहाज से ठीक लगता है।

इसलिए अमीर लोग कहते हैं, **"मैं अपनी जिंदगी की पटकथा खुद लिखता हूं और गरीब लोग कहते हैं, जिंदगी हमारे साथ गेम खेलती है। जिसकी वजह से हम आगे नहीं बढ़ पाए-?"**

लेकिन आप यदि दौलत उत्पन्न करना चाहते हैं, तो यह मानकर चलें कि आप अपने वित्तीय जीवन के स्टियरिंग व्हील पर बैठे हैं। अगर ऐसा नहीं मानते हैं, तो समझें कि अपने जीवन पर आपका बहुत कम नियंत्रण है।

इसलिए कम नियंत्रण वाले गरीब लोग लॉटरी खेलते हैं। क्योंकि वे मानते हैं कि उनके पास दौलत आने का सिर्फ यही तरीका है। जबकि अमीर लोग पूरी तरह स्पष्ट होते हैं। उनकी इच्छा अटल होती है। वे दौलत कमाने के लिए पूरी तरह समर्पित रहते हैं और कानूनी तथा नैतिक तरीकों से दौलत कमाते हैं।

क्योंकि गरीब लोग दिन में सोलह घंटे काम नहीं करते हैं, अमीर लोग करते हैं। गरीब लोग सातों दिन काम नहीं करते, अमीर लोग करते हैं। गरीब लोग पूंजी को लगाकर जोखिम नहीं लेते, अमीर लोग लेते हैं।

अमीर लोग सब कुछ करने के इच्छुक रहते हैं। क्योंकि वे उम्मीद करते हैं कि उनका लक्ष्य बहुत जल्दी पूरा हो जाएगा। इसलिए यह मानकर चलें कि छोटी सोच और छोटे काम दिवालिएपन और असंतुष्टि की ओर ले जाते हैं। बड़ी सोच और बड़े काम दौलत की ओर ले जाते हैं।

एक पुराना किस्सा है, क्झेनथस ने ईसप को सार्वजनिक स्नानगृह में यह देखने भेजा कि वहां भीड़ है या नहीं-? पुराने समय में रोम में सार्वजनिक स्नानगृह होते थे। सभी भद्र पुरुष अपने घर से निकल कर स्नानगृह में जाकर नहाते थे। ईसप वहां पर गया, तो उसने देखा कि बहुत लोग आए हैं। उसने यह भी देखा कि दरवाजे के पास एक बड़ा सा पत्थर पड़ा है। हर कोई उससे टकराता है, गाली बकता है और फिर आगे बढ़ जाता है। कुछ देर बाद एक आदमी आया। वह भी पत्थर से टकराया। उसके मुंह से भी गाली निकली, लेकिन वह झुका। उसने पत्थर उठाया और दूर फेंक दिया।

जब ईसप घर पहुंचा, तो उसने मालिक को बताया, **"वहां तो बस एक ही आदमी है।"**

लेकिन क्झेनथस जब स्नानगृह पहुंचा, तो देखा कि वहां तो बड़ी भीड़ लगी है। उसने नाराज होकर ईसप से कहा, **"तू तो कह रहा था कि वहां एक ही**

आदमी है-?"

ईसप बोला, **"इतने लोग पत्थर से टकराए, लेकिन किसी में भी इतनी समझदारी नहीं थी कि उसे राह से दूर हटाए। सिर्फ एक आदमी था, जिसने समझदारी दिखाई। इसलिए मैंने आपसे कहा कि वहां एक ही आदमी है।"**

कहानी का निष्कर्ष यह निकलता है कि आप यदि समस्याओं से निबटने और बाधाओं से उबरने में निपुण हैं, तो आपको सफलता पाने से कोई नहीं रोक सकता। क्योंकि जीवन में बहुत विकल्प होते हैं-? यदि आप उन विकल्पों को चुनते हैं, तो आप सफल हो जाते हैं।

गलतियों से सीखें और आगे बढ़ें:

गलतियों को सुधारने का तरीका जीवन के हर क्षेत्र में एक जैसा ही होता है। चाहे वह बिजनेस लाइफ हो-? निजी जिंदगी हो-? या घरेलू जिंदगी-? इसलिए समझदार लोग गलतियां होने पर नीचे लिखे छह **'ए'** पर ध्यान देते हैं:

1. एडमिट: वे स्वीकार करते हैं कि उन्होंने गलती की है।

2. एपॉलोजी: वे गलती के लिए माफी मांगते हैं।

3. एकनॉलेज: वे पहचानते हैं कि उनसे कहां चूक हुई, जिसकी वजह से गलती हुई।

4. एटेस्ट: वे अपनी गलती को नियत समय में सुधारने के लिए क्या योजना बनानी है, इस पर ध्यान देते हैं।

5. एश्योर: वे ये सुनिश्चित करते हैं कि एक जैसी गलती आगे न हो। इसके लिए क्या एहतियातन कदम उठाने हैं, उस पर ध्यान देते हैं।

6. एब्सट्रैन: वे एक ही गलती दोबारा नहीं करते हैं। क्योंकि गलती करना कोई समस्या नहीं है। समस्या है उसे न पहचानना।

इसलिए दक्षिण अफ्रीका की बेबम्बा जनजाति की एक परंपरा है। वहां जब भी कोई व्यक्ति गैर जिम्मेदाराना या अन्यायपूर्ण काम करता है, तो वहां के सारे लोग उसे गांव के बीचों-बीच खड़ा कर, उसके चारों ओर एक बड़ा सा गोल घेरा बनाकर खड़े हो जाते हैं। उसमें गांव के बच्चे, बूढ़े, स्त्रियां सभी शामिल होते हैं और सभी काम रोक दिए जाते हैं।

उसके बाद हर एक व्यक्ति आरोपी से बात करता है और उसे उन अच्छी चीजों तथा कार्यों की याद दिलाता है, जो उस व्यक्ति ने अपने जीवन में किए होते हैं। वे उस व्यक्ति के सामने उसके गुणों, अच्छे कार्यों और भावनाओं का अच्छे से बखान करते हैं। वह समारोह कई दिनों तक चलता है। अंत में आदिवासी घेरे के टूटने पर उस व्यक्ति को अपनी जाति में फिर से शामिल कर लेते हैं।

इसलिए जब भी अवसर मिले, उन्हें गंवाना नहीं है। क्योंकि दूसरी बार

अवसर मिले, यह जरूरी नहीं-? अमीर और गरीब में सिर्फ अवसर को सफलता में बदलने का अंतर होता है। अमीर लोग सोचते हैं कि मेरे पास केक भी रहे और मैं उसे खा भी लूं। मध्य वर्गीय लोग सोचते हैं कि केक से मोटापा बढ़ता है, इसलिए मैं एक छोटा सा टुकड़ा ही लूंगा। गरीब लोग सोचते हैं कि केक मुझे हजम नहीं होगा, इसलिए मैं डबलरोटी का ऑर्डर दूंगा।

तभी तो बुजुर्गों ने कहा है, **"परिस्थिति कितनी भी विपरीत क्यों न हो और समय जैसा भी हो, मनुष्य अगर ठान ले, तो कोई भी चुनौती मुश्किल नहीं।"** क्योंकि जब लोहे का काम करके, कोई टाटा बन सकता है और जूतों का काम करके, कोई बाटा बन सकता है, तो आप तो उनसे भी आगे निकल सकते हैं-?

बिखरी हुई सूचनाओं को इकट्ठा करें:

कुछ साल पहले एक फिल्म आई थी **'आंधी।'** उसमें एक गाना था, **"कुछ सुस्त कदम रस्ते, कुछ तेज कदम राहें..... इस मोड़ से जाते हैं।"**

गुलजार ने यह गीत भले ही कुछ और सोच कर लिखा हो, लेकिन इसमें सफलता का बहुत बड़ा रहस्य छिपा है। क्योंकि तेज कदम राहें आइडिया को साकार करने में मददगार साबित होती हैं और सुस्त कदम राहें नकारात्मकता पैदा करती हैं। इसलिए सुस्त कदम वाले लोग खानदानी गरीब होते हैं।

आपने देखा होगा, अमीर लोगों की चलने की रफ्तार तेज होती है, सफल नेता की आवाज बुलंद होती है और प्रभावशाली अफसर की निर्णय लेने की क्षमता अधिक होती है। जबकि समस्याएं सबके जीवन में आती हैं और जब सबकुछ दांव पर लगा होता है, तब मनुष्य की बुद्धि चमक उठती है। उसकी कार्य क्षमता कई गुना बढ़ जाती है।

दुनिया में ऐसे बहुत से लोग पैदा हुए हैं, जिनकी दारुण परिस्थितियों ने उनसे सब कुछ छीन लिया था। फिर भी उन्होंने हार नहीं मानी और सिद्ध कर दिया कि विपरीत स्थितियों को, उपलब्धियों में बदला जा सकता है।

अब्राहम लिंकन न जाने कितने चुनावों में पराजित हुए, लेकिन अंत में अमेरिका के सोलहवें राष्ट्रपति बने। अल्बर्ट आइंस्टीन बचपन में हकलाते थे। स्कूल में उन्हें दिमागी तौर पर कमजोर माना गया था, जिसकी वजह से उन्होंने हाईस्कूल के बाद पढ़ाई छोड़ दी थी। उसके बाद भी महानतम वैज्ञानिक बने। स्टीफन हॉकिंग पूरी तरह लकवे से पीड़ित और मांसपेशियों की लाइलाज बीमारी से ग्रस्त थे, फिर भी वे बड़े वैज्ञानिक बने। हेलेन केलर जब दो साल की थीं, तब गूंगी, बहरी, अंधी थीं। लेकिन बाद में प्रसिद्ध लेखिका बनीं।

इन लोगों की सफलता से पता चलता है कि हर व्यक्ति सफलता, दौलत

और आपूर्ति की योजना उतने ही वैज्ञानिक ढंग से बन सकता है, जितना कि अमीर लोग बनाते हैं और गरीबी सिर्फ तभी तक रहेगी, जब तक कि आपके भीतर इसे बढ़ाने वाला किटाणु रहेगा।

क्योंकि आप तीन उद्देश्यों के लिए जीते हैं: शरीर के लिए, मस्तिष्क के लिए और आत्मा के लिए। इनमें से कोई भी उद्देश्य किसी दूसरे से बेहतर या अधिक बड़ा नहीं है। तीनों ही समान रूप से जरूरी हैं। यदि इनमें से किसी एक को भी पूर्ण जीवन व अभिव्यक्ति न मिले, तो शरीर, मस्तिष्क और आत्मा, कोई भी पूरी तरह से काम नहीं कर सकता।

इसलिए ईसा मसीह ने कहा था, **"जो भी महान होगा, उसका शरीर, मस्तिष्क और आत्मा पूरी तरह से उसके कंट्रोल में होगा।"**

क्योंकि **'पूर्ण नियंत्रण'** का सिद्धांत आपके भीतर मौजूद है। वही आपको शिखर पर पहुंचने के उपाय सुझाता है। उसने नए चीफ जस्टिस पी. सदाशिवम को भी सुझाया था, अब आपको भी सुझाएगा। जबकि सदाशिवम के खानदान में कोई भी ग्रेजुएट नहीं था, लेकिन उन्होंने ग्रेजुएशन किया।

पहले उनकी स्कूली पढ़ाई तमिल में हुई थी, फिर मद्रास हाईकोर्ट में वकालत करने के बाद वहीं के स्थाई जज बन गए।

अब वे देश के 40वें मुख्य न्यायधीश हैं। कुछ साल पहले उन्होंने संजय दत्त को सजा सुनाई थी, पाक वैज्ञानिक मोहम्मद खलील चिश्ती को माफी दी थी और मायावती के खिलाफ सी.बी.आई. द्वारा दर्ज एफ.आई.आर. रद्द करने का चर्चित फैसला सुनाया था।

1958 के एशियाई खेलों में 200 मीटर और 400 मीटर की दौड़ में भारत के लिए स्वर्ण पदक जीतने वाले मिल्खा सिंह भी इसी श्रेणी में आते हैं। **'पूर्ण नियंत्रण'** का सिद्धांत उनके भीतर मौजूद है। **'भाग मिल्खा भाग'** के बाद एक बार फिर शिखर पर पहुंचने की कहानी सबकी जुबान पर है।

जबकि मिल्खा सिंह का जन्म 8 अक्टूबर, 1935 को वर्तमान पाकिस्तान के लायलपुर में हुआ था। देश के बंटवारे के दौरान हुए दंगों में परिवार खत्म हो जाने के बाद वे भारत आए। जीवन से जूझते हुए मिल्खा ने दौड़ को अपना साथी बनाया। पाकिस्तान के जिस गांव में उनका जन्म हुआ था, वहां सिख और मुसलमान एक साथ रहा करते थे। मिल्खा बताते हैं कि विभाजन के समय भी उनके गांव में कोई मारकाट नहीं मची थी, लेकिन बाहर से आए कबीलाई लोगों ने सब कुछ समाप्त कर दिया था।

दिल्ली पहुंचने के बाद मिल्खा सिंह ने फुटपाथ से जीवन की जंग शुरू की। पहले पेट भरने के लिए होटलों में बर्तन मांजने लगे, फिर लंबे संघर्ष के बाद

मिल्खा सिंह ने तय किया कि मैं खुद लिखूंगा अपनी तकदीर। उसके बाद उन्होंने एक मेधावी धावक के रूप में अपनी पहचान बनाई। 1958 के एशियाई खेलों में उन्होंने 200 मीटर और 400 मीटर की दौड़ में भारत के लिए स्वर्ण पदक हासिल किया और नया इतिहास रचा।

'भाग मिल्खा भाग' फिल्म के एक सीन में सेना में भर्ती होने से पहले युवा मिल्खा को जेल में डाल दिया जाता है। गलत कामों के कारण हुई जेल से मिल्खा को छुड़ाने के लिए बहन आती है, तब उसे अपने कान की बालियां बेचनी पड़ती हैं। फिर मिल्खा सिंह अपनी बहन से अच्छा आदमी बनने का वादा करते हैं। कई साल बाद मिल्खा अपनी बहन से मिलने आते हैं। वे भारतीय एथेलेटिक्स टीम का ब्लेजर पहने होते हैं। बहन उनको देखकर उमंग से भर जाती है। तभी मिल्खा अपनी बहन से कहते हैं, **"ब्लेजर की जेब में हाथ डालो।"**

जैसे ही बहन जेब में हाथ डालती है, तो उसे वही कान की बालियां मिलती हैं, जो उन्होंने कभी मिल्खा को छुड़ाने के लिए बेच दी थीं। फिल्म से बेहतर व्यक्ति बनने की सीख मिलती है। और यह भी संदेश मिलता है कि गिरने के बाद उठने का विकल्प चुना जा सकता है। इसलिए लोग अब उन्हें **'फ्लाइंग सिख मिल्खा सिंह'** कहते हैं। क्योंकि मिल्खा सिंह एक नाम नहीं है, बल्कि कहानी है संघर्ष से सफलता के शिखर पर पहुंचने की।

फिल्म निर्माता-निर्देशक और गीतकार गुलजार के संघर्ष की कहानी भी मिल्खा सिंह से मिलती-जुलती है। गुलजार का जन्म पाकिस्तान के झेलम जिला के दीना गांव में हुआ था। बंटवारे के बाद उनका परिवार भारत आ गया और पिता घर परिवार को चलाने के लिए छोटा-मोटा कारोबारी काम करने लगे थे। इसलिए गुलजार का बचपन दिल्ली में बीता, लेकिन उन्होंने कम उम्र में ही कविता लिखने की कोशिश शुरू कर दी थी।

तब गुलजार के पिता का मानना था, **"कविता लिखने या फिर कहानी लिखकर आजीविका नहीं चल सकती।"**

इसलिए वे गुलजार के बारे में अपने नाते-रिश्तेदारों से कहा करते थे, **"ये भाईयों से उधार मांगेगा और गुरुद्वारे के लंगर में खाना खाएगा।"**

1950 में गुलजार अपने भाई के काम में हाथ बंटाने के लिए मुम्बई आए। तब उन्होंने सोचा भी नहीं था कि एक दिन वे फिल्मी दुनिया में काम करेंगे। शुरू में एक मोटर गैराज में भी उन्होंने काम किया, लेकिन धीरे-धीरे उनका रुझान फिल्मी दुनिया की तरफ हुआ। तब वे गीतकार राजेंद्र कृष्ण के घर में किराए पर रहे और शैलेंद्र जैसे गीतकारों के संपर्क में भी आए।

बाद में बिमल रॉय के सहायक के तौर पर काम करने लगे थे, लेकिन

लेखन की शुरूआत नहीं हो पाई। फिर शैलेंद्र ने ही उन्हें सबसे पहले बिमल रॉय की फिल्म में गाने लिखने के लिए प्रेरित किया और गुलजार का नाम बिमल रॉय के सहयोगी देबू सेन को सुझाया।

उसके बाद 1963 में **'बंदिनी'** फिल्म में गुलजार ने पहली बार गीत लिखा-**'मोरा गोरा रंग लइ ले, मोहे श्याम रंग दई दे...।'**

बिमल रॉय के निधन के बाद गुलजार ऋषिकेश मुखर्जी के सहायक बने और फिल्मों के स्क्रीन प्ले तथा गीत भी लिखने लगे। कुछ गीत काफी कामयाब हुए। फिर उन्होंने **'हमने देखी है इन आंखों की महकती खुशबू'**, **'तुझसे नाराज नहीं जिंदगी हैरान हूं'**, **'दिल तो बच्चा है जी'**, **'बीड़ी जलइले'**, **'कजरारे कजरारे'** जैसे लोकप्रिय गीत लिखे।

इसलिए आप **'पूर्ण नियंत्रण'** के सिद्धांत को अपनाएं और सफलता के शिखर पर पहुचंने की तैयारी करें। क्योंकि शिखर पर पहुंचने के दो तरीके हैं। या तो उम्मीद का उजाला करो, या फिर कुछ ऐसा करो जो लोगों के लिए मिसाल बन जाए।

आइडिया को संक्रमण से बचाएं:

अब देश में आइडिया जमा करने वाले बैंक खुल चुके हैं। यदि आपके पास देश की इकॉनोमी को तेजी से बढ़ाने का कोई आइडिया है, तो आपका स्वागत है। सरकार उस आइडिया को बैंक में जमा कराएगी, उस पर विचार होगा और पसन्द आने पर उस पर अमल भी होगा। उस बैंक का नाम है **'डिटेल प्रोजेक्ट रिपोर्ट (डिपीआर) बैंक।'**

क्योंकि प्रधानमंत्री नरेंद्र मोदी का मानना है, **"नए आइडियाज से देश की इकॉनोमी की ग्रोथ तेजी से बढ़ सकती है-?"**

मार्केट रिसर्च एजेंसी विनायक रिसर्च के प्रमुख विजय सिंह का कहना है कि चीन, सिंगापुर और हांगकांग जैसे देशों के आर्थिक विकास का अहम कारण यही है कि संवाद को विशेष तरजीह दी गई है।

सिंगापुर में अगर कोई प्रोजेक्ट बनता है, तो लोगों से सुझाव मांगे जाते हैं। ताकि किसी प्रकार की तकनीकी बाधा न पहुंचे। चीन में अगर कोई टाउनशिप विकसित की जाती है, तो उसके आस-पास के लोगों से सुझाव लिए जाते हैं। ऐसा इसलिए कि टाउनशिप बनने के बाद सालों तक वहां के लोगों को यातायात, बिजली, पानी या अन्य कोई परेशानी न हो।

इसलिए अपने आइडिया को संक्रमण से बचाएं और बड़ी उपलब्धि पाने का इंतजार करें। क्योंकि आज का सर्वाधिक लोकप्रिय क्रिकेट किसी जमाने में उपेक्षा का शिकार था। माना जाता था कि निचले तबके के लोगों के पास ही इस खेल

के लिए खाली समय हो सकता है-? जिसकी वजह से वे अपना सारा काम छोड़कर पूरा दिन इसी में लगा देते थे।

धन और वक्त की इतनी बर्बादी देखकर इंग्लैंड के सम्राट किंग एडवर्ड (चतुर्थ) ने एक कानून पारित करके क्रिकेट के खेल को गैर-कानूनी और आपत्तिजनक घोषित कर दिया था। फिर जो भी क्रिकेट खेलते हुए पकड़ा जाता, उस पर जुर्माना किया जाता था।

ऑलिवर कामवेल जब युवा थे, तो उन्हें भी एक बार क्रिकेट खेलते हुए पकड़ा गया था और उन्हें नियमानुसार जुर्माना अदा करना पड़ा था। बाद में क्रिकेट से सारे प्रतिबंध हटा दिए गए और इसे सभ्य लोगों का खेल माना जाने लगा। फिर कुछ सालों बाद यह इंग्लैंड का राष्ट्रीय खेल बन गया।

इसलिए यह न समझें कि मेरा आइडिया फ्लॉप हो सकता है-? बल्कि यह सोचें कि सफलता का परचम कब फैहराएगा-? जब इस तरह की सोच विकसित हो जाएगी, तब शिखर पर पहुंचने की भी तैयारी शुरू हो जाएगी।

■■■

'लाइफ ऑफ पाई' फिल्म में दिखाया गया है कि जिंदगी तब तक बहुत खूबसूरत है, जब तक मौत को उससे मोहब्बत न हो जाए। लेकिन जिंदगी हमसे भी कुछ मांगती है-? क्योंकि सपनों के बीज डालने से हकीकत की फसल तैयार नहीं होती, जब तक कि योजनाबद्ध तरीके से खेती न की जाए। परिश्रम से अर्जित सफलता का सुख अवर्णनीय है। उस सुख में गौरव भी है, कठिनाइयों को जीतने का आत्मविश्वास भी और परम संतोष भी।

तीसरा अध्याय

3

इसे याद रखें

मिटा दो सारी बाधाओं को, गति समय की रोक दो।
कुछ अच्छा करने में अपनी, सारी शक्ति झौंक दो।।
जीत होगी आपकी, कहता है ये कर्म का नियम।
बढ़ो आगे आत्मविश्वास से, कल की चिन्ता छोड़ दो।।

जिंदगी चलती है और चलती ही रहेगी, लेकिन वक्त के साथ आपकी सोच, व्यक्तित्व और बॉडी लैंग्वेज सबकुछ बदल जाएगा। हो सकता है चेहरे पर बुढ़ापे के निशान भी आ जाऐं-? तब बिल्कुल मत घबराना। क्योंकि जब बदलाव आते हैं, तब वे अपने साथ खुशियां भी लाते हैं। उस समय खुद को ध्यान से देखना और सोचना कि मेरे अंदर ऐसा क्या है, जो अब तक नहीं बदला-? क्योंकि हर आदमी में ऐसी कोई न कोई चीज जरूर होती है, जिसे समय नहीं छू पाता।

अपनी इच्छा शक्ति मजबूत कीजिए

कोलकत्ता के विक्टोरिया हॉल के समीप मुझे एक कॉन्फ्रेंस को सम्बोधित करना था। जिसमें भारी तादाद में स्थानिए व्यापारी आये हुए थे, जो अपनी इच्छा-शक्ति को मजबूत करना चाहते थे।

लेकिन कॉन्फ्रेंस शुरु होने में कुछ समय था, इसलिये मैं विक्टोरिया हॉल घूमने चला गया। वहाँ पर कुछ स्टूडेंट मौज-मस्ती कर रहे थे, जिसमें कुछ एम. बी.ए. की लड़कियाँ भी थीं। वह प्रकृति के बारे में बातें कर रही थीं। मुझे उनकी बातों में आनन्द आने लगा और मैं उनके निकट पहुँच गया।

उनमें से एक लड़की मुझे पहचान गयी और बोली, **"मिस्टर इन्जीनियर आप यहाँ-? हम सब आपकी कान्फ्रेंस अटेंड करने के लिये यहाँ एकत्रित हुऐ हैं और आपको सुनने के लिये बेचैन हैं। परन्तु अब आप यहाँ पर हैं, इसलिए हम चाहेगें कि आप प्रकृति के बारे में कुछ बताएं-?"**

तब मैं उनके निकट बैठ़ गया फिर पेड़ पौधों को देखते हुए बोला,**"ईश्वर ने जब इस सृष्टि की रचना की थी, तब उनकी इच्छा हुई कि मैं एक ऐसी दुनिया की रचना करुँ, जहां पर हर व्यक्ति के सपने पूरे हो सकें-? और वह प्राकृतिक सुखों का पूरा आनन्द ले सकें-?"**

यही सोचकर उन्होंने सबसे पहले ब्रह्मा जी को पृथ्वी पर भेजा। लेकिन जब ब्रह्मा जी सृष्टि का सृजन कर रहे थे, तब उन्हें महसूस हुआ कि मनुष्यों की इच्छा शक्ति बहुत मजबूत है और वह जो चाहता है, वही प्राप्त कर लेता है।

तब से लेकर अब तक हजारों वर्ष बीत चुके हैं, लेकिन आज भी मनुष्य की विकास की यात्रा जारी है। उसने जैसा चाहा, वैसा ही इस दुनिया को विकसित

कर लिया। लेकिन आज भी उसकी इच्छा-शक्ति ज्यों कि त्यों बनी हुई है।

इसी विषय पर विश्व के प्रसिद्ध लेखक रसेल ने एक पुस्तक लिखी थी, **'आर्ट ऑफ लाइफ।'** जिसमें उन्होंने एक माँ की इच्छा-शक्ति का वर्णन किया है, जो अपने बच्चे से बहुत प्यार करती है।

परन्तु मृत्यु का समय जैसे ही पास आया, तब यमराज उसे लेने आये और बोले,**"माँते आपका वक्त पूरा हो गया है, आपको स्वर्गलोक जाना होगा-?"**

मां ने कहा, **"मेरा बच्चा अभी बहुत छोटा है, उसे खिलाना-पिलाना है। आप मुझे कुछ साल की मोहलत और दे दें-?"**

यमराज ने ऐसा ही किया। कुछ साल बाद यमराज दोबारा आए, तो मां बोली, **"बच्चा बड़ा हो रहा है, लेकिन अभी समझदारी नहीं आई। उसे दुनिया के बारे में जानकारी देनी है और पढ़ाई भी पूरी करानी है।"**

यमराज फिर लौट गए। जब कुछ सालों बाद आए, तो मां ने फिर यमराज से मोहलत माँगीं और बोली,**"मैं उसका घर बसते देखना चाहती हूँ, उसके बच्चे को देखना चाहती हूँ। जीवन के इस मोड़ पर अगर कोई परेशानी आयी, तो उसे मदद की जरुरत होगी-?"**

मां की ममता को देखकर यमराज पिघल गये और बोले,**"माँ, मैं तेरी इच्छा-शक्ति को प्रणाम करता हूँ और तुझे वरदान देता हूँ कि तू तब तक जीवित रहेगी, जब तक तेरे सारे सपने पूरे नहीं हो जाते-?"**

इस कहानी से शिक्षा मिलती है कि मनुष्य की इच्छांए कभी पूरी नहीं होतीं और वह मरते दम तक कुछ पाने के सपने देखता रहता है। फिर जिस चीज को पाने के सपने देखता है, वह चीज उसके दिल में बस जाती है।

इस बात को समझाने के लिये मैं आपको एक कहानी सुनाता हूँ। एक आदमी था, उसे तोते पालने का बहुत शौक था। उसने तीन छोटे-छोटे तोते खरीदे और बचपन से ही उसको सब कुछ सिखाने लगा। पहले उसने शास्त्र सिखाए, फिर मैथेमेटिक्स सिखाया, फिर साइंस में सब कुछ बताया और उसके बाद उन्हें थोडी-बहुत राजनीति भी सिखाई।

जब तोते बड़े हो गए, तब सब मिलकर उन विषयों की चर्चा करने लगे। कोई साईंस के बारे में बोलता था, तो कोई मैथेमेटिक्स के बारे में। कोई शास्त्र की बात करता था, तो कोई राजनीति के बारे में। फिर तीनों तोते महापंडित हो गए थे।

एक दिन अचानक वह आदमी मर गया, तब उसके रिश्तेदार आए और उसका अंतिम संस्कार करने के बाद सोचने लगे कि इन तोतों को कहां रखें-?

काफी सोच-विचार के बाद इस नतीजे पर पहुंचे कि इन्हें छोड़ दिया जाए-?

फिर उन लोगों ने पिंजड़े की खिड़की खोल दी।

जब तोते पहली बार पिंजड़े से बाहर निकले, तब उन्हें समझ में नहीं आया कि वे क्या करें-? फिर वे जाकर एक पेड़ की डाल पर बैठ गए। पहले उन्होंने इधर-इधर देखा, फिर ज्ञान की बातें करने लगे।

उसी पेड़ पर एक जंगली तोता पहले से बैठा हुआ था। उन तीनों को देखकर उसने कहा, **"भाई कौन हो तुम-?"**

उन्होंने कहा, **"हम विद्वान हैं, कुछ पूछना चाहते हो तो पूछ लो-? हमें सब बातों का ज्ञान है।"**

जंगली तोते को बड़ा अचंभा हुआ। लेकिन उसे तो कुछ भी ज्ञान नहीं था, इसलिए वह क्या पूछता-?

परन्तु कुछ देर बाद जंगली तोते की नजर अचानक पेड़ के नीचे गई। उसने देखा कि एक बिल्ली चढ़ती हुई ऊपर आ रही है। उसने कुछ सोचकर उन तीनों से पूछा, **"क्या तुम लोगों को उड़ने का भी ज्ञान है-?"**

उन्होंने कहा, **"उड़ान कैसे भरी जाती है इसका ज्ञान तो है, परन्तु हम कभी उड़े नहीं। लेकिन यह जरूर जानते हैं कि कैसे उड़ा जाता है।-?"**

जंगली तोते ने झल्ला कर कहा, **"मैं तुम्हारे ज्ञान की बात नहीं पूछ रहा हूं। मैं यह पूछ रहा हूं कि तुम को उड़ना आता है या नहीं-?**

उनमें से एक तोता बोला, **"नहीं!"**

"अगर उड़ना नहीं आता, तो तुम तो आज जान से गए-?" इतना कह कर वह जंगली तोता उड़ गया और ज्ञानी तोते उड़ान की तकनीक पर चर्चा करने लगे।

इतने में बिल्ली आई और उन तीनों तोतों को खा गयी, फिर उनका ज्ञान धरा का धरा रह गया।

ठीक ऐसी ही स्थिति आपकी भी है। आप अमीर बनने का ज्ञान तो प्राप्त कर रहें हैं, परन्तु उस ज्ञान को आपने यदि असली जामा नहीं पहचनाया, तो आप की स्थिति भी उन तीन ज्ञानी तोतों जैसी हो जाएगी-?

इसलिए आपको हर चीज का अनुभव करके चलना है। परन्तु अनुभव के लिए दृढ़ इच्छा-शक्ति की जरूरत होती है। क्योंकि संसार में जो बातें कभी असंभव दिखती थीं, आज वह सब दृढ़ इच्छा-शक्ति के कारण सम्भव हो चुकी हैं।

नेपोलियन छोटे कद का आदमी था, लेकिन उसमें गजब की इच्छा-शक्ति थी, तभी तो उसने कहा था:-

'Impossible Is The Word Found In The Dictionary Of Fools'

इसका अर्थ है कि दृढ़ इच्छा-शक्ति से सम्पन्न व्यक्ति बाधाओं को नहीं देखता-? वह कांटों को कुचलकर आगे बढ़ जाता है।

अगर यह बात सच नहीं होती, तो इच्छा-शक्ति के बिना विल्मा रिडोल्फ क्या सफल धाविका बन पाती-? जबकि उसका जन्म टेनसी के एक गरीब परिवार में हुआ था। जब चार वर्ष की थी, तब वह पोलियो की शिकार हो गयी थी, फिर डॉक्टरों ने साफ कह दिया, **"तुम कभी चल नहीं पाओगी-?"**

तब उसने अपनी माँ से पूछा था, **"क्या डॉक्टर सही कह रहे हैं-?"**

माँ ने कहा, **"ईश्वर में विश्वास रखोगी और लगन से काम करोगी, तो डॉक्टरों की बात गलत साबित हो सकती है-?"**

फिर उसका आत्मविश्वास जाग उठा, फिर वह रोज अपने मन में दोहराने लगी, **"कौन कहता है कि मैं चल नहीं सकती-? मैं एक दिन ऐसी चलूंगी कि पूरा विश्व मुझ पर आश्चर्य करेगा।"**

फिर जब वह नौ वर्ष की हुई, तब उसने चलना शुरू किया और 13 साल की उम्र में उसने एक दौड़ प्रतियोगिता में भाग लिया।

उसके बाद वह यूनिवर्सिटी के कोच मि० टेंपल से मिली। टेंपल ने उसके उत्साह को देखते हुए कहा, **"तुम्हारी इच्छा-शक्ति तुम्हें अवश्य ही सफलता दिलायगी।"**

फिर दिन वह भी आया, जब उसका मुकाबला जुत्ता हैन से होना था। तब विल्मा ने उसे 100, 200, 400 मीटर की दौड़ में पराजित कर दिया और अन्त में विजेता घोषित हुई।

परन्तु यह चमत्कार उसकी दृढ़ इच्छा-शक्ति के कारण हो पाया था।

कुछ इसी तरह मेडम क्यूरी ने रेडियम की खोज में कई साल बिता दिए थे, परन्तु उन्हें सफलता नहीं मिल पा रही थी। फिर आर्थिक संकट ने उन्हें तोड़ दिया। अन्त में उनकी मेहनत रंग लायी और उन्होंने रेडियम को खोज निकाला।

इतिहास ऐसे लोगों से भरा पड़ा है, जिन्होंने अपनी इच्छा-शक्ति के बल पर सफलता प्राप्त की। आज भी ऐसे लोगों की कमीं नहीं है। एक घटना मुझे याद आती है, किसी कम्पनी में एक युवक इन्टरव्यू देने के लिए पहुँचा। उसका इन्टरव्यू जब अंतिम चरण में था, तब उससे पूछ गया, **"आपके जीवन का उद्देश्य क्या है-?"**

उस युवक ने कहा, **"आप ऐसे प्रश्न मत पूछिए, क्योंकि मेरा उत्तर सुनकर आपको बुरा लगेगा-?"**

परन्तु अधिकारी नहीं माने और उस युवक पर इस प्रश्न का उत्तर देने के लिए दबाव डालने लगे।

फिर उस युवक ने कहा, **"मेरा उद्देश्य आपकी कुर्सी पर काबिज होना है, इसलिए मैं आपकी कम्पनी ज्वाइन करना चाहता हूँ।"**

इतना सुनने के बाद भी उस अधिकारी ने उसे चुन लिया, क्योंकि उस युवक का मनोबल बहुत ऊँचा था और इच्छा-शक्ति बहुत प्रबल थी।

कहा जाता है। कि नेपोलियन अपनी इच्छा-शक्ति की वजह से अमेरिका का राष्ट्रपति बना था। जबकि वह इतना गरीब था कि अपने समाज में उसे कोई स्वीकार नहीं करता था। इसलिए उसने अपना मुहल्ला बदल लिया था, फिर नए मुहल्ले में वह शाम को अपने घर से बाहर निकलता और पूरी दृढ़ता और आत्म विश्वास के साथ सड़कों पर टहलता।

लोगों ने समझा यह व्यक्ति जरुर कोई सभ्य व्यक्ति है। तब उसने उस मुहल्ले में रहते हुए निगम का चुनाव जीता, फिर राज्य का चुनाव जीता और उसके बाद वह अमेरिका का राष्ट्रपति चुना गया।

कुछ ऐसी ही कहानी राबर्ट फुलटोन की भी है, क्योंकि उनकी इच्छा थी कि वह ऐसी नाव बनाएं, जो भाप से चले।

फिर वे अपने प्रयोग में जुट गये। एक दिन वो भी आया, जब नाव को नदी में उतारा गया और वह दौड़ने लगी।

राबर्ट फुलटोन की तरह ही जॉन स्टुअर्ट मिल भी थे, जिन्हें इंग्लैण्ड का महान् दार्शनिक और अर्थशास्त्री माना जाता है। लेकिन वह सत्य की खोज करना चाहते थे-?

परन्तु 1986 में वे मनोरोग के शिकार हो गए और उनकी रिसर्च बीच में अटक गयी। लोगों ने कहा कि अब कुछ नहीं होगा-? लेकिन उन्होंने अपनी दृढ़ इच्छा-शक्ति के कारण यह साबित कर दिया कि वे एक महान चिन्तक, दार्शनिक और अर्थशास्त्री हैं।

विलियम जेम्स भी जवानी में दुबले-पतले और कमजोर थे। उन्हें भी मानसिक रोग का दौरा पड़ा था, लेकिन उन्होंने अपनी दृढ़ इच्छा-शक्ति से अपने व्यक्तित्व की सारी कमियों को दूर किया और महान दार्शनिक बनें।

बीजिंग ओलंपिक में माइकल फेलप्स को जीत का रेकार्ड बनाते देख ज्यादातर लोगों का कहना था, **"माइकल तुसी ग्रेट हो, तुसी चैम्पियन हो-?"**

परन्तु उन्हें उन आठ गोल्ड पदकों ने महान बनाया था-? जो उन्होंने ओंलपिक में जीते थे।

शायद इसीलिए अमेरिका के प्रसिद्ध सैल्फ इंप्रूवमेंट गुरु रॉबिन शर्मा कहते हैं, **"चैंपियंस किसी एक लम्हे या घटना सें नहीं बनते बल्कि वे प्रैक्टिस के दौरान चैंपियंस के गुण सीखते हैं। तब चारों तरफ शांति होती है और**

सपने उनकी जिन्दगी का अहम हिस्सा होते हैं।"

दक्षिण अफ्रीका में जन्में और कनाडा में पले-बढ़े रॉबिन शर्मा के पिता भारत के कश्मीर राज्य के रहने वाले हैं। करियर के नाते इन्होंने लॉ चुना और नोवा स्कोटिया की सुप्रीम कोर्ट में ज्यूडिशियल लॉ क्लर्क बनें।

लेकिन उन्हें यह जिन्दगी रास नहीं आयी, फिर उन्होंने मोटिवेशन सिखाने का रास्त ढूंढ लिया। आज रॉबिन शर्मा अपनी किताबों के माध्यम से अमीर बन चुके हैं।

इसलिए महान बनने के लिए अपने अनुभवों का विश्लेषण खुद करना सीखना होगा-? अपने मन की आंखों को खुला रखना होगा-? दिल को उदार रखना होगा-? साहसी बनना होगा-? बस यही महान बनने की पहली सीढ़ी है।

"तुमसे बेहतर कोई नहीं हो सकता-?" खरबपति वॉरेन बाफेट इस वाक्य को अपनी सफलता का सूत्र मानते हैं और कहते हैं, **"लोग आपकी कॉपी हो सकते हैं, लेकिन आप नहीं हो सकते-?"**

इसलिए अपनी इच्छा-शक्ति को जगाने का प्रयास करो और जितनी जल्दी हो सके उन्हें इस्तेमाल करने की कोशिश करो। क्योंकि आज से बेहतर कोई समय नहीं आएगा-?

इसी इच्छा-शक्ति के बल पर क्रांतिकारी भगत सिंह 55 दिनों तक भूखे रहे, जबकि वे कोई साधू या महात्मा नहीं थे-? उनका ईश्वर में भी कोई विश्वास नहीं था-?

केवल अपनी बात मनवाने के लिए उन्होंने अनशन शुरू किया था।

गांधी जी भी कई दिनों तक लगातार अनशन पर बैठे रहे थे, तब उन्होंने अन्न का त्याग किया था। जब देश हित में उन्हें किसी बात को मनवाना होता था, तब वे उपवास शुरू कर देते थे। ठीक उसी तरह भगत सिंह ने भी भोजन का त्याग किया था।

फिर देश के अधिकतर लोगों ने अनशन किया था। अब आप सोचिये कि जब एक साधारण सा क्रांतिकारी अपनी इच्छा-शक्ति के बल पर 55 दिनों तक भूखा रह सकता है, तब आप इच्छा-शक्ति के बल पर अमीर क्यो नहीं बन सकते-?

जब रावण ने सीता का हरण किया था, तब राम जामवन्त के पास गये और बोले, **"लंका कितनी दूर है-?"**

जामवन्त ने कहा, **"लंका इतनी दूर है कि हजारों सालों में भी वहां नहीं पहुंचा जा सकता-? लेकिन वह इतनी पास भी है कि वहां जाने के लिए बस एक कदम उठाने की जरूरत है।"**

राम हैरान होकर जामवन्त का मुंह देखने लगे और बोले, **"एक तरफ तो आप कहते हैं कि वहां हजारों सालों में नहीं पहुंचा जा सकता-? और दूसरी तरफ कह रहे हैं कि वहां जाने के लिए बस एक कदम उठाने की आवश्यकता है। आपके कहने का अर्थ क्या है-?"**

जामवन्त ने कहा, **"महाराज! जिस मनुष्य के दिल में लगन, उत्साह और पुरुषार्थ की भावना नहीं होगी, वह हजारों साल बीतने पर भी लंका नहीं पहुंच सकता-? लेकिन जिसके अन्दर दृढ़ विश्वास और इच्छा-शक्ति होगी है, वह कुछ ही समय में वहां पहुंच सकता है-?"**

शायद इसी बात को ध्यान में रखते हुए एयरटेल के एम.डी. सुनील मित्तल ने कहा था, **"यदि आप सोचते हैं कि आप अमीर बन सकते हैं, तब आप अवश्य ही अमीर बन सकते हैं-?**

क्योंकि इच्छा-शक्ति जब अपना काम करती है, तब दृढ़ विश्वास उसमें रुपांतरित हो जाता है।

जब घनश्यामदास बिड़ला पहली जूट मील खोलना चाहते थे, तब देश में अग्रेजों का राज था और वह इसकी अनुमति नहीं देना चाहते थे।

लेकिन अपनी दृढ़ इच्छा-शक्ति के बल पर मील लगाने में सफल हो गए। तब उन्होंने कहा था, **"आदमी चाहे तो क्या नहीं कर सकता-? इच्छा-शक्ति के बल पर वह समुद्र भी लाँघ सकता है।"**

जबकि इच्छा-शक्ति मनुष्य के अन्दर जन्मजात होती है, लेकिन उसे जगाना होता है और इस क्रिया को ***Auto Suggestion*** कहते हैं।

यदि आपको सुबह प्लेन से जाना है और आप रात को सोते वक्त अपने आप से कहते हैं कि मुझे सुबह चार बजे उठना है, तब आप ठीक चार बजे बिना घड़ी अलार्म के उठ जाते हैं। क्योंकि आप जो भी विचार करते हैं या बार-बार सोचते हैं, वह भीतर आपके अवचेतन (चित्त) में संचय हो जाता है और फिर वह आपको लक्ष्य तक पहुंचने में मदद करता है।

इसीलिए जर्मन कवि गेटे ने कहा है, **"जिसकी इच्छा-शक्ति अटल और अटूट है, वह सब कुछ कर सकता हैं-?"**

अब्राहम लिंकन ने जब 22 सितम्बर, 1862 को स्वाधीनता का घोषणा पत्र तैयार किया था, तब उन्होंने कहा था, **"मैं ईश्वर के सामने इस बात की प्रतिज्ञा करता हूं कि एक दिन मैं आपको आजादी दिलाकर रहूंगा-?"** फिर कुछ साल बाद अब्राहम लिंकन ने स्वाधीनता की घोषणा कर दी थी।

उसके बाद भारत में पंडित जवाहरलाल नेहरू ने 26 जनवरी 1945 को रावी के तट पर घोषणा की, **"हम भारत को आजाद कराकर रहेंगे।"** और फिर

जवाहरलाल नेहरू ने अपने सकल्प को पूरा करके दिखाया।

क्योंकि संकल्प आत्मविश्वास और इच्छा-शक्ति से पूर्ण उस क्रिया का नाम है, जिसके कारण मनुष्य दिलों-जान से अपने काम में जुट जाता है। फिर उसकी सारी इंद्रियां उसमें लग जाती हैं।

यही वजह है कि अमीर लोग अपनी इच्छा-शक्ति को सुदृढ़ करके रूचि, लगन और आत्मविश्वास के साथ अपने काम में लग जाते हैं। लेकिन गरीब लोग उस काम को बोझ समझते हैं। तभी तो विक्टर ह्यूंगो ने कहा था:-

" People Do Not Lack Strenght,
They Lack Will-Power."

यानि निर्धारित लक्ष्य की ओर बढ़ने के लिए यह जरूरी है कि आप पहले अपनी इच्छा-शक्ति को मजबूत करें। क्योंकि आपकी इच्छा-शक्ति जितनी प्रबल होगी, उतनी ही आप में दृढ़ता आएगी। फिर आपके अन्दर पाँच चीजों का विकास होगा:-

- **आपकी रूचि बढ़ेगी।**
- **आपके उत्साह को ऊर्जा मिलेगी।**
- **आप दृढ़ निश्चयी बनेंगे।**
- **आपके आत्मविश्वास में वृध्दि होगी।**
- **आप लगन से काम में जुटे रहेंगे।**

उसके बाद आप निश्चित तौर पर सफलता की चोटी पर पहुँच जाएगें, ठीक वैसे ही जैसे रमोला बच्चन पहुँची हैं।

उनकी सफलता को देखते हुए बालीवुड के सुपरस्टार अमिताभ बच्चन ने कहा था, **"जिन्दगी में आप जो लक्ष्य चुनते हैं, उन्हें हासिल करने के लिए आपको अपनी लगन और मेहनत पर भरोसा होना चाहिए-?"**

इसीलिए आपको रमोला बच्चन को जानने के लिए एक नहीं कई विशेषणों की जरूरत पड़ सकती है-? क्योंकि वह सोशलाइट हैं, पार्टियों में उनके जाने से रौनक बढ़ती है। लेकिन उन्हें एक सफल महिला उद्यमी भी कहा जा सकता है-? जबकि वह वकील हैं और एक पब्लिक रिलेशंस ऑफिसर भी।

आजकल वह दिल्ली की पत्र-पत्रिकाओं के **'पेज थ्री सर्किट'** में चर्चा में हैं, परन्तु इस बार भारत में उनका आगमन एक नए रूप में हुआ है। क्योंकि, उन्होंने राजधानी दिल्ली में यूरोपियन स्टाइल का एक रेस्टोरेंट खोला है।

अब वह उस रेस्टोरेंट को अच्छी तरह से स्थापित करने के प्रयासों में जुटी हुई हैं। रमोला बच्चन अजिताभ बच्चन की पत्नी हैं, और सदी के महानायक अमिताभ बच्चन की भाभी हैं।

रमोला बच्चन लंदन में 20 साल तक रही हैं। परन्तु उनकी जिन्दगी में चुनौतियां कम नहीं हुई। क्योंकि लीक से अलग हटकर वह कुछ करना चाहती थीं। इसलिए उन्हें चुनौतियों से रूबरू होना पड़ता है।

इस बात को स्वीकारते हुए रमोला बच्चन कहती हैं, "मैंने कई व्यवसायों में सफलता पायी है, जिनमें टेलीविजन, पब्लिक रिलेशंस, कानून का क्षेत्र आता है। परन्तु मेरी दिली इच्छा थी कि मैं एक रेस्टोरेंट खोलूं-? जोकि अब पूरी हुई है।

मेरे नाम के साथ बच्चन शब्द जुड़ा है, इससे आप यह सोच सकते हैं कि शुरुआत दौर में ही मुझे सब कुछ मिल गया होगा-? परन्तु यह सच नहीं है। क्योंकि सफलता के लिए कठिन परिश्रम और प्रोफेशनल नजरिया होना जरूरी है।

लेकिन मेरी सफलता के पीछे मेरी पारिवारिक पृष्ठभूमि का भी काफी हद तक योगदान रहा है। क्योंकि मैं सिंधी परिवार से सम्बंध रखती हूं, इसलिए मेरा मानना है कि सिंधी व्यापार और कारोबार के मामले में काफी कुशल होते हैं।

फिर जब मैंने अपने पापा के सामने यह इच्छा जताई कि मैं अपने बलबूते पर अपना कैरियर बनाना चाहती हूं, तब उन्होंने मेरी बात का समर्थन किया था। इसीलिए आज मैं स्वतंत्र रूप से कोई भी फैसला लेने में सक्षम हूँ।

परन्तु अमिताभ बच्चन को मैं अपना मार्गदर्शन मानती हूं। उन्होंने जिन्दगी के हर क्षेत्र में मेरा मार्ग दर्शन किया है।"

इसलिए आप भी सब कुछ कर सकते हैं। क्योंकि अब्राहम लिंकन, स्टालिन और हिटलर जैसे लोंगों ने अपनी इच्छा-शक्ति के बल पर सफलता का आसमान छुआ है। तभी तो किसी दार्शनिक ने कहा है, "***A Man Can Do, What Man Has Done***" यानि मनुष्य वह सब कुछ कर सकता है, जो वह चाहता है-?

क्योंकि मनुष्य का शरीर पृथ्वी, जल, अग्नि, वायु तथा आकाश से बना है, जिस पर मन का शासन होता है और मन के ऊपर संकल्प का शासन चलता है।

इसलिए गीता में कहा गया है, "**मन को वश में करना कठिन अवश्य है, परन्तु असम्भव नहीं।**' लेकिन जनून और अभ्यास के द्वारा उसको वश में किया जा सकता है:-

असंशयं महाबाहो मनो दुर्निग्रहं चलम्
अभ्यासेन तु कौन्तेय वैराग्येण च गृहयते।

इसका अर्थ है कि इच्छापूर्ति के अभाव में मनुष्य को निराशा का अनुभव होता है। परन्तु मन की चंचलता उसका फल होता है। जबकि मन की चंचलता इच्छा को भी अस्थिर बना देती है तब मनुष्य निकम्मा हो जाता है, फिर संशय नाश का कारण बनता है:-

'संशयात्मा विनश्यति।'

लेकिन अभ्यास के द्वारा **'इच्छा'** एक शक्ति के रूप में उभरकर जाती है और आपके संकल्पों को हकीकत में बदलती है, फिर आप इच्छाओं के अनुरूप बन जाते हैं।

वृहदारण्य उपनिषद् में लिखा है, **"मनुष्य इच्छामयी है"** यानि इच्छा का दमन नहीं करना चाहिए, बल्कि उसका उत्थन करना चाहिए।

क्योंकि हैबर क्रैस्टो ने कहा है, **"शांति की प्राप्ति, इच्छाओं का दमन करने से नहीं, उन्हें उभारने से होती है।"**

यह प्रकृति का नियम ***'Nature Is Conquered By Obedience.'*** है, जिसका अर्थ है कि प्रकृति पर विजय प्राप्त करने के लिए प्रकृति के नियमों का पालन करना जरुरी है। जैसे पानी के प्रवाह को रोककर आप उस पर पुल बनाते हैं, ठीक वैसे ही आप कठिनाइयों पर विजय प्राप्त करके अमीर बन सकते हैं-? लेकिन दोनों कामों में इच्छा-शक्ति का होना जरूरी है-?

विश्व के महान लेखक स्वेट मार्डन ने भी यही कहा है, **"किसी काम को करने से पहले आप उस काम को करने की दृढ़ इच्छा मन में लाएं, फिर सारी मानसिक शक्तियों को उस ओर झुका दें, तब आपको बड़ी सफलता प्राप्त होगी।"**

एडविन आर्नलड ने अपनी पुस्तक '***Light Of Asia***' में लिखा है कि **'एडमंड हिलेरी ने सिर्फ इच्छा-शक्ति के बल पर हिमालय पर विजय प्राप्त की थी।'**

इच्छा-शक्ति का वर्णन रामायण में भी मिलता है। जब रावण ने सीता हरण किया था, तब भगवान राम ने रावण के साथ युद्ध करने की योजना बनाई।

न्याय के पक्ष में अपने प्राण हथेली पर रखकर रीछ और बानरों की सेना युद्ध में जूझने को तैयार हुई। जिसमें हनुमान, जामवंत, अंगद, सुग्रीव जैसे कई प्रतापी योद्धा थे। परन्तु जो साधारण थे वे भी लकड़ी, पत्थर लेकर लड़ाई में उतरे और बढ़-चढ़कर अपना पराक्रम दिखाने लगे।

एक पेड़ पर बैठी गिलहरी यह सारा दृष्य देख रही थी। उसने सोचा कि वह भी इस धर्म युद्ध में अपना सहयोग देगी, भले ही यह योगदान छोटा क्यों न हो-? फिर गिलहरी को एक उपाए सूझा-?

वह अपने बालों में बालू भरती और उसे समुद्र में झाड़ देती। लगातार वह इसी काम में लगी रही।

अचानक राम की दृष्टि उस पर पड़ी। यह दृश्य देखकर राम पुलकित हो उठे। उन्होंने गिलहरी के समीप जाकर उसके साहस को देखा और भावपूर्वक उसे

हाथ में उठा लिया। फिर हथेली पर बिठाया और दूसरे हाथ की उंगलियों से स्नेहपूर्वक उसकी पीठ को सहलाने लगे।

कहते हैं कि राम सांवले थे और उनकी उंगलियां भी वैसी ही थीं। इसीलिए पीठ पर हाथ फेरते रहने से गिलहरी की पीठ पर काली धारियों बनती चली आई। जबकि पहले उस वंश के प्राणी सफेद होते थे-?

परन्तु गिलहरी ने अपना योगदान सिर्फ अपनी इच्छा-शक्ति की वजह से दिया था। इसलिए आप अपनी इच्छा-शक्ति को प्रबल रखें, और नीचे लिखे सात नियमों का पालन करे:-

१. क्रियाशील बनें: जीवन में हर बात की जिम्मेदारी लेना सक्रिय होना है। क्योंकि आपके अन्दर परखने की क्षमता है और यही बात आपको पशुओं से अलग करती है। आप अपने विचारों पर सोच सकते हैं-? यह विशेष गुण आपको परिस्थितियों से लड़ने की शक्ति देता है।

२. अन्त को सोचकर काम शुरू करें: जब आप ऐसा करते हैं, तब आपको विचारों का दस्तावेज यानि **'पर्सनल वीजन स्टेटमेंट'** मिल जाता है। फिर आपकी कल्पना का विस्तार तेजी से होने लगता है और आप उस काम के अन्त के बारे में आसानी से सोचने लगते हैं।

३. कठिन काम को पहले करें: जो काम जरूरी है, उसको छोटी उपलब्धियों के लिए रोकना नहीं चाहिए। क्योंकि वह आपको आगे बढ़ाता है और सफलता के शिखर तक पहुँचाता है।

४. हमेशा जीत के बारे में सोचें: यह एक नजरिया है, जिसके परिणाम समाधानों के रूप में प्राप्त होते हैं, जो आपको संतुष्टि प्रदान करते हैं। फिर आपको अपने काम में जीत दिखाई देने लगती है।

५. दूसरों को समझने की कोशिश करें: किसी व्यक्ति की परिस्थिति को समझने से पहले सोचें-? यदि आप ऐसा नहीं करते, तब आप उसके बारे में सही अनुमान नहीं लगा पाएगें-? क्योंकि जल्दी बाजी में लिया गया निर्णय आपको समझने के अवसर कम कर देता है।

६. दूसरों का सहयोग लेने की कोशिश करें: यह टीम में काम करने का एक तरीका है, जिसमें प्रभावशाली तरीके से समस्या का समाधान खोजा जाता है। सहक्रिया को आदत के रूप में ढाला जाता है, तब टीमवर्क का नतीजा सकारात्मक जाता है। यह **'योगफल'** का सिद्धांत है।

७. आरी की धार तेज करें:- यह अपने आप को बुद्धिशाली व्यक्त करने का तरीका है। इसमें सबसे पहले काम को करने के तरीके के बारे में सोचा जाता है, फिर काम को निश्चित समय में पूरा किया जाता है। इसमें शारीरिक श्रम कम

हो जाता है और परिणाम अच्छे मिलते हैं।

इन्हीं बातों को ध्यान में रखते हुए एक किसान की बेटी अपने सपने को साकार करने के काफी करीब पहुंच गई है, जिसका नाम अवनीत कौर सिद्धू है। उसने बादल गांव से बिजिंग ओलंपिक तक का सफर पूरा किया था।

10 मीटर एयर राइफल से ओलंपिक के लिए क्वालिफाई करने वाली अवनीत कौर बताती हैं, "मैंने शूटिंग शौकिया शुरू की थी, क्योंकि मैं पढ़ाई में बहुत अच्छी थी। इसलिए मैंने कभी नहीं सोचा था कि मैं खेलों में जाऊंगी-? क्योंकि मैं सिविल सर्विसेज में जाना चाहती थी।

परन्तु किस्मत को कुछ और ही मंजूर था। करीब एक साल पहले मुख्यमंत्री प्रकाश सिंह बादल ने दशमेश गर्ल्स कॉलेज में शूटिंग रेंज शुरू की थी, तब कॉलेज में मेरा पहला साल था। मैंने डेमोंस्ट्रेशन लिया, उसके बाद मेरा मकसद ही बदल गया।

फिर छह साल में मैं बींजिग तक पहुंच गई। अब तक मैं 40 मैडल जीत चुकी हूँ। लेकिन जब पीछे मुड़कर देखती हूं, तो मुझे खुद पर विश्वास नहीं होता-? सब सपने जैसा लगता है।

लेकिन अब मेरा एक ही सपना है कि अगले ओलंपिक खेलों में गोल्ड मैडल जींतू-? मैं पिछले कुछ टूर्नामेंट में अच्छा नहीं कर सकी, लेकिन विश्वास है कि आगे रिजल्ट अच्छा जाएगा-?

अवनीत आज अपने गांव की रियल मॉडल बनी हुई हैं। अब उस गाँव में लगभग 100 लड़कियां निशानेबाजी में हाथ आजमां रही हैं।

इसलिए सफलता प्राप्त करने के लिए आपको अपने भीतर की खुदाई करनी है, क्योंकि वहां पर सफलता का श्रोत प्रवाहित हो रहा है। बराबर खोदते रहो, वह निरन्तर बहता रहेगा, परन्तु खोदने से पहले यह निश्चित कर लो कि आपको किस लेबिल तक सफल होना है-?

क्योंकि डिजनीलैंड के जनक वॉल्ट डिजनी ने कहा था, ***"Great Men Of The Earth Are But The Marking Stones Of The Road Do Humanity."*** इसका अर्थ है कि **"महान पुरुष मानवता की सड़क पर लगाए जाने वाले मील के पत्थर होते हैं।"**

एक पुरानी कहानी है, एक दिन एक व्यक्ति ने सुकरात से सफलता का रहस्य पूछा। तब सुकरात उसे एक नदी की तरफ ले गए। नदी के अन्दर बढ़ते-बढ़ते जब पानी उनकी गर्दन तक आ पहुंचा, तो उन्होंने अचानक उस व्यक्ति का सिर पकड़कर पानी में डुबो दिया। वह सिर को बाहर निकालने के लिए छटपटाया।

जैसे ही उसका सिर पानी के ऊपर निकला, सबसे पहले उसने एक गहरी सांस ली, तब सुकरात ने पूछा, **"तुम्हारा सिर पानी के अन्दर था, तब तुम्हें किस चीज की सबसे ज्यादा इच्छा महसूस हुई थी-?"**

व्यक्ति ने जवाब दिया, **"हवा की।"**

सुकरात बोले, **"यही सफलता का रहस्य है, जो तुम जानना चाहते हो-? सफलता पाने की इच्छा उतनी ही गहरी होनी चाहिए, जितना की पानी में डूबने वाले को हवा की होती है।"**

लेकिन इसके लिए इच्छा-शक्ति का होना जरूरी है-? फिर मनुष्य की सारी शक्तियां क्रियाशील हो जाती हैं और उन शक्तियों का प्रयोग करना मनुष्य अच्छी तरह से जानता है।

जबकि पुराने जमाने में इच्छा-शक्ति का प्रयोग मनचाही सन्तान पाने के लिए किया जाता था। इसीलिए धृष्टद्युम्न का जन्म हवनकुंड से हुआ था। तब लक्ष्य था ऐसा बच्चा पैदा करना, जो द्रोणाचार्य का वध कर सके-?

फिर ऋषियों ने हवनकुंड से वैसा ही बच्चा सृजित कर दिया। इसी तरह द्रोपदी का जन्म भी विशिष्ट लक्ष्य की पूर्ति के लिए हवनकुंड से हुआ था।

पांडु पुत्रों के जन्म में भी उच्च वैज्ञानिक तकनीक का प्रयोग किया गया था। तब पाँचों पांडवों के जन्म की प्रक्रिया में **'नियोग पद्धति'** से अलग-अलग देवताओं के अंश लेकर, उन्हें कुन्ती के शरीर में प्रविष्ट कराया गया था।

राजा दशरथ ने भी **'पुत्रोष्टि यज्ञ'** करवाया था, ताकि सात्विक संतान पैदा हों-? यज्ञ के बाद औषधियुक्त खीर तीनों रानियों को खाने के लिए दी गयी थीं, जिससे सर्वगुण सम्पन्न राम, भरत, लक्ष्मण और शत्रुघ्न का जन्म हुआ था।

एक और रोचक घटना विश्वामित्र और परशुराम के जन्म से जुड़ी हुई है। बताते हैं कि हवन के बाद ऋषियों ने विश्वामित्र और परशुराम की माँ को खीर के कटोरे दिए थे और दोनों कटोरों में विशिष्ट गुण वाले बच्चे पैदा करने के लिए अलग-अलग खीर थी।

एक कटोरे की खीर से बच्चे में क्षत्रिय गुण आने थे और दूसरे से ब्राहमण के। परन्तु गलती से खीर के कटोरे बदल गए। परिणाम स्वरूप ब्राह्मण-पुत्र परशुराम में क्षत्रियों वाले गुण आ गए और विश्वामित्र में ब्राह्मणों वाले गुण विकसित हो गये।

प्रचीन भारत के उन्नत प्रजनन-विज्ञान का एक और उदाहरण देवकी के संदर्भ में मिलता है। कथा कहती है कि जब देवकी ने गर्भ धारण किया था, तब भ्रूण को रोहिणी के गर्भ में प्रत्यारोपित कर दिया गया था। फिर भगवान कृष्ण का जन्म हुआ था।

इसलिए आप अपने अमीर बनने के लक्ष्य में मन की सारी शक्तियों को लगा दें और इच्छाओं को दृढ रखें। फिर उसे पूरा करने का विचार मन में लाएं, ठीक वैसे ही जैसे कारपेंटर कुछ बनाता है। तब पहले वह अपने मन में विचार लाता है, फिर उसकी कल्पना करता है, उसके बाद उसे आकार देता है।

क्योंकि जो कल्पना मन में जन्म लेती है, उन्हीं का रिएक्शन बाद में सामने आता है। जो नक्शे के रुप में होता है।

इसलिए मन में अपने लक्ष्य का नक्शा अवश्य बनाऐं। क्योंकि जब तक किसी महल का नक्शा नहीं बनता, तब तक यह पता नहीं चलता कि महल कैसे बनाना है-? परन्तु नक्शा बनने के बाद कारीगर उसे हकीकत में परिवर्तित करते चले जाते हैं।

क्या धीरूभाई अम्बानी के पास इतनी योग्यता थी कि वह विश्व के सबसे अमीर आदमी बनते-?

क्या फुटपाथ पर साइकिल-मरम्मत का काम करने वाले हेनरी फोर्ड के पास इतना पैसा था, जो वह कार बनाने का प्लांट लगाते-?

क्या चेतन चौहान एक मेजर के घर में पैदा होकर एक विश्वख्यात क्रिकेटर बन पाते-?

आपका उत्तर होगा, **"नहीं!"**

लेकिन ये सब अपने लक्ष्य में सफल हुए, क्योंकि इन लोगों की इच्छा-शक्ति बहुत मजबूत थी। इसी इच्छा-शक्ति के बल पर विश्व के कई लोगों ने इतिहास को बदला है:-

- जब अमेरिका गृहयुद्ध से झुलस रहा था, तब अब्राहम लिंकन की इच्छा-शक्ति ने उसे उभारा था, यदि वह ऐसा न करते, तो आज अमेरिका की स्थिति क्या होती-? यह आप अनुमान लगा सकते हैं।
- द्वितीय विश्वयुद्ध के दौरान विंस्टन चर्चिल की दृढ़ इच्छा-शक्ति ने एक निर्णायक भूमिका निभाई थी, तब उनके पास देने के लिए खून, पसीना और आंसुओं के अतिरिक्त कुछ भी नहीं था। यदि चर्चिल में सच्ची देशभक्ति की इच्छा-शक्ति का अभाव होता, तो आज समृद्धि में डूबे इंग्लैण्ड और यूरोप की क्या स्थिति होती-? यह आप खुद सोच सकते हैं।
- गांधी ने अपनी इच्छा-शक्ति के बल पर अग्रेजों को भारत से खदेड़ा था, फिर देशवासियों को एक झण्डे के नीचे लाकर खड़ा किया था।

इसलिए आप अपनी इच्छाओं का सम्मान करें। क्योंकि इच्छाओं का सम्मान करने से आपकी इच्छा-शक्ति विकसित होगी-?

शायद इसी बात को ध्यान में रखते हुए गिनीज बुक के अविष्कारक

डयूबीयर ने कहा था, **"मनुष्य को कभी भी अपनी वर्तमान स्थितियों से सन्तुष्ट नहीं होना चाहिए।"**

इस बात को विस्तार से समझाने के लिये में आपको एक कहानी सुनाता हूँ। एक बार एक मैथमेटिशियन ने सभी नौ अंकों को अपने यहां आमंत्रित किया। मीटिंग की शुरूआत हो ही रही थी कि किसी अंक ने नोटिस किया कि जीरो वहां मौजूद नहीं है-? उसे हर तरफ ढूढ़ा गया फिर काफी समय बाद जीरो को जियोमेट्री बॉक्स से ढूंढ निकाला गया, तब वह उदास था।

टीचर ने जीरो से पूछा, **"जीरो क्या बात है, तुम क्यों जियोमेट्री बॉक्स के डिब्बे में छिपे हुए थे-?"**

उसने इस सवाल के जवाब में टीचर से कहा, **"मैं जीरो हूं, मेरी कोई वैल्यू नहीं है, कोई मेरी परवाह नहीं करता-? इसीलिए मैं उदास हूँ।"**

जीरो की बात सुन कर टीचर को हंसी आ गई। उन्होंने जीरो को थोड़ा आगे आने को कहा, फिर सभी अंकों से पूछा, **"क्या आप लोग बता सकते हैं कि जीरो की वैल्यू क्या है-?"**

सारे अंकों ने एक स्वर में कहा, **"एक"।**

इस पर टीचर ने जीरा को थोड़ा और आगे आने को कहा और फिर दूसरे अंकों से सवाल किया, **"अब आपका कितना वैल्यू है-?"**

सभी ने कहा, **"दस"।**

फिर टीचर ने ब्लैकबोर्ड पर ढ़ेर सारे जीरो बनाए और उन जीरो के आगे दस अंक को जोड़ते चले गए।

अब वह वैल्यू सौ, हजार, दस हजार और लाख से आगे बढ़ता जा रहा था। फिर वैल्यू इतना ज्यादा हो गयी कि कोई भी उसे काउंट नहीं कर पा रहा था-?

तब टीचर जीरो की तरफ मुड़ा और बोला, **"क्या अब तुम अपनी वैल्यू समझ सकते हो-? तुम एक छोटे-से अंक जरूर हो, लेकिन जैसे ही तुम किसी नंबर के साथ जुड़ जाते हो, तब उस अंक की वैल्यू इतनी बढ़ जाती है कि वह काउंट नहीं होती-?"**

जीरो अपनी **'वैल्यू'** सुनकर खुश हो गया। फिर वह मन ही मन सोचने लगा कि यदि मैं अपना रोल बेहतर ढंग से अदा करूँ, तो मैं भी बड़े से बड़े काम को अंजाम दे सकता हूं-?

आपकी स्थिति भी कुछ इसी तरह की है-? आप जीरो हैं। यदि आप अपनी इच्छा-शक्ति को मजबूत कर लेंगे, तब आप जीरो से हीरो बन जाएंगे-?

क्योंकि सिखों के धार्मिक ग्रंथ गुरुवाणी में लिखा है:-

"धरती ते आकाश चढ़ावै, चढ़े अकाश गिरावै।"

इसका अर्थ है कि किसी भी मामूली हैसियत वाले मनुष्य को ईश्वर एका-एक उठाकर आसमान की बुलांदियों पर पहुँचा देता है और बिना इच्छा-शक्ति वाले मनुष्य को आसमान से जमीन पर लाकर पटक देता है।

आपने ग्रीक के राजा मिडास की कहानी अवश्य सुनी होगी-? मिडास जिस चीज को छू लेता था, वह सोने में बदल जाती थी। ऐसी क्षमता वाले एक काल्पनिक पत्थर को हम पारस के नाम से जानते हैं, जो लोहे को सोने में बदल सकता है-?

गुरुकुल में भी एक ऐसे आचार्य थे, जो सेवा भाव से खुश होने के बाद अपने शिष्य को एक ऐसा दिव्य दर्पण भेंट करते थे, जिसमें व्यक्ति के मन के भाव को दर्शाने की क्षमता होती थी। कुछ ऐसा ही एक दर्पण उन्होंने अपने शिष्य को दिया, जो उनकी दिन-रात सेवा करता था।

शिष्य उस दिव्य दर्पण को पाकर प्रसन्न हो गया। उसने परीक्षा लेने की जल्दबाजी में दर्पण का मुंह सबसे पहले गुरुजी के सामने कर दिया। वह देखकर आश्चर्यचकित हो गया कि गुरुजी के हृदय में मोह, अहंकार, क्रोध आदि दुर्गण परिलक्षित हो रहे थे।

इससे उसे बड़ा दुख हुआ, क्योंकि वह अपने गुरु को समस्त दुर्गणों से रहित समझता था।

फिर दर्पण लेकर वह गुरुकुल से रवाना हो गया। उसने अपने कई दोस्तों और रिश्तेदारों के सामने दर्पण रखकर परीक्षा ली। सब के हृदय में कोई न कोई दुर्गण अवश्य दिखाई दिया।

अन्त में वह अपने माता व पिता की भी दर्पण से परीक्षा करने से नहीं चूका। उनके हृदय में भी कोई न कोई दुर्गुण था, तब वह बौखला गया।

कुछ दिनों बाद उस दर्पण को लेकर फिर गुरुकुल पहुंचा। उसने गुरुजी से कहा, **"गुरुदेव, मैंने आपके दिए दर्पण की मदद से देखा कि सबके दिलों में दोष हैं।"**

तब गुरुजी ने दर्पण का रुख शिष्य की ओर कर दिया। शिष्य देखकर दंग रह गया, क्योंकि उसके मन के हर कोने में राग, द्वेष, अहंकार, क्रोध जैसे दुर्गुण थे। तब गुरुजी ने कहा, **"यदि तुम दूसरों के दुर्गण देखने के बजाए अपने दुर्गण देख लेते, तो अब तक तुम्हारा व्यक्तित्व बदल चुका होता-? यही मनुष्य की सबसे बड़ी कमजोरी है कि वह दूसरों के दुर्गुण जानने में ज्यादा रुचि रखता है, लेकिन खुद को सुधारने के बारे में नहीं सोचता-?"**

इसीलिए आपको सिर्फ अपने बारे में सोचना है। क्योंकि दूसरों का काम है टैसंन देना।

कंस शायद देवकी की सिर्फ आठवीं संतान की हत्या नहीं करता, यदि नारद जी ने उसे ये ज्ञान न दिया होता कि आठ की गिनती कहां से शुरु होती है-? कहीं से भी शुरू करो, तो कोई भी संतान आठवीं हो सकती है-?

रामयण में एक प्रसंग आता है जब लक्ष्मण के लिए संजीवनी की तलाश में हनुमान जी पूरा पहाड़ उठा लाए थे। इतना बड़ा काम, परन्तु न कोई थकान, न माथे पर कोई शिकन-? हनुमान जी अपनी पूछ में आग लगने पर भी चिंतित नहीं हुए थे।

बचपन से लेकर अंत तक भगवान कृष्ण सदा मुस्कराते हुए हर क्षण को जीते रहे, जबकि उनके सामने संकट की बहुत सी स्थितियां आईं। लेकिन उन्होंने कभी भी टैंसन का सहारा नहीं लिया। हमेशा शांत भाव से स्थितियों को सामना किया और दुश्मन को तुरन्त मारना भी जरूरी नही समझा-?

जरासंध ने कई बार द्वारका पर हमले किए, लेकिन भगवान कृष्ण ने शांत भाव से उसे झेला। लेकिन जब उनकी इच्छा-शक्ति जागी, तब उन्होंने जरासंध का वध कर दिया।

इसीलिए आप भी अपनी इच्छा-शक्ति को समय-समय पर चैक करते रहिए, क्योंकि यही इच्छा-शक्ति आपको अमीर बनाएगी।

इसे चैक करने का तरीक बहुत आसान है। आपको सिर्फ नीचे लिखे उत्तर के सामने सही (✓) का निशन लगाना है:-

1. आप कड़ी मेहनत करते हैं हाँ ☐
2. बिजनेस करने में आपकी बचपन से रुचि है। हाँ ☐
3. आपको खेलकूद में मजा आता है। हाँ ☐
4. आप चुनौती का सामना धैर्य के साथ करते हैं। हाँ ☐
5. आपको पढ़ाई से ज्यादा बिजनेस में दिलचस्पी है। हाँ ☐
6. आपकी जरूरत से ज्यादा बिजनेस में दिलचस्पी है। हाँ ☐
7. आप लक्ष्य को पाने में पूरी तरह जुट जाते हैं। हाँ ☐
8. आप बहुत भावुक हैं। हाँ ☐
9. आपको हारना बिल्कुल अच्छा नहीं लगता।। हाँ ☐
10. आप अधिक शांत रहते हैं। हाँ ☐
11. आप अपने परिवार के साथ नजदीकी महसूस करते हैं। हाँ ☐
12. आप अपना नियंत्रण खो बैठते हैं। हाँ ☐
13. बिजनेस के समय आपकी नींद उड़ जाती है। हाँ ☐
14. आपको नया सीखना अच्छा लगता है। हाँ ☐
15. आप हार बिल्कुल बर्दाश्त नहीं कर सकते। हाँ ☐

16. आप दूसरे लोगों के साथ काम नहीं कर सकते। हाँ ☐
17. आपको बिजनेस के समय भूख नहीं लगती। हाँ ☐
18. आपको अमीरों की जीवनी पढ़ने में मजा आता है। हाँ ☐
19. आप एक काम को बार-बार करने में बोर हो जाते हैं। हाँ ☐
20. क्रियेटिव काम आपको अधिक पसन्द हैं। हाँ ☐

अब आप अपनी इच्छा-शक्ति की तीव्रता नापने के लिए सही(✓)के निशान लगे **"हाँ"** वाले बाक्स को जोड़ें।

- यदि आपका योग 10 से कम है, तब आपकी इच्छा-शक्ति बहुत कमजोर है और आपको इसे बढ़ाने के लिए लगातार प्रयत्न करने होगें।
- यदि आपका योग 15 से कम है, तब आपको भी अपनी इच्छा-शक्ति को बढ़ाना होगा तथा पुस्तक के इस अध्याय को ध्यान से पढ़ना होगा।
- यदि आपका योग 15 से अधिक है, तब आप अपनी इच्छा-शक्ति के माध्यम से अमीर बन सकते हैं-? ठीक वैसे ही जैसे कि नोएडा में रहने वाले नवाब सिहँ नागर बनें।

गांव की झोपड़ीं में रहने वाला कोई व्यक्ति उद्योग जगत का सरताज बनेगा, यह शायद किसी ने नहीं सोचा होगा-? उद्योग जगत में बुलांदियां पाने के बाद वह राजनीति में नया अध्याय लिखेगा, यह भी किसी ने नहीं सोचा था-?

नवाब सिहं सरकार में पूर्व सिंचाई मंत्री रह चुके हैं। जबकि उनका जन्म मेरठ जिले के एक छोटे से गाँव छुछाई में, एक निर्धन किसान भरत सिंह के घर हुआ था। लेकिन माँ से मिली सीख की वजह से उन्होनें अपनी प्रारंभिक शिक्षा मेरठ से पूरी की, फिर आगे की पढ़ाई का सपना लेकर वे दादरी में अपने चाचा के घर आ गए।

पहले गाजियाबाद के एम.एम.एच. कॉलेज में एल.एल.बी. में एडमिशन लिया, लेकिन लाँ पूरा नहीं हो सका। क्योंकि उनके चाचा बीमार हो गये। इसलिए नवाब सिंह ने उनकी मदद से केवल एक लाख रुपए मे नोएडा के सेक्टर दो में तरुण उद्योग के नाम से पॉलीथिन बैग बनाने वाली कम्पनी स्थापित की।

फिर कम्पनी में मजदूरी से लेकर सेल्समैन तक की सारी जिम्मेदारी खुद उठाई। तब उनकी इच्छा-शक्ति बहुत मजबूत थी, फिर हौसला इतना बढ़ा कि सेक्टर दो में उन्होनें एक और उद्योग इकाई स्थापित कर ली। उसके बाद नवाब सिंह ने पीछे मुड़कर नहीं देखा। फिर फेज दो में **'गुर्जर प्लास्टिक'** कम्पनी खोली।

जिसमें पैकेजिंग का काम शुरू किया। काम और बढ़ा तो सेक्टर 60 में चौथी उद्योग इकाई **'गजानन पैकर्स प्राइवेट लिमिटेड'** के नाम से खोल दी। जिसमें

गत्ते के डिब्बे बनाने का काम होता है। आज उनकी कम्पनी का सालाना कारोबार 200 करोड़ रुपए का है।

इसलिए आप अपनी इच्छा-शक्ति को मजबूत कीजिए, क्योंकि इच्छा-शक्ति प्रबल होने पर आप अपना लक्ष्य आसानी से चुन सकते हैं। क्योंकि सिखों के धर्मगुरु तेग बहादुर सिहं ने कहा है:-

हरि की गति नहीं कोउ जानै।
जोगी जती तपी पचि हारे अरु बहु लोग सिआने।।
छिन महि राउ रंक कउ करई राउ रंक करि डारे।
रीते भरे भरे सखनावै यह ताको बिवहारे।।

यानि आपकी इच्छा-शक्ति का कोई अन्त नहीं है और जिसकी इच्छा-शक्ति तीव्र होती है, उसको ईश्वर दुनिया की सारी दौलत देता है।

■■■

मनुष्य के शरीर में जुबान एक ऐसा अंग है, जिस पर चोट लग जाए तो सबसे जल्दी ठीक होती है और शरीर के इस अंग से यदि किसी को चोट पहुंचाई जाए, तो जीवनभर उसके ठीक होने की सम्भावना नहीं होती। इसलिए कहते हैं कि लात का तोड़ होता है, बात का नहीं।

चौथा अध्याय

4

इसे याद रखें

कल तक जो थे बुजदिल, वो होशियार हो गए।
जो सपने थे उनके, वो साकार हो गए।।
खोजो वो कौन सा है, दौलत का नियम।
जिसकी वजह से लोग, मालमाल हो गए।।

कहावत है कि बीस साल की उम्र में यदि आपके अंदर ताकत नहीं आयी, तो उसका इंतजार मत करो।
तीस साल तक आपको अक्ल नहीं आयी, तो उसका इंतजार मत करो।
चालीस साल की उम्र में यदि दौलत नहीं आयी, तो उसका भी इंतजार मत करो।
क्योंकि वह नहीं आएगी-?
लेकिन मैं कहता हूं कि बीस साल के बाद ताकत आती है, तीस साल के बाद अक्ल आती है और चालीस साल के बाद अकूत मात्रा में दौलत आती है।

बदलोगे नहीं
तो स्टार्टअप कैसे शुरू करोगे-?

नई दिल्ली का फिक्की आडिटोरियम देश के जाने-माने उद्योगपतियों से खचा-खच भरा हुआ था, तब वित्तमंत्री उन्हें सम्बोधित करने वाले थे। विषय था **'एक्सपोर्ट बढ़ाने का लक्ष्य-2030।**

एक्सपोंटर होने की वजह से मैं भी वहां आमंत्रित था। इत्तफॉक से मेरी बगल वाली सीट पर मुकेश अम्बानी आकर बैठ गए। वह मुझे जानते थे, क्योंकि मैंने उनके परिवार पर आधारित पुस्तक **'अम्बानी एण्ड अम्बानी'** लिखी थी और उन्हें वह पुस्तक बहुत पसन्द आई थी।

उन्होंने मुस्कराकर मेरा अभिवादन किया, फिर मेरे कंधे पर हाथ रखते हुए बोले, **"मिस्टर इन्जीनियर, आप अपने व्यस्त बिजनेस शैडयूल से लिखने का समय कैसे निकालते हैं-?"**

मैंने कहा, **"अम्बानी साहब, शौक के लिए आदमी समय निकाल ही लेता है। जैसा आप क्रिकेट देखने के लिए समय निकाल लेते हैं, वैसे ही मैं लिखने के लिए समय निकाल लेता हूँ।"**

"आपने इतनी कम उम्र में 'सम्भोग से स्वर्ग तक' जैसी आध्यात्मिक पुस्तक कैसे लिख दी-?" मुकेश अम्बानी ने मुझसे अचानक ऐसा प्रश्न कर डाला, जिसका उत्तर मेरे पास नहीं था।

परन्तु उत्तर तो देना ही था, इसलिए मैने उनसे कहा, **"आपने बालक ध्रुव की कहानी तो सुनी होगी-?"**

मुकेश अम्बानी ने कहा, **"नहीं-?"**

तब मैंने कहा, **"बालक ध्रुव ने केवल पांच साल की उम्र में इतना ज्ञान**

प्राप्त कर लिया था कि बड़े-बड़े ऋषि-मुनियों को भी अपना आस्तित्व खतरे में नजर आने लगा था।"

"फिर ऋषि-मुनियों ने क्या किया-?" मुकेश अम्बानी ने उत्सुक्ता से पूछा।

"तब उन्होंने भी खूब साधना की, लेकिन वे बालक ध्रुव से जीत नहीं पाए-?"

अन्त में वे सब नारद जी के पास गए और बोले, "नारद जी, हम सब आपके भक्त हैं और बहुत दिनों से आपकी साधना कर रहे हैं, परन्तु यह पांच साल का बालक ध्रुव साधना में हमसे आगे निकल गया है, जो कि हम लोगों के लिए शर्म की बात है। अब हमारी इज्जत आप ही बचा सकते हैं-?"

नारद जी ने कहा, "ठीक है मैं खुद ध्रुव के पास जाऊंगा।"

ऋषि-मुनियों के वापस जाने के बाद, नारद जी ध्रुव के पास पहुँचे और बोले, "बेटा, तुमको क्या पसंद है-? तुम कौन-सा खिलौना लेना चाहते हो-? कौन सी मिठाई खानी चाहते हो-?"

बालक ध्रुव बोला, "खिलौना-मिठाई आपके लिए ठीक हैं नारद जी, मुझे इन सबकी जरूरत नहीं है।"

"फिर क्या कोई राज्य चाहते हो-? या साम्राज्य चाहते हो-? बताओ, तुम्हें वही मिलेगा, लेकिन इतनी छोटी उम्र में साधना-भजन क्यों करते हो-? जब बुढ़ापा नजदीक दिखाई दे, तब करना।"

ध्रुव ने कहा, "देखिए नारद जी! आप तो बड़े-बुजुर्ग हैं, आप हमसे अधिक जानते हैं, आप ही बताइए कि कितने जीवन के बाद मनुष्य का जीवन मिलता है-? और जिन्हें यह जीवन मिलता है, उनमें से कितने लोग अपने लक्ष्य के बारे में सोचते हैं-?

जो सोचते हैं, वे महान बन जाते हैं। आप तो बूढ़े हो गए, आपको बुढ़ापे तक साधना-भजन करने का मौका मिला, लेकिन जरुरी नहीं है कि ये मौका मुझे भी मिले-? हो सकता है आज की रात ही मेरी मौत हो जाए-? तब बुढ़ापे का इंतजार कैसे कर पाऊँगा-? इसलिए मैं अभी से साधना-भजन कर रहा हूँ, ताकि आने वाली पीढ़ियां मुझे याद करें-?"

कहानी सुनकर मुकेश अम्बानी मुस्कराए, फिर बोले, "मुझे अपने प्रश्न का उत्तर मिल गया मिस्टर इन्जीनियर! मुझे उम्मीद है कि आप अवश्य ही बालक ध्रुव की कहानी को दोहराएगें-?

तब मैंने कहा, "अम्बानी साहब! दुनिया का हर व्यक्ति एक सपना

लेकर पैदा होता है। मैं भी एक सपना लेकर पैदा हुआ हूँ और चाहता हूँ कि कुछ ऐसा साहित्य लिखूं, जिसे पढ़ने के बाद लोग मुझे सदियों तक याद करें-?"

"मेरी शुभकामनाएं आपके साथ है मिस्टर इन्जीनियर।"

इतना कह कर मुकेश अम्बानी सीट से उठकर स्टेज की ओर बढ़ गए, क्योंकि स्टेज पर पी. चिदाम्बरम आ चुके थे।

उनके जाने के बाद मैं सोचने लगा कि विश्व का सबसे अमीर आदमी बनने के बाद भी मुकेश अम्बानी में जरा भी घमंड नहीं है। आज भी वे व्यापार को बढ़ाने के सपने देखते हैं और उनको साकार करने में लग जाते हैं-?

क्योंकि वे जानते हैं कि सपने उन्हीं के सच हो पाते हैं, जिनके पास **3D** की पावर होती है:-

Direction यानि **सही हो।**

Determination यानि **दृढ-निश्चय हो।**

Dedication यानि **पूर्ण समर्पण हो।**

और वह लक्ष्य के बीच में आयी हर बाध को पार कर सकता हो-?

तभी तो उनके पिता धीरुभाई अम्बानी ने कहा था, "**जिन्दगी के हाइवे पर चलते हुए आपकी आंखे सिर्फ लक्ष्य पर होनी चाहिए, तभी आप अमीर बन सकते हैं-?"**

क्योंकि धीरूभाई अम्बानी ने कहा है, ***"There Is Always Room At The Top"*** यानि सबसे ऊपर चोटी पर हमेश स्थान रहता है, नीचे भीड़ के कारण स्थान कम हो सकता है-? परन्तु ऊपर शिखर पर स्थान मिल ही जाता है।

प्रकृति का भी यही नियम है ***"Survival Of The fittest"*** यानि जो सबसे अधिक चुस्त-दुरूस्त है, वही सफल है। क्योंकि सफलता न तो पेड़ पर उगती है, न ही किसी स्टोर से खरीदी जा सकती है-?

सफलता वह ऊंचाई है, जहां पहुंचने के लिए कोई लिफ्ट काम नहीं करती-? वहां तो एक-एक सीढ़ी चढ़कर ही पहुंचा जा सकता है।

ठीक वैसे ही, जैसे कि अर्जुन पहुंचा था। क्योंकि जब गुरु द्रोणाचार्य अपने शिष्यों को धनुष विद्या सिखा रहे थे, तब उन्होंने लक्ष्य के रूप में पेड़ पर बैठी एक चिड़िया को देखते हुए शिष्यों से कहा था, **"तुम्हें उस चिड़िया की आंख पर निशाना लगाना है, लेकिन पहले यह बताओ कि तुम्हें क्या दिखाई दे रहा है-?"**

इस प्रश्न के उत्तर में एक शिष्य बोला, **"पेड़, टहनियां और पत्ते।"**

दूसरा शिष्य बोला, **"आकाश।"**

तीसरा शिष्य बोला, **"चिड़िया।"**

लेकिन जब अर्जुन की बारी आई, तब उसने कहा, **"मुझे सिर्फ चिड़िया की आंख दिखाई दे रही है।"**

यह सुनकर द्रोणाचार्य प्रसन्न हुए और तीर चलाने के लिए अर्जुन को इशारा किया। अर्जुन का तीर सीधा चिड़िया की आंख में जाकर लगा क्योंकि यही उसका लक्ष्य था।

एक पुरानी कहावत है, **'जहां चाह वहां राह!'** और **'व्हेयर देयर इज विल, देयर इज ऐ वे!'** यानि पाने के लिए कोई उम्र तय नहीं है।

ब्रिटेन के **'यंग एचीवर ऑफ द ईयर'** रवि गहलोत इसके उदाहरण हैं। गहलोत ने केवल 15 साल की उम्र में लंदन में अपने घर से कारोबार शुरू किया था। 17 साल की उम्र में उन्हें ब्रिटेन में सबसे कम उम्र का स्वनिर्मित करोड़पति माना गया।

क्योंकि **"वन ऑफिस कम्पनी"** की शुरूआत सबसे पहले गहलोत ने की थी, जो लंदन में छोटी और बड़ी कम्पनियों को किराए पर ऑफिस दिलाती थी-?

रवि गहलोत का सबसे पहला व्यावसायिक सौदा स्कूल में डिस्कोज का आयोजन कराना था, जिसके बारे में गहलोत खुद बताते हैं, **"मैंने बैंक से किसी भी तरह की वित्तीय मदद नहीं ली, मैंने पैसा खुद कमाया है। सिर्फ पहली बार मैंने अपने एक मित्र से १०० पाउण्ड उधार लिए थे।"**

16 साल की उम्र में स्कूल छोड़ने पर रवि गहलोत आइया नैपा के उस साइप्रस स्सिोर्ट में गए, जो पूरे यूरोप के युवाओं के लिए एक जाना-माना मनोरंजन स्थान माना जाता है। फिर उन्होंने नाइट क्लब को बढ़ावा देना शुरू किया और बाद में एम.टी.वी. पार्टियों के आयोजन का भी ठेका लिया।

अपनी जिन्दगी के बारे में रवि गहलोत का कहना है, **"मुझे उच्च शिक्षा न पाने के बारे में पछतावा नहीं है। मेरा मानना है कि प्रारंभिक जीवन में डिस्कोज की स्थापना और वर्तमान में वन ऑफिस के रूप में कारोबारी विस्तार मेरे जीवन की एक अच्छी योग्यता है।"**

आज गहलोत के पास लगभग 2 मिलियन पाउण्ड की मिलिकयत है। अब वह उन युवा उद्यमियों को मदद कर रहे हैं, जिनके पास आइडिया तो है परन्तु यह पता नहीं है कि उसे कैसे अंजाम देना है-?

इसलिए रवि गहलौत का कहना है, **"अगर आप बेरोजगार हैं और अमीर बनना चाहते हैं, तो एक नौकरी ढूंढने से शुरूआत करें, फिर अपने आपको पूरी तरह उसमें झोंक दें और बचत करना शुरू करें।"**

इसके लिए आपको अपनी सोच और मानसिकता को **'नहीं'** से **'हां'** में

बदलना होगा-? उसके बाद आप जो भी करने का सपना देखते हैं, उसे तुरन्त शुरू करें। यह सपनों को सच करने की दिशा में पहला कदम है। फिर नई संभावना और विकल्प की तलाश करें, जो आपको सपनों के करीब ले जा सके-?

परन्तु हमेशा आशावादी बने रहें, फिर अपने आपसे हमेशा पूछें कि आप ऐसा क्या कर सकते हैं, जो आपको मंज़िल के पास ले जा सके-?

यदि आप अपनी बनाई योजना पर अमल करके अपना लक्ष्य हासिल नहीं कर पा रहे, तब सोचिए कि वे कौन से कारण हैं, जो आपको पीछे खींच रहे हैं-? और आपको अपनी मंज़िल के पास जाने से रोक रहे हैं। क्योंकि दीर्घनिकाय ग्रंथ में एक श्लोक है:-

अतिसीतं अतिउण्हं अतिसायमिदं अहु।
इति विस्स्ट्ठकंपंते अत्था अच्चेंति माणवे॥

इसका अर्थ है कि जिन्दगी काम करने का दूसरा नाम है। काम करते हुए फुरसत के लम्हों को ढूंढना अच्छा लगता है, लेकिन काम न करते हुए फुरसत के क्षण ढूंढना गलत है। क्योंकि काम से बचने का मतलब है, अपने कर्त्तव्यों से दूर भागना। जबकि काम खुशहाली लाता है और आपको एक पहचान देता है।

नेपोलियन से एक बार किसी पत्रकार ने पूछा, **"आपकी सफलता का राज क्या है, क्या इसके पीछे कोई दैवीय शक्ति है-?"**

नेपोलियन धीरे से मुस्कराए और सहजभाव से बोले, **"यदि आप पूरी ईमानदारी और समर्पण से अपने लक्ष्य की ओर बढ़ने का संकल्प लें, तब आपको सफलता अवश्य मिलेगी। ऐसा मेरा अनुभव है।"**

इसलिए सफलता के सफर की चौथी सीढ़ी है लक्ष्य निर्धारित करना। यदि आपका लक्ष्य स्पष्ट है, तब आप समझ लें कि आपने सफलता की चौथी सीढ़ी पार कर ली है।

परन्तु लक्ष्य हमेशा बड़ा ही होना चाहिए। क्योंकि आप जब आसमान को छूने का लक्ष्य बनाते हैं, तब आप सिर्फ पहाड़ की चोटी तक पहुंच पाते हैं-?

कुछ दिनों पहले की बात है, मेरी छोटी बेटी विल्शा मेरे पास बैठी पढ़ रही थी। उसकी फस्ट क्लास की हिन्दी की किताब मेज पर पड़ी थी। अचानक मेरी नजर उस किताब पर पड़ी। मैंने उत्सुक्ता से उसे खोला, जिसके पहले पृष्ठ पर लिखा था, **"गाय दूध नहीं देती, बल्कि उसे निकालना पड़ता है और वह भी बूंद-बूंद में।"**

जीवन की इस कठोर और बड़ी सच्चाई को जानकर मैं रोमांचित हो गया। मैं अपने आपको ठीक उसी तरह उत्साहित महसूस करने लगा, जैसे कि कभी

महान् बुद्ध ज्ञान को प्राप्त करने के बाद हुए होगें-? फिर यह मेरी जिन्दगी का मूल सिद्धांत बन गया कि **'गाय दूध नहीं देती, बल्कि उसे निकालना पड़ता है।'**

क्योंकि इस बात ने मुझे आगे सोचने के लिए प्रेरित किया कि जिन्दगी में सफलता पाने के लिए खोजी प्रवृति का होना जरुरी है।

इसलिए आप भी काम करने के नए तरीके तलाशते रहिए, न जाने जीवन के किस मोड़ पर सफलता आपका इन्तजार करते हुए मिल जाए-?

दो नावों पर पैर न रखें: दो नावों पर पैर रखने वाले लोग अधिकतर डूब जाते हैं। इसलिए आप एक समय पर एक ही लक्ष्य पर काम करें। ठीक वैसे ही जैसे कि **'एयर होस्टेस एकेडमी'** की संस्थापक और मैनेजिंग डायरेक्टर सपना गुप्ता ने किया है।

जिसकी वजह से आज एयर होस्टेस अकादमी (ए.एच.ए.) भारतीय एविएशन और हॉस्पिटैलिटी के क्षेत्र में नम्बर वन प्रशिक्षण केंद्र माना जाता है। जहां एयरलाइंस और होटलों में काम करने के इच्छुक युवाओं को प्रशिक्षित किया जाता है।

सपना गुप्ता पहले दिल्ली विश्वविद्यालय के साथ-साथ वाई.एम.सी.ए, भारतीय विद्या भवन और साउथ दिल्ली पॉलीटेक्निक जैसी संस्थाओं में **'ट्रेवल एंड टूरिज्म'** पढ़ाती थीं। पढ़ाते वक्त उनके पास कई ऐसी छात्राएं आती थीं, जो एविएशन और हॉस्पिटेलिटी क्षेत्र में अपना भविष्य बनाना चाहतीं थीं। लेकिन उन्हें यह नहीं पता था कि वह इसके लिए क्या करें और कहाँ जाएं-?

शुरुआती दौर में उन्होंने कॉलेज के बाद कुछ समय छात्रों को देना शुरू किया, फिर उन्हें एहसास हुआ कि भारत इस क्षेत्र में बहुत पीछे चल रहा है और लोगों को एक अच्छे स्तर का व्यावसाहिय प्रशिक्षण देने की आवश्यकता है।

नई एयरलांइस और होटलों को खुलते देख, उन्हें यह महसूस हुआ कि इस क्षेत्र में रोजगार के अच्छे अवसर मौजूद हैं।

परन्तु भारतीय युवाओं तक इनका लाभ नहीं पहुँच रहा है-? उसके बाद सपना गुप्ता ने अपने छात्रों का सपना पूरा करने के लिए 1997 में दक्षिण दिल्ली की अमर कॉलोनी में किराए के मकान में मात्र तीन छात्रों को पढ़ाना शुरू किया।

लेकिन उनके सामने सबसे बड़ी चुनौती एक ऐसा ब्रॉड़ तैयार करना था, जिससे बच्चों को आसानी से काम मिल सके-? फिर मेहनत, लगन और दृढ़निश्चय के साथ उन्होंने दस सालों के अन्दर एक अंतर्राष्ट्रीय स्तर का प्रशिक्षण संस्थान खड़ा कर दिया।

जिसका पता इस बात से चलता है कि ए.एच.ए. आज कैंब्रिज विश्वविद्यालय

से मान्यताप्राप्त संस्थान है, जो विश्वस्तर की सेवा और गुणवत्ता का मुकाबला कर सकता है।

यह कामयाबी की वो सीढ़ी थी, जहाँ तक किसी भी संस्थान को चढ़ने का मौका नहीं मिला। आज 29 शहरों में ए.एच.ए. के 49 केंद्र युवाओं को प्रशिक्षित कर रहे हैं और इसका कुल कारोबार 80 करोड़ रुपए का है परन्तु सपना गुप्ता ने हमेशा एक ही लक्ष्य पर काम किया, जिसकी वजह से आज उन्हें इतनी बड़ी सफलता मिली है।

सीखना जरूरी है: सीखने से आत्मविश्वास बढ़ता है, फिर आप दुनिया को बेहतर तरीके से जान पाते हैं। लेकिन जिस दिन आपके अन्दर सीखने की इच्छा समाप्त हो जाएगी, उस दिन आपका जीवन स्थिर हो जाएगा-?

क्योंकि जब आप कोई लक्ष्य पाने की कोशिश करते हैं, तब अच्छे-बुरे दोनों तरह के लोग आपके सम्पर्क में आते हैं। लेकिन जो लोग आपकी बुराई करते हैं, उनसे आप दूर रहना चाहते हैं। क्योंकि उन लोगों की बातें आपको निराश करती हैं।

परन्तु आपको उन निराशाओं से डरना नहीं है, बल्कि कुछ सीखना है।

तन और मन को स्वस्थ रखें: लक्ष्य की प्राप्ति के लिए यह जरूरी है कि आपका तन और मन दोनों स्वस्थ हो-? कहते हैं तंदुरूस्ती हजार नियामत है। क्योंकि स्वस्थ शरीर में ही स्वस्थ मन निवास करता है, इसलिए अपनी वर्तमान शैली को जाचें:-

1. क्या आपका वजन ज्यादा है-? हां ☐
2. क्या तीन सीढ़ियां चढ़ने के बाद आपकी सांस फूलती है। हां ☐
3. क्या आपको पूरी नींद नहीं आती-? हां ☐
4. क्या आप अपने खाने में फल, सब्जियों और दूसरे पोष्टिक खाद्य पदार्थों का सेवन करते हैं-? हां ☐
5. क्या आप अपने लिए आराम करने का समय निकाल पाते हैं-? हां ☐

अपने स्वास्थ्य के बारे में भली भांति जानने के लिए (√) सही का निशान लगाये उत्तरों को देखें। यदि प्रश्न न० 4 और 5 का उत्तर **'हाँ'** में है, तब आप अपने स्वास्थ्य के प्रति काफी सजक रहने वाले इंसान है।

परन्तु प्रश्न न० 1, 2 और 3 का उत्तर **'हां'** में होने पर आपको अपने स्वास्थ्य के बारे में अधिक ध्यान देना होगा और फिट रहने के लिए चार बातों पर विशेष ध्यान देना होगा:-

- **लचीलेपन को बढ़ांए।**
- **मोर्निंग वाक करों।**

- **ब्रेकफॉस्ट में फल खाएं।**
- **लिफ्ट के स्थान पर सीढ़ियों का प्रयोग करें।**

क्योंकि आपकी बॉडी के कंपोनेंट कार की तरह होते हैं। जितना आप अपनी बॉडी को बेहतर रखेंगे, उतना ही इसका प्रदर्शन अच्छा होगा।

अपनी क्षमताओं को पहचानें: हर व्यक्ति में कुछ न कुछ क्षमताएं होती हैं, परन्तु उन्हें पहचानें और उनका उपयोग करने की कला बहुत कम लोगों में होती है। इसलिए आप जो कर सकते हैं, उसे करें। क्योंकि अपनी क्षमताओं का आप जितना अधिक सदुपयोग करेगें, सफलता मिलने की संभावना उतनी ही अधिक हो जाएगी।

चरक जब गुरुकुल में पढ़ते थे, तब उनको वनऔषधि का काम सौंपा गया था। उन्हीं दिनों उनके एक छोटा-सा फोड़ा निकला। फिर गुरु ने उन्हें फोड़ा ठीक करने के लिए विशेष वनऔषधि की आवश्यकता बताई और उनसे औषधि ढूँढकर लाने के लिए कहा।

चरक ने उस वनऔषधि को ढूँढने के लिए दूर-दूर तक सैकड़ों वनस्पतियों को देखा, परन्तु वह वनऔषधि उन्हें नहीं मिल सकी-?

जब वे निराश लौटे तो गुरुदेव ने कहा, **"वह वनऔषधि आश्रम के पीछे बाड़े में मौजूद है। तुम उसे उखाड़ लाओ और सेवन करो।"**

चरक ने ऐसा ही किया, जिससे वे कुछ दिन में ही रोग मुक्त हो गए। एक दिन चरक ने गुरुदेव से पूछा, **"गुरुदेव! जब वह वनऔषधि आश्रम के पीछे ही मौजूद थी, तो आपने मुझे उस लम्बी खोजबीन में क्यों लगाया-?"**

गुरु ने कहा, **"शोध के लिए लगन का होना बहुत जरूरी है। यदि तुम वहां नहीं जाते, तो दूसरी वनऔषधियों की जानकारी कैसे मिलती-?"**

कठिन काम पहले करें: यदि आपके पास दो काम हैं- एक आसान है और दूसरा कठिन, तो हमेशा कठिन काम पहले करें। फिर जब आप काम शुरू करते हैं तो आपके पास समय भी होता है और स्फूर्ति भी। ऐसे में आप कठिन काम के लिए पूरा समय और शक्ति लगा सकते हैं-? उसके बाद आसान काम और आसान लगने लगेगा, फिर आप उसे जल्दी कर लेगें।

चिन्ता में वक्त न गवाएं: काम की चिन्ता करने से बेहतर है काम करना, काम की चिन्ता में गंवाया गया समय अगर आप काम में लगादेंगे, तो मंज़िल आपके और करीब होगी।

अपनी कमजोरियों को जानें: हर किसी में कोई-न-कोई कमी होती है। कोई भी व्यक्ति सम्पूर्ण नहीं होता-? इसलिए अपनी कमियों को छिपाने की बजाए उन्हें दूर करने का प्रयास करें।

परन्तु अपनी कमजोरियों के लिए लज्जित न हों-? उन्हें गर्व से स्वीकारें, नहीं तो पूरी जिन्दगी आप अज्ञानी बने रहेगें। क्योंकि पंचतंत्र में लिखा है:-

बुद्धेर्बुद्धिमतां लोके नास्तस्यागम्यं हि किंचन।
बुद्ध्या यतो हता नंदाश्चाणक्येनासिपाणयः॥

इस श्लोक का अर्थ है कि बुद्धि का जीवन में सबसे अधिक महत्व है। अगर मनुष्य में बुद्धि होगी, तो बाकी सब कुछ खुद ही हो जाएगा। क्योंकि दुनिया ने तरक्की बुद्धि से ही की है।

इसलिए बुद्धिमान होना सबसे बड़ा वरदान माना गया है। आपकी कामयाबी के पीछे भी बुद्धि है, तभी तो तुलसीदास ने कहा हैं:-

जाको प्रभु दारुण देहिं, ताकी मति पहिलैंहि हरि लेहिं।

यानि ईश्वर जिसको दुख देना चाहते हैं, उसकी बुद्धि वह पहले ही हर लेते हैं। क्योंकि ज्ञान और विवेक, बुद्धि के दो पहलू हैं। इसलिए दोनों का संतुलन जरूरी है और संतुलन के लिए ज्ञान का होना जरूरी है। क्योंकि ज्ञान के बिना आप दुनिया को जान नहीं पाएंगे-?

राजा नन्द के पास तो सब कुछ था, जबकि चाणक्य के पास कुछ भी नहीं था, परन्तु चाणक्य की बुद्धि के आगे पूरा नंद वंश ही खत्म हो गया।

श्रीमद्‌भगवद्‌गीता के प्रसिद्ध वाक्य **'स्वधर्मे निधनं श्रयः'** का भी यही उपदेश है कि काम कोई भी हो-? कैसा भी हो-? उसको पूरी निष्ठा और ईमानदारी के साथ करना चाहिए।

फिर जिस चीज की कामना आप अपने मन में करेगें, तब मन की सभी शक्तियां उसी ओर खिचीं चली आएगीं। कुछ ऐसा ही मनोवैज्ञानिक भी कहते हैं, **"यदि आपका मन विलासता की ओर अग्रसर है, तो आप नाचघर, सिनेमाघर या कालगर्ल को ढूँढतें नजर आएगें।"**

यदि आप अमीर बनना चाहते हैं, तो सबसे पहले अपने मन में यह विश्वास भरें कि आपके अन्दर वे समस्त शक्तियां मौजूद हैं, जो एक अमीर व्यक्ति में होती हैं।

क्योंकि उद्देश्य जितना ऊंचा होगा, प्रयास भी उतने गंभीर होगें।

एडिसन जो आज विश्व का महान् वैज्ञानिक माना जाता है, उसकी सफलता का रहस्य भी यही था। यदि वह अपनी सफलता पर सन्देह करने लगता, तब क्या वह दूसरे वैज्ञानिकों से आगे निकल पाता-? क्या वह महान् वैज्ञानिकों में गिना जाता-?

उसकी सफलता का रहस्य उसके विश्वास में था। वह हमेशा वैज्ञानिक बनने के सपने देखा करता था, फिर उन्हें पूरी लगन से साकार करने में जुट जाता था।

तभी तो रतन टाटा ने कहा है, **"मनुष्य का अमीर होना उसके भाग्य पर निर्भर नहीं करता, बल्कि उसकी सूझ-बूझ पर निर्भर करता है।"**

इसलिए अपने लक्ष्य को ऊँचा रखिए, मन को विशाल बनाइए, प्रयत्नों को असीम बनाइए, दोस्तों की संख्या बढ़ाते रहिए।

यदि आपके विचार अमीर हैं, तो आप अवश्य अमीर बनेंगे।

'साधारण' बनने से इंकार कीजिए, **'मध्यम'** बनने का विरोध कीजिए और **'बड़ा'** बनने की कोशिश कीजिए।

क्योंकि जी.टीवी के एम.डी. सुभाष चंद्रा ने इसी सिद्धांत पर चलकर सफलता पाई है। जबकि उनका जन्म 30 नवम्बर 1950 को हरियाणा के एक छोटे से गाँव आदमपुर मंडी में हुआ था। वे इंजीनियर बनना चाहते थे, लेकिन किस्मत को कुछ और ही मंजूर था। इसीलिए उन्हें मजबूरी में इंटर के बाद पढ़ाई छोड़नी पड़ी।

परन्तु उनकी व्यापारिक निगाहें इतनी पैनी थी कि सिर्फ देखकर ही उनके मन में बिजनेस के अनोखे विचार आने लगे। फिर 1982 में उन्होंने **'एसेल पैकेजिंग लिमिटेड'** की स्थापना की।

उस समय भारत में एल्युमिनयम ट्यूब का चलन था। परन्तु उन्होंने लेमिनेटेड प्लास्टिक ट्यूब बनानी शुरु की, जिसका इस्तेमाल टूथपेस्ट, दवाओं, सौंदर्य प्रसाधनों, और एफ.एम.सी.जी. उद्योगों की पैकिंग में होने लगा। आज **'एसेल प्रोपैक लिमिटेड'** एशिया की सबसे बड़ी और दुनिया की दूसरी सबसे बड़ी लेमिनेटेड ट्यूब निर्माता कम्पनी बन चुकी है।

फिर उन्होंने बिजनेस की दुनिया के कई अनछुए क्षेत्रों में कदम रखा और सफलता हासिल की। उनकी सफलता का अंदाजा इसी बात से लगाया जा सकता है कि आज उनका नाम विश्व के बिलियनेअर्स की सूची में 407वें स्थान पर है और उनके पास 2.3 बिलियन डॉलर की संपत्ति है।

इसलिए सुभाष चंद्रा की सफलता से यह सिद्ध हो जाता है कि **'आवश्यक्ता ही अविष्कार की जननी है।'**

क्योंकि च्यूइंगम की खोज भी कुछ इसी तरह से हुई थी। बात 1869 की है, अमेरिका के न्यूजर्सी शहर में थॉमस एडम्स नाम के एक व्यवसायी रबर का विकल्प खोज रहे थे। उन्होंने इसके लिए **'सापोडिला'** वृक्ष को चुना।

एक दिन उन्होंने उस गोंद को चखकर कर देखा, तो उन्हें उसका स्वाद बहुत पसंद आया। फिर 1871 में उन्होंने उसको पेंटेट कराया और उसे **'एड्मस न्यूयार्क गम'** के नाम से बाजार में उतार दिया।

परन्तु खाने से पहले **'एड्मस न्यूयार्क गम'** को गर्म किया जाता था, इसलिए बाद में डॉक्टर सी मैन ने उसमें **'पैपासीन'** नामक सुगंधित पदार्थ

मिलाकार उसे और स्वादिष्ट बना दिया।

उसके बाद इस क्षेत्र में लगातार रिसर्च होती रही। फिर **'गुडा सिपैक'** प्रजाति के वृक्षों को च्यूइंगम बनाने के लिए चुना गया, जोकि लोगों को बहुत ज्यादा पसन्द आया और आज वही च्यूइंगम पूरे विश्व में धूम मचा रहा है।

जबकि इससे पहले किसी ने यह नहीं सोचा था कि इन वृक्षों का इस्तेमाल च्यूइंगम बनाने के लिए भी हो सकता है-? ठीक वैसे ही जैसे कि दूसरे विश्व युद्ध से पहले, वैज्ञानिकों को यह पता नहीं था कि परमाणु को किस तरह विखंडित किया जाए, ताकि इसमें विस्फोट हो सके-?

लेकिन जब अमेरिका युद्ध में उतरा, तो वैज्ञानिकों ने परमाणु बम की संभावित शक्ति को देखा। फिर एक योजना बनी जिसका लक्ष्य था, परमाणु बम को और अधिक शक्तिशाली बनाया जाए। कुछ ही सालों में वैज्ञानिकों की लगन और मेहनत रंग लाई, फिर हीरोशिमा और नागासाकी पर जब परमाणु बम गिराए गए, तब युद्ध खत्म हो गया।

इसलिए जब आप एक इच्छित लक्ष्य बना लेते हैं और उस लक्ष्य की तरफ बढ़ने का संकल्प करते हैं, तो आपकी ऊर्जा बढ़कर कई गुना हो जाती है।

फिर जब आप लक्ष्य की शक्ति में थोड़ा और गहराई तक जाते हैं, तब आप अपनी इच्छाओं के आगे समर्पण करते हैं और लक्ष्य आपके दिमाग पर हावी हो जाता है। उसके बाद आपके अन्दर शारीरिक शक्ति, ऊर्जा और उत्साह का संचार होता है, जिसके सहारे आप उस लक्ष्य को हासिल कर लेते हैं।

एक पुरानी कहानी है, एक व्यक्ति भगवान का भक्त था। एक बार उसके मन में अमीर बनने की इच्छा जाग गयी। फिर वह रोज मंदिर में अमीर बनने की प्रार्थना करने लगा। कई साल बीत गए, एक दिन भगवान कृष्ण प्रकट हुए और उस भक्त से बोले, **"तू क्या चाहता है-?"**

वह बोला, **"भगवन्! कुछ ऐसा कर दो कि मैं अमीर बन जाऊं।"**

भगवान कृष्ण ने कहा, **"कुछ ऐसा ही कर दूंगा, क्योंकि तेरी भक्ति से मैं प्रसन्न हूं, मगर तू भी तो कुछ कर-?"**

व्यक्ति ने आश्चर्य से पूछा, **"मैं क्या करूं, भगवान-? मैं तो आपकी भक्ति करता हूं।"**

भगवान कृष्ण ने कहा, **"यह मेरी भक्ति का ही फल है कि तू निकम्मा होकर भी अब तक भूखा नहीं मरा। यदि तुझे अमीर बनना है, तो कुछ श्रम कर। क्योंकि मुझ पर विश्वास करके जो श्रम करता है, उसकी मैं हर इच्छा पूरी करता हूं, तुझ जैसे निकम्में की नहीं-?"**

इस घटना से साफ हो जाता है कि भगवान को, हर मामले में घसीटने में

सफलता नहीं मिलेगी, सफलता मिलेगी सिर्फ कर्म करने से। क्योंकि किसी शायर ने कहा है:-

न जा तू मंदिर-मसजिद, न जा कभी चर्च-गुरुद्वारे।
करता रह तू अपना कर्म, ईश्वर तेरे काम सवारे।।

यदि आपको जीवन में सफल होना है, तो कठिनाइयों से लड़ना होगा, क्योंकि तेज दौड़ने वाले के शरीर में ठण्डी हवा का झोंका अधिक लगता है। इसलिए सकारात्मक ***(Positive)*** सोच के साथ उद्देश्य ***(Objective)*** का निर्धारण करना है और उस उद्देश्य की पूर्ति के लिए लक्ष्य का निर्माण करना है।

कोलंब्स जब **'नई दुनिया'** यानि **'भारत'** खोजने निकला था, तब उसके कप्तान अनजान समुद्र में पश्चिम की ओर यात्रा कर रहे थे। लेकिन कोलंबस ने **'फॉर ईस्ट'** का शॉर्टकट खोजने का निर्णय लिया। फिर दो दशक से भी अधिक समय तक उसने अपनी ऊर्जा को **'समुद्री अभियान'** पर लगाया और अन्त में उसने **'अमेरिका इंडियाना'** को खोज लिया।

चाल्स लिंडबर्ग की कहानी भी कुछ ऐसी ही है। वह पहला पायलट नहीं था, जिसके मन में अटलांटिक को बिना रूके अकेले पार करने का विचार आया था-? परन्तु उसकी **'सपने की मशीन'** उड़ने वाली मशीन से कहीं बेहतर थी। फिर उसने दुनिया का पहला प्लेन बनाया और दुनिया में मशहूर हो गया।

जबकि वान ब्रॉन उच्च शिक्षित रॉकेट इन्जीनियर नहीं था, परन्तु वह सबसे समर्पित, निष्ठवान तथा प्रेरित रॉकेट इन्जीनियर बना। फिर उसने चन्द्रमा पर विजय प्राप्त करने में मुख्य भूमिका अदा की। उसी की वजह से आज अमेरिकी झंडा चन्द्रमा पर लहराता है।

मशहूर एक्टर कमल हसन ने एक बार कहा था, **"मेरी फिल्मों को देखकर लोग मुझे साइंटिस्ट समझते हैं, लेकिन मैं स्कूल ड्रॉपआउट हूँ।"**

कमल हसन की बात में दम था, क्योंकि आपकी जिन्दगी में जब भी कुछ बड़ा करने की बात आएगी, तब आपकी स्कूली परफॉर्मेंस का योगदान उसमें नहीं के बराबर होगा।

जाने-माने क्रिकेटर सचिन तेंदुलकर भी कभी अच्छे स्टूडेंट नहीं रहे। लेकिन क्रिकेट के दम पर उन्होंने पूरे विश्व में अपनी योग्यता का लोहा मनवा लिया है।

इसलिए यह न सोचें कि आप पढ़े लिखे नहीं हैं, तो अमीर नहीं बन सकते-? आप अमीर बन सकते हैं, परन्तु आपको नीचे लिखे सिद्धांतों को अपने मस्तिष्क में उतारना होगा:-

- **दृढ़ता से बड़ी शक्तिशाली तस्वीरें बनाइए और सोचें कि आप क्या कर सकते हैं-? क्या हासिल कर सकते हैं-? और किन चीजों के**

मालिक बन सकते हैं-?

- **जीवन को एक बगीचे की तरह मानें और वहाँ वैसे ही बीज बोंए, जैसा कि आप पेड़ चाहते हैं-?**
- **अपने दिल से पूछिए कि मेरे अमीर बनने की संभावना क्या है-?**
- **अपने महान सपने को बोने के लिए अपने मस्तिष्क रुपी खेत को तैयार कीजिए। फिर धूल, कीचड़ और ग्रीस को धोकर साफ कीजिए।**
- **अपने सपने के बीज को कल्पना और प्रोत्साहन रुपी पानी से सींचिए।**

इसलिए लक्ष्य चुनने की प्रक्रिया को तब तक करते रहें, जब तक कि आपका योग 8 या 8 से अधिक नहीं आ जाता। क्योंकि विश्व के महान दार्शनिक सिडनी स्मिथ ने कहा है, **"जिस काम में आपकी रुचि हो सिर्फ उसी काम को करो, रुचि से अलग काम मत करों। क्योंकि आपकी रुचि ही आपको शिखर तक पहुंचा सकती है।"**

इस बात को सिद्ध करके दिखाया है बेंजामिन डिजरायली ने। वह भी उस समय जब इग्लैंड में महारानी विक्टोरिया का राज था।

जबकि बेंजामिन डिजरायली को देखकर कोई सोच भी नहीं सकता था कि इस व्यक्ति के छोटे से मस्तिष्क में महान् उद्देश्यों का समावेश होगा-? क्योंकि उनकी महत्वाकांक्षाएं उन्हें इधर-उधर झांकने का मौका नहीं देती थीं और न ही यह जानने की उत्सुकता पैदा करती थीं कि लोग उनके बारे में क्या सोचते हैं-?

परन्तु वह अपने लक्ष्य को हासिल करने के संकल्प को याद रखते थे। वह जीवन का महत्व जानते थे और अपनी क्षमताओं तथा सामर्थ्य से भी परिचित थे। इसलिए उन्होंने इंग्लैड का प्रधानमंत्री बनने का लक्ष्य बनाया और फिर दृढ़ संकल्प के बल पर ब्रिटेन के प्रधानमंत्री बनें।

इससे पता चलता है कि सफल लोग वर्तमान नौकरी, परिवार, सेहत या आमदनी की तरफ ध्यान नहीं देते। वे भीड़ से आगे निकल जाते हैं। क्योंकि वे **'मैं जीतूंगा'** के सिद्धांत पर चलते हैं।

इसलिए आप किस तारीख तक लक्ष्य हासिल करेंगे, यह अवश्य तय कीजिए। फिर सोचिए कि आप उतने समय में कितना हासिल करना चाहते हैं-?

क्योंकि आप केवल उतना ही हासिल कर सकते हैं, जितना हासिल करने की आप योजना बना रहे हैं। इसलिए सबसे पहले अपने लक्ष्य पर ध्यान दें, क्योंकि आगे यह पुस्तक बताने जा रही है कि लक्ष्य पर कैसे काम करना है-? और कैसे लक्ष्य को साधना है-?

अमीरों की तरह सकारात्मक सोचिए

बात तब की है जब अमेरिका में मंदी का दौर शुरु हुआ था। उन दिनों बालीवुड की फिल्में एक के बाद एक रिलीज हो रही थीं, लेकिन पूना स्थित '**फिल्म एण्ड टेलीविजन इस्टीट्यूट ऑफ इंडिया**' के छात्र बहुत उदास थे।

क्योंकि उन्हें आभास होने लगा था कि अमेरिका की मंदी का असर कुछ दिनों बाद बालीवुड पर जरुर पड़ेगा, तब फिल्में भी बननी कम हो जाएगीं।

और जब फिल्में कम बनेंगीं, तो उनके बालीवुड में प्रवेश करने के अवसर भी कम हो जाएगें, फिर उनके भविष्य के सतरंगी सपनों का क्या होगा-?

यही उनकी उदासी का कारण था। जिसकी वजह से उनके अन्दर डर ने अपने पॉव पसार लिए थे और वे नकारात्मक तरीके से सोचने लगे थे।

जब इंस्टीट्यूट के मैनेजमैंट को इस बात का अनुभव हुआ, तब उन्होंने छात्रों को मोटिवेट करने के लिए बाहर से कुछ एक्सपर्ट बुलाए, जिनमें से एक मैं भी था। मुझे बोलने के लिए सिर्फ एक घंटे का समय दिया गया था और विषय था '**सकारात्मक सोच से जीवन बदलो।**'

जब मेरा स्पीच देने का नम्बर आया, तब हॉल में खामोशी थी और अधिकतर छात्रों के चेहरों पर डर के भाव साफ नजर आ रहे थे। लेकिन मैं चाहता था कि छात्रों में जोश आए, इसलिए मैंने माइक को थामकर तेज स्वर में कहा:-

देखो सपने अमीर बनने के, डरो न कभी तूफानों से।
करो हौसले बुलंद तुम अपने, फिर टकराओ चट्टानों से॥

ये पंक्तियां आपके अन्दर सकारात्मक सोच विकसित करेगीं, इसलिए आप रोज सवेरे उठ के इन पंक्तियों को दोहराएं। क्योंकि बालीवुड के बादशाह शाहरुख खान ने कहा है, **"सफल होने के लिए डरना मना है और जो डर गया वह कभी सफल नहीं हो सकता-?"**

बचपन में मेरी माँ मुझे एक कहानी सुनाती थीं, जो एक सेठ की थी। उसके पास बेसुमार दौलत थी, परन्तु वह हमेशा उदास रहता था। क्योंकि उसे अपनी भावी पीढ़ी की चिन्ता सताती रहती थी।

एक बार भगवान महावीर उसके शहर में आए। सेठ उनका प्रवचन सुनने गंगा के तट पर गया, परन्तु उनका मन कहीं और था-?

प्रवचन के बाद भगवान महावीर ने उसकी उदासी का कारण पूछा, तो सेठ ने कहा, **"प्रभु, मुझे किसी चीज की कमी नहीं है। मेरे पास इतनी दौलत**

है कि मेरी सात पीढ़ियां आराम से खा-पीं सकती हैं। लेकिन मुझे चिंता है अपनी आठवीं पीढ़ी की, उसका गुजर-बसर कैसे होगा-?"

भगवान महावीर ने कहा, **"तुम्हारी चिंता मैं दूर कर दूंगा। मैं तुम्हें इतनी दौलत दूंगा कि तुम्हारी आठवीं पीढ़ी भी सुख से रहेगी। परन्तु इसके लिए तुम्हें एक काम करना होगा-? मेरे आश्रम के पीछे झोपड़ी में एक मजदूर का परिवार रहता है। तुम उससे कहो कि वह अपनी आवश्यकता का आटा अपने पास रख कर बाकी तुम्हें दे दे।"**

सेठ वहां गया और उसने वैसा ही कहा। मजदूर की पत्नी घर के अंदर से एक हंडिया ले आई और उसे देते हुए बोले, **"ले जाओ भाई। मेरे पास इतना ही आटा है।"**

सेठ ने कहा, **"तुम अपनी जरूरत का आटा रख लो, जो बचे उसे मुझे दे दो।"**

मजदूर की पत्नी बोली, **"अगर मैंने अपनी जरूरत का आटा रख लिया, तो तुम्हें क्या दूंगी-? मुझे जिसने आज दिया है, वह कल भी देगा।"**

मजदूर की पत्नी की बात सुनकर सेठ खाली हाथ लौट आया, फिर उसने भगवान महावीर को सारी बात बताई।

भगवान महावीर बोले, **"सेठ, एक वह मजदूर की स्त्री है, जिसे कल की भी चिंता नहीं है और एक तुम हो कि अपनी आठवीं पीढ़ी की चिंता कर रहे हो-? क्या तुम्हारी आठवीं पीढ़ी अपाहिज और निकम्मी पैदा होगी, जो तुम इतने चिंतित हो-?"**

भगवान महावीर की बात सुनकर सेठ के दिल से सारा डर निकल गया, फिर वह मस्ती के आलम में जीवन गुजारने लगा। इसलिए सबसे पहले अपने दिल से डर को निकालो, फिर जो बनने की सोचोगे वही बन जाओगे।

'क्योंकि ***Thinking is The Talking Of The Soul With its Self.*'** यानि सोच ही आपको अमीर बनाती है। लेकिन जो बाधाओं से डरते हैं, वे सफल नहीं हो सकते-? जो हारने से डरते हैं वे आगे नहीं बढ़ सकते-?

जीतने वाला व्यक्ति बाधाओं को लांघ जाता है, फिर वह अपने सकारात्मक चिन्तन से हर चुनौती को अवसर में बदल देता है।

यही वजह थी कि द्वितीय विश्वयुद्ध में ब्रिटिश प्रधानमंत्री विंस्टन चर्चिल ने सकारात्मक चिन्तन के बारे में सिर्फ छह शब्दों का एतिहासिक भाषण दिया था, ***'Never Geve In, Never, Never.'*** इसका मतलब था कि सकारात्मक सोच के व्यक्ति असफलता के बारे में नहीं सोचते, वे दुगने उत्साह से उठ खड़े होते हैं और बाधाओं से टकरा जाते हैं, फिर बाधाएं उनके आगे सिर झुका देती हैं।

अभी कुछ दिनों पहले मैं एक किताब पढ़ रहा था, जिसमें लिखा था-

If You Think You Are Beaten, You Are,
If You Think You Dare Not, You Don't It.
If You To Win, But You Think You Can't,
If is Almost Certain You Won't.
If is Think You Will Lose You Are Lost,
You Have Got To Be Sure Of Yourself
Before You Can Ever Win A Prize,
Life's Battles Don't Always Go
To The Stronger or The Faster Man,
But Soon Or Late He Who Wins
Is The Main Who Thinks He Can.

इसका अर्थ है कि यदि तुम सोचते हो कि मैं पराजित हो जाऊंगा, तो तुम अवश्य ही पराजित हो जाओगे-? यदि तुम सोचते हो कि यह काम मेरे वश का नहीं है, तो तुम उस काम को करने का कभी साहस नहीं बटोर पाओगे-? यदि तुम सोचते हो कि मैं जीत नहीं पाऊँगा, तो तुम कभी भी जीत नहीं पाओगे-?

अभी कुछ दिनों पहले अनिल अम्बानी ने एक बिजनेस मिटिंग में कहा था, **'Never Say Die'** यानि कभी मत कहो कि मैं मर जाऊंगा-? उपनिषद् भी यही कहती है, **"तमसो मा ज्यातिर्गमय"** अर्थात् मुझे अंधकार से प्रकाश की ओर ले चलो। अंधकार के सामने परायज स्वीकार मत करो। हाथ पर हाथ रखकर मत बैठो। क्योंकि अदृश्य प्रकाश तुम्हारी सहायता तभी करेगा, जब तुम सही मार्ग पर चलते रहोगे।

जब तूफान आने पर नाविकों के चारों ओर अंधेरा छा जाता है, तब सैकड़ों मीलों तक किसी प्रकार की सहायता उपलब्ध होने की सम्भावना नहीं होती। परन्तु वे हताश होकर समुद्र में डूब जाने के लिए अपना मन नहीं बनाते-?

वे हरपल सागर की तेज लहरों के विरूद्ध संघर्ष करते रहते हैं, फिर अंधकार उन्हें मार्ग देता जाता है और अन्त में वे अपनी मंजिल तक पहुँच जाते हैं।

एवरेस्ट पर विजय प्राप्त करते समय अभियान से जुड़ें लोगों के साथ भी कुछ ऐसे अवसर आए थे, जब उनकी आंखों के सामने अंधेरा छा गया था। परन्तु दृढ़ संकल्पी वीरों को मार्ग देने के लिए अंधकार को विवश होना पड़ा।

क्योंकि असफलता के क्षण हमेशा निराशा और अंधकार से भरे होते हैं। यदि आप उस अंधकार से डर जाते हैं, तब आप पर असफलता हावी हो जाती है। परन्तु सफल लोगों में कुछ अलग गुण होते हैं:-

A) सकारात्मक सोच के व्यक्ति में भविष्य के प्रति उत्साह होता है। वह बीते कल का रोना नहीं रोते। वह गिर कर खड़े होते हैं। बाधाएं उनसे डरती हैं। वह चुनौतियों को गले लगाते हैं, फिर उन्हें अवसरों में बदल लेते हैं।

B) सकारात्मक सोच के व्यक्ति विपरीत परिस्थितियों में भी धीरज रखते हैं। क्योंकि वह जानते हैं कि अंधेरा हमेशा नहीं रहता-? इसलिए वह अंधेरे में भी प्रकाश की किरण खोज लेते हैं।

जब सिकन्दर विश्व विजय के अभियान पर निकलता था, तब उसने अपने सैनिकों से कहा था, **"याद रखो, मन में जैसा भाव लेकर चलोगे, वैसा ही परिणाम पाओगे। इसलिए तुम अपने आपको विश्व का सर्वश्रेष्ठ योद्धा समझो, फिर जीत तुम्हारी होगी।"**

उसके बाद सिकन्दर की सेना को जो भी देखता, वह अपनी हार स्वीकार कर लेता। फिर सिकन्दर एक के बाद एक युद्ध जीतता गया।

इसलिए आपको भी कुछ ऐसा ही नजरिया बनाना है और नीचे लिखी बातों पर ध्यान देना है:-

- **रूढ़िवादी परम्पराओं से अपना नाता तोड़ना होगा।**
- **नैतिक मूल्यों को समझना होगा।**
- **इच्छा-शक्ति को प्रबल करना होगा।**
- **हर चीज के अच्छे पहलूओं को सोचना होगा।**
- **समय-समय पर अपनी कमियों को ढूंढ़ना होगा।**

जैसे कि एक विशाल इमारत बनाने के लिए उसकी मजबूत नींव ***(Strong Foundation)*** की आवश्यकता होती है, ठीक वैसे ही **'अमीर'** बनने के लिए अमीर **'सोच'** की जरुरत होती है। लेकिन इस तरह की सोच विकसित करने के लिए छह गुणों का होना जरुरी है:-

१. **अच्छा स्वास्थ्य:** इसका मूलमंत्र है खुद को कुदरत के करीब रखना। इसलिए ज्यादा पानी पीएं, ज्यादा कच्ची, सब्जियां और फल खाएं। ज्यादा पैदल चलें। जंक फूड से बचें। सकारात्मक खाना खाएं।

जहां तक संभव हो लिफ्ट और एस्केलेटर के इस्तेमाल से बचें। हमेशा बैठकर काम करें। पार्क में घूमते समय तेजी से चलें तथा अपनी चाल की गति को 25 प्रतिशत तक बढ़ाएं। रोज स्नान करें और अपने आपको फूर्तिला रखें।

२. **सीमित धन:** धन खुशी का एकमात्र श्रोत नहीं है, फिर भी जीवन का मजा लेने के लिए इसकी जरूरत पड़ती है। लेकिन अनैतिक साधनों के जरिए धन कमाना गलत है।

यदि आप अपने बिजनेस से प्यार करते हैं और साधनों से धन कमाते हैं, तब आप एक तनावरहित जीवन जीते हैं। फिर परिवार के लोग आपको सम्मान देते हैं। क्योंकि धन एक बहुत अच्छा नौकर है, लेकिन बहुत खराब मालिक भी है-? परन्तु जब आप इस पर नियंत्रण रखते हैं, तब यह आपको इच्छित परिणाम

देता है।

३. परिवार का सहयोगः जिस तरह आप बच्चे के बिना किसी के पिता नहीं बन सकते-? पत्नी के बिना किसी के पति नहीं बन सकते-? उसी तरह आपके अस्तित्व के लिए हर रिश्ता महत्वपूर्ण है।

जब आप उन्हें महत्व देंगे, तो वे भी आपको महत्व देंगे। इसलिए प्यार को पाने के लिए समय का निवेश करें। केवल गलतियां ढूंढने वाले न बनें-? स्वीकार करने की आदत डालें, तालमेल बिठाएं और सबका सम्मान करें।

एक ऑर्केस्ट्रा की तरह जीवन जीएं। क्योंकि अकेला व्यक्ति जब गलत तरीके से उसे बजाता है, तो ऑर्केस्ट्रा संगीत नहीं शोर पैदा करता है। इसलिए आप अपने परिवार से तकनीकी रूप से जुड़ें, चाहें कुछ सैकण्ड के लिए ही मिलना क्यों न हो-?

४. समाज का साथः मनुष्य एक सामाजिक प्राणी है। इसलिए सहयोग को जीने का तरीका बनाएं। क्योंकि समाज किसी भी व्यक्ति को सफल होने में सहायता करता है।

ठीक वैसे ही जैसे कि एक कछुए को तेज दौड़ने के लिए किसी खरगोश की जरूरत होती है और खरगोश को पानी में तैरने के लिए कछुए की। इसलिए समाज की नजरों में खुद को ऊँचा उठाएं। दूसरों की सहायता करें और उनके जीवन में योगदान दें।

५. थोड़ा सा दिमागः इस कम्पटीशन की दुनिया में दिमाग का बहुत अधिक महत्व है। क्योंकि ज्ञान का स्तर मनुष्य की पहचान है। इसलिए इसे कभी कमजोर न होने दें। फिल्म, टीवी प्रोग्राम, किताबें, पत्रिकाएं, तथा सेमिनार से सूचनाएं हांसिल करें। यदि पढ़ने के लिए समय कम हो, तो मोटिवेशन की किताबें पढ़ें।

६. शुद्ध आत्माः जो मनुष्य ईश्वर को मानता है, उसके अन्दर अलग इच्छाएं होती हैं। जिसकी वजह से आप प्यार कर सकते हैं-? रो सकते हैं-? हंस सकते हैं-? प्रेरित हो सकते हैं-?

क्योंकि आप जानवरों से अलग हैं और आपके पास अपना व्यक्तित्व है, जिसकी वजह से आप अच्छा बर्ताव करते हैं। फिर आपकी आत्मा शुद्धता का अनुभव करती है।

इसलिए बड़ा बनने के लिए बड़ा होने की कामना करें। क्योंकि आप जो भी सोचते हैं, उसमें दिमाग रंग भरता है और शरीर उस क्रिया को पूरा करता है।

जब क्रिकेट खिलाड़ी छक्का मारना चाहता है, तब उसका दिमाग तुरन्त वैसी ही तस्वीर पेश कर देता है और उसी के अनुसार उसका शरीर काम करता है।

एक पुरानी कहानी है। दिल्ली के एक सेठ रोज सुबह इडिया गेट घूमने जाते थे। एक दिन उन्हें रास्ते में एक भिखारी मिला। वह भिखारी उनके पैरों पर गिर पड़ा और गिड़गिडाते हुए बोला, **"साहब, मैंने दो दिन से खाना नहीं खाया, बहुत भूख लगी है। आप मेहरबानी करके कुछ रुपय दे दीजिए, ताकि मैं खाना खा सकूं-?"**

सेठ को भिखारी पर तरस आ गया। उन्होंने अपनी जेब से पचास का नोट निकाला और उसे झाड़ियों की तरफ फेंक दिया। नोट उड़कर झाड़ियों के बीच में जा गिरा।

फिर वह वहां से चले गए, लेकिन भिखारी झाड़ियों में नोट ढूंढने लगा। आधे घंटे के बाद आखिर उसे नोट मिल गया। वह बहुत खुश हुआ।

कुछ देर बाद सेठ उसी रास्ते से वापस लौट रहे थे, तब वही भिखारी उन्हें फिर मिल गया। सेठ ने भिखारी से पूछा, **"क्यों, वह नोट मिल गया तुम्हें-?"**

"जी हां, मैंने उसे ढूंढ लिया है।" भिखारी ने जवाब दिया।

अगले दिन सेठ जब सैर को निकलें, तो उन्हें वही भिखारी फिर मिला और उसने रुपये मांगे। सेठ ने अपनी जेब से सौ का नोट निकालते हुए कहा, **"ये लो।"**

और नोट को गहरे गड्ढे में डाल दिया। फिर सेठ चले गए।

एक घंटे की जी-तोड़ मेहनत के बाद वह नोट भिखारी को मिल गया। लेकिन जब वह घूमकर वापस जा रहे थे, तब उन्होंने भिखारी से पूछा, **"क्यों वह नोट मिल गया-?"**

भिखारी बोला, **"सेठ जी, नोट तो मिल गया, लेकिन मैं आपसे एक बात पूछना चाहता हूं-?"**

"हां, पूछो-? क्या पूछना चाहते हो-?" सेठ ने मुस्कराते हुए कहा।

"आप हर रोज आते हैं और मुझे रुपए भी देते हैं, लेकिन मैं यह नहीं समझ पाया कि आप इस तरह नोट को क्यों फेंकते हैं कि मुझे उसे ढूंढने में मेहनत करनी पड़े-?"

सेठ ने हंसते हुए कहा, **"मैं तुम्हें मेहनत करने की सीख देना चाहता हूं। तुम हट्टे-कट्टे हो। मेहनत करके कमा सकते हो-? अगर ऐसे ही तुम्हें बिना मेहनत के मिलता रहा, तो तुम काम से जी चुराने लगोगे। लेकिन जब तुम मेहनत से कमाओगे, तब एक दिन जरुर मेरी तरह अमीर बन जाओगे।"**

यह सेठ की सकारात्मक सोच का एक नमूना था, लेकिन सकारात्मक सोच के साथ जो चीज जुड़ी है, वह है आशा। क्योंकि जहां आशा होती है, वहां सफलता अवश्य मिलती है। इसलिए जब आप यह सोचते हैं कि **'मैं कर सकता**

हूं' या **'मैं लक्ष्य प्राप्त करूंगा।'** तब आप अवश्य सफल होते हैं।

क्योंकि सकरात्मक विचार में विश्वास की शक्ति होती है और विश्वास से आत्मविश्वास अपजता है। फिर वहीं आत्मविश्वास आपको सफलता दिलाता है।

जबकि हीन भावना से ग्रस्त व्यक्ति अपने जीवन को पीछे धकेल देते हैं। यह जानते हुए भी कि चोटी पर पहुंचने के लिए पर्वत की उबड़-खाबड़ पगडंडियों को पार करना जरुरी है। उसके बाद भी वे '***Empty vessel makes much noise***' यानि खाली बर्तन की तरह बहुत शोर करते हैं।

राबर्ट फुलटन जब हडसन नदी के तट पर अपने जहाज **'क्लेरमॉन्ट'** का प्रदर्शन कर रहा था, तब लोगों की भीड़ ने यह कहकर उसका मजाक उड़ाया था, **"हडसन नदी की लहरों को काटकर जहाज कैसे पार जा सकता है-?"**

लेकिन फुलटन का **'क्लेरमॉन्ट'** जहाज हडसन नदी की लहरों को चीरता हुआ आगे बढ़ गया।

इसीलिए फिल्म **"लगे रहो मुन्नाभाई"** में गांधीगीरी को काफी दिलचस्प अंदाज में पेश किया गया है। लेकिन **'लगे रहो'** का जज्बा फिल्म के डायरेक्टर ने ईजाद किया था। क्योंकि **"हार न मानने का गुण"** यदि आपके अन्दर विकसित हो गया, तब आपका अमीर बनना पक्का है।

यही वजह है कि विश्व के सारे धर्म शास्त्र आपको सकारात्मक नजरिया देते हैं। परन्तु वे आपको शिक्षा देने के साथ चेतावनी भी देते हैं। क्योंकि वे जिन्दगी को जीने की कला बताते हैं। जैसे इलेक्ट्रिक पैनल के ऊपर खतरा लिखा होता है। वैसे ही शास्त्रों में चेतावनी लिखी होती है। जबकि खतरा लिखने का मतलब यह नहीं है कि आपको उस उपकरण का इस्तेमाल नहीं करना है-?

बल्कि इस्तेममाल करना है, बिजली का भी इस्तेमाल करना है, लेकिन जरा ध्यान से करना है और निर्देशों को ध्यान में रखना है।

क्योंकि अगर गलत इस्तेमाल कर लिया, तब उपकरण खराब हो सकता है-? और आपको बिजली झटका मार सकती है।

इसलिए ऋषि-मुनियों ने जो ज्ञान आपको अपनी तपस्या के बाद दिया है, वह जिन्दगी जीने का एक बढ़िया फार्मूला है। शास्त्र कहते हैं कि इस फार्मूले को जानों, फिर जैसे जी आए, वैसे जीओ।

क्योंकि स्वेटर का एक धागा यदि आपके हाथ आ गया, तब वह स्वेटर उधड़ना शुरू हो जाता है। यदि दूध के अंदर एक भी बूंद दही का गिर गया, तो पूरा दूध दही बन सकता है-?

एक पौराणिक कहानी है, एक बार नारद जी स्वर्ग जा रहे थे। रास्ते में उन्हें

एक वृद्ध सन्यासी मिला। नारद जी ने उससे कहा, **"मैं भगवान के पास जा रहा हूं, यदि कुछ फरियाद हो तो बताओ-?"**

सन्यासी ने उत्तर दिया, **"भगवान से निवेदन करना कि पिछले तीन जन्मों से मैं साधना कर रहा हूं, वे दर्शन मुझे कब देगे-?**

नारद जी ने कहा, **"मैं तुम्हारी बात उन तक पहुँचा दूँगा।"**

पास में एक युवा सन्यासी बैठा गिटार बजा रहा था। नारद जी ने उससे भी पूछा, **"क्यों भाई, तुम्हें तो कोई बात नहीं कहलवानी है भगवान तक-?"**

उसने उत्तर दिया, **"मेरी ओर से भगवान को कष्ट मत देना, क्योंकि उन्होंने जो कुछ मुझे दिया है, वह बहुत है।"**

कुछ समय बाद नारद जी वापस आए, तो वृद्ध सन्यासी ने उनसे पूछ, **"भगवान ने मेरी बात का क्या उत्तर दिया-?"**

नारद जी बोले, **"भगवान ने कहा है कि सन्यासी जिस वृक्ष के नीचे बैठा है, उसमें जितने पत्ते हैं उतने जन्म अभी उसे और लेने होंगे, तब जाकर उसे मेरे दर्शन होगें-?"**

वृद्ध सन्यासी नाराज हो गया और बोला, **"यह मेरे साथ अन्याय है, मैं तीन जन्मों से तप कर रहा हूं। भगवान कह रहे हैं कि मुझे और तप करना पड़ेगा-?"**

लेकिन जब नारद जी ने वहीं बात गिटार बजाने वाले युवा सन्यासी से कही, तब वह खुशी से नाचने लगा, और बोला, **"भगवान मुझसे कभी भी मिलें, मुझे मंजूर है और मुझे खुशी है कि मेरी बात भगवान तक तो पहुँची-?"**

यही अंतर है सकारात्मक और नकारात्मक सोच में-? आपका नजरिया जितना बेहतर और रचनात्मक होगा, आप अपने लक्ष्य के उतने करीब पहुँच जाएगें। क्योंकि सफलता नजरिए का ही परिणाम होती है। इसलिए सबसे पहले यह पता लगाइए कि आप किस तरह सोचते हैं-? सकारात्मक या नकारात्मक:-

1. क्या आप अपने सफल होने पर विश्वास करते हैं-? हाँ ☐
2. क्या आप बहाने बाजी करते हैं। हाँ ☐
3. क्या आप अपनी सेहत के बारे में सोचते हैं-? हाँ ☐
4. क्या आप अपने दिमाग का प्रयोग करते हैं-? हाँ ☐
5. क्या आप समस्या के बारे में सोचते हैं-? हाँ ☐
6. क्या आप किसी काम को करते समय डरते हैं-? हाँ ☐
7. क्या आप अपनी आत्मा की आवाज सुनते हैं-? हाँ ☐
8. क्या आप अपनी योग्यता पर विश्वास करते हैं-? हाँ ☐
9. क्या आप भविष्य के बारे में सोचते हैं-? हाँ ☐

10. क्या आप कम बोलते हैं-? हाँ ☐
11. क्या आप रचनात्मक तरीके अपनाते हैं-? हाँ ☐
12. क्या आप मेहनत से डरते हैं-? हाँ ☐
13. क्या आप नए दोस्ते बनाते हैं-? हाँ ☐
14. क्या आप जादू-टोने में विश्वास रखते हैं-? हाँ ☐
15. क्या आप बार-बार गलतियाँ करते हैं-? हाँ ☐

यदि आपके दस उत्तर **'हाँ'** में हैं, तब आपको अपनी सकारात्मक सोच को विकसित करना होगा-? परन्तु दस से अधिक उत्तर **'हाँ'** में होने पर आप अपने लक्ष्य में सफल हो सकते हैं-? लेकिन समय का सही इस्तेमाल करना होगा-?

इसलिए जब भी आपके दिल में कोई नया काम करने की इच्छा पैदा हो तब आप उसे तुरन्त करें। क्योंकि हर काम के शुभ और अशुभ महूर्त होते हैं। लेकिन पहली बार जो दिल में बात आती है, वह हमेशा सही होती है।

यही सकारात्मक सोच आपको सुखी जीवन की ओर ले जाएगी, फिर आप अपने आपको तनाव-मुक्त और तरोताजा महसूस करेगें। जबकि नकारात्मक सोच आपको निढाल, थका हुआ, हताश और निराश कर देती है। इसलिए हमेशा सकारात्मक सोचें और नीचे लिखे नियमों का पालन करें:-

- मन से हीन भावना निकाल दें और अपनी क्षमता और योग्यता पर पूरा विश्वास करें, फिर आपके आत्मविश्वास में वृद्धि हो जाएगी।
- जो मौजूद है, उसे न देखें, बल्कि जो हो सकता है उसे देखने का प्रयत्न करें।
- **'असंभव'** शब्द को मन से निकाल दें और **'संभव'** जैसे शब्दों का प्रयोग करें।
- एक अच्छा खोजी बनें। किसी व्यक्ति में कमियां न देखें, बल्कि उसकी अच्छाइयों को ढूंढने का प्रयत्न करें।
- मन में हमेशा अच्छे विचार लाएं।

दिन की शुरूआत करने से पहले संकल्प लें कि आप अच्छा सोचेंगे, अच्छा सुनेंगे, अच्छा बोलेंगे, अच्छा काम करेंगे। फिर आप 48 दिनों के बाद वैसे ही हो जाएगें। यह एक अनुभव है, जिसे आप महसूस करेगें।

दुनिया का हर अनुभव एक विचार से पैदा हुआ है, फिर एक विचार दूसरे विचार को खोजता है। नकारात्मक विचार नकारात्मकता खोजता है और सकारात्मक विचार सकारात्मकता दूढँता है।

क्योंकि आप ऊर्जा के साथ जन्में हैं, इसलिए आपका मस्तिष्क एक कम्प्यूटर, की भांति काम करता है और अंतरिक्ष विज्ञान तथा रसायन-शास्त्र की तरह आपके

शरीर के **'ग्रे-सेल्स'** पॉवर हाउस की तरह काम करने लगते हैं। यही वजह है कि आप जब किसी बात को सकारात्मक तरीके से सोचते हैं, तब उसका हल भी सकारात्मक निकलता है। इसलिए नीचे लिखी बातों पर ध्यान दें:–

- दूसरों को देने की नियत रखें।
- क्रोध से दूर रहें, क्योंकि यह आपकी उम्र घटाता है और शारीरिक सुन्दरता को कम करता है।
- दूसरों की मदद करें परन्तु एहसान कभी न जताएं।
- जल्दी बाजी में कोई काम न करें।
- न बुरा देखें, न बुरा सुनें, न बुरा कहें और न बुरा सोचें।
- दिमाग को सोचने पर लगाए रखें।
- छोटी-छोटी बातों पर ध्यान न दें।
- लोगों को अपने राज कभी न बताएं।

क्योंकि जीवन की योजनाओं में सफलता प्राप्त करने के लिए कर्म के प्रति दृढ़-संकल्प होना जरूरी है। तभी तो मशहूर चिंतक जॉन मैक्सवेल ने कहा है, **"यदि आपके मन में नकारात्मक सोच हावी हो गई, तो समझो सफलता आपके हाथ से निकल गई।"**

लेकिन सकारात्मक सोच होने पर आपकी सफलता निश्चित है। क्योंकि पॉजिटिव सोच आपकी पर्सनैलिटी को चमकती है।

इसलिए आपको अपने मस्तिष्क से नकारात्मक चीजों को हटाना है और गुस्से पर काबू रखना है, डर और चिन्ता को दूर भगाना है।

क्योंकि नेगेटिव सोच समस्याओं को जन्म देती है। जबकि पॉजिटिव सोच समस्याओं का समाधान खोजने में मदद करती है।

कई बार आपको ऐसा लगता है कि कोई दोस्त अचानक अमीर हो गया है-? लेकिन जब आप उसका इतिहास उठाकर देखते हैं, तो पता चलता है कि उसने पहले काफी जमीनी तैयारी की थी।

क्योंकि जिस तरह कोई सुन्दर इमारत पत्थर के टुकड़ों से बनती है, उसी तरह सफलता भी टुकड़ों में मिलती है। अमीर लोग सफलता की कोई बड़ी छलांग नहीं लगाते बल्कि वे सीढ़ी दर सीढ़ी शिखर पर पहुंचते हैं।

स्लमाडॉग मिलेयनियर के चरित्र जमाल की तरह ही साउंड रिकॉडिस्क रसूल पूकुट्टी की जिन्दगी भी निरंतर प्रयासों का नतीजा है। रसूल खुद भी साउंड मिक्सर के रूप में बेस्ट साउंड मिक्सर का ऑस्कर अवॉर्ड प्राप्त कर चुके हैं।

जबकि रसूल पूकुट्टी का जन्म मुस्लिम परिवार में केरल के कोलम जिले से 23 किलोमीटर दूर अंचल में विलक्कुपारा गांव में हुआ था। आठ बच्चों में

रसूल सबसे छोटे थे और उनके घर की आर्थिक स्थिति अच्छी नहीं थीं। उनके पिता प्राइवेट बस के कंडक्टर थे। वे दिन-रात मेहनत करते थे ताकि उनके बच्चे पढ़-लिखकर कुछ बन सकें-?

परन्तु गरीबी और किल्लत भरी जिन्दगी जीने वाले रसूल के दिमाग में बचपन से ही फिल्मों में जाने का ख्याल आ गया था। लेकिन उन्होंने यह बात कभी भी अपने परिवार के सदस्यों को नहीं बताई। परन्तु रसूल ने सेल्युलाइड की दुनिया में कदम रखने से पहले चरवाहे के रूप में काम किया, दूध बेचा फिर कॉलेज की पढ़ाई की और पढ़ाई का खर्चा पूरा करने के लिए ट्यूशन पढ़ाया।

फिर रसूल ने फिजिक्स विषय से प्रथम श्रेणी में स्नातक किया। उसके बाद एम.एस.सी. के लिए प्रयास किया, लेकिन वहां उन्हें सीट नहीं मिली और फिर उन्होंने 1990 में तिरुवनन्तपुरम में लॉ कॉलेज में एडमिशन ले लिया।

लॉ कॉलेज में पढ़ाई के दौरान उनके एक दोस्त ने '**फिल्म एण्ड टेलीविजन इंस्टीट्यूट ऑफ इंडिया**' पूना का एक फार्म उन्हें लाकर दिया। फिर रसूल ने एफ.टी.आई.आई. में साउंड इंजीनियरिंग कोर्स के लिए आवेदन किया।

प्रवेश परीक्षा और ग्रुप डिक्कशन में रसूल सफल हो गए तथा 1995 में पूकुट्टी साउंड इन्जीनियरिंग की पढ़ाई पूरी करने के बाद मुम्बई चले आए। जब रसूल मुम्बई आए तब टेलीवीजन उद्योग अपने अच्छे दौर में प्रवेश कर चुका था।

रसूल ने अच्छी संभावनाओं को देखते हुए टेलीविजन से शुरुआत की। फिर उन्होंने प्रतिभाशाली निर्देशकों की कम बजट की फिल्में करनी शुरू की।

रजत कपूर उस समय प्राइवेट डिटेक्टिव फिल्म बना रहे थे और विक्रम फिल्म के साउंड रिकॉर्डिस्ट थे। रसूल को उनके सहायक के रूप में काम करना था। परन्तु फिल्म निर्माण शुरू होने के 40 दिन बाद विक्रम इटली चले गए।

इस दौरान रजत का रसूल के ऊपर विश्वास कायम हो गया और उन्होंने विक्रम की जगह रसूल को अपना साउंड रिकॉर्डिस्ट बना लिया। फिर रसूल ने मुड़कर नहीं देखा और '**स्लमडॉग मिलेयनियर**' ने उन्हें विश्वस्तर का साउंड रिकॉर्डिस्ट बना दिया। लेकिन यह सब रसूल की मेहनत और सकारात्मक सोच की बदौलत सम्भव हुआ था।

इसलिए यदि आप किसी काम में असफल हो रहे हैं, तो हताश न हों। क्योंकि जब आप साहस और उत्साह के साथ अपना अगला कदम आगे बढ़ाऐगें, तब आपको सफलता अवश्य मिलेगी।

वर्षों पहले हिमालय को अजेय माना जाता था। लेकिन एडमंड हिलेरी ने एक साहसिक कदम उठाया और हिमालय पर विजय प्राप्त कर ली।

क्योंकि दुनिया में अब तक जो भी कीर्तिमान बनते हैं, वे पहले असम्भव

माने जाते थे। परन्तु सच यह है कि कीर्तिमान हमेशा टूटने के लिए ही बनते हैं।

इसलिए आप मान सकते हैं कि दुनिया में असफलता नाम की कोई चीज नहीं है। जरूरत है तो सिर्फ सकारात्मक सोच के साथ कदम आगे उठाने की।

जब विनीत बुच ने सकारात्मक सोच के साथ अपने कदम बढ़ाए, तब सफलता ने उनके कदम चूम लिए। जबकि समुद्री तूफानी लहरों से कहीं खतरनाक तूफान का सामना विनीत ने अपनी जिन्दगी में किया है।

21 वर्ष की उम्र में जब पता चला कि उन्हें एंकीलूजिंग स्पॉन्डिलाइटिस नामक निदानरहित, जटिल, लम्बे समय तक रहने वाली, तीव्र स्वप्रतिरोधी बिमारी है, तब विनीत कानपुर में पढ़ाई के दौरान वेटलिफ्टिंग करते थे, लेकिन कॉलेज के अंतिम वर्ष में वे इस रोग से ग्रस्त हो गए।

असहनीय दर्द से पीड़ित विनीत को एक और दुखद समाचार एम्स के डॉक्टर से मिला कि उनके खिलाड़ी जीवन को यहीं विराम देना होगा। क्योंकि एंकीलूजिंग स्पॉन्डिलाइटिस का कोई इलाज नहीं है। डॉक्टर के मुताबिक अब वे सिर्फ ऑफिस में काम कर सकते थे या ज्यादा से ज्यादा टहल सकते थे।

अपनी किस्मत से खफा और बिखरे मन से विनीत ने यू.एस. की कॉरनेल यूनिवर्सिटी से एम.एस. करने के लिए 1995 में भारत छोड़ दिया। लेकिन जगह बदलने से मुश्किलें कम नहीं होतीं, परन्तु विनीत उनमें से नहीं थे, जो बिना लड़ें हार जाते-?

वे सैन फ्रांसिस्को में नौकरी करने के लिए चले गए। वहां धीमा, स्व-निर्देशित पुनर्वास कार्यक्रम शुरू किया ताकि अपने आपको सामान्य व्यक्ति के रूप में देख सकें।

फिर 1998 में आई नई दवाई ने उन्हें कुछ राहत दी और अपने जकड़ें हुए जोड़ों में दर्द होने के बावजूद विनीत ने टहलना और साइकिल चलाना शुरू किया।

उसके बाद विनीत ने अलट्रामैराथन रोड बाइकिंग में हिस्सा लिया और जुलाई 2001 में हुए **'डेथ राइड'** में 129 मील की दूरी तय की। परन्तु विनीत की बीमारी ने उन्हें फिर धर दबोचा और उन पर दबाव डाला कि वे बाइक राइड छोड़ दें।

इसलिए विनीत को अब ऐसा खेल खोजना था, जिसमें उन्हें पैरों का इस्तेमाल न करना पड़ें-? फिर उनकी खोज स्कीइंग पर आकर खत्म हुई।

'कुनू एंड क्याक' के प्रोग्राम डायरेक्टर केत्री हॉवेल विनीत के प्रयासों के बारे में बताते हैं, **"मैंने कभी किसी को विनीत जैसे व्यक्ति के खेल का हिस्सा बनते नहीं देखा-? प्रशिक्षण के प्रति उसका उत्साह देखते ही बनता था। उनका यही उत्साह हमें प्रेरित करता है कि सकारात्मक सोचें और**

दृढ़ता से जीवन में आगे बढ़ें।"

क्योंकि हवाओं का रुख जिधर होगा, उस तरफ चलते रहने से कुछ हासिल नहीं होगा-? मजा तो तब है, जब आप हवाओं को मजबूर कर दें कि वह अपनी राहें मोड़ ले।

इसीलिए भगत सिहँ हवाओं के साथ चलते जाने को जिन्दगानी नहीं मानते थे। अपनी तबदीर से बिगड़ी तकदीर को संवारने का साहस लेकर वे जब चले थे, तब विपरीत हवाओं के थपेड़ों का उन्हें अंदाजा नहीं था। परन्तु उन्होंने अपने द्रढ़-विश्वास से उन हवाओं का रुख मोड़ दिया था।

लेकिन धारा के विपरीत तैरने का जोखिम वही उठा पाते हैं, जिन्हें इस बात की परवाह नहीं होती कि पानी का बहाव कितना तेज है। वह सिर्फ तैरते ही रहते हैं और अन्त में एक नया रिकार्ड बनाते हैं। तभी तो किसी शायर ने कहा है:-

खेला जो तूफानों से, वह हमेशा सफल हुआ है।
मोड़ा सका जो धार समय की, वह दुनिया में अमीर बना है।।

लेकिन समय केवल उन्हीं का साथ देता है, जो परिश्रमी होते हैं। परन्तु सपनों ने हमेशा मनुष्य को शराब के समुद्र में डूबोया है। इसीलिए सपनें सिर्फ खुली आँखों से देखिए, क्योंकि रात के सपने कभी सच नहीं होते-?

परन्तु सपनों को हकीकत में बदलने के लिए सकारात्मक चिंतन जरूरी है। चिंतन से आपके दिमाग में नए-नए विचार आते हैं, जो आपके लक्ष्य के निर्माण में सहायक होते हैं।

कुछ लोग कहते हैं, **"हम अपने लक्ष्यों को जानते हैं।"** लेकिन कुछ लक्ष्य ऐसे होते हैं, जिनके बारे में उन्होंने कभी सोचा तक नहीं होता-? फिर वही लक्ष्य राह में रोड़े बन जाते हैं।

ऐसे समय में विकल्प यह है कि आप जिस ढंग से सोचते हैं, उससे हटकर सोचने की प्रक्रिया खोजें और तीन बातों पर विशेष ध्यान दें:-

➲ निडर होकर सोचना सीखें, तथा हर तरह की सम्भावनाओं पर गौर करें।
➲ दिमाग को खुला छोड़ दें और सामने आए विकल्पों पर विचार करें।
➲ विवेक से काम लें और हीन भावना को बाहर निकाल दें।

एक समय ऐसा भी था, जब कैलिफोर्निया की वादियां रेगिस्तान थीं। परन्तु कुछ स्वप्नदर्शियों ने उस **'बेकार'** भूमि को **'सोना'** उगलने वाली मशीन के रूप में देखा, जहां लोगों के लिए उपयोगी अनाज उगाया जा सकता था। फिर जिन लोगों ने वह जमीन खरीदी, वे सब अपने सपनों पर मेहनत करके मालामाल हो गए।

लेकिन उनकी सफलता में सकारात्मक संवाद का बहुत महत्व था। क्योंकि

इसका मतलब होता है, अपनी बात को सही तरीके से दूसरों तक पहुँचाना। जिसे पॉजिटिव कम्युनिकेशन भी कहते हैं-? इसलिए सकारात्मक ढंग से अपनी बात कहने का हुनर सीखिए। इसे सीखने का तरीका बहुत आसान है, आपको सिर्फ नीचे दिए गए सिद्धांतों पर चलना होगा:-

- निगेटिव शब्दों को बोलने से परहेज करें। क्योंकि ऐसे शब्द कभी भी सकारात्मक प्रभाव नहीं छोड़ते। इसलिए अपनी बोलचाल में **'नहीं कर सकता'**, **'नहीं करूंगा'** या **'नहीं हो सकता'** जैसे शब्दों पर पूरी तरह से प्रतिबंध लगा दें।
- कोई भी आइडिया कितना भी निगेटिव क्यों न हो, उसमें कुछ न कुछ पॉजिटिव तत्व जरूर होते हैं। आपको उसमें से पॉजेटिव तत्वों को खोज निकालना है।
- किसी को **'ना'** कहने से बचें। लेकिन इसके लिए आपको गजब की विश्लेषण क्षमता पैदा करनी होगी-? ऐसा करने से आपकी प्रतिष्ठा बढ़ जाएगी।
- धमकाने का अंदाज न अपनाएं, हमेशा विनम्रता से अपनी बात कहें। इससे सामने वाला व्यक्ति अपमानित महसूस नहीं करेगा।
- अपनी बोली और व्यवहार को पॉजिटिव रखें। जिससे दूसरों को लगे कि आप मददगार हैं, आक्रामक रिंगमास्टर नहीं। क्योंकि ना का संदेश अगर मदद के वादे के साथ दिया जाए, तो उसे सहज स्वीकार किए जाने की संभावना सौ प्रतिशत रहेगी।

जो व्यक्ति इन बातों को ध्यान नहीं रखता, वह हार जाता है। जो इन्हें अपना लेता है, वह जीत जाता है। इसलिए आपको उन यादों को धोकर साफ करना है, जो आपको पीछे धकेल रही हैं।

जॉन लेजी बेयर्ड एक व्यवसायी थे। उन्हें कुछ समय के लिए भीषण संकट से गुजरना पड़ा था। तब वे बीमार हो गए और उनका व्यवसाय चौपट हो गया। दिन कैसे कटे-? गरीबी और भुखमरी सामने खड़ी थी।

इतना होने के बाद भी मन लागने के लिए उन्होंने एक शौक पाल लिया था और वो शौक था नया अविष्कार करने का। इसलिए वे इंग्लैण्ड चले गए, वहां उन्होंने एक लैबोरेट्री बनायी और रोशनी पर प्रयोग करने लगे। फिर उन्होंने चौदह सालों तक लगातार प्रयोग किया और अन्त में टेलीविजन के विकास में सफल हो गए।

कुछ ऐसा ही हनुमान जी के साथ भी हुआ था, जब वे बाधाओं को पार करते हुए सीता जी की खोज में निकले थे, तब उनके मन में एक संकल्प था:-

'राज काजु कीन्हें बिनु मोहि कहां विश्राम।'

हनुमान जी को देखकर मैनाक पर्वत ने कहा, "**थोड़ा आराम कर लो।**"

हनुमान जी मुस्कराते हुए बोले, "**मेरे लिए आराम हराम है। क्योंकि मैं जिस काम के लिए आया हूं, वह मुझे जल्दी पूरा करना है।**"

फिर सुरसा मिली और बोली, "**मैं तुम्हें खा जाऊँगी-?**"

हनुमान जी ने कहा, "**जब लौटकर आऊंगा तब खा लेना, अभी मुझे जाने दो-?**"

लेकिन सुरसा नहीं मानी और अपना आकार बढ़ाती रही, ताकि वह हनुमान जी को निगल सके-? परन्तु हनुमान जी भी अपना आकार बड़ा करते रहे, ताकि वे उसके मुँह में न समापाएं-?

अन्त में हनुमान जी लघु रूप में बाहर आ गए। फिर लंका में प्रवेश किया और सीता जी की खोज में सफल हो गए।

कुछ ऐसा ही पिछले दिनों मेरे साथ हुआ था, जब मैं गाजियाबाद के एक मैनेजमेंट कॉलेज में बिजनेस की बारीकियां सिखा रहा था। वहां उपस्थित एक एम.बी.ए. के छात्र ने मुझसे पूछा, "**मिस्टर इन्जीनियर! क्या आपकी किताब 'Think Big! Become Big' पढ़कर कोई बिजनेस किया जा सकता है-?**"

तब मैंने कहा था, "**क्यों नहीं किया जा सकता है-? किया जा सकता है। लेकिन शर्त यह है कि आप गहराई से उसका अध्ययन करें और पुस्तक में दिए गए गुरुमंत्रों को अच्छी तरह से समझें। यदि आप ऐसा नहीं करेंगे, तब आप बिजनेसमैंन तो बन सकते हैं, परन्तु सफल बिजनेसमैंन नहीं बन सकते-?**"

फिर वहां उपस्थित दूसरे मैनेजमेंट के छात्रों ने मेरी बात का समर्थन किया।

मैंने कहा, "**भारत में कई ऐसे सफल बिजनेसमैंन हैं, जिन्होंने कोई भी मैनेजमेंट का कोर्स नहीं किया, सिर्फ इस पुस्तक को पढ़ने के बाद ही दुनियां के सफल बिजनेसमैंन बने हैं।**"

इसलिए कहा जा सकता है कि बार-बार अपने लक्ष्य के बारे में सकारात्मक सोचने से ही सफलता मिलती है। क्योंकि जैसा आप सोचते हैं, वैसी ही आपको सफलता मिलती है।

यदि पुस्तक को आप सफलता प्राप्त करने के लिए पढ़ रहे हैं, तब सफलता मिलना तय है। इसलिए आप अपनी सोच को विजुअल यानि चित्र के रूप में देखें, लेकिन अपने मन में हमेशा पॉजिटिव सोच रखें, फिर **'ए.बी.सी.'** फार्मूले का इस्तेमाल करें।

जिसमें **'ए'** का अर्थ है **एटि्टयूड** यानि **रवैया।** परन्तु दिमाग हमेशा नई चीजों

के प्रति खुला होना चाहिए-? आपके अन्दर नया जानने की ललक कायम रहनी चाहिए-?

'बी' प्रतीक है **बिलिव** का, यानि **आस्था** का। इसलिए अपनी आस्था को दृढ़ रखें और विश्वास को डगमगाने न दें।

'सी' यानि **केयरिंग एनर्जी।** यानि आप जो कर रहे हैं, वह सोच-समझ कर करें, और अपनी ऊर्जा को फालतू के कामों में नष्ट न करें। क्योंकि धीरूभाई अम्बानी ने यह सिद्ध कर दिया है कि अमीर बनने के लिए ग्रेजूएट या एम.बी. ए. होना जरूरी नहीं है।

घनश्यामदास बिड़ला भी हाई स्कूल पास थे, परन्तु उनके मन में एक उद्योगपति बनने का सपना था। वह घर से निकल गए। पिलानी से बम्बई पहुँचे।

जबकि उनके पास पैसे नहीं थे, तब उनकी मनोदशा देखकर उनके बड़े भाई ने कहा, **"यदि तुम्हें अपने आप पर विश्वास है, तब मैं अपनी सारी पूंजी दांव पर लगा सकता हूँ-?"**

उसके बाद धनश्याम दास विड़ला ने जूट की मील लगाई, फिर उन्होंने पलटकर नहीं देखा और एक के बाद एक मील लगाते चले गए। आज वे बेतन्हा दौलत के मालिक हैं।

थॉमस अलवा एडीसन की स्कूली शिक्षा भी बहुत कम थी। ट्रेन के डिब्बो में वह अखबार बेचते थे। लेकिन उनके अन्दर एक खास बात थी कि वे जो भी काम करते थे, उसे जनून के साथ करते थे और हमेशा कुछ नया करने की सोचते रहते थे। जिसकी वजह से वे अमीर बनें।

इसलिए हम कह सकते हैं कि किसी भी लक्ष्य को हांसिल करने के लिए सबसे अहम चीज है सकारात्मक सोच। आज की युवा पीढ़ी भी इस बात को मानती है, तभी तो अब पॉजिटिव मेंटल एटीट्यूड वाली किताबों की मांग बढ़ गई है। इसलिए इस पुस्तक को आप ध्यान से पढ़ें, क्योंकि अब आपको पुस्तक बताने जा रही है कि आपको कैसे लोगों के सामने दिखना है-?

■■■

> **"मनुष्य की आवश्यकता है गुरु, फिर वह कोई भी हो, किसी भी रुप में क्यों न हो, दुनियादारी वहीं से सीखता है। कुछ लोग गुरु की शरण में चले जाते हैं, कुछ सुनकर सीख लेते हैं और कुछ पढ़कर सीख जाते हैं। जीवन को रूपांतरित करने का और मस्तिष्क के बंद दरवाजे खोलने**

आज आप जिस अमेरिका को टॉप पर देख रहे हैं, उसकी वजह वहां के प्रोफेशनल्स नहीं हैं। बल्कि इसके पीछे उन लोगों का हाथ है, जो आवारा थे, धुनी थे, अकेले थे और जोखिम उठाने से परहेज नहीं करते थे। लेकिन भारत में जो सफलता की कहानी लिखी जा रही है, उसमें ऐडवेंचर और बगावत बिल्कुल गायब है। जबकि दुनिया में महान खोजें और महान बिजनेस उनके नाम दर्ज हैं, जो अच्छे बच्चे नहीं थे और फैमिली का सपोर्ट भी उन्हें नहीं मिला था।

बिजनेस में शब्दों का बहुत महत्व है

पिछले दिनों मुझे एक एयरलाइंस कम्पनी के वार्षिक उत्सव में जाने का अवसर मिला। उस कम्पनी का टर्नओवर लगभग एक हजार करोड़ का है, लेकिन वहां के कर्मचारी ऐसे नहीं लग रहे थे कि उन्हें देखकर कोई कह सके कि ये किसी बड़ी एयरलाइंस कम्पनी में काम करते हैं-?

मैं मंच पर कम्पनी के सीनियर मैनेजमैंट के साथ बैठा था। मेरे दांई तरफ कम्पनी के मालिक बैठे थे, जोकि लम्बे-चौड़े व्यक्तित्व के मालिक थे और देखने में काफी अमीर लग रहे थे।

मैंने पहले उन्हें अपना परिचय दिया फिर कहा, **"आपकी कम्पनी इतनी अमीर है कि कोई भी सुनकर प्रभावित हो सकता है, लेकिन आपके कर्मचारी देखने में गरीब लगते हैं। आप उन्हें अमीर दिखने की आदत क्यों नहीं डालते-?"**

तब उन्होंने कहा, "**मिस्टर इन्जीनियर! मैं इनको अच्छी सेलरीज देता हूँ, परन्तु यह अपने को बदलने की कोशिश ही नहीं करते-?"**

"**आप मुझे एक मौका दीजिए, मैं इनको बदलने की कोशिश करुंगा।**" मैंने उत्सुक्ता में कहा।

"तो देर किस बात की है मिस्टर इन्जीनियर!" फंकशन शुरु होने से पहले आप अपनी स्पीच दीजिए!

कहकर उन्होंने माइक मेरी तरफ कर दिया। मैंने पहले हॉल में उपस्थित

कर्मचारियों पर नजर दौड़ाई, फिर अपनी भारी आवाज में कहा, "दोस्तों आप अपनी कम्पनी का वार्षिक उत्सव मना रहे हैं, यह देखकर मुझे बहुत खुशी हो रही है, परन्तु मेरा आपसे सिर्फ इतना ही कहना है कि आप अमीर कम्पनी के अमीर कर्मचारी दिखने की कोशिश करें। क्योंकि किंगफिशर कम्पनी के मालिक विजय माल्या ने कहा है:-

प्रतिभा शाली लोग संघर्ष के दिनों में अपने आपको अमीर दिखाते हैं।
जो सफल हो जाते हैं वे सितारों की तरह महफिलों में झिलमिलाते हैं॥

इसका अर्थ है कि जब कोई व्यक्ति संघर्ष के शिखर पर पहुंचकर अपनी सफलता का इतिहास लिख रहा होता है, तब समाज उसकी प्रशंसा के गीत गाता है। फिर आने वाली पीढ़ी उसे अपने रोल माडल के रूप में देखने लगती है।

क्योंकि विश्व का हर व्यक्ति अपने जीवन में ऊंचा उठना चाहता है। लेकिन आप लोगों को देखकर लगता है कि आपके अन्दर आगे बढ़ने की इच्छा मर चुकी है-?

"**नहीं सर-!**" अचानक हॉल में उपस्थिति अधिकतर कर्मचारी एक स्वर में बोले, "**हमें अभी बहुत आगे बढ़ना है।**"

तब आप लोगों को अपने आपको अमीर दिखाने की आदत डालनी होगी-? आपको अपना एक रोल माडल चुनना होगा-? ताकि आप उसके पदचिन्हों पर चल सकें-?

मुझे अपने बचपन की एक घटना याद आती है। जब मैं 6 क्लास में पढ़ता था, तब पूरी कक्षा में अलग खड़ा नजर आता था। उस समय क्लास के दूसरे छात्र कहते थे, "**वाह! तरुण की क्या पर्सनालिटी है, एकदम अमिताभ बच्चन की तरह नजर आता है।**"

क्योंकि तब में अमिताभ बच्चन के व्यक्तित्व से बहुत ज्यादा प्रभावित था और अपने आपको अमिताभ की तरह ढ़ाल कर रखता था। जिसकी वजह से पूरा कॉलेज मुझे अमीर समझता था। जबकि मैं मध्यमवर्गीय परिवार से सम्पर्क रखता था। तब मेरे पिता की आढ़त की दुकान थी, जिससे पूरे परिवार का खर्च आराम से चल जाता था। परन्तु मेरे अन्दर अमीर बनने की तमन्ना बचपन से थी।

लेकिन जब कॉलेज के छात्र मुझे विशेष नजरों से देखते थे, तब मैं सोचता था, "**आखिर मेरे अन्दर ऐसा क्या है, जो हर कोई मेरे व्यक्तित्व से प्रभावित हो जाता है-?**"

तब मैं शीशे के पास खड़ा होकर घंटों तक अपने आपको निहारने लगता था। फिर मुझे पता लगता था कि मेरे अन्दर दूसरे छात्रों से अधिक आत्मविश्वास है, कुछ कर गुजरने की तमन्ना है। इसीलिए दूसरे छात्र मुझे विशेष नजरों से देखते

थे।

ठीक ऐसा ही आपको दिखना है। क्योंकि एक गरीब और अमीर व्यक्ति में कपड़ों का अन्तर नहीं होता, बल्कि आत्मविश्वास का अन्तर होता है।

मनोवैज्ञानिक भी यही कहते हैं कि एक औसत व्यक्ति का आई.क्यू. 70 से 110 होता है, जिन्हें सफल और बुद्धिमान की संज्ञा दी जाती है। लेकिन जो लोग अमीर होते हैं, उनका आई.क्यू. 120 होता है।

अब आप खुद ही सोचिए कि दोनों में कितना अन्तर होता है-? सिर्फ दस अंकों का-? और महान कहे जाने वाले लोगों का आई.क्यू. 140 तक होता है। जिसमें बराक हुसेन ओबामा, सोनिया गांधी, अमिताभ बच्चन और मनमोहन सिंह का नाम पहले नम्बर पर आता है।

ऐसा नहीं है कि आप अपनी आई. क्यू. नहीं बढ़ा सकते-? बल्कि मुश्किल यह आती है कि आप अपनी योग्यताओं के सही आंकलन को नजर-अंदाज करते हैं। फिर जब आपकी योग्यताओं के प्रदर्शन का अवसर आता है, तब आपके अन्दर हीनभावना पैदा हो जाती है। तब यही हीनभावना झिझक और घबराहट के रूप में सामने आती है।

इस बात को विस्तार से समझाने के लिए मैं आपको एक उदाहरण देता हूँ। मान लीजिए आप इन्जीनियरिंग के स्टूडैंट हैं और आपकी पुस्तक में पाँचवा विषय गणित है तथा गणित की पुस्तक में पाँच अध्याय हैं।

आप उसका अध्ययन कई स्तरों पर कर सकते हैं-? यानि आप पाँच में से तीन अध्यायों का इस सीमा तक अभ्यास कर लें कि सोते-सोते भी यदि कोई पूछ बैठे, तो आप उसे बता सकें।

यह आत्मविश्वास का सबसे महत्वपूर्ण गुण है, जो व्यक्ति को प्रभावशाली बनाता है। इसलिए आप सबसे पहले खुद का मुल्यांकन कीजिए और जानिए कि आपका व्यक्तित्व कितना प्रभावशाली है:-

1. **आपके व्यक्त्वि की क्या उपलब्धियां हैं**-?
   - a. लोग मेरी ओर आकर्शित होते हैं। हाँ ☐
   - b. लड़कियाँ मेरी नजदीकियां चाहती हैं। हाँ ☐
   - c. मेरी बातों से लोग प्रभावित होते हैं। हाँ ☐
   - d. मेरा चलने का अंदाज निराला है। हाँ ☐
2. **आपके अन्दर कौन सी योग्यताए हैं-?**
   - a. मैं देखने में सुन्दर लगता हूँ। हाँ ☐
   - b. मैं काम को सहजता के साथ करता हूँ। हाँ ☐
   - c. मैं अपने व्यक्तित्व के अनुसार काम चुनता हूँ। हाँ ☐

d. मैं काम करते समय संतुष्टि महसूस करता हूँ। हाँ ☐

3. **परेशानी के समय आप क्या करते हैं-?**

a. मैं परिवार की सलाह लेता हूँ। हाँ ☐

b. मैं खुद उपाय ढूँढता हूँ। हाँ ☐

c. मैं दोस्तों की बात मानता हूँ। हाँ ☐

d. मैं ज्योतिषों के पास जाता हूँ। हाँ ☐

4. **आप अपने आपको कैसे कंट्रोल करते हैं-?**

a. गुस्से को पी जाता हूँ। हाँ ☐

b. योग का सहारा लेता हूँ। हाँ ☐

c. समय पर छोड़ देता हूँ। हाँ ☐

d. एकांत में बैठकर सोचता हूँ। हाँ ☐

5. **आपका व्यवहार कैसा है-?**

a. मैं धैर्य से काम लेता हूँ। हाँ ☐

b. मैं सबको कोआपरेट करता हूँ। हाँ ☐

c. मैं जल्दी गुस्सा नहीं करता। हाँ ☐

d. गुस्से में कुछ भी कह जाता हूँ। हाँ ☐

6. **आप खुद को कैसे व्यवस्थित कैसे रखते हैं-?**

a. हर काम समय से करता हूँ। हाँ ☐

b. टाइम मैनेजमैंट का सहारा लेता हूँ। हाँ ☐

c. परिवार की हैल्प लेता हूँ। हाँ ☐

d. अपने आपको वक्त के हवाले कर देता हूँ। हाँ ☐

7. **फिट रहने के लिए आप क्या करते हैं-?**

a. मोर्निग वॉक करता हूँ। हाँ ☐

b. जिम जाता हूँ। हाँ ☐

c. हल्का आहार लेता हूँ। हाँ ☐

d. कुछ नहीं करता। हाँ ☐

8. **आप किस तरह के कपड़ें पहनते हैं-?**

a. फैशन के पहनता हूँ। हाँ ☐

b. अपने बॉडी के अनुसार पहनता हूँ। हाँ ☐

c. साधारण दिखने वाले पहनता हूँ। हाँ ☐

d. मैंचिग के पहनता हूँ। हाँ ☐

9. **कैसा माहौल आप पसन्द करते हैं-?**

a. जहाँ कोई पाबंदी न हो। हाँ ☐

b. जहाँ सम्मान मिले। हाँ ☐
c. जहाँ परिवार को खुशी मिले। हाँ ☐
d. जहाँ बातें करने को मिले। हाँ ☐

10. **आप किस तरह का जज्बा रखते हैं-?**
a. नयी पहचान बनाने का। हाँ ☐
b. अधिक धन कमाने का। हाँ ☐
c. नया काम करने का। हाँ ☐
d. सिर्फ पेट भरने का। हाँ ☐

11. **आपके जीवन में सबसे महत्वपूर्ण क्या है-?**
a. नयी चुनौतियों पर विजय पाना। हाँ ☐
b. सफलता के लिए योजना बनाना। हाँ ☐
c. दूसरों की मदद करके संतुष्टि पाना। हाँ ☐
d. मान-सम्मान पाना। हाँ ☐

12. **अपने सहयोगियों के साथ आप कैसा व्यवहार करते हैं-?**
a. उन्हें उत्साहित करता हूँ। हाँ ☐
b. उनका नेतृत्व करता हूँ। हाँ ☐
c. उन्हें प्रेरित करता हूँ। हाँ ☐
d. उनकी सहायता करता हूँ। हाँ ☐

अब आप खुद की जान लीजिए कि आपका व्यक्तित्व कितना प्रभावशाली है-? आपको सिर्फ a,b,c & d पर सही का निशान लगे बाक्स का योग करना है।

- यदि आपके 8 से अधिक जबाव (a) के हैं, तब आपका व्यक्तित्व बहुत ज्यादा प्रभावशाली है और आपके अन्दर योजनाबद्ध तरीके से काम करने का सलीका है। इसलिए आप एक अच्छे बिजनेसमैंन के रुप में सफलता हासिल कर सकते हैं-?
- परन्तु 8 से अधिक जबाव (b) में होने पर पता चलता है कि आप चुनौतियों को स्वीकारते हैं, लेकिन उन्हें बीच में ही छोड़ देते हैं और आगे बढ़ने का रास्ता खुला छोड़ते हैं। इसलिए आप भी अच्छे बिजनेसमैंन साबित हो सकते हैं-?
- लेकिन 8 से अधिक जबाव (c) में होने पर आप अपने आपको दूसरों की मदद वाला पाते हैं और समस्या के हल तक पहुँचने का जज्बा रखते हैं। लेकिन आप अपने परिवार को पूरी प्रार्थमिकता देते हैं। इसलिए आप सफलता के काफी करीब रहते हैं।

➲ मगर 8 से अधिक जबाव (d) में होने पर आपका व्यक्तित्व कुछ अनोखा है। आप यह तो जानते हैं कि लोगों से कैसे काम लेना है-? परन्तु कोई सफलता प्राप्त नहीं कर पाते-? इसलिए सबसे पहले आप यह पता लगाएं कि आप किस महान हस्ती से प्रभावित हैं-? कौन है वह सिलेब्रिटी जिसे आपने अपना आइडियल बनाया है-? जब आप ऐसा करते हैं, तब आपके सेल्फ कॉन्फिडेंस में कई गुना वृद्धि हो जाएगी।

क्योंकि **'यूनिवर्सिटी ऑफ न्यूयॉर्क'** के शोधकर्ताओं की रिसर्च से यही साबित हुआ है कि आत्मविश्वास से भरे लोग किसी सिलेब्रिटी को स्क्रीन पर देखकर या उसके बारे में पढ़कर, उसे दीवानगी की हद तक पसंद करने लगते हैं और फिर उसी व्यक्ति की तरह बनना चाहते हैं।

फिर उन्हें सेलेब्रिटी की पर्सनेलिटी में अपनी झलक भी दिखाई देने लगती है और वे उसके साथ एक अनजाना रिश्ता कायम कर लेते हैं।

जबकि इस तरह की रिलेशनशिप कायम करना पैरासोशल रिलेशंस की श्रेणी में आता है। जिससे लोगों के कॉन्फिडेंस में बढ़ोतरी होती है और वे जिन्दगी को पॉजिटिव ढंग से जीने लगते हैं।

क्योंकि शर्मीले या जल्दी किसी से मिक्सअप न हो पाने वाले लोगों के लिए पैरासोशल रिलेशनशिप अपनी पर्सनैलिटी को ग्रूम करने में काफी मददगार साबित होती है।

शोधकर्ताओं ने करीब 100 अंडरग्रेजुएट स्टूडेंट्स पर तीन स्टडी कीं, फिर उन्होंने जानने की कोशिश की, कि आत्मविश्वास और किसी सिलेब्रिटी को अपना आइडियल बनाने के बीच क्या रिश्ता है-?

तब स्टूडेंट्स को अपने फेवरेट सिलेब्रिटी की पहचान करने को कहा गया। साथ ही उन्हें यह बताने के लिए भी कहा गया कि वे अपने आइडियल के किन गुणों से प्रभावित हैं-?

फिर पता चला कि लोग अपने फेवरेट सिलेब्रिटी में अक्सर वह क्वॉलिटी देखते हैं, जिसकी उनके अंदर कमी होती है। कई बार यह रिश्ता पारिवारिक सम्बंध से गहरा हो जाता है। साथ ही भावनात्मक रूप से कमजोर लोगों को एक अनजाना सहारा मिलता है और उनका कॉन्फिडेंस बेहतर होता है।

साइकिएट्रिस्ट जितेंद्र नागपाल कहते हैं, **"आजकल यंगस्टर्स किसी न किसी को अपना आइडियल बनाते हैं, क्योंकि वे उस व्यक्ति में अपनी जैसी भावनाओं और विचारों को देखते हैं।"**

अमिताभ बच्चन, शाहरुख खान और क्रिकेटर्स सबसे अधिक यंगस्टर्स के आइडियल होते हैं। क्योंकि ये लोग सफलता, दौलत और शोहरत से लबरेज होते

हैं। इसलिए यंगस्टर्स जिन्दगी का मकसद तय करने और अपने मनोबल को ऊंचा करने के लिए इन हस्तियों से प्रेरित होते हैं। फिर अपनी मंजिल तक पहुंचने के लिए कड़ी मेहनत करते हैं।

इससे उनके दिल में यह फिलिंग भी आती है कि जब ये लोग जिन्दगी में इतने ऊंचे मुकाम तक पहुंच सकते हैं, तो हम क्यों नहीं पहुंच सकते-?

अंग्रेजी में एक शब्द है **'कल्चर'**। इसका मतलब होता है, सभ्यता, रहन-सहन और सोचने-विचारने का तरीका। उन्हें आइडियल का नाम, रूप, धन, परिवार, क्षेत्र, भाषा, धर्म और रहन-सहन की पद्धति भी अच्छी लगती है। फिर वे उसी तरह से ढ़लते चले जाते हैं।

इसलिए मैनेजमेंट गुरु प्रमोद बत्रा का कहना है, **"चिंता, भय और तनाव जैसे शब्द आपके लिए कोई मायने नहीं रखते। आप इसके बारे में ज्यादा न सोचें।"**

क्योंकि आप जैसा सोचते हैं, आपकी प्रवृत्ति भी उसी के अनुरूप ढ़लती चली जाती है। यदि आप अपने जेहन में यह बात बैठा लेते हैं कि आप **'क्रिएटिव'** नहीं हैं, तो इस बात की पूरी संभावना बन जाती है कि आप भविष्य में **'क्रिएटिव'** नहीं रहेंगे। अगर आप लगातार यह करते रहेगें कि आप **'क्रिएटिव'** हैं, तो एक दिन आप **'क्रिएटिव'** बन सकते हैं-?

आप उन्हीं बातों में ज्यादा विश्वास करते हैं, जिन्हें आप बार-बार दोहराते रहते हैं। इसलिए आपको सकारात्मक और नकारात्मक शब्दों का प्रयोग सोच समझकर करना है। क्योंकि शब्दों में वह ताकत होती है, जो आपके व्यक्तित्व को निखारती है।

ठीक वैसे ही जैसे के एक बुढ़िया बड़ी सी गठरी लिए चली जा रही थी। कुछ देर बाद वह चलते-चलते थक गई। तब उसने देखा कि एक घुड़सवार उसी ओर चला आ रहा है। नजदीक आने पर बुढ़िया ने उसे आवाज दी, **"अरे, बेटा, एक बात तो सुन।"**

घुड़सवार रुक गया, फिर उसने पूछा, **"क्या बात है माई-?"**

बुढ़िया ने कहा, **"बेटा, मुझे उस सामने वाले गांव में जाना है। बहुत थक गई हूँ, यह गठरी उठाई नहीं जाती। तू भी शायद उधर ही जा रहा है। इसलिए मेरी यह गठरी घोड़ें पर रख ले, फिर मुझे चलने में आसानी हो जाएगी।"**

उस व्यक्ति ने कहा, **"माई तू पैदल है, मैं घोड़े पर हूँ। गांव अभी बहुत दूर है। पता नहीं तू कब तक वहां पहुँचेगी-? मैं तो थोड़ी ही देर में पहुँच जाऊँगा। फिर वहां पहुँचकर क्या मैं तेरी प्रतीक्षा करता रहूँगा-?"**

यह कहकर वह चल पड़ा, लेकिन कुछ ही दूर जाने के बाद उसने अपने आप से कहा, **"तू भी कितना मूर्ख है। वह वृद्ध है, ठीक से चल भी नहीं सकती। क्या पता उसे ठीक से दिखाई भी देता है या नहीं-? वह तुझे गठरी दे रही थी। हो सकता है उस गठरी में कोई कीमती सामान हो-? तू उसे लेकर भाग जाता, तो कौन पूछता-? चल वापस, गठरी ले ले।"**

वह घूमकर वापस आ गया और बुढ़िया से बोला, **"माई, ला अपनी गठरी। मैं ले चलता हूँ। गांव में रुककर तेरी राह देखूंगा।"**

बुढ़िया ने कहा, **"ना बेटा, अब तू जा, मुझे गठरी नहीं देनी।"**

घुड़सवार ने कहा, **"अभी तो तू कह रही थी कि गढ़री ले चल-? अब मैं ले चलने को तैयार हुआ, तो गठरी दे नहीं रही। ऐसा क्यों-?"**

बुढ़िया मुस्कराकर बोली, **"मुझे उसी ने यह समझाया है, जिसने तुझे समझाया है कि माई की गठरी ले ले और भाग जा। क्योंकि जो तेरे भीतर बैठा है, वही मेरे भीतर भी बैठा है। तुझे उसने कहा कि गठरी ले और भाग जा। लेकिन मुझे उसने समझाया कि गठरी मत देना, नहीं तो वह भाग जाएगा-? तूने भी अपने मन की आवाज सुनी और मैंने भी सुनी।"**

इस कहानी से यह सीख मिलती है कि अपने द्वारा स्वयं किया गया पहला मूल्यांकन सही होता है। इसलिए आपको अपना आत्मविश्वास मजबूत करना है और आत्मविश्वास मजबूत करने के लिए अपनी पोशाक पर अधिक ध्यान देना है। परन्तु पोशाक अपने व्यक्तित्व के अनुसार पहननी होगी-?

क्योंकि शेक्सपियर ने कहा है, **"मनुष्य का पहनावा उसकी अभिव्यक्ति का काम करता है।"**

आप किसी व्यक्ति का आंकलन उसकी चाल से भी कर सकते हैं और ऊर्जा से भरे व्यक्ति की चाल में आप उसका आत्मविश्वास देख सकते हैं-? इसलिए आप हमेशा उत्सुक, महत्वपूर्ण और उद्देश्यपूर्ण दिखने की कोशिश करें।

परन्तु यह सब गहन आत्मचिंतन के द्वारा होगा-? फिर आपके मन में और अधिक विकल्प आने लगेंगे। परन्तु ऐसा तब तक करते रहें, जब तक धूल-मिट्टी के नीचे दबा सोना आपको दिखाई न दे जाए-?

क्योंकि दुनिया में ऐसा कोई काम नहीं है, जिसको न किया जा सकता हो-? तभी तो कबीरदास ने कहा है:-

दौड़त-दौड़त दौड़िया, जोती मन की दौड़।
दौड़ि थके मन थिर भया, वस्तु ठौर की ठौर॥

यानि जब आपके मन में संकल्प-विकल्प की बात आने लगती है, तब आप दुविधा में फँस जाते हैं-? परन्तु जैसे ही आप अपने लक्ष्य तक पहुंचते हैं, तब

आपकी सारी दुविधा खत्म हो जाती है।

आपने संत रामदास का नाम अवश्य सुना होगा-? वह शिवाजी महाराज के गुरु थे। एक दिन गुरु जी के मन में अपने शिष्यों की वीरता की परीक्षा लेने का विचार आया। इसलिए उन्होंने बीमार होने का बहाना बनाया और लेट गए।

सारे शिष्य उनकी सेवा में जुट गए। जब शिष्यों ने जाना कि उनके पेट में दर्द हो रहा है, तब वे और भी चिंतित हो गए।

एक शिष्य ने उनसे पूछा, **"आपका दर्द कैसे ठीक होगा-?"**

गुरु ने कहा, **"शेरनी के दूध के सेवन से ही मेरे पेट का दर्द ठीक हो पाएगा।"**

सभी शिष्य सुनकर चुप हो गए। क्योंकि उन्हें पहली बार पीड़ा निवारण की ऐसी विचित्र दवा के बारे में जानकारी मिली थी, जिसे लाने का मतलब था सीधे मृत्यु के मुहँ में जाना।

थोड़ी देर तक सन्नाटा छाया रहा। अंत में शिवाजी ने बड़ी विनम्रता के साथ कहा, **"गुरु जी! आप आज्ञा दें, तो मैं शेरनी का दूध आपके लिए ला सकता हूँ-?"**

गुरु जी ने कहा, **"शाबाश! तुम जाओ और जल्दी लौट आना।"**

आधी रात का समय था, शिवाजी अपने मन में गुरु का ध्यान करते हुए जंगल में भटक रहे थे। उसी समय अचानक पानी बरसने लगा। तब जंगल और भी भयावह हो गया था। लेकिन वे एक बड़े पेड़े के नीचे खड़े हो गए। बिजली जोर से कड़की, अचानक बिजली की चमक में शिवाजी ने एक शेरनी को पेड़ के नीचे आते देखा।

एक क्षण के लिए वे कांप गए, लेकिन दूसरे ही क्षण उन्होंने देखा कि वह भीगने से बचने के लिए पेड़ के नीचे शांति से खड़ी है। वह हुँ-हुँ-हुँ की आवाज निकाल कर अपने बच्चों को बुलाने की कोशिश भी करती जा रही थी।

शिवाजी के मन में एक आशा जागी। शायद मैं गुरु की सेवा करने में सफल हो जाऊं-? आवाज सुनकर उसके दोनों बच्चे आ गए।

वह लेट कर बच्चों को आराम से दूध पिलाने लगी। शिवाजी को प्रतीक्षा करते हुए काफी समय हो गया।

शिवाजी ने सोचा कि शेरनी और उसके बच्चे निश्चिंत थे। शेरनी का दूध दूहने का इससे अच्छा अवसर और नहीं हो सकता-? फिर अपने गुरु का नाम लेकर वह शेरनी से बड़ी विनम्रता और धीमी आवाज में बोले, **"हे जंगल की महारानी, मेरे गुरुजी के पेट में दर्द हो रहा है, उन्होंने मुझे दवा के रूप में आपका दूध लाने की आज्ञा दी है। आप मुझे भी अपना बालक मानकर**

थोड़ा-सा दूध लेने दें। आपकी बड़ी कृपा होगी-?"

शेरनी ने उस धीमी आवाज पर कोई नाराजगी नहीं दिखाई। वह बड़े आराम से पैर फैलाकर और आँखें बंद करके लेट गई। शिवाजी ने अपने गुरु का नाम लिया, फिर जान की परवाह न करके उसके पास बैठकर लोटे में दूध निकालने लगे।

जब दूध का लोटा लगभग आधा भर गया, तब वे धीर से उठकर पेड़ के नीचे आ गए। उनके वहां आते ही पानी बरसना बंद हो गया। फिर शेरनी अपने बच्चों को साथ लेकर चली गई।

शिवाजी ने गुरु जी को मन ही मन प्रणाम किया फिर कुटिया की ओर चल दिए। अगले दिन वे गुरु के सामने उपस्थित हो गए और बोले, **"मैं शेरनी का दूध ले आया हूँ।"**

गुरु उठ बैठे और आश्चर्य प्रकट करते हुए बोले, **"तुम्हें शेरनी का दूध निकालते हुए डर नहीं लगा-?"**

तब शिवाजी ने कहा, **"गुरुजी! आप हमेशा मेरे साथ रहे, फिर मुझे डर कैसे लगता-?"**

फिर गुरु रामदास ने कहा, **"सफलता प्राप्त करने की यही सबसे अच्छी विधि है।"**

लेकिन इस विधि को **Fortune** यानि सौभाग्य कहते हैं। यदि आप इस शब्द का विश्लेषण करेगें, तब पाएंगे:-

F - Fidelity in work यानि **काम के प्रति पूर्णनिष्ठा।**

O - Obeisane towards objective यानि **उद्देश्य के प्रति समर्पण।**

R - Run for the rank यानि **श्रेष्ठता की ओर दौड़ना।**

T - Tackle the goal tactfully यानि **कुशलतापूर्वक लक्ष्य को भेदना।**

U - Utilize the knowledge यानि **ज्ञान का प्रयोग करना।**

N - Necessitate the nobleness यानि **उत्कृष्टता को आवश्यक मानना।**

E - Earnest efforts with enthusiasm यानि **उत्साह के साथ निरंतर प्रयास करना।**

परन्तु **Fortune** आपकी तभी सहायता करता है, जब आप अपनी प्रतिभा का सही इस्तेमाल करते हैं-? तभी तो जाने माने विद्वान रब्बी डेविड रोसेनफील्ड ने कहा है, **"मनुष्य चार तरह के होते हैं। कुछ मनुष्य स्पंज की तरह होते हैं, कुछ कुप्पी की तरह होते हैं, कुछ छन्ने की तरह और कुछ छलनी की तरह होते हैं।"**

जबकि स्पंज सब कुछ सोख लेता है, वह इसलिए अच्छे बुरे में भेद नहीं

इसलिए विश्वविख्यात दार्शनिक ओशो ने कहा है, **"आपका चेहरा आपके मन का दर्पण है। क्योंकि क्रूर विचारों से चेहरा खूंखार हो जाता है और प्रेम की भावना से चेहरा कोमल हो जाता है।"**

मुझे एक कहानी याद आती है। एक व्यक्ति एक बड़े महात्मा के पास गया और बोला, **"महात्मा जी, मैं धन के अभाव में अशांत रहता हूं। इसलिए आप कोई ऐसा उपाए बताए ताकि मैं अमीर हो जाऊँ-?"**

उस महात्मा के पास एक पारसमणि थी, जिसे देकर वह बोले, **"जा, इससे चाहे जितना सोना बना लेना और अमीर हो जाना।"**

व्यक्ति प्रसन्न होकर घर गया, सोना बनाया और अमीर हो गया। उसकी गरीबी घंटों में दूर हो गई, परन्तु उसे अमीरी का दु:ख सताने लगा कि कहीं कोई उसे गोली न मार दे-? उसका किडनेप न कर ले-?

लेकिन उसे यह सब इसलिए महसूस हो रहा था, क्योंकि उसके अन्दर अमीर बनने के गुण नहीं थे-?

इसलिए फिल्म अभिनेता शाहरुख खान कहते हैं, **"आपकी सोच हमेशा सकारात्मक होनी चाहिए, व्यक्तित्व आकर्षक होना चाहिए। क्योंकि दुनिया में ऐसा काम नहीं है, जिसे आप न कर सकते हों-?"**

कुछ ऐसा ही सुपर स्टार अमिताभ बच्चन का कहना है, **"मुश्किल भरे दिनों में होश नहीं खोना चाहिए और अपने मनोबल को ऊंचा रखना चाहिए। फिर समस्या से जूझना आसान हो जाता है।**

यह बात मैं इसलिए कह सकता हूँ कि जब फिल्म कूली की शूटिंग के दौरान मेरे घायल होने की खबर मेरे बाबूजी को लगी, तब वह रामायण पढ़ रहे थे। लेकिन उन्होंने ईश्वर से मेरे लिए आर्शीवाद नही मांगा, बल्कि उस अग्निपरीक्षा का सामना करने के लिए मानसिक शक्ति मांगी। जिससे मैं गुजर रहा था और मानसिक शक्ति मांगने का मतलब होता है, पीड़ा को बर्दाश्त करने की क्षमता माँगना।"

परन्तु कई बार ऐसा देखा गया है कि लोग अपने मन की बात कह नहीं पाते-? और अपनी इच्छा के विरूद्ध बेमन से काम करते हैं। इससे वे अपने व्यक्तित्व के विकास में बाधा डालते हैं, साथ ही दूसरों को अपने काम से संतुष्ट नहीं कर पाते। फिर कम्युनिकेशन गैप पैदा हो जाता है।

इसलिए बात करते समय यह ध्यान रखना जरुरी है कि सही ढंग से उस बात को कैसे कहा जाए-? तभी तो किसी शायर ने कहा है:-

फीकी पै नीकी लगे, कहिए समय क्चिारि,
सबका मन हर्षित करे, नई नवेली नारी॥

इसका अर्थ है कि हर बात को समय के अनुसार बोलना चाहिए। नहीं तो वही हाल होता है, जो गांव से आयी नई नवेली नारी का होता है। क्योंकि वह देखने में तो सुन्दर लगती है, परन्तु बोल चाल से वह देहाती पन झलकाती है।

इसलिए कम्युनिकेशन गैप खत्म करने के लिए यह भी ध्यान रखना आवश्यक है कि आप शब्दों का चयन सही करें। शायद इसी बात के ध्यान में रखकर कबीरदास ने कहा था:-

शब्द सम्हारे बोलिए, शब्द के हाथ न पांव।
एक शब्द औषधि करे, एक शब्द करे घाव॥

यानि हर शब्द को सोच समझकर बोलिए, क्योंकि शब्द के हाथ-पाँव नहीं होते। क्योंकि आपके द्वारा बोला गया शब्द किसी को सुख दे सकता है-? और किसी को दु:ख-?

ठीक वैसे ही जैसे कि एक अमीर महिला ने किसी पंडित को अपनी जन्म कुण्डली दिखाई और पूछा, "**पंडित जी! जरा देखकर बताइए कि मेरी उम्र कितनी है-?**"

पंडित जी ने कुण्डली देखकर कहा, "**सेठानी जी, आपकी कुण्डली में सर्प योग है, इसलिए आप अपने बच्चों को अपने सामने मरते हुए देखेगी।**"

पंडित की बात सुनकर महिला को गुस्सा आ गया। वह बोली, "**तुम्हें किसने पंडित बनाया है, जो कुण्डली भी ठीक से नहीं देख पा रहे-? मैं किसी ज्योतिषी को अपनी कुण्डली दिखांऊगी।**"

इतना कहकर वह बाहर निकल गयी, फिर ज्योतिषी को अपनी कुण्डली दिखाने लगी। ज्योतिषी थोड़ा समझदार था, उसने कुण्डली को ध्यान से देखते हुए कहा, "**आपकी उम्र बहुत लम्बी है सेठानी, आप पूरे १०० साल जीयेगीं। आपका पूरा परिवार सुखी रहेगा, लेकिन आप उनसे ज्यादा उम्र जीएगीं।**"

सेठानी ज्योतिषी की बात सुनकर खुश हो गयी। जबकि दोनों ने एक बात कही थी, लेकिन कहने का ढंग दोनों का अलग था।

इसलिए बात कहते समय आप सावधनी बरतें, क्योंकि शब्दों द्वारा कम्युनिकेशन गैप को दूर किया जा सकता है-?

हेथवे कार्पोरेशन के मैनेजिंग डायरेक्टर वारेन बाफे दुनिया के सबसे अमीर व्यक्ति हैं। उन्होंने अपनी बायोग्रोफी '**द स्नोबॉल वारेन बफे एंड द बिजनेस ऑफ लाइफ**' में लिखा है, "**मुझे अपनी आलोचना से भय लगता है। जब मेरी मां की मृत्यु हुई, तो मुझे दु:ख हुआ। परन्तु मेरे आंसू नहीं निकले। लेकिन मेरी मां अच्छी थीं, मगर उनके क्रोधी स्वभाव के कारण मैं कभी उनके निकट नहीं जा सका-? इसलिए मेरी जिन्दगी में हमेशा एक खालीपन**

बना रहा है।

परन्तु उन्होंने मुझे उच्च वर्ग के लोगों के साथ मिलने-जुलने का सलीका सिखाया, व्यापार करने का तरीका बताया और मेरी बोलने की शब्दावलियों से असंभव, शब्दा हटवाया।"

इसलिए आप भी अपने दिमाग से असम्भव शब्द निकाल दें, नए विचारों को स्वीकार करें और नयी शैली को अपनाएं। क्योंकि इस सिद्धांत पर चलकर हालीवुड के नितिन देसाई आज विश्व के सर्वश्रेष्ठ कला निर्देशक बन चुके हैं। जबकि उनका जन्म मध्यमवर्गीय मराठा परिवार में हुआ था और उनका फिल्मों से दूर तक कोई रिश्ता नहीं था।

नितिन बालीवुड के एक मात्र ऐसे कला निर्देशक हैं, जिनकी फिल्म **"स्लमडॉग मिलियनेयर"** को ऑस्कर एवार्ड मिला है। अब वह भारत के 1000 अमीर लोगों की लिस्ट में 850 वे नम्बर पर पहुँच चुके हैं।

इसलिए आप हर पल काम को करने के बेहतर तरीके खोजते रहें, फिर अच्छे जवाब अपने आप उभरकर सामने आ जाएगें। क्योंकि काम करने की क्षमता एक मानसिक अवस्था है।

यही वजह है कि संसार में जितने भी सफल व्यक्ति हुए हैं, वे सब कठोर श्रम करने वाले व्यक्ति है। इसलिए मास्टर-ब्लास्टर सचिन तेन्दुलकर ने एक बार कहा था, **"जो व्यक्ति यह सोचता है कि कोई दूसरा व्यक्ति उसके लिए काम करेगा, तब वह अपने लक्ष्य में कभी भी सफलता प्राप्त नहीं कर सकता-?"**

लुई फिलिप कहा करते थे कि मैं ही एक ऐसा व्यक्ति हूं, जो यूरोप का शासन संभाल सकता हूं-? क्योंकि मैं छोटे-से-छोटा काम अपने हाथ से करता हूं, भले ही वह बूट-पालिश करने का ही काम क्यों न हो-?

आस्ट्रेलिया निवासी बिशप लैडबीटर ने विचारों के रूप, रंग और प्रभाव को ध्यान में रखकर एक पुस्तक लिखी है '***Thought Forms.***।' उसमें उन्होंने लिखा है कि कौन सा विचार मनुष्य के सूक्ष्म शरीर को प्रभावित करता है-?

क्योंकि सम्पर्क में आने वाला व्यक्ति बिना कुछ कहे भी आपके ऊपर कुछ प्रभाव डाल सकता है-? फिर उन विचारों के द्वारा आप तुरन्त समझ लेते हैं कि आपके सामने बैठा हुआ व्यक्ति आपका दोस्त है या दुश्मन-?

जबकि आपका चरित्र स्थायी होता है, इसलिए आपको अपने स्थायी चरित्र की रक्षा करना जरुरी है। ऐसा न करने पर परिणाम बदल जाते हैं-?

इस बात को समझाने के लिए मैं आपको एक किस्सा सुनाता हूँ। कुछ दिनों पहले की बात है, पेरिस के एक चौराहे पर एक होर्डिंग लगा था, जो कि किसी

बड़ी कम्पनी का विज्ञापन था। उस विज्ञापन में उत्तेजक वस्त्र पहने एक कमसिन लड़की दिखाई गई थी, जिसका वादा था कि वह अगले दिन अपने पहनावे का ऊपरी भाग निकाल देगी।

पेरिस वासियों को उसका यह वादा बहुत अजीब लगा। परन्तु दूसरे दिन सुबह लोगों ने होर्डिंग पर लगे उस विज्ञापन में, लड़की की टॉप लेस तस्वीर देखी। फिर उसका अगला वादा था कि वह 10वें दिन अपने पहनावे का निचला हिस्सा पूरी तरह से निकाल देगी।

इस वादे से पूरा पेरिस हरकत में आ गया। वह लड़की **'टॉक ऑफ द टाउन'** बन गई। कोई कहता कि वह अपना वादा निभाएगी-? कोई कहता वह अपना वादा नहीं निभा पाएगी-? क्योंकि ऐसा करने से उस पर अश्लीलता फैलाने का मुकदमा चल सकता है-?

वह दिन जैसे ही करीब आने लगा, लोगों की उत्सुकता बढ़ने लगी। फिर वह 10वाँ दिन भी आ गया, जब नए विज्ञापन में वहीं लड़की बिना किसी परिधान के पेरिस की तरफ पीठ किए हुए खड़ी थी।

यानि उसने अपना वादा पूरा करने के साथ ही पेरिस वासियों का अच्छा-खासा मनोरंजन भी किया। परन्तु इस पूरे ड्रामा के बीच एक महत्वपूर्ण चीज पर पेरिस वासियों का ध्यान नहीं गया-? और वो था प्रॉडक्ट, जिसके लिए वह विज्ञापन बनाया गया था।

इस सुपर हिट कैंपेन के बाबजूद मार्केट में उस प्रॉडक्ट की स्थिति जैसी की तैसी रही। फिर विज्ञापनदाताओं ने अपना माथा पीट लिया। क्योंकि उनका यह विज्ञापन फ्लॉप शो साबित हो चुका था। तब उन्हें पता चला कि प्रॉडक्ट पर माडल के हावी होने का परिणाम क्या होता है-?

दूसरी तरफ लड़की के व्यक्तित्व पर भी नकारात्मक प्रभाव पड़ा। पेरिस के लोग उसे अश्लील नजरों से देखने लगे। क्योंकि उसने पैसों के लालच में अपने दिमाग की सारी खिड़कियाँ बन्द कर ली थीं और अपने स्थायी चरित्र को बर्बाद कर लिया था।

शायद इसलिए महात्मा गांधी ने कहा था, **"आप अपने दिमाग की खिड़कियां खुली रखें। क्योंकि खिड़कियां खुली होने पर आप बेहतर तरीके से सोंच पाएगें-?"**

योगवासिष्ठ पुराण में इस बात को दूसरे तरीके से कहा गया है:-

अनुद्वेगः श्रियः मूलम्।
सवद्यैर्यादृते कश्चिदभ्युद्धरति सड्क्टात्॥

इसका अर्थ है कि धैर्य ही समृद्धि का मूलमंत्र है और जिस मनुष्य में धैर्य

नहीं होता, वह कभी अपने लक्ष्य में सफल नहीं हो पाता-? महाभारत में एक प्रसंग आता है कि एक बार पांडव वन में भटक गए। भटकते-भटकते उन्हें प्यास लगी। ज्यादा थकावट के कारण सभी एक स्थान पर बैठ गए।

युधिष्ठिर ने जल की खोज में पहले नकुल, फिर सहदेव, फिर अर्जुन और अंत में भीम को भेजा। जब काफी समय हो गया, और कोई नहीं लौटा, तब युधिष्ठिर स्वयं भाईयों की खोज में निकले।

कुछ दूर जाने पर उन्होंने एक सरोवर देखा, जहां उनके चारों भाई मृत पड़े थे। युधिष्ठिर देखकर बहुत हैरान हुए। सोचने लगे कि संघर्ष का कोई चिन्ह नहीं है, फिर भी मेरे शूरवीर भाई कैसे मर गये-?

लेकिन उन्होंने धैर्य नहीं खोया। वह कुछ देर तक सोचते रहे, फिर सरोवर से पानी पीने के लिए उठे। जैसे ही जल उन्होंने अपनी अंजुली में भरा, एक आवाज सुनाई पड़ी, "**आप ऐसे जल नहीं पी सकते-? जल पीने से पहले आपको मेरे प्रश्नों का उत्तर देना होगा-? वर्ना आपकी भी वही हालत होगी, जो आपके भाइयों की हुई है-?**"

युधिष्ठिर ने सिर उठाकर देखा, सामने एक यक्ष प्रकट हुआ। उसने युधिष्ठिर से कई प्रश्न किए, जिनमें से एक था कि संसार में सबसे सुखी कौन है-?

युधिष्ठिर ने उत्तर दिया, "**संसार में सबसे सुखी वही मनुष्य है, जिसके अन्दर धैर्य हो।**" इसलिए आपको धैर्य रखना है, क्योंकि धैर्य रखने से नीचे लिखे गुणों की वृद्धि होती है:-

- आपका आत्मविश्वास बढ़ता है।
- आपका संकल्प और विश्वास (***Conviction***) मजबूत होता है।
- आपकी इच्छा-शक्ति में दृढता आती है।
- आपमें आशावादी नजरिए का निर्माण होता है।
- आपका व्यवहार और आचरण सुधरता है।
- आपकी काबिलियत (***Competence***) बढ़ती है।
- आप महत्वाकांक्षी (***Ambitions***) होते हैं।
- आप हीनता की भावना (***Inferiority Complex***) से दूर रहते हैं।
- आप नए अवसरों का स्वागत करने के लिए प्रेरित (***Motivated***) रहते हैं।
- आपकी काम करने और रिस्क (***Risk***) लेने की क्षमता बढ़ती है।
- आप दूसरों के प्रति संवेदनशील (***Sensitive***) होते हैं।

तब आपके अन्दर सकारात्मक सोच विकसित होने लगती है और आप अच्छे निर्णय लेने लगते हैं। तभी तो लाल बहादुर शास्त्री ने कहा था, "***God helps those who help themselves.***" यानि ईश्वर उन्हीं की सहायता करता है, जो

अपनी सहायता खुद करते हैं।

इसी बात को पेस्टालॉजी ने दूसरे तरीके से कहा था, **"ईश्वर द्वारा बनाई गयी दुनिया में न तो कोई किसी की मदद कर सकता है और न कोई किसी की मदद करने की कोशिश कर सकता है-?"**

इसलिए अपनी सहायता अपने आप कीजिए और अपने अन्दर नीचे लिखे गुणों को खोजिए:-

- संयोजन क्षमता (***Organisational ability***)
- बौद्धिक स्तर (***Intellectual capability***)
- क्रियाशीलता (***Dynamic Quality***)
- सामाजिकता (***Social attributes***)
- प्रभाव शक्ति (***Power of influence***)
- अनुप्रेरक शक्ति (***Motivational skill***)

एक अंग्रेजी कहावत है, **"एवरी क्लाउड हैज ए सिलवर लाइनिंग"** इसका अर्थ है कि विपरीत स्थितियों में भी आशा की किरण छिपी रहती है। फिर आप अपने नकारात्मक भावों को सकरात्मक दिशा में मोड़ सकते हैं-?

ठीक वैसे ही जैसे कि **'फेसबुक'** की स्थापना करने वाले 25 वर्षीय मार्क जुकरवर्ग ने मोड़ा है। 14 मई 1984 को न्यूयार्क के डॉक्टर दंपति एडवर्ड और कैरनन जुकरबर्ग के घर जन्मे मार्क जुकरवर्ग बचपन से ही कंप्यूटर प्रेमी थे। और मिडिल स्कूल में पढ़ते समय ही उन्होंने कंप्यूटर प्रोग्रामिंग शुरू कर दी थी तब उन्हें नए-नए प्रोग्राम, कम्युनिकेशन टूलस और गेम्स बनाना पसंद था।

हाईस्कूल में पढ़ते समय मार्क ने पिता के ऑफिस में काम करने वाले कर्मचारियों से बात करने के लिए एक कम्युनिकेशन प्रोग्राम तैयार किया। फिर उन्होंने **'सिनैप्स'** नामक म्यूजिक प्लेयर बनाया, जो उसे इस्तेमाल करने वाले की आदतों को ट्रैक कर लेता था।

उनकी इस प्रतिभा को देखकर माईक्रोसॉफ्ट और ए.ओ.एल. ने सिनैप्स खरीदे और मार्क को जॉब देने का प्रयास किया, लेकिन उन्होंने इस बीच हॉर्वर्ड यूनिवर्सिटी में प्रवेश ले लिया।

फिर मार्क जुकरवर्ग ने फेसबुक की शुरुआत अपने हॉस्टल के रूम से 4 फरवरी 2004 में कि, जो कि बहुत जल्दी हार्वर्ड में प्रसिद्ध हो गई। फिर कॉलेज के दो-तिहाई छात्र पहले दो सप्ताह में उसमें शामिल हो गए।

हार्वर्ड में प्रसिद्ध होने के बाद मार्क जुकरवर्ग ने उसे दूसरी शैक्षिक संस्थानों में भी फैलाने की ठानी। फिर उन्होंने उसे पैंतालिस शैक्षिक संस्थानों में चालू करा दिया।

आज फेसबुक पूरी विश्व के छात्रों और युवाओं के बीच प्रसिद्ध है। इस उपलब्धि की वजह से **'टाइम'** मैग्जीन ने 2008 के सबसे अमीर व्यक्तियों की सूची में मार्क जुकरबर्ग को शामिल किया है। इस सूची में उन्हें अंतर्राष्ट्रीय पटल कर नई क्रांति लाने वाले बराक ओबामा, दलाई लामा और माइकल फिलिप्स के साथ जगह दी गई है, जो आज के युवकों को अमीर बनने के लिए प्रेरित करती है।

शायद इसीलिए एन.सी.ई.आर.टी. ने एक नया पाठ्यक्रम तैयार करवाया है, जिसमें हिट फिल्मों के उदाहरण देकर बच्चों का ज्ञान बठाया जाएगा।

उसमें भारत और पाकिस्तान के बंटवारे पर 1973 में बनी फिल्म **'गर्म हवा'** को महत्वपूर्ण स्थान मिला है। **'चैलेंट ऑफ नेशनल बिलिडंग'** नाम के चैप्टर में फिल्म का जिक्र करते हुए बताया गया है कि देश के बंटवारे के लिए किस तरह की राजनीति का खेल खेला गया-?

और किस तरह फिल्म का हीरो बलराज सहानी जो आगरा में जूतों का व्यापारी था, बंटवारे की राजनीति का शिकार हुआ-? परन्तु परेशानियों के बाद भी उसने अपने देश को नहीं छोड़ा।

सिस्टम से सम्बंधित एक चैप्टर में **'जंजीर'** फिल्म का हवाला भी दिया गया है, जो 1973 में बॉक्स ऑफिस पर हिट हुई थी। इस फिल्म में काम करने के सिस्टम को महत्व दिया गया है तथा बताया गया है कि जहां सिस्टम नहीं होगा, वहां काम सुचारू रूप से नहीं होगा-?

इन फिल्मों को एन.सी.ई.आर.टी. की पुस्तकों में डलवाने का मकसद सिर्फ इतना ही है कि आने वाली युवा पीढ़ी अपने जीवन में संघर्ष कर सके और अपने मन में अमीर बनने की उम्मीद रखें।

क्योंकि सफलता के पीछे उम्मीद की सबसे बड़ी भूमिका होती है। कभी-न-कभी आपने भी यह महसूस किया होगा कि जब आपको कोई सहारा नहीं मिलता, तो उम्मीदें ही आपका सहारा बन जाती है।

तभी तो बालीवुड के अभिनय सम्राट दिलीप कुमार ने कहा है, **"यदि आपके पास उम्मीद है, तब कुछ भी असंभव नहीं है।"**

इसलिए आपको उम्मीद रखनी होगी कि आपको अमीर बनना है, अमीरों की तरह दिखना है। क्योंकि उम्मीद के बिना आप कुछ नहीं कर सकते-? यदि आपका सब कुछ छूट जाए, तब भी आशा का दामन कभी न छोड़ें। क्योंकि इसमें वह शक्ति है, जो असंभव को भी संभव बना सकती है-?

इसकी ताजा मिसाल हैं उद्योगपति किशोर बियानी जिन्होंने तीन-चार साल पहले **'बिग बाजार'** रीटेल आउटलेट की स्थापना की थी। तब किसी को भी

यह उम्मीद नहीं थी की भारत में इस तरह के रिटेल आउटलेट चल सकते हैं-? परन्तु उनकी मेहनत रंग लाई और आज पूरी दुनिया उन्हें रीटेल किंग के नाम से जानती है।

महान सिकंदर जब विश्व विजय का अपना अभियान शुरू कर रहा था, तो किसी ने उससे पूछा, **"इतना बड़ा अभियान किसके सहारे शुरू कर रहे हो-?"**

तब सिकंदर ने कहा था, **"उम्मीद के सहारे, क्योंकि मैं जानता हूं कोई और मेरे साथ रहे न रहे, पर उम्मीद अंतिम क्षण तक मेरे साथ रहेगी।"**

क्योंकि उम्मीद से भरे विचारों में अद्‌भुत शक्ति होती है, जिससे आप अपने इच्छित लक्ष्य की ओर आकर्षित होने लगते हैं।

जितनी मजबूत आपकी उम्मीद होगी, लक्ष्य को पाने की चाह भी आपकी उतनी ही तीव्र हो जाएगी। इसलिए उम्मीद करते समय यह सोचें कि मेरे सपने जरूर पूरे होंगे और ईश्वर मेरी अभिलाषा जरूरी पूरी करेंगे-?

फिर पूरे मनोयोग से अपने सपने को पूरा करने का प्रयास करें। परन्तु इस बात का ध्यान रखें कि आशापूर्ण मन ही सफलता पाने की पहली सीढ़ी है फिर विपरीत परिस्थितियों में भी आपका अमीर बनना निश्चित है।

प्रशिक्षण देते समय मैं हमेशा लोगों से पूछता हूं कि आपमें से कितने लोग हैं, जो आने वाले पांच सालों में अमीर बनना चाहते हैं-?

तब 1000 में से सिर्फ पांच लोग ही अपनी स्वीकृति के लिए हाथ ऊपर उठाते हैं। लेकिन जो हाथ उठाते हैं, उनके चेहरे पर उम्मीद की खुशी साफ देखी जा सकती है-? फिर वही लोग अमीर बन जाते हैं।

दुनिया का कोई भी मेटिवेटर आपको अमीर नहीं बना सकता-? क्योंकि हर व्यक्ति अपने अनुभवों से अमीर बनता है। अपनी सोच से अमीर बनता है। परन्तु अनुभव कैसे लिया जाता है, इसके लिए मैं आपको एक कहानी सुनता हूं।

एक खानदानी चोर के बेटे ने अपने पिता से कहा, **"पिताजी, आप और दादाजी दुनिया के सबसे बड़े चोर रहे हैं। लेकिन अब तक हमारे खानदान में कोई पकड़ा नहीं गया-? जबकि बड़ी से बड़ी चोरियां आप लोग करते रहे हैं। अब मैं बड़ा हो गया हूं, इसलिए अपना हुनर आप मुझे भी सिखाइए।"**

चोर ने कहा, **"ठीक है।"**

रात को वह अपने बेटे को अपने साथ ले गया। दोनों एक घर में घुसे, फिर चोर ने बेटे से कहा, **"तुम कपड़ों की आलमारी में घुस कर कपड़े छांट लो।"**

बेटा जब भारी-भरकम अलमारी में घुसा, तो चोर ने बाहर से उसे बंद कर

दिया। फिर भाग कर बाहर गया और शोर मचा दिया। लड़का घर के दरवाजे को जोर-जोर पीटने लगा। तब तक लोग जागकर बाहर आए। इतनी देर में चोर वहां से रफूचक्कर हो गया।

सुबह चोर का बेटा आंखें लाल किए, अस्त-व्यस्त कपड़ों में, बुरी हालत बनाए घर में घुसा। आते ही वह अपने बाप पर फूट पड़ा, "**यह क्या मतलब हुआ-? आप मेरी जान लेना चाहते हैं-? मैं आपका बेटा हूं या दुश्मन-?**

वो तो यूं समझिए कि मौत के डर से न जाने कैसा मेरी अक्ल का दरवाजा खुल गया और फिर एक-से-एक तरकीबें मुझे सूझ गईं। जिससे मैंने अपनी जान बचाई फिर उन लोगों से बचकर यहाँ लौट आया, वर्ना आपने तो मुझे मरवाने में कोई कसर नहीं छोड़ी थी-?"

चोर ने खुश होकर बेटे को गले से लगा लिया और कहा, "**अक्ल का वो दरवाजा खुलना चोरी का पहला सबक था।**"

इसलिए किसी भी काम को करने के लिए पहले आपको यह विश्वास करना होगा कि इसे किया जा सकता है-? एक बार आप यह सोच लें कि यह काम संभव है, तो फिर आप उसे करने का तरीका भी सोच ही लेंगे। लेकिन व्यर्थ की बातों से खूद को बचाने के लिए आपको नीचे लिए दस गुरुमंत्रों को दिल में उतारना होगा:–

१. एक बार में कई काम हाथ में लेने, यानि **'मल्टी-टास्किंग'** से बचें। इससे एकाग्रता भंग होगी और कुछ न कुछ भूल हो जाएगी। फिर यह आदत आपकी याददाश्त पर हमला कर देगी।

२. नींद के साथ समझौता न करें, क्योंकि छह घंटे की नींद लेना आपके लिए बहुत जरुरी है।

३. हर काम को संगठित और अनुशासित ढंग से करने की आदत डाल लें। **'टु-डू लिस्ट'** और नोट्स बनाएं, प्लानर का इस्तेमाल करें, हर चीज को रखने का स्थान निर्धारित करें।

४. तनाव से तौबा करें, क्योंकि तनाव ही याददाश्त का दुश्मन है। लेकिन सुबह की सैर, ध्यान और गहरी सांस लेने से तनाव को दूर किया जा सकता है।

५. सूचना-विस्फोट के शिकार और गैजेट्स के गुलाम हरगिज न बनें। इन्हें अपने काम का साधन बनाएं, साध्य नहीं-? इसकी दीवानगी से आपका दिमाग **'हैंग'** हो सकता है-? फिर आपकी स्मरणशक्ति पर विपरीत प्रभाव पड़ना शुरु हो जाएगा।

६. भावनाओं पर काबू रखना और व्यर्थ की समृतियों से छुट्टी पाना सीखे। इससे दिमाग पर दबाव घटेगा और याद रखने की ताकत में इजाफा होगा।

७. दिमागी कसरत खूब करें। सोचें-? सवाल करें-? पढ़ें-? लिखें-? शतरंज खेलें-? अतीत की यादें ताजा करें-? इनसे दिमाग के तन्तु ताकतवर होंगे। फिर दिमाग को सुकून देने के लिए संगीत सुनें, प्राकृतिक रमणीय स्थल पर घूमें। क्योंकि ये सब दिमाग को तेज करते हैं।

८. दिमाग का 85 प्रतिशत हिस्सा तरल होता है, जिसके सूखने से याददाश्त प्रभावित होती है। इसलिए अपनी टेबल पर हमेशा पानी की बोतल रखें और समय-समय पर उसे पीते रहें। क्योंकि पानी पीना शारीरिक और मानसिक सेहत के लिए अच्छा होता है।

९. थोड़े-थोड़े समय पर कुछ न कुछ जरूर खाएं, लेकिन कम खायें। फल, दही, अंकुरित चना, बादाम अखरोट, मूंगफली, अंडे जैसी चीजें दिमाग को चुस्त रखती हैं।

१०. सोच को सकारात्मक रखें, इससे दिमाग हर पल तरो-ताज़ा रहेगा और आपको भूलने की बीमारी नहीं होगी।

फिल्म अभिनेता अनुपम खेर का कहना है, "महान और सफल लोगों को करीब से देखने की कोशिश अवश्य करो, क्योंकि मैने छोटी उम्र में ही फिल्मी सितारों को देखकर ऐक्टर बनने का मन बना लिया था। जब मैं शिमला में रहता था, तब वहां बहुत से फिल्म स्टार शूटिंग के लिए आते थे। फिर उन्हें करीब से देखने के बाद मैं उनसे प्रेरित होता था।

जब सुनील दत्त, जीतेन्द्र, ओम शिवपुरी और असरानी शिमला में फिल्म **'उमर कैद'** की शूटिंग करने शिमला आए थे, तो मैं पहली बार शूटिंग देखने गया था। उसके बाद मैंने अपने दिल में अभिनेता बनने का सपना सजों लिया था।

फिर 3 जून 1981 को मैं मुंबई के बाम्बे सैंट्रल स्टेशन पर पहुँच गया। उस वक्त जेब में सिर्फ 37 रूपए थे। पता नहीं था कि जाना कहां है-? फिर मैंने कई रातें सड़कों पर गुजारीं, खाली पेट सोया।

जब हर जगह धक्के खाकर मैं थक गया, तब अपने दादाजी को चिट्ठी लिखी, **"यहां के लोगों को बात करने की तमीज नहीं है। लोग धक्के मारकर ऑफिस से बाहर निकाल देते हैं। जबकि मैं एन.एस.डी. का गोल्ड मेडलिस्ट हूँ।"**

दादाजी का जवाब आया, **"तुम्हारे माँ-बाप ने तुम्हें पढ़ने के लिए घर के बर्तन बेचे, घड़ी बेची, क्या इसीलिए कि तुम वापस आ जाओ-? तुम दो साल मुंबई में संघर्ष कर चुके हो, अब परिपक्व हो गए। इसलिए डटे रहो, क्योंकि भीगा हुआ इन्सान बारिश से नहीं डरता!"**

दादा जी की चिट्ठी ने मेरी आंखें खोल दी और मैं जोश के साथ अपने

सपने की तरफ बढ़ने लगा। तब से मैं हमेशा सकारात्मक सोच रखता हूं और असफलता से अच्छी बातें सीखने की कोशिश करता हूं। मैं यह सोचकर दु:खी नहीं होता कि अमिताभ बच्चन या रॉबर्ट डिनीरियो क्यों नहीं बना-?

मैं यह सोचकर खुश होता हूं कि कुछ लोग अनुपम खेर भी बनना चाहते हैं-? मैं यह सोचकर दुखी नहीं होता हूं कि मेरे पास करोड़ रूपए नहीं है-? मैं यह सोचकर खुश होता हूं कि 37 रूपए के हिसाब से मैं हमेशा करोड़पति रहूंगा।

जबकि मुंबई में एक प्रतिशत लोग सफल होते हैं। इसलिए मैं तो खुश हूं कि लोग मुझे प्यार देते हैं। मेरी फिल्मों को शिद्दत से देखते हैं। आज मेरे पास गाड़ी है, बंगला है, मोबाइल है और एक स्कूल भी है। मैं भगवान् का शुक्रिया अदा करता हूं।

लेकिन मैंने जब से ऐक्टिंग स्कूल खोला है, तब से खुद को अधिक जिम्मेदार महसूस करने लगा हूं। अब मैं प्रशिक्षक और निर्देशक के रूप में ऐसा काम करना चाहता हूं कि दुनिया मुझे सम्मान की नजरों से देखे-?

मैं स्कूल के बच्चों को अपने जीवन से सीखने की सलाह देता हूं और कहता हूं कि झूठ जरूर बोलो, लेकिन खुद से कभी झूठ मत बोलो-?

मैंने अपने फिल्मी सफर से यही सीखा है कि परिश्रम और ईमानदारी का कोई विकल्प नहीं है। यदि मुश्किलों से टकराने की आपके अन्दर ताकत है, तब दौलत आपके कदम चूमेगी।"

अनुपम खेर के संघर्ष से आपको यह प्रेरणा मिलती है कि किसी भी क्षेत्र में सफलता प्राप्त करन के लिए आपको छह बातों पर ध्यान रखना बहुत जरुरी है:–

१. **नतीजों पर नजर रखें:** किसी भी काम के लिए योजना बनानी जरूरी होती है, लेकिन उससे भी जरुरी होता है नतीजे पर नजर रखना ताकि उम्मीद के मुताबिक नतीजा मिल सके। क्योंकि असरदार टाइम मैनेजमेंट वही होता है, जिसमें नतीजें समय से पहले आते हैं।

२. **परफेक्शनिस्ट न बनें:** जरूरी नहीं कि सभी चीजें परफेक्ट होंगी-? अगर आप किसी काम में इसलिए टाल-मटोल कर रहे हैं कि नतीजे नहीं आ पा रहे, तो उस स्थिति में काम शुरू करना ठीक रहेगा।

क्योंकि जो नतीजें आपके लिए 80 प्रतिशत हैं, वे किसी और के लिए 100 प्रतिशत हो सकते हैं-? इसलिए रूकें नहीं, काम जारी रखें। आप उस बचे हुए 20 प्रतिशत को बाद में ठीक कर सकते हैं। क्योंकि किसी काम को कर लेने के बाद उसमें सुधार करना आसान होता है।

३. **फैसले की डेडलाइन का ध्यान रखें:** काम की डेडलाइन तय करना

तो जरुरी है, लेकिन फैसला करने की डेडलाइन भी तय करना अनिवार्य है। ऐसा न करने पर आपके जरूरी कामों में देरी हो सकती है-?

४. समय बचाने की कोशिश करें: एक घंटे में 200 चिट्ठियों को मोड़कर सीलबंद करना समय का दक्षतापूर्ण उपयोग माना जाता है। लेकिन इसी काम को 5 मिनट में निपटाने वाली मशीन खरीद लेना समय का प्रभावशाली इस्तेमाल माना जाएगा। इसलिए समय बचाने के लिए प्रभावशाली विकल्पों को अपनाएं।

५. संगठित रहने की आदत डालें: यह जानना जरूरी है कि आप अपने समय को किस तरह खर्च कर रहे हैं-? डेली टाइम टेबिल बनाकर भी आप खुद को संगठित रख सकते हैं। फिर सोचें कि आप दिनभर में क्या हासिल करना चाहते हैं-?

६. आइडियों को नोट करें: अपने लक्ष्य के बारे में जानकारियां अर्जित करते समय आपके दिमाग में कुछ आइडिए कौंध सकते हैं, जो आगे चल कर अहम साबित होगें-? ऐसे आइडियों को गंभीरता के साथ नोट करते चलें। इससे आपका समय बचेगा।

आपने सर्कस में झूलते हुए कलाकारों को अवश्य देखा होगा-? वे हमेशा परफेक्ट टाइम मैनेजमेंट का प्रदर्शन करते हैं। मुंबई के डिब्बे वालों का टाइम मैनेजमेंट भी बहुत अच्छा है। उन्हीं की बदौलत लाखों लोगों का समय पर लंच पहुँचता है।

जिससे पता चलता है कि टाइम मैनेजमेंट एक आंतरिक जज़्बा है, जो हर व्यक्ति में मौजूद रहता है। परन्तु उसे पहचानने और उस पर अमल करने की जरूरत होती है।

तभी तो स्टैडंर्ड चार्टर्ड बैंक के सी.ई.ओ. पीटर सैड्स ने कहा था, "***Punctuality is a sign of great men.***" यानि समय मनुष्य को महान बनाता है और जिसने समय को मैनेज करना सीख लिया, वह हर हॉल में सफलता पाता है।

■■■

"सोचो कि मैं सुंदर हूं, स्मार्ट हूं, होशियार हूं। तब आपके शरीर में ऊर्जा पैदा हो जाएगी और आप दुनिया के सर्वश्रेष्ठ व्यक्ति बन जाएंगे। क्योंकि व्यक्ति बीमार तभी होता है, जब वह बीमारी के बारे में सोचता है।"

लोग कहते हैं कि चमड़े की जुबान है, फिसल गयी। सच भी यही है, क्योंकि तीन चीजें हमेशा फिसलती हैं। एक पैर, दूसरी जुबान और तीसरी नजर। लेकिन तीनों का फिसलना आदमी की किसी न किसी कमजोरी को दर्शाता है।

पैर का फिसलना बताता है कि आदमी लापरवाह है, जुबान का फिसलना बताता है कि आदमी भरोसे का नहीं है और नजर का फिसलना बताता है कि आदमी बदचलन है। इसलिए फिसलने से बचें, वर्ना आपकी सफलता के सफर में कोई भी स्पीड़ ब्रेकर बनकर सामने खड़ा हो जाएगा।

छटा अध्याय

6

इसे याद रखें

फिल्मों के सितारों की, पूरी दुनिया दिवानी है।
सुपरस्टार बनने की, अपनी अलग कहानी है।।
संकल्प और जुनून से, बदलती है किस्मत।
दौलत तो आनी–जानी है, यह कहावत पुरानी है।।

स्टार्टअप के लिए हौसलों की उड़ान जरूरी है

करीब एक साल पहले मैं मुंबई के युवा उद्यमियों के बीच **'नेतृत्व की अनोखी शक्ति'** विषय पर बोल रहा था। मेरी स्पीच को 500 लोगों का समुह ध्यान से सुन रहा था। लेकिन उनमें से एक व्यक्ति ऐसा भी था, जिसका शरीर तो वहां पर था, लेकिन उसका दिमाग कहीं और था-?

यह देखकर मुझे कुछ अटपटा सा लगा, क्योंकि वह सेमीनार पूरी तरह से मनी बैक गारंटी के सिद्धांत पर चल रही थी और अधिकतर लोग अपना पैसा वसूलने के लिए दिल और दिमाग से मेरी स्पीच सुन रहे थे। कुछ लोग मेरी बातों को लिख भी रहे थे।

उस व्यक्ति की हरकत को देखते हुए मैंने अचानक बोलना बन्द किया और कहा, **"मिस्टर सावरकर! क्या आप कुछ परेशानी महसूस कर रहे हैं-?"**

वह व्यक्ति घबराकर अपनी सीट से उठा, फिर अपनी आंखों को मलते हुए बोला, **"सर! मैंने इस सेमीनार को सिर्फ इस लिए अटेंड किया था कि मैं जान सकूं कि कम समय में अधिक अमीर कैसे बना जा सकता है-? इसलिए आप मुझे वह फामूर्ला बता दीजिए, तब मैं समझूंगा कि आप सच में 'बिजनेस गुरु' हैं-?"**

मैं उस व्यक्ति की बात सुनकर सोच में पड़ गया, क्योंकि मुझे सेमीनार के आयोजकों ने केवल नेतृत्व प्रबंधन विषय पर बोलने के लिए बुलाया था, परन्तु उस व्यक्ति ने विषय ही बदल दिया था।

मगर मुझे उसके प्रश्न का उत्तर भी देना था, इसलिए मैंने वक्त की नजाकत

को देखते हुए, उल्टा प्रश्न उस व्यक्ति से कर डाला, **"मिस्टर सावरकर! क्या आप मुझे बता सकते हैं कि आप अभी तक अमीर क्यों नहीं बन पाएं-?"**

वह व्यक्ति मेरा प्रश्न सुनकर सन्न सा रह गया, उसे मुझ से ऐसी उम्मीद नहीं थी कि मैं ही पलट कर उससे कुछ पूछूंगा-? फिर उसने अपने आपको व्यवस्थित करते हुए लापरवाही से कहा, **"यदि मुझे इतना पता होता, तब मैं आपकी जगह खड़ा हुआ होता और आप मेरी जगह बैठे होते-? इसलिए आप ही बताइए कि मैं अब तक अमीर क्यों नहीं बन पाया-?"**

"क्योंकि आप अमीर बनने से रोकने के कारणों को नहीं जानते-? इसलिए मेरा सुझाव है कि आज आप घर जाकर उन कारणों की एक सूची तैयार कीजिए और उस सूची में सबसे ऊपर लिखिए कि आप अब तक दूसरों के द्वारा सुझाए गए लक्ष्य पर काम कर रहे हैं या फिर आपका अपना कोई नया आइडिया है-? फिर कल मुझे उस को दिखाना, तब मैं आपको बता दूंगा कि आप अभी तक अमीर क्यों नहीं बन पाए-?"

मेरी बात के खत्म होते ही वह व्यक्ति अपना नोटपैड और पैन उठाकर बाहर निकल गया। फिर उसके बाद मैंने अपनी स्पीच बन्द कर दी और लोगों को कल फिर आने का वादा करके मैं भी हाल से बाहर आ गया। बाहर आकर मैंने गाड़ी में बैठते हुए ड्राइवर से कहा, **"गाड़ी होटल ले चलो!"**

मेरा इशारा पाते ही ड्राइवर ने गाड़ी स्टार्ट की और **'किंग होटल'** की ओर चल पड़ा। लेकिन मैं बेचैन था और सोच रहा था कि कल इस व्यक्ति को क्या जवाब दूँगा-?

परन्तु कुछ देर बाद ही मुझे **थॉमस अल्वा एडीसन** की कहानी याद आ गयी। जब वह बिजली का आविष्कार करने में जुटे थे, तब उन्हें सफलता नहीं मिल पा रही थी।

लगभग उनके सभी सहयोगी हार मान चुके थे, मगर एडीसन के उत्साह में कोई कमी नहीं आईं थी। एक दिन उनके सहयोगियों ने आपस में विचार-विमर्श किया, फिर एडीसन से कहा, **"आप बेकार में बिजली की खोज में लगे हुए हैं। तीन वर्षों में हमने लगभग सात सौ प्रयोग करके देख लिए हैं, परन्तु अभी तक आशा की किरण नजर नहीं आई है और सात सौ बार असफल होने का मतलब है कि हम अपनी मेहनत और समय व्यर्थ में खर्च कर रहे हैं-?"**

इस पर एडीसन ने कहा, **"मुझे पता है कि हम सात सौ बार असफल हो चुके हैं, तभी तो मेरा उत्साह दिन-प्रतिदिन बढ़ता जा रहा है। लेकिन अब तीन सौ प्रयास और हो जाएं तो निश्चित रूप से हम मंजिल के करीब**

पहुँच जाएगें। इसलिए घबराओ मत, हिम्मत से काम लो। हमें सफलता जरूर मिलेगी-!"

इस घटना के ठीक छह महीने बाद एडीसन और उनके सहयोगी बिजली का आविष्कार करने में सफल हो गए।

इस बात से पता चलता है कि एडीसन में नेतृत्व करने के गुण थे और नेतृत्व वो शक्ति है जो किसी जाति या राष्ट्र को गुमनामी की गहराइयों से उभार कर यश के शिखर पर बैठा देता है-?

अक्सर नेतृत्व का भार समाज के नेताओं पर होता है। ये नेता राजनैतिक, वैचारिक, सामाजिक या किसी और स्तर पर हो सकते हैं-? परन्तु सभी में जनता को प्रेरित करने का जज़्बा भरपूर होता है।

आजकल मैनेजमेंट की पढ़ाई के दौरान नेतृत्व की तमाम परिभाषएं दी जाती है। क्योंकि नेतृत्व करना एक ऐसा गुण है, जो अनपढ़ को भी राष्ट्रपति की सीट पर बैठा सकता है-?

परन्तु तुलसीदास ने नेतृत्व की परिभाषा को कुछ अलग ढंग से गुणगान किया है। यदि उनकी बात पर अमल किया जाए, तो आज के सारे नेता और राष्ट्रध्यक्ष बौने हो जाएंगे-? क्योंकि तुलसीदास ने रामायण में कहा है:-

"जा सुराज प्रिय प्रजा दुखारी, सो नृप अवस नरक अधिकारी।"

यानि जिस राजा के राज में उसकी जनता दु:खी होती है, वो नर्क में जाता है। हो सकता है कि सबको खुश रखने की शर्त आपको असंभव लगे-?

क्योंकि भारतीय दर्शन मानता है कि एक नेता कभी गलती नहीं करता, बल्कि वो हमेशा अपराध करता है और उसकी हर गलती की कीमत पूरे राष्ट्र को चुकानी पड़ती है-?

इसलिए कहा गया है कि सूझबूझ और दूरदर्शिता ही सच्चा नेतृत्व है। क्योंकि आप सभी कल्पनाशील हैं और भविष्य के सपने बुनते रहते हैं। परन्तु कभी-कभी आपके सपने कल्पना की ऊंची उड़ान से भी ज्यादा ऊँचे हो जाते हैं-?

फिर आपको महंगी कार चाहिए-? फिल्मी हस्तियों का साथ चाहिए-? किसी सुन्दर टापू पर बड़ा बंगला चाहिए-? जबकि ये सब व्यक्तिगत सुखों की कल्पनाएं हैं, नेतृत्व से इनका कोई लेना-देना नहीं है।

जबकि नेतृत्व के तीन पहलू होते हैं। जिसमें पहला पहलू होता है समुदाय, राष्ट्र या संस्थान की कमियों की पूरी समझ। फिर उन्हें सुधारने की निश्चित तारीख।

उसके बाद पूरे समुदाय को इस प्रकार प्रेरित करना कि वे सरकार का सहयोग करें। यह नेतृत्व का सही तरीका है। तब नेतृत्व जनता में प्रेरणा की ज्योति

जला देता है।

इस बात को समझाने के लिए मैं आपको एक कहानी सुनाता हूं। एक राजा ने महल बनवाया। लेकिन वह चाहता था कि उसका महल हर तरह से सुरक्षित हो-? इसलिए उसने उस महल में कहीं भी कोई खिड़की या दरवाजा नहीं लगवाया। सिर्फ एक दरवाजा था। इसलिए उनके अन्दर किसी भी चोर, दुश्मन के घुसने की संभावना नहीं थी। क्योंकि उस इकलौते दरवाजे पर उसने हजारों सिपाहियों का पहरा बिठा रखा था।

जब पड़ोस के सम्राट ने सुना, तो वह भी उस महल को देखने के लिए आया। फिर महल देखकर उसने कहा, **"मैं भी ऐसा ही महल बनवाऊंगा, जहां पर कोई भी खतरा न हो-? क्योंकि यह सबसे सुरक्षित महल है।"**

पड़ोसी सम्राट की घोषणा सुनकर रास्ते में बैठा भिखारी जोर-जोर से हंसने लगा। सम्राट ने पूछा, **"क्या बात है, तुम हँस क्यों रहे हो-?"**

भिखारी बोला, **"मैं इसलिए हँस रहा हूं कि मुझे इस महल में भी एक खतरा दिखाई देता है। क्योंकि इस महल को बनने में एक भूल हो गई है।"**

सम्राट बोला, **"भूल, कौन सी भूल-?"**

भिखारी ने कहा, **"इस महल में अब भी एक दरवाजा लगा है। यदि राजा इसको भी बंद करवा लें और महल के भीतर हो जाएं, तब महल में चोर या दुश्मन कभी नहीं घुस पाएगा-? लेकिन इस दरवाजे से मौत महल के अन्दर अवश्य घुस जाएगी।"**

सम्राट बोला, **"तू पागल है, अगर राजा ने यह दरवाजा भी बंद कर दिया, तो वह मर नहीं जाएगा-?"**

इस पर भिखारी बोला, **"वह तो करीब-करीब मर ही चुके हैं। क्योंकि खतरे के दरवाजे जितने कम होते हैं, जिन्दगी भी उतनी कम हो जाती है।"**

परन्तु यह बात महल बनवाते समय राजा नहीं जान पाया था-? क्योंकि उसमें नेतृत्व करने की शक्ति कम थी-? और उस समय लीडरशिप सिखाने के स्कूल भी नहीं थे, जहां राजा नेतृत्व करने के गुण सीखता-?

लेकिन अब ऐसा नहीं है, अब लीडर तैयार किए जाते हैं और वह इस तरह के होते हैं:-

- पहला वो, जो अपने व्यक्तिगत के प्रभाव से दूसरों को लीड करता है।
- दूसरा वो, जो दूसरे के गुणों को देखकर लीड करता है।

पहले प्रकार का लीडर आसानी से दूसरों को यह बता सकता है कि उसे क्या चाहिए-? उसका चुम्बकीय व्यक्तित्व लोगों को अपनी ओर आकर्षित कर लेता है और फिर दूसरे लोग उसके आदेशों की अवहेलना नहीं कर पाते-?

लेकिन दूसरे प्रकार का लीडर अपना प्रभाव लोगों पर नहीं डालता, बल्कि उनके अन्दर से उनकी विशेषताओं को निकालकर उपयोग में लाता है। ऐसा लीडर दूसरों के विचारों और व्यक्तित्व की कद्र करता है और अपनी इच्छा उन पर जबरन नहीं थोपता।

क्या है अच्छे लीडर की पहचानः लीडर की पहचान उसके व्यवहार से होती है। एक अच्छा लीडर वही है, जो दूसरों के लिए अनुकरणीय बनें। वह अपने सदस्यों की भावनाओं और चेतना में विश्वास डाले। उनमें काम के प्रति उत्साह को जाग्रत करे और साथ में उनको यह अहसास कराए कि उनके द्वारा लिए गए निर्णय भी उपयुक्त हैं।

इस तरह की लीडरशिप से उसके व्यक्तित्व की पहचान बनती है। यदि उसका व्यक्तित्व प्रभावशाली होगा, तो उसके सदस्य पूरी टीम भावना (***Team-Spirit***) के साथ टीम वर्क करेंगे और निर्धारित लक्ष्य को समय के अन्दर पूरा करेंगे।

आपने देखा होगा, जब क्रिकेट में अपनी टीम इंडिया जीतती है, तब हर कोई टीम भावना की बात करने लगता है। क्योंकि कोई भी मिशन तब कामयाब होता है, जब उनके सदस्यों में टीम भावना की बात आती है।

लेकिन जब कोई मिशन नाकाम होता है तब हार होती है और टीम भावना की कमी का रोना रोया जाता है।

क्या है टीम भावना (*TEAM-SPIRIT*): टीम भावना वह साझी भावना है, जिसमें किसी समूह के सदस्य अपने लिए नहीं, बल्कि सांझे रूप से किसी लक्ष्य को पाने का प्रयास करते हैं। या कहें कि जिसमें समूह की एकता और सक्षमता के हित देखे जाते हैं।

यानि जहां कहीं एक साथ कुछ लोग इकट्ठा होते हैं, उन्हें हम समूह कह सकते हैं। चाहे उनके इकट्ठे होने का मकसद कुछ भी रहा हो-? ठीक वैसे ही टीम किसी लक्ष्य को पाने के लिए एक साथ होती है और एक साथ प्रयास करती है।

परन्तु टीम भावना के लिए जरुरी है कि आप **'मैं'** को दरकिनारे करके **'हम'** वाले रवैए को अपनाएं-? परन्तु इसके लिए आपको कुछ तथ्यों पर ध्यान देना होगा और जानना होगा कि आपके अन्दर लीडर बनने के कितने गुण हैं:-

1. क्या आप दूसरों की टांग खींचते हैं-? हाँ ☐
2. क्या आप दूसरों की छवि धूमिल करते हैं-? हाँ ☐
3. क्या आप दूसरों को अपनी उपस्थिति महसूस कराते हैं-? हाँ ☐
4. क्या आप पूर्व की उपलब्धियों का बखान करते हैं-? हाँ ☐

5. क्या आप अपने गुस्से को प्रगट करते हैं-? हाँ ☐
6. क्या आप सकारात्मकता और तत्परता दिखाते हैं-? हाँ ☐
7. क्या आप बिना जरुरत के अपना सुझाव देते हैं-? हाँ ☐
8. क्या आप दूसरों की उपलब्धियों से ईर्ष्या करते हैं-? हाँ ☐
9. क्या आप दूसरों के अच्छे प्रदर्शन का मूल्यांकन करते हैं-? हाँ ☐
10. क्या आप अपनी पारिवारिक चिंताओं कों जाहिर करते हैं-? हाँ ☐
11. क्या आप नकारात्मक प्रतिक्रिया मिलने पर खीज जाते हैं-? हाँ ☐
12. क्या आप महात्मा गाँधी के तीन सिद्धांत बुरा मत बोलो, बुरा मत सुनो और बुरा मत देखो पर अमल करते हैं-? हाँ ☐

अब अपना उत्तर जानने के लिए हाँ (✓) वाले सही निशानों का योग करें।

- यदि आपके 10 से अधिक उत्तर **'हाँ'** में हैं, तब आप समझ सकते हैं कि आपके अन्दर लीडरशिप के गुण हैं और आप पुस्तक को एक बार पढ़ने के बाद ही उस पर अमल करना शुरू कर सकते हैं-?
- यदि आपके 10 से कम उत्तर **'हाँ'** में हैं तब आपको इस अध्याय को तब तक ध्यान से पढ़ना होगा, जब तक कि आपके 10 से अधिक उत्तर **'हाँ'** में नहीं आ जाते-?
- लेकिन 8 से कम उत्तर **'हाँ'** में होने पर आपको पूरी पुस्तक दो या तीन बार पढ़नी होगी और यह समझना होगा कि सामुहिक प्रयासों से ही लीडरशिप पैदा होती है।

क्योंकि टीम भावना यह एहसास दिलाती है कि आपने जो पाया है, वह आपके अकेले का नहीं है, बल्कि सब का साझा है। इसलिए टीम भावना खेल के मैदान से लेकर समाज के तमाम सामूहिक कार्यों तक जरुरी है। चाहे वह मिल कर किसी काम को करने का निर्णय लेना हो-? या किसी सामाजिक उद्देश्य की प्राप्ति के लिए किया जा रहा कोई प्रयास हो-? या निजी क्षेत्र या कंपनी का कोई अभियान हो-? सबमें टीम भावना का महत्व है।

टीम भावना क्यों महत्वपूर्ण है: बड़ी सफलता में अकेले व्यक्ति का कोई महत्व नहीं होता, बल्कि उसकी योग्याताओं का महत्व है ताकि वह टीम में एक भूमिका अदा कर सके-?

टीम सफल हो, इसके लिए आपको बराबर प्रयास करना होता है। **'एकला चलो रे'** की भावना से टीम का हित नहीं होता-? बल्कि आपके भीतर वह सामाजिक कौशल होना जरुरी है, जो किसी सामुहिक कार्य को सफलता की ओर ले जाए।

कैसे देती है विविधता बेहतर नतीजे: टीम भावना की शुरूआत वहीं से

होती है, जहां से आप बाकी लोगों के साथ एक लक्ष्य की ओर बढ़ना शुरु करते हैं। फिर विचारों और व्यक्तियों की विविधता बेहतर नतीजे देती है। तब जितना बड़ा समूह होगा, उतने ही ज्यादा आपके पास विचार होंगे, जिससे टीम की क्षमताएं बढ़ेंगी।

क्योंकि किसी भी एक व्यक्ति का काम अपने आप में पूर्ण नहीं हो सकता-? टीम की अपनी ताकत होती है। लेकिन जरुरी है दूसरों के साथ काम कर पाने की योग्यता और दूसरों को महत्वपूर्ण समझाने की क्षमता-?

इस समझ के साथ जब आप टीम में शामिल होते हैं, तब बेहतर नतीजे पाने का रास्ता आसान हो जाता है। जिसकी उम्मीद आप अकेले नहीं कर सकते-?

क्योंकि टीम के साथ काम करते हुए हर सदस्य को नए तरीके से सोचने की छूट होती है, फिर वह अपने हिस्से के काम को एक नया रूप देने में लग जाता है।

क्या है टीम भावना में नेतृत्व की भूमिका: टीम का अर्थ है कि किसी एक लीडर के नेतृत्व को स्वीकार करते हुए काम करना। क्योंकि वह काम में तालमेल बैठाता है, फिर सबकी कमियों-खामियों को पहचान कर अपने दल को ऐसा रूप देता है कि हर व्यक्ति बेहतर परिणाम देने लगता है।

लेकिन टीम में यह बेहद जरुरी है कि बिना लीडर की उपस्थिति के भी आप सकारात्मक रूप से काम करें और अच्छे नतीजे दें-? इसके लिए आपको नीचे लिखी बातों पर ध्यान देना होगा:-

- टीम के सदस्य कुछ समय एक साथ गुजारें और एक-दूसरे के व्यक्तित्व को बेहतर ढंग से जानने की कोशिश करें।
- विविधताओं के बीच काम कैसे करना है, यह भी जानें।
- टीम में काम करते हुए कई तरह के दबाव होते हैं। इसलिए किसी एक के काम को दूसरे से कम न समझें-? क्योंकि अच्छे काम में उसकी भी हिस्सेदारी है।

यदि टीम में इस तरह की भावना नहीं होगी, तो वह सफल टीम नहीं कहलाएगी। परन्तु यह अवस्था कमजोर लीडरशिप के कारण आती है।

हौसले रखें हिमालय से ऊंचे:

आज से करीब 90 साल पहले एक पत्रकार ने पर्वतारोही जॉर्ज मैलोरी से एक सवाल किया था, **"आप माउंट ऐवरेस्ट पर क्यों चढ़ना चाहते हैं-?"**

वह इस सवाल से भड़क गए और उत्तेजित होकर जॉर्ज मैलोरी बोले, **"क्योंकि वह ऐवरेस्ट है।"**

लेकिन जॉर्ज मैलोरी का सपना पूरा नहीं हुआ। क्योंकि ऐवरेस्ट पर चढ़ाई के

अपने तीसरे अभियान में वह लापता हो गए थे, फिर 75 साल बाद उनका शव मिला था। परन्तु वह अकेले पर्वतारोही नहीं थे, जिसका सपना टूटा था। जॉर्ज मैलोरी के बाद सैकड़ों पर्वतारोहियों ने दुनिया की सबसे ऊंची चोटी फतह की कोशिशें की, लेकिन किसी को भी सफलता नहीं मिली।

क्योंकि ऐवरेस्ट का लक्ष्य कठिन परीक्षा की मांग करता है। इस सफर में यह कहना मुश्किल है कि सबसे खतरनाक जगह कौन सी है-? बर्फानी तूफान, हिम दरारें और हाई एल्टीट्यूड सिकनेस जैसी घातक स्थितियों से यदि बच गए, तो आइसफॉल से बचना मुश्किल हो जाता है।

यह आइसफॉल बर्फ की एक ऐसी बहती नदी है, जिसमें बर्फ के बड़े-बड़े टुकड़े तैरते रहते हैं। इस आइसफॉल को पार करने वाले पर्वतारोहियों को लगातार इस बात का खतरा रहता है कि वे कहीं अचानक खुलने वाली हिम दरारों या उन बर्फ के टुकड़ों के शिकार न हो जाए-?

बहुत से लोग ऐवरेस्ट को एक कब्रगाह कहते हैं, क्योंकि वहां पर मरने वालों की संख्या 250 के करीब हो चुकी है।

लेकिन जिन लोगों के हौसले हिमालय से ऊंचे थे, उन्होंने ऐवरेस्ट की चोटी पर अपनी सफलता का परचम फहरा दिया।

उनमें से सबसे पहला नाम है एडमंड हिलेरी और तेनाजिंग नोरगे का, जिन्होंने अपने सफल नेतृत्व की वजह से 1953 में ऐवरेस्ट पर विजय पाई थी। उसके बाद तो एवरेस्ट की चोटी पर चढ़ने का सिलसिला सा शुरू हो गया:-

१९६५: एम.एस कोहली के नेतृत्व में नौं सदस्यों का दल चोटी पर पहुँचा और भारत ऐवरेस्ट पर फतह करने वाला चौथा देश हो गया।

१९७५: जापान की जुनको ने दक्षिण पूर्व रिज से शिखर पर चढ़ाई की और वह ऐवरेस्ट के शिखर पर पहुँचने वाली पहली महिला कहलाई।

१९८४: बर्फानी तूफान को झेलकर बच्छेंद्री पाल ने माउंट ऐवरेस्ट फतह किया और ऐसा करने वाली पहली भारतीय महिला बनीं।

१९९३: भारत की 19 साल की डिकी डोलमा ने शिखर तक का सफर तय किया और ऐसा करने वाली वे सबसे कम उम्र की महिला बनीं।

२००९: 21मई को अपा शेरफा ने 19वीं बार शिखर पर चढ़ाई की। और सफलता पाई।

इसलिए इन की सफलता से सीख लो, क्योंकि ये सब सफल नेतृत्व के उदाहरण हैं। वैज्ञानिक फैडरिक कुले की कहानी भी कुछ ऐसी ही है। जब वे अणुओं की संरचना को समझने के लिए संघर्ष कर रहे थे, तब एक रात आग के सामने उन्हें झपकी आ गई।

फिर सपने में उन्होंने अणुओं को नाचते हुए देखा। अणु सांप की आकृति में बदल गए और वे कुछ समझ पाते, इससे पहले ही सांप ने अपनी पूंछ को मूंह में दबा लिया और अंगूठी की आकृति बनाई।

तब फडरिक ने सपने से प्रेरित होकर कहा कि बेन्जीन अणु एक मंडल है। फिर यह खोज जैविक रसायन के क्षेत्र में बड़ी उपलब्धि साबित हुई।

इसलिए दिमाग को बंद मत करो, क्योंकि अल्बर्ट आइंस्टीन ने कहा है, **"जब आप कुछ नया सीखते हैं, तो आपके अनुभव इतिहास के पन्नों में सिमट जाते हैं।"**

यही वजह है कि महान नेतृत्वकर्ता, आविष्कारक, सफल उद्योगपति और सुपरस्टार के मन की गहराइयों में यह इच्छा दबी रहती है कि उन्हें अपनी जिंदगी में कुछ विशेष दिखना है-? कुछ नया करना है-? तब वे उस बात पर यकीन करते हैं, जिसे वे सही मानते हैं। फिर हकीकत में बदलने के लिए अपनी पूरी ऊर्जा उस काम में लगा देते हैं।

इस बात को विस्तार से समझने के लिए इस कहानी को ध्यान से पढ़ें। एक राजा अपनी नव विवाहित रानी के साथ शाम को घूमने के लिए रथ से निकला। रथ वह स्वयं चला रहा था। अचानक आसमान से काले-काले बादल उमड़ आए-? फिर आंधी-तूफान के लक्षण दिखने लगे। यह देखकर रानी घबरा गयी, लेकिन राजा बेपरवाह होकर रथ हांकता रहा।

रानी ने पूछा, **"आंधी-तूफान की आशंका के बावजूद आप इतने बेफिक्र क्यों हैं-?"**

राजा ने उत्तर दिया, **"यह कोई विशेष बात नहीं है।"**

रानी ने कहा, **"कुछ देर बाद हमारे प्राण संकट में पड़ सकते हैं, फिर भी आप कहते हैं कि यह कोई विशेष बात नहीं हैं-?"**

यह सुनते ही राजा ने तलवार निकालकर उसकी नोक रानी के सीने से लगा दी। रानी ने मुस्कराकर पूछा, **"यह क्या है-?"**

राजा ने कहा, **"अपने सीने पर तलवार देखकर भी तुम डर क्यों नहीं रही-?"**

रानी ने जवाब दिया, **"जब आपके जैसा पति मेरे साथ है, तो डर किसी बात का-?"**

इस पर राजा ने कहा, **"तुम्हें जिस तरह अपने पति पर विश्वास है, उसी तरह मुझे अपने नेतृत्व पर भरोसा है। फिर मैं आंधी-तूफान से क्यों डरूं-?"**

शायद इसी कहानी को ध्यान में रखते हुए पूर्व राष्ट्रपति ए.पी.जे. अब्दुल कलाम ने कहा था, **"जो मनुष्य अपनी सफलता का श्रेय दूसरों में बांट दे**

और अपने साथियों को प्रोत्साहित करने की जरुरत समझे, वही सही मायनों में 'लीडर' होता है।"

इसका ताजा उदाहरण हैं भारतीय मूल की अमेरिकी अर्थशास्त्री सोनल शाह। जिन्हें अमेरिका के नवनिर्वाचित राष्ट्रपति बराक ओबामा ने अपने **'ट्रांजिशन बोर्ड'** में सलाहकर नियुक्त किया है।

जबकि सोनल शाह का जन्म 20 मई 1968 को मुम्बई में हुआ था। उनके पिता रमेश पूनमचंद शाह 1970 में गुजरात से न्यूयार्क आए थे। तब उन्होंने अपना कॅरियर कैमिकल इंजीनियर के रूप में शुरू किया था। बाद में उनका रुझान **'स्टॉक मार्केट'** की ओर हो गया। अब वह **'मॉर्गन स्टेले'** में सलाहकार के रुप में काम कर रहे हैं।

परन्तु 1972 में चार वर्ष की उम्र में सोनल अपनी माँ कोकिला और बहन रूपल के साथ अमेरिका चली गई थीं। फिर सोनल शाह ने 1990 में शिकागो यूनिवर्सिटी से अर्थशास्त्र में बी.ए. किया। उसके बाद ड्यूक यूनिवर्सिटी से एम. एम. की डिग्री ली।

फिर सोनल शाह ने अमेरिका की ट्रेजरी में 1995 से 2000 तक विभिन्न पदों पर काम किया और एशियाई वित्तीय संकट पर भी उन्होंने उल्लेखनीय भूमिका अदा की। आज वह ओबामा प्रशासन में सलाहाकार हैं।

इसीलिए बिरला इंस्टीट्यूट ऑफ मैंनेजमेंट टेक्नोलोजी के निदेशक हरिवंश चतुर्वेदी ने कहा है, **"अच्छा लीडर बनने के लिए अच्छा मैनेजर होना जरुरी है। परन्तु लीडर को कर्मचारियों की परख होनी चाहिए और पता होना चाहिए कि किसकी कितनी क्षमता है-?"**

कुछ दिनों पहले मैं एक हिन्दी कॉमेडी फिल्म **'नो इंट्री'** देख रहा था, जिसका मुख्य किरदार अनिल कपूर हर मौके पर **'बी पॉजिटिव'** का डॉयलॉग बोलता है। फिल्म के दौरान उसका यह डॉयलॉग बहुत हास्यपद लगता है, परन्तु असल जिन्दगी में इस बात का बहुत महत्व है।

क्योंकि जीवन आगे बढ़ने का नाम है और इसमें कोई रिवर्स गियर नहीं होता। परन्तु ब्रेक जरुर होते हैं। लेकिन ब्रेक के बाद रेस देना जरुरी है। क्योंकि मनुष्य का जीवन हमेशा विकाश की और अग्रसर रहता है, जो सिद्ध करता है कि आपकी लाइफ पॉजिटिव है।

इसलिए फिल्म में अनिल कपूर ने **'बी पॉजिटिव'** शब्द का इस्तेमाल किया था। क्योंकि जिस व्यक्ति का रवैया पॉजिटिव होता है, वह किसी भी मुश्किल से आसानी से निकल सकता है-?

रवैया एक मानसिक अवस्था है, जो किसी व्यक्ति के सोचने का तरीका

बदल देता है। फिर ऐसे व्यक्ति सफल लीडर साबित होते हैं और उनकी साख पर कम्पनी का विकास होता है।

जबकि आई.ए.एस. अकादमी के पूर्व प्रशासनिक अधिकारी डा.के.के. सक्सेना मानते हैं, **"लीडर बनने के लिए पेशेवर होने के साथ संवेदनशील होना बहुत जरुरी है।"**

तभी तो ग्रंथों में लिखा है:–

अयं निजः परोवेति, गणना लघुचेतसाम्।
उदारचरितानाम तु वसुधैवकुटुम्बकम्॥

इस श्लोक का अर्थ है कि ये मेरा है, वो तेरा है जैसी बातें छोटी सोच के लोग करते हैं। परन्तु जो लीडर होते हैं, वो पूरी दुनिया को अपने परिवार की तरह देखते हैं। लेकिन किसी राष्ट्र का नेतृत्व करना कितना कठिन होता है, इसका अंदाजा लगाने के लिए आप इस कहानी पर ध्यान दें।

एक बार रोम के राजा डेमोक्लीज से किसी ने कहा, **"तुम्हारे पास काम ही क्या है-? दिनभर राजगद्दी पर बैठे रहते हो-?"**

डेमोक्लीज चुप रहा और अगले राजमहल के जलसे से पहले उसने उसी व्यक्ति को राजगद्दी पर बैठा दिया। फिर उसके सिर के ऊपर धागे से तलवार लटका दी।

पूरी शाम जलसा चलता रहा। सब लोग खुशियां मनाते रहे, परन्तु पर उस व्यक्ति की जान गले में अटकी रही। रात होने पर राजा ने उसे राजगद्दी से उतारा और कहा, **"नेतृत्व करने का तनाव भी ऐसा ही होता है-? हर वक्त सिर पर लोगों की उम्मीदों का भार लदा रहता है और ये डर सताता रहता है कि कहीं उनकी नजरों से मैं गिर न जाऊं-?"**

आपके जीवन में भी कुछ ऐसे क्षण आ सकते हैं, अब आप अपने आपको इस तरह के चक्रव्यू में घिरा पाएगें-?

इसीलिए महाभारत में भगवान कृष्ण ने युद्ध से पहले बातचीत के जरिए कौरवों को मनाने की पैरवी ही नहीं की, बल्कि खुद उस युद्ध में बढ़-चढ़कर हिस्सा लिया था।

रॉबर्ट एच. शुलर की पुस्तक **'बिकम द पर्सन यू वान्ट टु बी'** में इसी बात को दूसरे तरीके से कहा गया है, **"उस मानसिकता पर विचार करो, जो विरोध के नजरिए से निकलती है। क्योंकि जब आप इस नजरिए से सोचते हैं कि यह सिर्फ दिमाग का फतूर है, तो आप भावनात्मक रूप से मुक्त हो जाते हैं।"**

एक पुरानी कहानी है, एक बार एक किसान का गधा सूखे कुएं में गिर गया।

जब तक किसान कुछ सोच पाता कि क्या उपाय किया जाए-? तब तक गधा वेदना से चिल्लाता रहा। फिर किसान ने फैसला लिया कि गधा तो तकरीबन बूढ़ा हो चुका है और अब यह अपना काम भी ठीक से करने में सक्षम नहीं है। इसलिए इसे कुएं से निकालने का अब कोई फायदा नहीं है-?

यह सोचकर उसने कुएं को मिट्टी से भरने के लिए अपने पड़ोसी किसान से मदद मांगी। उसने फावड़ों से मिट्टी डालनी शुरू कर दी।

तब उस गधे को कुछ समझ नहीं आ रहा था कि यह क्या हो रहा है-? उसने रेंकना जारी रखा। परन्तु थोड़ी देर के बाद उसकी आवाज आनी बंद हो गई।

कुछ और मिट्टी डालने के बाद किसान ने कुएं में झांका। तब उसने एक अजीब दृश्य देखा कि जैसे ही उस गधे पर मिट्टी डलती गयी, वैसे ही वह मिट्टी झाड़ कर ऊपर आता गया।

परन्तु जब कुएं के किनारे तक मिट्टी भर गई, तब गधे ने बाहर छलांग लगाई और खुश होकर भाग गया।

यह कहानी बताती है कि जीवन एक संघर्षपूर्ण युद्ध के समान है और यह युद्ध तब लड़ा जा सकता है, जब आप पूरी तरह से निडर हों-?

परन्तु इसके लिए अपने आप को बदलना होगा-? अपनी कमजोरियों को जानना होगा-? अपनी शक्तियों को जागृत करना होगा-? प्रयास करने का तरीका ढूंढना होगा-? क्योंकि कमजोर हिस्सों को जानने के बाद उसे बदलना आसान होता है।

यह एक वैज्ञानिक तरीका है, जिसे अपनाने के बाद विश्व के तमाम नेताओं ने अपने देश की जनता का सफल नेतृत्व किया है:-

➲ जोसेफ काबिला ने सिर्फ 29 साल की उम्र में कांगों की सत्ता संभाली थी, तब कांगों गृहयुद्ध से जूझ रहा था और विदेशी फौजें कांगों में डटी हुई थीं। जोसेफ कबिला के प्रेसीडेंट पिता की हत्या पहले ही हो चुकी थी। परन्तु काबिलियत और तजुर्बे पर उठते सवालों के बीच युवा कबिला ने कांगों की सत्ता संभाली।

फिर तंजानिया और चीन में सैनिक प्रशिक्षण लेने के बाद काबिला ने कांगों की राजधानी में कई महत्वपूर्ण लड़ाईयों का नेतृत्व किया था।

लेकिन दुनिया को डर था कि सियासत में अनुभवहीन कबिला के हाथ में गृहयुद्ध से जूझ रहे कांगों की और बुरी हालत ना हो जाए-?

परन्तु इस युवा फौजी ने सेना की बागडोर संभालने के साथ ही सियासत के बड़े-बड़े चाणक्यों को हैरान कर दिया। सत्ता संभालते ही उन्होंने सबसे पहले

कांगों को गृहयुद्ध के भंवर से निकालने की कोशिश की फिर अपने सफल नेतृत्व के द्वारा देश से विदेशी फौजों को बाहर निकाल दिया। यह काबिला की कोशिशों का ही नतीजा था कि 2002 में दक्षिण अफ्रीका के सन सिटी में शांति समझौते पर हस्ताक्षर हुए।

➲ दुनिया के सबसे युवा शासक जिग्मे वांगचुक को देश की बागडोर पिता से विरासत में मिली है। लेकिन इस विरासत के साथ उसे एक बड़ी जिम्मेदारी यह भी मिली है कि वह हिमालय की गोद में बसे भूटान में लोकतंत्र लाने के काम को आगे बढ़ाएं।

फिर जिग्मे वांगचुक ने जनता की सहमति के न होने के बावजूद लोकतंत्र लाने के काम को आगे बढ़ाया। फिर 2005 में राजा जिग्मे वांगचुक ने ऐलान किया कि वह 2008 में लोकतांत्रिक सरकार के गठन के बाद पद छोड़ देंगे।

राजा के ऐलान के बाद भूटान में कोहराम मच गया। कई घरों में चूल्हें नहीं जले। क्योंकि लोग लोकतंत्र के लिए राजशाही छोड़ने को तैयार नहीं थे। परन्तु राजा ने वक्त से पहले ही 2006 में पद छोड़ दिया और युवा राजकुमार को देश में लोकतंत्र की स्थापना करने की जिम्मेदारी सौंप दी।

ऑक्सफोर्ड यूनिवर्सिटी से राजनीति शास्त्र की पढ़ाई करने वाले युवा राजकुमार ने राज परिवार और खुद की लोकप्रियता को लोकतंत्र का हथियार बनाया। उन्होंने मार्च 2008 में होने वाले चुनावों के लिए देश का दौरा किया और जनता को वोट देने के लिए मनाया।

युवा राजकुमार की कोशिश रंग लाई, फिर बड़ी संख्या में भूटानी जनता ने लोकतांत्रिक सरकार के गठन के लिए वोट दिया। उसके बाद भूटान में संसदीय लोकतंत्र की स्थापना हुई, जो कि राजकुमार के सफल नेतृत्व का नतीजा है।

➲ परन्तु युवा मोहम्मद नाशीद ने इतिहास रचा है। उसने तीस साल तक मालदीव की सत्ता पर काबिज तानाशाह मौमून अब्दुल ग्यूम को सत्ता से बेदखल किया।

तब मोहम्मद नाशीद महज 11 साल का था, फिर उसने पत्रकारिता को करियर बनाया और यू.के. और श्रीलंका में पढ़ाई की। वहां से वापस आकर उसने राजनैतिक पत्रिका में ग्यूम की नीतियों के खिलाफ लिखा, जिसका खामियाजा उसे जेल जाकर चुकाना पड़ा।

फिर मोहम्मद नाशीद ने संसद की राह चुनी और मालदीव की जनता ने उन्हें माले से संसद में भेजा। उसके बाद मालदीव में मोहम्मद नसीद का नाम लोकतंत्र की आवाज बन गया।

सियासत मे सिर्फ आठ साल के तजुर्बे वाल नाशीद पांच साल पहले गठित

मालदीव डेमोक्रेटिव पार्टी से राष्ट्रपति बने। फिर जनता का उनके नेतृत्व में विश्वास बढ़ गया।

➲ बशर अल असद भी दुनिया के उन चुनिंदा नेताओं में से हैं, जिन्होंने मर्जी के खिलाफ सियासत की राह पकड़ी थी। क्योंकि जब बशर के पिता हफीज अल असद सीरिया के राष्ट्रपति थे, तब 1994 में बशर के भाई की मौत हो गई।

फिर ब्रिटेन में डाक्टरी की पढ़ाई कर रहे बशर को देश लौटना पड़ा। उसके बाद उन्हें पिता की मर्जी के चलते मजबूरन सियासत में एंट्री करनी पड़ी। पहले वे सीरियन सेना के कमांडर बने, फिर सीरिया की जनता ने उन्हें जीता दिया।

राष्ट्रपति बनने के बाद बशर सीरिया में नई टेक्नोलॉजी लाए। फिर देश के लोगों को इंटरनेट से परिचित कराया, जो कि युवा नेतृत्व का प्रतीक है।

➲ दिमित्री मेदवेदेव को रूस के राष्ट्रपति रहे ब्लादिमीर पुतिन का खास करीबी माना जाता है। प्रोफेसर के बेटे और खुद असिस्टेंट प्रोफेसर रहे दिमित्री और पुतिन का साथ 17 साल पुराना है, क्योंकि दोनों सेंट पीर्ट्सबर्ग के रहने वाले हैं।

परन्तु राष्ट्रपति पद संभालने से पहले वह रूस के उपप्रधानमंत्री थे। यह सोवियत संघ के विघटन के बाद रूस का फिर से उठ खड़े होने का वक्त था और इसे पूरा करने में लगी थी पुतिन की युवा टीम।

इस टीम के प्रमुख खिलाड़ी थे दिमित्री मेदवेदेव। उन्होंने रूस के अरबपतियों को राष्ट्रपति से मिलवाने का काम किया। फिर 2002 में मेदवेदेव ने रूस की सबसे बड़ी पेट्रोलियम कम्पनी **'गैज़प्रोम'** की कमान संभाली और अपने सटीक नेतृत्व से उसे विश्व की सबसे कमाऊ कम्पनी बना दिया।

➲ अब बात करते हैं युवा राष्ट्रपति बराक हुसेन ओबामा की, जिन्होंने दुनिया के सबसे ताकतवर देश के नेतृत्व की लड़ाई लड़ी। उनके दूसरी तरफ 72 साल के बुजुर्ग जान मैक्केन थे, लेकिन अमेरिकी जनता ने तजुर्बे की बजाए युवा जोशीले ओबामा के बदलाव के नारे **'वी कैन'** पर विश्वास किया।

फिर 200 सालों के अमेरिकी इतिहास में ओबामा पांचवे सबसे युवा राष्ट्रपति बन गए। जबकि राष्ट्रपति बनने से 5 साल पहले तक ओबामा इलिनॉय प्रांत की सीनेट के अनजान से सीनेटर थे। लेकिन सबको झुठलाते हुए ओबामा ने शानदार जीत दर्ज की।

ओबामा के करिश्माई भाषण ने लोगों को सम्मोहित किया। बाद में उनकी किताब **'ऑडेसिटी ऑफ द होप'** अमेरिका की बेस्टसेलर बनी। तब तक ओबामा अमेरिका में लोकप्रिय हो चुके थे।

2007 में ओबामा ने राष्ट्रपति पद के लिए उम्मीदवार का ऐलान किया और बदलाव का नारा बुलंद करके अमेरिका के राष्ट्रपति बन गए। आज वहाँ की जनता ओबामा की पारदर्शिता और नेतृत्व की कायल है। तभी तो किसी शायर ने कहा है:-

नन्हीं चींटी जब दाना लेकर चलती है।
तब ऊँची दीवार से सौ बार फिसलती है।।
उसके मन में कुछ करने का विश्वास भरा होता है।
इसलिए चढ़कर गिरना उसको नहीं अखरता है।।
अन्त में अपने मिशन में सफल हो जाती है।
फिर बड़ी सफलता पाने में जुट जाती है।।

यह बात हर उस व्यक्ति पर लागू होती है, जो सफल नेतृत्व करने की इच्छा रखता है। इसलिए जो लोग नेतृत्व करना चाहते हैं, उन्हें इन गुणों को लगातार विकसित करते रहना होगा। फिर जटिलताओं से उबरने के लिए नीचे लिखे गुरुमत्रों पर ध्यान देना होगा:-

संयम में रहें: जब मन में विश्वास नहीं होता, तब लक्ष्य तक पहुंचने में दिक्कतें आती हैं। क्योंकि कई बार जल्दबाजी के चक्कर में कदम गलत दिशा की ओर चले जाते हैं। इसलिए सफलता पाने के लिए मन में संयम रखें। क्योंकि संयम से किया गया काम हमेशा सफल होता है।

आलोचनाओं को स्वीकारें: आलोचना मनुष्य के जीवन का अनिवार्य अंग है, परन्तु कुछ आलोचनाएं आपके संकल्प को अडिग रखने के मार्ग में बहुत बड़ी बाधा बन सकती हैं-?

लेकिन कुछ आलोचनाएं आपकी सफलता का मार्ग खोल देती हैं। इसलिए इनको चुनौती के रूप में स्वीकारें। क्योंकि दुनिया में कई ऐसे व्यक्ति हुए हैं, जिन्होंने आलोचनाओं को स्वीकार करने के बाद सफलता के शिखर पर परचम फहराया है।

सबका सम्मान करें: सफलता का मतलब है खुशी का निरंतर विस्तार करते रहना और दूसरों का सम्मान करना। क्योंकि जब आप कोई ऐसा काम चुनते हैं, जिसमें दूसरों के लिए खुशी हो, तो उसके फल सकारात्मक होते हैं।

जिससे आपके अन्दर भी प्रसन्नता के भाव पैदा होते हैं। क्योंकि निष्काम भाव से किए गए काम में मिली असफलता भी सफलता से बढ़कर होती है। इससे मन में शक्ति का अनुभव होता है।

एक कहानी मुझे याद आती है, जो कि बहुत पुरानी है। परन्तु आज भी वह नेतृत्व करने वालों को प्रेरण देती है।

एक राजा थे, जो बड़े धार्मिक थे। वह हमेशा लीडरों वाली बातें किया करते थे। एक बार उन्होंने अपने राज्य में एक बाजार लगवाया और ढिढोंरा पिटवा दिया कि यदि किसी का सामान नहीं बिका, तो वह शाम के समय राजा के पास आ जाए और राजा उसका सब सामान खरीद लेंगे।

एक देहात के शिल्पी की मूर्ति नहीं बिकी, क्योंकि वह मूर्ति अलक्ष्मी की मूर्ति थी। शिल्पी शाम के समय राजा के पास पहुंचा। राजा ने अपने वचन के कारण उस मूर्ती को खरीद लिया।

परन्तु उस रात राजा को अचानक किसी औरत के रोने की आवाज सुनाई पड़ी। राजा ने देखा कि एक औरत रोती हुई राजमहल से बाहर जा रही है। राजा ने पूछा, "**तुम कौन हो-?**"

तब उस औरत ने कहा, "**मैं राज लक्ष्मी हूं, इस घर में तुमने अलक्ष्मी को लाकर रख दिया है, इसलिए अब मैं यहां कैसे रह सकती हूँ-?**"

राजा ने '**अलक्ष्मी**' को रखने की अपनी विवशता बताई। लेकिन लक्ष्मी ने कहा, "**नहीं, मैं नहीं रहूंगी।**"

फिर राजा ने कहा, "**ठीक है, तुम जैसा उचित समझो करो, मैं तो अपने धर्म के पथ पर रहूंगा।**"

इतना सुनते ही लक्ष्मी चली गईं। उसके जाने के कुछ देर बाद फिर खट-खट की आवाज सुनाई पड़ी। राजा ने देखा कि एक दिव्य पुरुष बाहर निकल कर जा रहा है। तब राजा ने पूछा, "**आप कौन हैं-?**"

वह बोले, "**मैं नारायण हूं, लक्ष्मी चली गईं तो मैं कैसे रह सकता हूँ-? मैं भी जा रहा हूं।**"

राजा ने कहा, "**ठीक है, जैसी आपकी इच्छा, मैं तो अपने वचन से बंधा हूं।**"

नारायण भी चले गए। उनके पीछे अन्य सभी देवता भी चले गए। राजा चुपचाप खड़े रहे। काफी देर बाद एक और देवता बाहर निकले, तो राजा ने पूछा, "**आप कौन हैं-?**"

तो वह बोले, "**मैं धर्मराज हूं।**"

राजा ने कहा, "**लेकिन आप क्यों जा रहे हैं-?**"

धर्मराज बोले, "**जब सब देवता चले गए, तो मैं कैसे रह सकता हूं-? मुझे भी जाना होगा।**"

राजा बोले, "**आप नहीं जा सकते, क्योंकि धर्म के कारण ही मैंने अलक्ष्मी को खरीद कर यहां रखा है।**"

धर्मराज कुछ देर सोचते रहे, फिर बोले, "**यह बात तो तुम ठीक कह रहे**

हो, इसलिए मुझे यहां रहना पड़ेगा।"

उनके ठहरते ही, एक-एक करके सब वापस आ गए। फिर लक्ष्मी भी लौट आयीं और कहने लगीं, **"नारायण जहाँ रहेंगे वहीं मैं भी रहूंगी।"**

अन्त में धर्म की विजय हो गई। इस कहानी से यह सीख मिलती है कि जो लोग अपने वचन पर अड़िंग रहते हैं, वही सफलता का परचम फहराते हैं। इसलिए पक्के मनुष्य बनों, लक्ष्य पर डटें रहो, नेतृत्व के गुण सीखते रहो, फिर लक्ष्मी आपके पीछे दौड़ेगीं।

क्योंकि भागवतगीता में लिखा है कि साधारण मनुष्य को अमीर बनने के लिए 36 गुणों का पालन करना होता है। यानि धर्म का आचरण करें, परन्तु कटुता न आने दें। क्रूरता का आश्रय न लें, लेकिन ईमानदारी से धन का उपार्जन करें। मर्यादा का पालन करें। अहम के बिना भाषण दें। शूरवीर बनें, दान दें।

दुष्टों के साथ मेल न करें, अपनों से कलह न ठानें। लालची को धन न दें। जो विश्वासपात्र न हो, उनसे काम न लें। साधुओं का धन न छीनें। नीच का आश्रय न लें। अच्छी तरह जांच किए बिना दंड न दें। गुप्त बातों को प्रकट न करें। जिन्होंने कभी उपकार न किया हो, उन पर विश्वास न करें।

किसी से ईर्ष्या न करें और स्त्रियों की रक्षा करें। शुद्ध रहें और किसी से घृणा न करें। स्वाष्टि भोजन भी अधिक न खाएं। दंभहीन होकर देवपूजन करें। अच्छे उपाय से लक्ष्मी प्राप्त करने की इच्छा रखें। स्नेहपूर्वक बड़ों की सेवा करें।

कार्यकुशल होने पर अवसर को न छोड़ें। किसी से चिकनी चुपड़ी बातें न करें। किसी पर कृपा करते समय उससे वापस लेने की इच्छा न करें। शत्रुओं को मार कर उस पर शोक न करें। अकस्मात क्रोध न करें। जिन्होंने आपका नुकसान किया हो, उनके प्रति कठोर रहें।

जब आप ऐसा करोंगे, तब आपको अपने काम में सफलता अवश्य मिलेगी-? क्योंकि लीडरशिप विकसित करने का तरीका भी यही है। 36 गुणों को विकसित किए बिना आप लीडर नहीं बन सकते, सिर्फ मैनेजर बन सकते हैं-?

इसलिए लीडर और मैनेजर के बीच का अन्तर समझें। मैनेजर का काम किसी कार्य को सही तरीके से मैनेज करना होता है, जबकि लीडर का काम हमेशा सही काम करना होता है।

एक मैनेजर के काम का दायरा और जिम्मेदारियां छोटी होती हैं, लेकिन लीडर की जिम्मेदारियां बहुत बड़ी होती हैं। परन्तु जल्दी सफलता मैनेजर को मिलती है, लेकिन सफलता की लंबी उम्र के मामले में लीडर आगे होता है।

इसलिए हर व्यक्ति के स्वर में बदलाव लाने का कौशल होना जरुरी है। क्योंकि जिन्दगी एक बर्गर की तरह है। जिसकी शुरूआत और अंत अच्छा होना

चाहिए। मध्य अगर औसत हो, तो भी आप स्थायी प्रभाव डालने में कामयाब हो सकते हैं-?

इसलिए सबसे पहले आप व्यक्ति का **चेहरा** देखते हैं, फिर **बॉडी लैंग्वेज**, फिर कपड़े पहनने का स्टाइल और फिर बातचीत करने का तरीका। हो सकता है आपको ये खूबियां प्रभावित करें-? लेकिन यदि उस व्यक्ति में व्यवहार कुशलता नहीं है, तो वह सही मायने में लीडर नहीं बन सकता-?

जबकि लीडर के लिए इन दोनों गुणों का होना जरुरी है। क्योंकि लीडरशिप का अर्थ है बड़े निर्णय लेना और मैनेजमेंट का मतलब है, छोटे फैसले करना। लीडरशिप लंबी अवधि के लिए होती है, जबकि मैनेजर का काम होता है रोज के काम को मैनेज करना।

जैसा कि मेरा ड्राइवर मुझे मैनेज करता है। उसका काम है रोज मुझे सेमीनार वाले स्थान तक ले जाना। आज भी वह मुझे समय से पहले ले आया था।

परन्तु जब मैंने हॉल में प्रवेश किया, मिस्टर सावरकर से मेरी मुलाकात हो गयी। आज वह आगे की सीट पर बैठा था। मैंने स्पीच शुरू करने से पहले उससे पूछा, **"मिस्टर सावरकर! क्या आप मुझे कल की बात का उत्तर दे सकते हैं कि आप अब तक अमीर क्यों नहीं बन पाए-?"**

सावरकर ने खड़े होकर कहा, **"मिस्टर इन्जीनियर! मेरे अन्दर नेतृत्व की कमी है। रात भर मैंने आपके द्वारा कहे गए शब्दों पर गौर किया और पाया कि मैं मैंनेज तो अच्छी तरह से कर लेता हूं, लेकिन लीड नहीं कर पाता-?"**

तब मैंने कहा, **"आप मेरी बातों को ध्यान से सुनिए। मैं आपको बताता हूं कि नेतृत्व को कैसे किया जाता है-? नेतृत्व ठीक वैसे ही किया जाता है, जैसा कि मैं आपका कर रहा हूं और प्रबंधन किया जाता है व्यवस्था का, जैसा कि मेरा ड्राइवर मुझे रोज आप तक लाने का करता है।"**

इस अन्तर को विस्तार से समझाने के लिए मैं आपको बताना चाहूंगा कि माइक्रोसॉफ्ट के वर्तमान सी.ई.ओ. स्टीव बॉलमर ने बिल गेट्स के साथ जब पहली बिजनेस मीटिंग की थी, तब वे पी.एंड.जी. में थोड़े समय तक काम करने के बाद एक अच्छे करियर की तलाश में थे। लेकिन उन्होंने उस मुलाकात में बिल गेट्स को कम्प्यूटर के वो राज बताए, जिन्हें सुन कर बिल गेट्स दंग रह गए।

फिर बिल गेट्स ने स्टीव की आंखों में झांकते हुए कहा, **"मुझे उम्मीद है कि आप अच्छे मैनेजर के साथ-साथ अच्छे लीडर भी साबित होगें-?"**

इससे पता चलता है कि लीडर का दिल और दिमाग दोनों काम करते हैं।

क्योंकि वॉरेन वेंनिस का भी यही कहना है, **"लोगों के सामर्थ्य को काम में लेने में लीडर्स, मैनेजर्स से कही अधिक सफल होते हैं। लोगों से जरुरी काम करवा पाना मैनेजमेंट है, जबकि लोगों में जरुरी काम को करने की चाहत पैदा करना लीडरशिप है। मैनेजर नियंत्रण और दबाव से काम करवाते हैं, जबकि लीडर लोगों के दिलों में लौ जलाकर और वचनबद्धता से काम करने के लिए प्रेरित करते हैं।"**

इस बात को विस्तार से समझाने के लिए मैं आपको एक वाक्या सुनाता हूँ। जब रिलायंस इंडस्ट्रीज की जामनगर रिफाइनरी बाढ़ में पूरी तरह से जलमग्न हो गयी थी, तब **'बेश्टेल एंड शैल'** के प्रबंधकों ने यह घोषणा कर दी थी कि दो महीनों में रिफाइनरी को फिर से चालू करना बहुत मुश्किल है-?

लेकिन धीरूभाई अम्बानी ने यह बात नहीं मानी। क्योंकि वे जानते थे कि अगर कर्मचारी अपना दिल और दिमाग इस काम में लगा देगें, तो कुछ भी नामुमकिन नहीं है-?

फिर विदेशी सलाहकार (कंसल्टेंट) देखते रह गए और कर्मचारियों ने रात-दिन एक करके रिफाइनरी को फिर से खड़ा कर दिया। वह भी एक हफ्ते से कम समय में।

इसलिए मैं कह सकता हूं कि मैनेजमेंट वर्तमान के लिए होता है और लीडरशिप भविष्य के लिए। क्योंकि प्रभावशाली मैनेजर योजना बनाने में माहिर होता है और वह यह पता लगाता है कि उसका कौन सा कर्मचारी किस काम के लिए उपयुक्त है-?

साथ ही वह समय-समय पर उनकी बुद्धिमता और निर्णय क्षमता का परीक्षण करता रहता है। वह कर्मचारियों से निश्चित समय के भीतर परिणाम चाहता है।

क्योंकि प्रभावशाली मैनेजर बेहतर मनौवैज्ञानिक होते हैं। वह अपने डिपार्टमेंट के लोगों को हमेशा प्रोत्साहित करते रहते हैं। वह इस बात को समझते हैं कि कब किस कर्मचारी का विश्वास कम हो रहा है-? कर्मचारी की पारिवारिक स्थितियां अनुकूल न हों, तो उनका विश्वास बढ़ाने के लिए क्या किया जाए-?

इससे कर्मचारी का मनोबल बढ़ता है और वह अपना प्रदर्शन सुधारने के लिए प्रयास करता है। फिर प्रभावशाली मैनेजर अपने कर्मचारियों को उनकी योग्यता और क्षमताओं के अनुसार पुरस्कार देता है।

वह यह जानता है कि एक खुशमिजाज स्टॉफ को कम सुपरविजन की आवश्यकता होती है। जॉन कोटक्कर भी यही कहते हैं, **"मैनेजमेंट का मुख्य उद्देश्य वर्तमान व्यवस्था को सुचारु रूप से चलाना है, जबकि लीडरशिप**

का काम उपयोगी बदलाव लाना है। वर्तमान व्यवस्था में उत्पन्न होने वाली मुश्किलों से निपटना मैनेजमेंट है, लेकिन लीडरशिप का सम्बंध बदलाव के साथ कदम से कदम मिलाकर चलना हैं।"

अमेरिका के पूर्व राष्ट्रपति बिल क्लिंटन की तरह-? वाजपेयी सरकार के दौरान जब वह अपनी सास और बेटी के साथ भारत आए थे, तब उन्होंने राजस्थान में हाथी की सवारी की और हैदराबाद की धूल भी फांकी।

फिर वह भारत से अपने साथ कई यादें और अनुभव लेकर अमेरिका लौट गए। अमेरिका पहुँचकर उन्होंने अपने सीनेटर (सांसद) मित्रों को भारत के कई किस्से सुनाए, **"इंडिया में हमने ऐसा देखा-? वैसा देखा-? इंडिया के लोग ऐसे हैं-? वैसे हैं-?"**

तब उनका एक मित्र झल्लाते हुए बोला, **"यार, तुम इंडिया के बारे में घिसी-पिटी बातें ही क्यों बता रहे हो, यह सब तो हम पहले से जानते हैं कुछ नया देखा हो, तो बताओ-?"**

मित्र की बात सुनकर बिल क्लिंटन ने कुछ देर तक अपने दिमाग पर जोर दिया, फिर बोले, **"हाँ, मैंने वहां एक नई चीज देखी है-?"**

उनका इतना कहना था कि मित्र उत्सुक्ता से बोला, **"वह क्या-?"**

बिल क्लिंटन ने मुस्कराते हुए कहा, **" मैने इंडिया के लोगों के पास एक अजीब सी चीज देखी है। उस अजीब सी चीज की मदद से कुछ भी कर सकते हैं-? वहां के लोग उसे जुगाड़ कहकर पुकारते हैं।**

बच्चे का एडमिशन करवाना हो, तो वह जुगाड़ का इस्तेमाल करते हैं-? पुलिस से पीछा छुड़ाना हो, तो वह इसी जुगाड़ का सहारा लेते हैं-? यानि वहां के लोग इस जुगाड़ नाम की चीज की बदौलत ही अपने सारे काम निपटाते हैं-?"

वह बता ही रहे थे कि उनका मित्र बीच में बोल पड़ा, **"यह बताओ कि क्या तुम भी अपने साथ थोड़ा बहुत जुगाड़ लाए हो-?"**

बिल क्लिंटन ने मायूसी व्यक्त करते हुए कहा, **"नहीं, मैं तो अपने साथ जुगाड़ नहीं लाया, लेकिन आप चिंता न करें, मैं अटल जी को फोन करके थोड़ा जुगाड़ आपके लिए मंगवा देता हूँ।"**

फिर बिल क्लिंटन ने अटल जी को फोन किया, **"हैला। अटल जी, नमस्ते आप कैसे हैं-? अटल जी मैंने इंडिया में आपके यहां एक चीज देखी है, जिसे आप लोग जुगाड़ कह कर पुकारते हैं। क्या आप थोड़ा-बहुत जुगाड़ा मेरे लिए भी भिजवा सकते हैं-?"**

अटल जी मुस्कराते हुए बोले,**"क्लिंटन साहब! मैं आपके लिए जुगाड़**

कैसे भेज दूँ, मेरी तो खुद की सरकार इसी जुगाड़ पर टिकी है।"

इस किस्से के बाद बिल क्लिंटन ने एक सभा में कहा था, **"भारत में नेतृत्व करने का अनोखा तरीका है, जो कि पूरी तरह से जुगाड़ पर टिका है-!"**

कुछ ऐसा हाँल वर्गीज़ कुरिएन का भी था। जब उन्होंने अपने जुनून का पीछा करना शुरू किया, तब पश्चिमी देशों में भारतीय दूध को नाली के पानी से भी ज्यादा संक्रमित माना जाता था और दूध उत्पादक गरीबी की मार झेल रहे थे। उसके बाद भी कुरिएन ने गुजरात को-ऑपरेटिव मिल्क मार्केटिंग फेडरेशन की स्थापना की।

अब वही दूध पूरे विश्व में विख्यात को चुका है, जिसकी झलक हर जगह देखने को मिलती है। उनके इस प्रयास से आज भारत दुनिया का सबसे बड़ा दूध उत्पादक देश बन गया है।

शायद इसीलिए उच्च टेक्नोलॉजी सम्बंधी फर्मों के संघ यूनाईटेड टेक्नोलॉजीज ने लिखा है, **"लोग नहीं चाहते कि उनका प्रबंधन किया जाए। वे चाहते हैं कि उन्हें नेतृत्व मिले।"**

क्योंकि नेतृत्वकर्ता का प्रोत्साहन प्रबंधकों की शक्ति से कहीं ज्यादा प्रभावशाली होता है। आप अपने घोड़े को पानी तक तो ले जा सकते हैं, लेकिन उसे पानी पीने के लिए मजबूर नहीं कर सकते-?

इसलिए यदि आप किसी काम का प्रबंधन करना चाहते हैं, तो पहले खुद का प्रबंधन करना सीखें। परन्तु वैकल्पिक रास्तें भी तैयार रखें।

इस बात को विस्तार से समझाने के लिए मैं एक कहानी सुनाता हूँ। एक घर के मुखिया को यह अभिमान हो गया कि उसके बिना उसके परिवार का काम नहीं चल सकता-?

उसकी छोटी सी दुकान थी। उससे जो आय होती थी, उसी से उनके परिवार का गुजारा चलता था। क्योंकि कमाने वाला वह अकेला ही था, इसलिए उसे लगता था कि उसके बगैर कुछ नहीं हो सकता-?

वह लोगों के सामने डीगें हांका करता था, कि मैं ही घर का खर्च चलाता हूँ। एक दिन वह एक संत के सत्संग में पहुंचा। वहां संत बता रहे थे, **"दुनिया में किसी के होने न होने से किसी का काम नहीं रूकता-? इसलिए यह अभिमान करना व्यर्थ है कि मेरे बिना परिवार ठहर जाएगा-? सभी को अपने भाग्य के अनुसार प्राप्त होता है।"**

लेकिन मुखिया ने संत से कहा, **"मैं दिन भर कमाकर जो पैसे लाता हूं, उसी से मेरे घर का खर्च चलता है। मेरे बिना तो मेरे परिवार के लोग भूखे**

मर जाएंगे।"

संत बोले, **"यह तुम्हारा भ्रम है। हर कोई अपने भाग्य का खाता है।"**

इस पर मुखिया ने कहा, **"आप इसे प्रमाणित करके दिखाइए-?"**

संत ने कहा, **"ठीक है। तुम बिना किसी को बताए घर से एक महीने के लिए गायब हो जाओ।"**

उसने ऐसा ही किया। संत ने यह बात फैला दी कि उसे शेर ने खा लिया है। मुखिया के परिवार वालों ने कई दिनों तक शोक मनाया। फिर गांव वाले मदद के लिए सामने आए।

एक सेठ ने उसके बड़े लड़के को अपने यहां नौकरी दे दी। गांव वालों ने मिलकर लड़की की शादी कर दी। एक व्यक्ति ने छोटे बेटे की पढ़ाई का खर्च उठाना शुरु कर दिया।

एक महीने बाद मुखिया छिपता-छिपाता रात के वक्त अपने घर आया। घर वालों ने भूत समझकर दरवाजा नहीं खोला। जब वह बहुत गिड़गिड़ाया और उसने सारी बातें बताईं, तो उसकी पत्नी ने दरवाजे के भीतर से उत्तर दिया, **"हमें तुम्हारी जरुरत नहीं है, अब हम पहले से ज्यादा सुखी हैं।"**

इसलिए आपको ऐसा नहीं करना है-? क्योंकि जब आप किसी सड़क पर जा रहे हैं, और आपको बीच में **'रास्ता बंद'** का बोर्ड दिखाई देता है, तो आप वहीं पर डेरा नहीं डाल देते-? न ही आप घर वापस लौट जाते हैं-?

वह रास्ता बंद है, इसका मतलब सिर्फ इतना सा है कि आप उस रास्ते से अपने लक्ष्य तक नहीं पहुंच सकते-? आपको अपने लक्ष्य तक पहुंचने के लिए किसी दूसरे रास्ते से जाना होगा-?

यही वजह है कि जब सेना के अधिकारी किसी जंग की योजना बनाते हैं, तब वे अपने लक्ष्य को हासिल करने के लिए मास्टर प्लान बनाते हैं और उसके साथ वैकल्पिक योजनाएं भी बनाते हैं। वह इसलिए कि यदि कोई अप्रत्याशित घटना हो जाती है, तब तो वे वैकल्पिक प्लान पर काम करने लगते हैं।

ठीक वैसे ही, जैसे कि आप हवाई जहाज में सफर करते हैं तब आपको पता चलता है कि हवाई अडड् पर हवाई जहाज उतरना संभव नहीं है। उसके बाद भी आप घबराते नहीं हैं-? क्योंकि आप जानते हैं कि पायलट के पास उतरने के लिये वैकल्पिक जगह अवश्य होगी-? रिर्जव ईंधन भी जरूर होगा-?

कुछ इसी तरह से लोग भी सफल होते हैं, क्योंकि वे अपनी प्राथमिकताएं जानते हैं। वे जोखिम को पहले स्थान पर रखते हैं और सुरक्षा को दूसरे स्थान पर। फिर उन्हें मनचाही सफलता मिल जाती है।

जब मैंने दुनिया को बदलने वाली पुस्तक **'बड़ा सोचो! बड़ा बनो! सपनों**

का साकार करो' लिखी थी, तब मुझे अपने इम्पोर्ट-इम्पोर्ट के व्यापार में सेल कम होने का जोखिम उठाना पड़ा था।

लेकिन जब पुस्तक बुक स्टालों तक पहुंची, तब उसकी सेल एकदम बढ़ गयी, जिससे मुझे व्यापार के घाटे से कहीं अधिक रॉयल्टी मिली।

यह लीडरशिप का बेहद महत्वपूर्ण सिद्धांत है! इसलिए बिजनेस वही आदमी शुरू करता है, जो जोखिम लेना जानता है। जबकि किसी नए बिजनेस को सफल बनाने के लिए और भी ज्यादा जोखिम लेने की जरुरत होती है।

■■■

"सामान्य लोग छोटी-छोटी उपलब्धियों को पाकर ही संतुष्ट हो जाते हैं, जबकि साहसी लोग और आगे बढ़ने का प्लान बनाते हैं। क्योंकि उन्हें पता होता है कि यह मंजिल नहीं है, पड़ाव है। फिर वे उस शिखर पर पहुंचते हैं, जहां से सफलता की तस्वीर साफ नजर आती है।"

किसी भी चीज का सर्जन करने या किसी भी चीज को बदलने के लिए सिर्फ एक ही चीज की जरूरत पड़ती है और वह है प्रेम। इसलिए प्रेम को देखो, प्रेम को सुनों, प्रेम से बोलो और प्रेम को महसूस करो। फिर आकर्षण का नियम बताएगा कि आप क्या हैं, क्या कर सकते हैं, क्या पा सकते हैं-? यही सृष्टि का भौतिक शास्त्र है, यही सृष्टि का गणित है।

क्योंकि प्रेम वह शक्ति है, जो आपके जीवन को सकारात्मक ऊर्जा प्रदान करती है और जब आप खुश होते हैं, तब भी यह शक्ति अपना काम कर रही होती है। जिसकी वजह से कुछ लोग इसे प्रेम का चमत्कार भी कहते हैं।

सातवां अध्याय
7
इसे याद रखें
बंद कीजिए आज से, किस्मत को कोसना।
यह जंग है इस जंग में, ताकत लगाइए।।
मरते हैं वे लोग, जो जोखिम नहीं लेते।
जीना है तो जीने के लिए, जोखिम उठाइए।।

स्टार्टअप शुरू करें
दौलत खुद चलकर आपके पास आएगी

कुछ समय पहले अल्पसंख्यक मामलों की पूर्व मंत्री नेजमा हेपतुल्ला ने एक इंटरव्यू में कहा था, **"सभी भारतीय हिन्दू हैं। यह बात इतिहास से साबित होती है। क्योंकि हिन्दुकुश की पहाड़ियों और सिंध नदी के इस ओर वाला हिस्सा हिन्द है। जिस जगह पर भारतीय रहते हैं, उसे पारसी में हिन्दुस्तानी कहते हैं। इसलिए हिन्दू शब्द का मूल अर्थ इस जमीन पर रहने वाले लोगों की राष्ट्रीय पहचान है।"**

अब यही पहचान दुनिया को सकते में डाल रही है। क्योंकि भारत की अर्थव्यवस्था जितनी तेजी से सुदृढ़ हो रही है, उतनी ही अमेरिका की परेशानी बढ़ती जा रही है।

सोचो! यदि भारत चीन से हाथ मिला ले, तो अमेरिका के डॉलर का रेट एक दम नीचे गिर जाएगा और 1 रुपए में 100 डॉलर मिलने लगेंगे-?

लेकिन ऐसा होना असम्भव है-? इसलिए डॉलर के मुकाबले रुपए की वैल्यू लगातार गिरती जा रही है। 6 जून 1966 में रुपए की वैल्यू 7.50 रुपए प्रति डॉलर थी, जो 18 अगस्त 2013 में 67 रुपए से भी ऊपर पहुंच गई।

लेकिन रुपए की गिरावट का एक पॉजिटिव इफेक्ट भी सामने आया। उस गिरावट से अनिवासी भारतीयों का निवेश भारतीय मार्केट में तेजी से बढ़ा। वित्त मंत्रालय के आंकड़े बताते हैं कि पिछले 2 सालों में अनिवासी भारतीयों का निवेश 40 प्रतिशत तक बढ़ गया है। वे रीयल एस्टेट, रिटेल तथा कमॉडिटी मार्केट में ज्यादा निवेश कर रहे हैं और भुगतान डॉलर में करते हैं।

जबकि भारत में रिटेल मंहगाई दर ऊंची है, फिर भी कमॉडिटी एक्सचेंज

में कारोबार करना अनिवासी भारतीयों को भा रहा है। इसलिए सबको उम्मीद है कि 2025 तक भारत विश्व की नंबर वन अर्थव्यवस्था के रूप में उभरकर सामने आ सकता है-?

क्योंकि सुपरसॉनिक चौथी पीढ़ी के मिग-29 के लड़ाकू विमान, कामोव-28 और कामोव-31 चेतावनी देने वाले हेलीकॉप्टरों के साथ विमानवाहक विक्रमादित्य हमारे पास है। उसमें वह क्षमता है, जो हिन्द महासागर में नौसैनिक शक्ति संतुलन को बेहतर करने का भरोसा देती है।

अमेरिका के बाद भारत ही एक ऐसा देश है, जिसके पास एक से अधिक विमानवाहक पोत हैं। कुछ लोगों का मानना है कि इनकी सुरक्षा के लिए इन्हें बहुत बड़े एस्कॉर्ट फोर्स की जरूरत होती है। जबकि सच यह है कि ये उस क्षेत्र से गुजरने वाले दूसरे जहाजों को सुरक्षा प्रदान करते हैं।

विक्रमादित्य सिर्फ दो या तीन एस्कॉर्ट और तेल-पानी मुहैया कराने वाले टैंकरों के सहारे चेन्नई और पोर्ट ब्लेयर के बीच के 700 मील के फासले को डेढ़ दिन में कवर कर लेता है। इसलिए इसे **'गेम चेंजर'** यानी **'बाजी पलटने वाला'** पोत भी कहते हैं।

भारत में मोबाइल इंटरनेट के विस्तार के आंकड़े भी जबर्दस्त हैं। मार्च 2009 में इसके यूजर 41 लाख थे, जो बढ़कर 8 करोड़ 71 लाख पर पहुंच गए हैं। दूरसंचार मंत्रालय का अनुमान है कि मार्च 2017 तक यह संख्या 18 करोड़ 48 लाख यानी दोगुनी से अधिक हो जाएगी।

दूसरी तरफ अमेरिका है, जिसकी अर्थव्यवस्था दिन-प्रति-दिन खराब होती जा रही है। आधुनिक और समृद्धि का प्रतीक डेट्रायट शहर लगभग अंधेरे में डूबा हुआ है। जबकि 60 साल पहले वह अमेरिका का सबसे अमीर शहर था। वहां से निकलने वाली कारों ने अमेरिका को आधुनिक बनाया, लेकिन खुद दंगे, भ्रष्टाचार और ऑटोउद्योग की मंदी से तबाह हो गया।

अमेरिका के इतिहास में किसी शहर के दिवालिया होने का यह सबसे बड़ा मामला है। क्योंकि चालू वित्तीय क्वाटर में 957 करोड़ का घाटा है। कर्जदार, पैसा लगाने वाले और पेंशन फंड अपनी बकाया रकम पाने के लिए इंतजार कर रहे हैं। कर्मचारियों की पेंशन में कटौती हो चुकी है। व्यापारियों को भी अपनी सुरक्षा का इंतजाम खुद करने के लिए कहा गया है। क्योंकि वहां बड़ी संख्या में पुलिस कर्मियों की छंटनी हो चुकी है।

आंकड़े बताते हैं कि व्यस्क आबादी के अनुपात में रोजगार 58.5 प्रतिशत है। एक साल पहले भी यही स्थिति थी। लेकिन श्रम शक्ति में भागीदारी की दर पिछले एक साल में 0.5 फीसदी गिर गई। अब वह 30 साल से भी ज्यादा समय

के सबसे निचले स्तर पर है।

अमेरिका युवा काम तलाशने के लिए कठिन संघर्ष कर रहे हैं। वे लोग राष्ट्रपति बराक ओबामा से पूछ रहे हैं, **"आखिर किस कीमत पर पूरे होंगे अमेरिका के बड़े सपने-?"**

पेरोल कर वृद्धि जेब से पैसे निकाल रही है और उपभोक्ताओं को बची-कुची आय में से ही काम चलाने को कहा गया है।

कोलम्बिया विश्वविद्यालय के अर्थशास्त्री जेफरी सेक्स ने अपनी पुस्तक **'द प्राइस ऑफ सिविलाइजेशन'** में चेतावनी दी है, **"यदि अमेरिका की अर्थव्यवस्था ऐसे ही चलती रही, तो आने वाले समय में भारत का विश्व की सबसे बड़ी शक्ति के रुप में उभरना निश्चित है।"**

नौकरियां छीन रहे हैं भारतीयः

तीन बच्चों की तलाकशुदा मां केली पार्कर को 2012 में हार्ली डेविडसन कम्पनी में नौकरी मिली, तो लगा कि उनका सपना पूरा हो गया। लेकिन उनका सपना सालभर में टूट गया। जैसे ही इंडिया से एच1बी वीजा पर पहुंचे वर्कर को पार्कर ने ट्रेंड किया, उन्हें पिंक स्लिप पकड़ा दी गई।

यह तो सिर्फ ट्रेलर था, पूरी पिक्चर अभी बाकी है भारतीयों की अमेरिका में छा जाने की। यही कारण है कि अमेरिकी नौकरी खोने के डर से भारतीयों से नाराज हैं। पार्कर ने तो नौकरी जाने के बाद हार्ली डेविडसन पर मुकदमा तक कर दिया और कहा, **"कम्पनी अमेरिकी कामगारों के साथ भेदभाव कर रही है। दक्षिण एशियाई लोगों को टेंपररी नौकरियां देकर अमेरिकियों को रिप्लेस कर रही है।"**

जबकि वहां काम कर रहीं भारतीय कम्पनियों ने इन आरोपों को पूरी तरह से खारिज किया है। इन्फोसिस का कहना है, **"हमें दूसरी कम्पनियों की तरह अमेरिका में टैलंट की कमी और स्पेशलाइज्ड स्किल से जूझना पड़ता है। हम चाहते हैं कि कांग्रेस यानी अमेरिकी संसद ज्यादा से ज्यादा टेंपररी वर्करों को एच1बी वीजा पर काम पर रखने की मंजूरी दे।"**

अमेरिकी राष्ट्रपति बराक ओबामा पर इसका असर पड़ा। उन्होंने तुरन्त एच1बी वीजा पर काम तेज कर दिया। क्योंकि आजादी के 67 सालों में बहुत बदलाव आ चुका है। बढ़ती संपन्नता से जहां सैन फ्रांसिस्को के सामने अपनी पहचान बनाने का संकट उत्पन्न हो गया है, वहीं भारत में समृद्धि और सम्पन्नता अपने पांव पसारने लगी है।

सैन फ्रांसिस्को शहर में विभिन्न वर्गों के बीच तनाव, कोहरे की तरह छाया

हुआ है। शिक्षक, कुक और संगीतज्ञ बोरिया-बिस्तर बांध चुके हैं। क्योंकि मकानों के किराए आसमान छू रहे हैं। दो बेडरूम के फ्लैट का किराया 3 लाख 75 हजार रुपए प्रति माह है। अब वे लोग नौकरी पाने के लिए भारत आने की प्लानिंग कर रहे हैं।

इसलिए आपको खुद अपना ऑनलाइन बिजनेस शुरू करना होगा, ताकि उन अमेरिकनों को अपने यहां नौकरी दे सकें। परन्तु आपको ई-कॉमर्स को अपनाना होगा और अपने प्रोडक्ट को ऑनलाइन करना होगा।

लेकिन बिजनेस को ऑनलाइन करने का मतलब सबके लिए अलग-अलग है। जैसे कि किसी सर्विस इंडस्ट्री के लिए ऑनलाइन का मतलब कस्टमर्स के बीच अपनी पहुंच बनाना है, तो प्रोडक्ट बनाने वाली किसी कम्पनी के लिए सामान बेचने के साधन का काम करता है। इस हिसाब से दो तरह से ऑनलाइन जा सकते है। वेबसाइट बनवाकर या पहले से मौजूद किसी ई-कॉमर्स पोर्टल पर अपने प्रोडक्ट को लोड करके।

यदि अपनी वेबसाइट बनवानी है, तो 10 हजार से 2 लाख तक का खर्च आएगा। इसमें प्रोडक्ट्स को लिस्टेड करना होता है और दुनियाभर से लोग इन्हें खरीदने आते हैं। परन्तु एक बड़ी वेब होस्टिंग सर्विस और ज्यादा स्पेस की जरुरत होती है।

क्योंकि इस पर लोग लगातार खरीदारी और पेमेंट करते हैं, इसलिए मेंटिनेंस की जरुरत भी होती है। जबकि ई-कॉमर्स साइट पर ट्रैफिक के हिसाब से हर दिन फेर-बदल करने होते हैं और उसके लिए सॉफ्टवेयर इन्जीनियर रखना पड़ेगा।

आजकल लोगों ने कंप्यूटर से ज्यादा अपने मोबाइल और टैबलेट्स पर इंटरनेट के जरिए सर्फिंग और खरीदारी करना शुरु कर दिया है। ऐसे में बदलते स्क्रीन साइज और स्पीड के हिसाब से ही वेबसाइट्स ने भी अपने रुप-रंग को बदल लिया है। जिसकी वजह से वेबसाइट दो तरह की होती है।

स्टैटिक वेबसाइट और डायनामिक वेबसाइट। स्टैटिक वेबसाइट कंप्यूटर के स्क्रीन के हिसाब से बनती है और डायनामिक डिवाइस की स्क्रीन के साइज को ध्यान में रखकर बनती है। इसमें यदि इंटरनेट धीमा है, तो वेबसाइट अपने कई फीचर्स को डिएक्टिवेट कर देती है। ताकि साइट आराम से खुल सके।

यदि आप वेबसाइट बनवाने के झंझट में नहीं पड़ना चाहते, तो नीचे लिखे ऑनलाइन पोर्टलों पर फ्री में अपने प्रोडक्ट अपलोड करें:-

- **sellercentral.amazon.in**
- **jabong.com/ sellonjabong**
- **sellercentre.ebay.in/register-on-ebay**
- **sellers.snapdeal.com**

- **limeroad.com/seller-app**

इन सब ई-कॉमर्स पोर्टलों पर रजिस्टर करने का तरीका लगभग एक जैसा है। लेकिन इनमें रजिस्टर करने से पहले नीचे लिखी तैयारी करें:-

- **अपना पैन नम्बर, फोटो आइडेंटिटी कार्ड, परमानेंट अड्रेस और कम्पनी के नाम का बैंक अकाउंट तैयार रखें।**
- **यदि आपके प्रोडक्ट टैक्स के दायरे में आते हैं, तो अपना TIN और VAT का रजिस्ट्रेशन ले लें।**
- **वैसे तो मोबाइल एप के जरिए सब कुछ आसानी से हो जाता है, लेकिन बिल बनाने के लिए लैपटॉप या कम्प्यूटर जरुर लें।**

इसके बाद ई-कॉमर्स पोर्टल पर अपना अकाउंट क्रिएट करें। यदि आपको लाइमरोड़ पर अकाउंट बनाना है, तो पहले **limeroad.com/seller.app** पर जाएं।

राइट साइड में बीच की तरफ दी गई जगह पर रजिस्टर करें। इसमें ई-मेल अड्रेस और फोन नंबर की जरुरत होती है।

इसे भरने के बाद अगले पेज पर जाकर अपनी कम्पनी की डिटेल भरें। उसके बाद भेजे गए लिंक पर क्लिक करके अपना अकाउंट वेरिफाई करें, फिर आपको सेलर हब में एंट्री मिल जाएगी।

परन्तु प्रोडक्ट की लिस्टिंग करने के लिए, इनवेंटरी मेंटेन करने के लिए और फोटो अपलोड करने के लिए आपको टयूटोरियल विडियोज देखनी पड़ेंगी। क्योंकि इन पोर्टलों ने अपनी विडियोज इस तरह से डिजाइन की हैं कि आप आसानी से सबकुछ समझ सकते हैं। यदि कोई परेशानी लिस्टिंग में आए, तो फोन पर या ई-मेल से आप उनसे सलाह ले सकते हैं-?

इन सब पोर्टलों पर प्रोडक्ट बेचने का तरीका भी लगभग मिलता-जुलता सा है। जैसे कि फ्लिपकार्ट अपनी लॉजिस्टिक सर्विस के जरिए सामान पिक करवाती है। इसे पैक करके देने की जिम्मेदारी सेलर की होती है। फिर प्रोडक्ट डिलिवर होने के बाद लगभग 10-15 दिनों में पैसे क्रेडिट हो जाते हैं।

कितना होता है, उसका फॉर्म्यूला आपको जानना पड़ेगा। मान लीजिए आपने अपने प्रोडक्ट की कीमत 2,000 रुपए रखी हुई है। उस पर सेलिंग कमीशन लगभग 5 प्रतिशत यानि 100 रुपए (यह प्रोडक्ट दर प्रोडक्ट बदल सकता है) शिपिंग फीस 40 रुपए, फिक्स्ड क्लोसिंग फीस 20 रुपए। कुल मार्केटप्लेस फीस 100+40+20=160 रुपए प्लस सर्विस टैक्स (मार्केटप्लेस फीस का 12.5 प्रतिशत यानि 20 रुपए, फ्लिपकार्ट को मिलने वाली कुल रकम=180 रुपए। यानि आपके खाते में आने वाली रकम=1820 रुपए होगी।

इस गणित को अच्छी तरह से समझ लें और ई-कॉमर्स साइटों की रिटर्न पॉलिसी को भी ध्यान से पढ़ लें, ताकि आप अधिक से अधिक अपना प्रोडक्ट इन पोर्टलों पर बेच सकें।

क्योंकि भारत ने आजादी के बाद एक लंबा सफर तय किया है। तरक्की के नए सोपान गढ़े हैं। देश बदला है, लोग बदले हैं और पूरी दुनिया में छा गए हैं। इंटरनेट की दुनिया में भी हम तीसरे नंबर पर हैं। जबकि 90 के दशक में टेलीफोन सिर्फ धनी घरों तक सीमित थे और मनोरंजन के नाम पर रेडियो पर आकाशवाणी की गुनगुनाहट थी।

लेकिन अब टीवी, डीटीएच, फ्रिज, सोफासेट, माइक्रोवेव ओवन, कम्प्यूटर, स्कूटर और मोबाइलों से घर अटे पड़े हैं। इसके बिना भारतीयों की कल्पना भी नहीं की जा सकती।

शिखर पर डरना मना है:

सोचिए! चूहा किससे डरता है-? बिल्ली से। बिल्ली किससे डरती है-? कुत्ते से। कुत्ता किससे डरता है-? शेर से। शेर किससे डरता है-? आदमी से। आदमी किससे डरता है-? संघर्ष से।

जबकि किसी भी क्षेत्र में आपको चार तरह की समस्या से गुजरना होता है। निजी जीवन की समस्या, पारिवारिक जीवन की समस्या, सामाजिक जीवन की समस्या। उसके बाद शुरू होती है व्यावसायिक जीवन की दिक्कत। तब चार तरह का जीवन आपको जीना होता है। क्योंकि निजी जीवन की समस्या का सम्बंध मन से है। परिवार के जीवन की समस्या का सम्बंध तन से है। सामाजिक जीवन की समस्या का सम्बंध जन से है और व्यावसायिक जीवन की समस्या का सम्बंध धन से है।

इसलिए प्रोफेशनल लाइफ के सारे चक्कर धन-सम्पत्ति के आस-पास ही चलते हैं। विस्तार से समझने के लिए नदी को एक बार ऊपर से नीचे तक देखिए। फिर उस पर कुछ भी बनाएं-? बांध या डैम। वह समुंद्र तक पहुंचने की कोशिश में लगी रहती है।

आपको पता होगा कि पृथ्वी पर मिट्टी बहुत कम है और पानी 70 प्रतिशत हिस्से में फैला है। इसलिए जहां नदी मिलती है वहां मुहाने पर, डेल्टा पर, प्रकृति उसे सैकड़ों धाराओं में तोड़ देती है। उसके बाद वह समुंद्र में मिलाती है। क्योंकि तब उसका वेग कम हो जाता है और उसमें ढाल भी नहीं रहता। वह समुंद्र के स्तर पर पहुंच जाती है और समुंद्र में पानी एक फुट छह इंच, पांच इंच, तीन इंच, ऐसे करके मिलता है।

समुंद्र का जो वेग है, ज्वार-भाटा है। वह तीस-चालीस किलोमीटर तक नदी

में दिन में दो बार प्रवेश करता है और दो बार नदी उसको फिर वापस ढकेल देती है। यह क्रम चलता रहता है। इसलिए पहाड़ों पर जब आप घूमने या मौज-मस्ती करने जाएं, तब वहां लगे नोटिस बोर्ड को ध्यान से देखें। उस पर लिखा मिलेगा, **"शिखर पर डरना मना है।"**

यानी जो डर गया, वो मर गया। जो चढ़ गया, वो तर गया। तर का मतलब यहां सफलता से है।

एक पुरानी कहानी है। तीन साधुओं का एक दल घूमता हुआ किसी गांव में पहुंचा। सर्दी का समय था और शाम हो गई थी। वे ठहरने के लिए कोई जगह ढूंढने लगे। गांव के एक सेठ ने कहा, **"महाराज! मेरे पास दो दुकानें हैं। एक में तो सामान रखा हुआ है, दूसरी अभी खाली है। आप वहां आराम से रह सकते हैं, दुकान भी सुरक्षित रहेगी।"**

संत थके हुए थे, इसलिए दुकान में पहुंचते ही जा कर सो गए। तीनों में से दो छोटे थे। उनको गहरी नींद आ गई, लेकिन एक मुनि प्रौढ़ थे, उनकी नींद जल्दी खुल गई। उन्होंने सोचा कि अब जाग गया हूं, तो कुछ योग आसन कर लूं-?

तभी अचानक दुकान के शटर पर किसी ने दस्तक दी। मुनि ने अंदर से पूछा, **"कौन हो-?"**

उनका जो लीडर था, वह बोला, **"महात्मन! आप खुद सोच लीजिए, इतनी रात में किसी की दुकान में कौन आ सकता है-?"**

मुनि ने कहा, **"अच्छा! तुम चोर हो-?"**

चोर बोले, **"हां महाराज! हम चोर हैं। आपके सामने झूठ नहीं बोलेंगे। हमें जानकारी मिली थी कि सेठ के पास काफी माल है। वही चुराने आए हैं।"**

मुनि ने सोचा, मुझे अपनी दुकान अभी खोल देनी चाहिए-? संतों की दुकान है उपदेश देना, धर्म की बात बताना मेरा काम है।

उन्होंने दुकान का शटर खोल दिया और चोरों की ओर देखते हुए कहा, **"भाई! ऐसा गलत काम क्यों करते हो-? तुम गृहस्थ हो, संसार में और भी बहुत धंधे हैं, चोरी करके किसी का धन लेना पाप है। पता नहीं ये कर्म तुमको कैसे भोगने पड़ें-? यहां तुम चोरियां करते हो, हो सकता है कभी इसी तरह तुम्हारा भी नुकसान हो जाए-?"**

संत के उपदेश का चोरों पर असर हुआ। वे बोले, **"मुनिवर! आपने हमें ज्ञान दे दिया। अंधेरे में उजाला कर दिया, हमारे भीतर ईमानदारी का दिया जला दिया। इस क्षण के बाद हम कभी चोरी नहीं करेंगे।"**

उपदेश देते-देते पांच बज गए। जिस सेठ की दुकान में संत ठहरे थे, उसने सोचा कि साधु लोग आए हुए हैं। जल्दी जाऊं, तो सत्संग का लाभ पा लूंगा-?

लेकिन जब सेठ संत के पास पहुंचा, तो देखा कि वहां पहले से तीन आदमी बैठे हुए हैं। सेठ ने चारों से परिचय पूछा।

उनका मुखिया बोला, **"सेठ जी! हमारा परिचय यह है कि एक घंटे पहले हम चोर थे, लेकिन अब अच्छे आदमी हैं।"**

चोर की बात सुनते ही सेठ घबरा गया। लेकिन चोरों के मुखिया ने समझाया, **"आज संत लोग यहां थे, तो आपका माल बच गया, वरना हम तो आपको भी संत बना देते। सारा माल आज साफ हो जाता।"**

इसलिए डरना मना है। क्योंकि मुश्किल हालात में फंसे व्यक्ति के लिए सबसे जरूरी होता है कि वह अपनी प्राथमिकता तय करे कि उसे क्या खोना है और क्या बचाना है-?

खुद को ब्रांड में तब्दील करें:

महेंद्र सिंह धोनी जब भारतीय क्रिकेट टीम के कप्तान थे, तब उन्होंने ट्राई सीरीज में पूरी हिम्मत और धैर्य के साथ श्रीलंका के खिलाफ फाइनल में विजय दिलाई। क्योंकि विरोधी द्वारा 202 रनों का लक्ष्य मिला था। टीम इंडिया इसका पीछा कर रही थी। आठ विकेट पर सिर्फ 167 रन ही बन पाए थे। सफलता रेत की तरह हाथ से फिसल रही थी।

लेकिन धोनी जिन्हें **'मास्टर फिनिशर'** कहा जाता है, उन्होंने आखिरी मौके का धैर्यपूर्वक इन्तजार किया, योजना बनाई, संघर्ष किया और जीत गए।

क्योंकि धोनी को पता था कि उन्हें लक्ष्य हासिल करने के लिए बस एक कमजोर बॉलर का इंतजार करना है। उन्होंने 49वें ओवर तक वही किया। दो सबसे अनुभवी बॉलर लसिथ मलिंगा और एंजेलो मैथ्यूज के दस-दस ओवर खत्म हो चुके थे। बस एक कम अनुभवी बॉलर मैदान में आना था।

जब हर रन जरूरी था, छह बॉल बची थीं और 15 रन चाहिए थे जीतने के लिए। धोनी ने बल्ला बदला। पहली बॉल मिस की, लेकिन उसके बाद उन्होंने शामिंडा एरंगा को धोना शुरू किया। अपनी ही स्टाइल में खेलते हुए दो छक्के और एक चौका जड़ा। खिताब अपने कब्जे में कर लिया।

लेकिन यह चमत्कार खुद को ब्रांड की तरह पेश करने की वजह से ही हो पाया था। क्योंकि धोनी जेन-वाई में आते हैं और इस श्रेणी के लोग जेन-एक्स को तगड़ी टक्कर देते हैं। आप कहेंगे कि ये जेन-वाई और जेन-एक्स क्या हैं-?

कॉरपोरेट दायरे में ये बीस साल के अंतर वाली दो पीढ़ियों के नाम हैं। ऐसे ही तीन और नामों को बहुत कम लोग जानते हैं। फ्लेक्सी कॅरियर्स इंडिया के

अनुसार 1920 से 45 के बीच जन्मे लोग वेटरन, 1945 से 60 के बीच जन्मे फ्री-जेन, 1961 से 70 के बीच जन्मे जेन-एक्स, 1971 से 80 के बीच वाले ई-जेन और 1981 से 90 के बीच जन्मे लोग जेन-वाई कहलाते हैं।

अब जेन-वाई का बोलबाला है। यह पीढ़ी अपने विकास और स्वास्थ्य की चिंता करती है। क्योंकि शरीर एक घड़ा है, जो सौर-कुम्हार के चाक से बन कर निकला है। सौर प्रणाली जिस तरह घूमती है, उससे यह तय होता है कि शरीर कैसा होगा-? और सौर प्रणाली में जो भी होता है, वह शरीर में भी होता है। इसलिए शारीरिक बल के मामले में आप सब जीव-जन्तुओं में श्रेष्ठ हैं।

सोचिए! महाभारत का युद्ध किन लोगों के बीच हुआ था-? आपका उत्तर होगा, **"कौरवों और पांडवों के बीच।"**

लेकिन सच यह है कि वह युद्ध जेन-वाई और जेन-एक्स के बीच हुआ था, इसलिए जीत जेन-वाई की होनी निश्चित थी।

क्योंकि समय की नदी कई सतहों पर बहती है और प्रकृति के अनुरूप अपने निश्चित मुकाम तक पहुंचती है। लेकिन जो धाराएं विपरीत दिशा में मुड़ जाती हैं, वे नया इतिहास रचती हैं।

किसी जमाने में अमिताभ बच्चन भी धारा के विपरीत चलते थे। इसलिए कोई काम करने में संकोच नहीं करते थे। जब बॉलीवुड में संघर्ष कर रहे थे, तब एक फिल्म में उन्हें एक्स्ट्रा का काम मिला। 500 रुपए मिलने थे। सीन था, शशि कपूर की मौत पर कंधा देने वालों में शामिल होना। इस बात का शशि कपूर को पता नहीं था, इसलिए सीन की शूटिंग शुरू हो गई।

लेकिन जब शूटिंग खत्म हुई, तब शशि कपूर तेजी से अमिताभ की ओर आए और बोले, **"तुम ये क्या कर रहे हो-? जूनियर आर्टिस्ट के रोल मत करो। खुद को ब्रांड में तब्दील करो।"**

फिर फिल्म के निर्देशक से कहा, **"इस शॉट को फिल्म से हटा दो। मुम्बई अमिताभ एक्स्ट्रा नहीं, सुपर स्टार बनने आया है।"**

उसके बाद अमिताभ बच्चन को **'जंजीर'** मिली और हिट हो गई। फिर वे ब्रांड में तब्दील हो गए।

क्योंकि मनुष्य के मस्तिष्क की रचना बेहद जटिल है। अखरोट की गिरी जैसे नजर आने वाले मस्तिष्क की रचना कई चक्रव्यूह के मिलने से बनी है। इसलिए पता नहीं चलता, मनुष्य कब चमत्कार कर जाए-?

कहते हैं कि स्त्रियों जैसा सुकोमल दिखने वाला नेपोलियन युद्ध के मैदान में सौ सिंहों के बराबर था। क्योंकि युद्ध कर-करके नेपोलियन ने खुद को कुशल कमांडर के रूप में स्थापित कर लिया था।

इतिहास गवाह है कि एक के बाद एक जीत दर्ज कराते हुए वो फ्रांस का नायक बना। क्योंकि राजनीतिक और सामाजिक उठापटक से भरे दौर में नेपोलियन ने फ्रांस की सत्ता पर काबिज होने के लिए जनमत संग्रह करवाया था और दिसंबर, 1804 को पोप पायस सातवें ने नोट्रे-डेम-डी-पेरिस में उसकी फ्रांस के सम्राट के रूप में ताजपोशी कराई थी। जिसकी वजह से आज भी सेन्य स्कूलों में नेपोलियन की युद्ध-नीतियों की मिसालें दी जाती हैं।

इसलिए गर्व से कहें, **"मैं प्रतिभाशाली हूं। अच्छाइयां, भरोसा, विश्वास सब पैदाइशी हैं मुझमें। स्वप्नशील हूं, पंख हैं मेरे पास ऊंची उड़ान भरने के लिए। उड़ना चाहता हूं मैं, आज और अभी.....।"**

क्योंकि आपके पास नेपोलियन की तरह सोचने के लिए मस्तिष्क है, करने के लिए स्टार्टअप है और जीतने के लिए दुनिया है। सिर्फ आपको अच्छे की उम्मीद करनी है और बुरे के लिए तैयार रहना है। फिर दौलत खुद चलकर आपके पास आ जाएगी।

यह मेरा वादा है। लेकिन कर्म आपको ही करना होगा। गीता में दिए गए उपदेश भी यही दर्शाते हैं और माइक्रोसॉफ्ट के नए सी.ई.ओ. स्टीब बॉल्मर भी यही कहते हैं, **"तीन बातों पर ध्यान दो। पहली, अच्छे विचार मस्तिष्क में लाओ। दूसरी, हमेशा जज्बा बनाए रखो और तीसरी अदम्य साहस के साथ अपने काम में जुटे रहो।"**

चींटी को देखो। जब आप उसका रास्ता रोकते हैं, तो वह दूसरा रास्ता ढूंढ लेती है। जब आप उसे दीवार से गिरा देते हैं, तो वह पलटकर फिर चढ़ने लगती है। क्योंकि उसके अंदर अदम्य साहस होता है।

वही साहस आपके अंदर भी है। क्योंकि आप जब अपने दिल से पूछेंगे, तो वह कहेगा, **"मैं तब तक धड़कता रहूंगा, तब तक आपकी उम्र पूरी नहीं हो जाती-?"**

अपनी भूमिका तैयार करें:

आपकी कई भूमिकाएं हैं और उनमें से एक है कारोबारी या कर्मचारी की। लेकिन जो भी भूमिका निभाएं, उसमें खुद को पूरी तरह से डुबो दें।

युद्ध क्षेत्र में अर्जुन की भूमिका सिर्फ युद्ध करने की थी। उसने अपनी भूमिका के साथ पूरा न्याय भी किया। क्योंकि जब अर्जुन ने अपनी भूमिका निभाई, तब उसने अपने पिता, भाई, पुत्र, दामाद, भतीजों के बारे में नहीं सोचा। अगर वह ऐसा नहीं करता, तो वह अपने आपको कई भूमिकाओं में बांट देता और अपनी व्यवसायिक बुद्धि को कम कर लेता।

इसलिए फिल्म उद्योग से जुड़े लोग जब कोई रोल अदा करते हैं, तो वे उस रोल में पूरी तरह से डूब जाते हैं। चाहे एक्टिंग हो, स्क्रिप्ट राइटिंग हो या फिल्म का निर्देशन हो। सब में यही नियम लागू होता है।

हॉलीवुड के सुपर स्टार सिल्वेस्टर स्टेलोन के संघर्ष की कहानी तो आपने सुनी होगी-? किसी जमाने में वे बेरोजगार थे, जिसकी वजह से रातें उनकी न्यूयॉर्क के बस स्टैंड पर कटती थीं। लेकिन उन्हें जुनून था दूसरों से कुछ अलग करने का।

फिर एक दिन उन्होंने मोहम्मद अली और चक वेपनर के बीच बॉक्सिंग का मैच देखा। उससे न जानें कैसे प्रेरणा मिली कि उन्होंने एक फिल्म की स्क्रिप्ट लिख डाली। पूरे 20 घंटे लगे। फिर उसे बेचना चाहा। उन्हें 1,25,000 डॉलर (करीब 83.71 लाख रुपए) का ऑफर भी मिल गया। लेकिन वे फिल्म बनाने वाले से कुछ और अपेक्षा भी कर रहे थे-? वे स्क्रिप्ट पर बनने वाली फिल्म में मुख्य हीरो की भूमिका भी अदा करना चाहते थे। लेकिन वार्नर स्टूडियो ने मना कर दिया।

जब स्क्रिप्ट लेकर वापस आ गए, तब न खाना था-? न पैसा था-? लेकिन उन्हें यकीन था कि मैं एक न एक दिन हीरो जरूर बन जाऊंगा। फिर कुछ दिनों बाद वार्नर स्टूडियो ने उनसे दोबारा संपर्क किया। इस बार स्क्रिप्ट के एवज में 35,000 डॉलर (करीब 23.44 लाख रुपए) देने की बात हुई और फिल्म में मुख्य हीरो की भूमिका भी दी गई।

उसके बाद जो हुआ उसे पूरी दुनिया जानती है। वह फिल्म एतिहासिक साबित हुई। उसे ऑस्कर अवॉर्ड समारोह में बेस्ट फिल्म, बेस्ट डायरेक्शन और बेस्ट फिल्म एडिटिंग की श्रेणी में तीन-तीन पुरस्कार मिले। यही नहीं, उस फिल्म को अमेरिकन नेशनल फिल्म रजिस्ट्री में भी जगह दी गई और अमेरिकी फिल्म इतिहास की महान फिल्मों में से एक माना गया।

यह सुनकर साधु हंसते हुए बोला, **"वापस क्यों जाते हो-? पहले दस कदम तो चलो-? जब तुम दसवाँ कदम चलोगे-? तो तुम्हें आगे के दस कदम और दिखाई देने लगेंगे। इस तरह तुम पहाड़ी पर चढ़ जाओगे फिर सालों से माता के दर्शन करने की तुम्हारी इच्छा भी पूरी हो जाएगी-?"**

अपनी समस्या को बड़ा मानकर वह किसान वापस जा रहा था, परन्तु साधु ने जब उसे समाधान बताया, तो सुबह का उजाला बिखरने से पहले ही वह पहाड़ की चोटी पर पहुँच चुका था। जहाँ पर माता के दर्शन करने वाले लोगों की लाइन लगी होती है।

समस्या और समाधान से जुड़ी यह कहानी आपको बताती है कि **'दस**

कदम चलने के' कितने फायदे होते हैं-? इसलिए दुनियाँ के वैज्ञानिक हमेशा **'दस कदम आगे'** चलते हैं।

यूनान के महान दार्शनिक अरस्तु भी **'दस कदम आगे'** चलते थे। तभी तो उन्होंने कहा था, **"पृथ्वी ब्रह्मांड का स्थिर केंद्र है और सूरज, चाँद, सितारे उसके इर्द-गिर्द घूमते हैं।"**

तब लोगों ने उनकी बात पर विश्वास नहीं किया। फिर निकोलस कोपरनिकस ने आकाश का निरीक्षण किया और कहा, **"सूर्य इस ब्रह्मांड का केंद्र है और पृथ्वी उसकी परिक्रमा करती है तथा उसका पथ गोलाकार है।"**

लेकिन कोपरनिकस पादरी थे, इसलिए कोई खुलकर खंडन नहीं कर सका-? परन्तु मृत्युदंड के भय से उन्होंने जीवन के अंतिम दिनों तक अपनी खोजों को सार्वजनिक नहीं किया।

लेकिन कोपरनिकस की मृत्यु के बाद उनकी खोजों की पुस्तक प्रकाशित हुई। कोपरनिकस के बाद ब्रह्मांड और पृथ्वी की गति का अध्ययन करने वाले वैज्ञानिक गैलीलियो गैलीलेई ने अरस्तू से लेकर कोपरनिकस तक के विचारों का गहन अध्ययन किया और ब्रह्मांड एवं नक्षत्रों के संबंध में अपने निष्कर्ष बताया।

गैलीलियो ने कोपरनिकस के इस सिद्धांत को माना कि सूर्य **'केंद्र'** में है और स्थिर है। परन्तु गैलीलियो की इस बात से अरस्तुवादी बहुत परेशान हुए। उन्होंने गैलीलियों की बात का विरोध किया। फिर उनकी शिकायत प्रमुख धर्मगुरु कार्डिनल रॉबर्ट बेलारमाइ से की। तब गैलीलियों ने कहा, **"हम जो देख रहे हैं, जिस पर विश्वास कर रहे हैं, वही सच है, बाकी सब झूठ है।"**

धर्मगुरु ने गैलीलियो को चेतावनी देकर छोड़ दिया, लेकिन उसके बाद उनकी पुस्तक **'दोलमी और कोपरनिकस'** प्रकाशित हुई। तब अरस्तुवादियों ने फिर पोप से शिकायत की, कि वह धर्म विरुद्ध बोल रहे हैं।

पोप ने गैलीलियों पर मुकदमा चलाने का आदेश दे दिया, फिर उन्हें अपराधी घोषित किया गया।

तब गैलीलियो ने कहा, **"मैं दस कदम आगे चलता हूँ और दस साल आगे की सोचता हूँ। इसलिए यही सच है कि पृथ्वी घूमती है और सूर्य की परिक्रमा करती है। अब चाहो तो आप मुझे फंासी पर चढ़ा सकते हो-?"**

इसलिए आप भी दस कदम आगे चलने का साहस कीजिए। क्योंकि सफलता का रहस्य आगे बढ़ने में है। लेकिन जो लोग **'दस कदम आगे'** नहीं चल पाते, उनका हॉल ठीक वैसा ही होता है, जैसा कि चीन के एक गांव में रहने वाले एक व्यक्ति का हुआ था।

उसकी कहानी बड़ी दिलचस्प है। उसका घर तालाब के पास था, वह बहुत

परेशान रहता था, क्योंकि मेढ़कों की टर्र-टर्र से उसे रात भर ठीक से नींद नहीं आ पाती थी और सोचता था कि हजारों की तादाद में मौजूद इन मेंढकों से पीछा कैसे छुडाऊँ-?

एक दिन उसे समाधान सूझ गया। उसने सोचा की मैं इन मेंढकों को पकड़ कर किसी होटल वाले को बेच दूंगा। क्योंकि चीन में मेंढक खाए जाते हैं फिर धीरे-धीरे सारे मेंढक खत्म हो जाएंगे और मैं चैन की नींद सो सकूंगा-?

दूसरे दिन उसने एक होटल मालिक से बात की और उसे रोज एक हजार मेंढक सप्लाई करने की बात तय कर ली।

लेकिन जिस दिन उसे होटल में मेंढकों की सप्लाई करनी थी, उस दिन केवल दो मेंढक ले कर होटल पहुँचा। होटल मालिक ने कहा, **"हमारी बात तो रोज एक हजार मेंढक खरीदने की तय हुई थी, लेकिन तुम तो सिर्फ दो ही लाए हो-?"**

इस पर उस व्यक्ति ने कहा, **"मेंढकों की आवाज सुनकर मुझे लगता था कि तालाब में हजारों मेंढक हैं, लेकिन जब उन्हें पकड़ने पहुंचा, तो पाया कि वहां केवल दो ही मेंढक थे। और ये दोनों मेंढक इतनी जोर से आवाजें निकलाते थे कि मैं रात को सो नहीं पाता था-?"**

केवल दो मेंढकों की वजह से न जाने उसकी कितनी रातों की नींद खराब हुई, जो कि छोटी सी समस्या थी। यदि वह इस समस्या का समाधान **'दस कदम आगे'** चलकर सोचता, तब वह उसे मिनटों में हल कर सकता था-?

क्योंकि सकारात्मक सोच वाला व्यक्ति आत्मविश्वास से भरा होता है और बुरी परिस्तियों में भी समस्या का हल ढुँढ लेता है। तभी तो किसी शायर ने कहा है:-

सितारो से आगे जहाँ और भी हैं।
सफलता के इम्तिहां अभी और भी हैं॥

इसलिए आप अपने आत्मविश्वास को उस शीशे की तरह मजबूत रखें, जो टूटने के बाद भी छवि दिखाने का गुण नहीं छोड़ता।

कुछ साल पहले मुझे एक गाँव में जाना पड़ा। तब गांव में एक सिद्ध महात्मा आए। गांव वालों ने उनसे अनुरोध किया कि वे अपने तप और बल सिद्धि से उनका दुख दूर करें।

इस पर महात्मा ने कहा, **"आज आधी रात को अपनी-अपनी चादर बिछाकर सारे दुःख सोच-समझकर उसमें डाल देना और उनकी गठरी बनाकर कुएं में फेंक आना। फिर तुम सब की समस्याएं समाप्त हो जाएंगी।"**

गाँव वाले बड़े प्रसन्न हुए। रात होते ही सब ने वैसा ही किया, जैसा महात्मा

ने कहा था।

फिर सुबह होते ही सबके घर में परिवर्तन आ गया। हर किसी को उन दुःखों से मुक्ति मिली, जिससे वे परेशान थे।

महात्मा जी चले गए। उनके जाने के कुछ समय बाद लोगों को यह अहसास हुआ कि हड़बड़ी में उन्होंने कई चीजें छोड़ दी थीं।

इसलिए वे फिर एक-दूसरे के सुख को देखकर दुःखी रहने लगे। कुछ दिनों बाद गांव का वही हाल हो गया, जो पहले था।

सब लोग सोचने लगे कि काश! महात्मा जी आ जाते और फिर वैसा ही चमत्कार करते-?

फिर उन्हें खोजा जाने लगा। संयोग से एक दिन महात्मा जी आ पहुंचे। लोगों ने सारी बातें बताई। यह सुनकर महात्मा ने पूछा, **"क्या तुमने सारे दुःखों को छोड़ा नहीं था-?"**

लोगों ने कहा, **"छोड़ा तो था, परन्तु अब ज्यादा दुःख हो गए हैं।"**

महात्मा ने कहा, **" इस बार चादर में दुःख नहीं, हर किसी को अपना लोभ रखना होगा-? मोह और क्रोध रखना होगा-? सबको अपनी कोई एक बुराई रखनी होगी-? क्या आपको यह मंजूर है-?"**

गांव वालों ने सिर झुका लिया। महात्मा ने पूछा, **"लगता है आप सब को यह मंजूर नहीं है-?**

लोगों ने कहा, **"आपका मतलब हम समझ चुके हैं महात्मा जी। अब हमें किसी अनुष्ठान की आवश्यकता नहीं है। क्योंकि जब तक हम अपनी कमजोरियां नहीं त्यागेंगे, तब तक दुःखों से छुटकारा नहीं मिल सकता-?"**

इसलिए आप अपनी कमजोरी का त्याग करें, हर समय मोटिवेटे रहें और काम करने का जज्बा बरकरार रखें।

क्योंकि प्राचीन ईरान के धर्मग्रंथ **'यस्न'** में तीन बातों पर सबसे ज्यादा जोर दिया गया है, **'हुमत'** यानि अच्छे विचार, **'हुख्त'** यानि अच्छी वाणी और **'हुवर्शत'** यानि अच्छे आचार।

इसलिए वहाँ का हंसता-खिलखिलाता हुआ धर्म है। यह दुनिया का एक मात्र धर्म है, जो ईश्वर को हंसते हुआ पाना चाहता है।

उसमें बताया गया है कि जब जरथुश्त्र का जन्म हुआ था, तब वे खुद भी खिलखिला कर हंसे थे। वे कहते थे कि जब हंसते हुए परमात्मा को पाया जा सकता है, तो रोना पीटना क्यों-? उनका मानना था कि यह जीवन ही आनन्द और उत्सव का स्त्रोत है। इसलिए शरीर को कष्ट देना, दंड देना या ईश्वर के नाम पर दूसरों को शूली पर चढ़ाना, ईश्वर से प्रेम करना नहीं हो सकता-?

जरथुश्त्र का धर्म अनुठा है। वे खुद भी अपने से पहले और अपने के बाद के विचारकों और दार्शनिकों से बिल्कुल अलग हैं। उनका विचार था कि संसार में हमेशा दो शक्तियां काम करती हैं अच्छी और बुरी। लेकिन अन्त में जीत अच्छाई की ही होती है।

इसलिए आप भी इस बात को अपने जहन में बिठा लें कि जीत अन्त में आपकी ही होगी-? क्योंकि आप भी भगवान में आस्था रखते हैं और **भगवान** शब्द पाँच अक्षरों से बना है। यानि जल, आकाश, पृथ्वी, वायु, और अग्नि। जिसको हम कुछ इस तरह से परिभाषित कर सकते हैं:-

भूः भूमि यानि पृथ्वी से लिया गया है और भूमि सहनशील होती है। उसे कोई खोदता है, तो वह मना नहीं करती बल्कि खोदने पर भी सोना देती है, पानी देती है। उसी पृथ्वी को आप खोदते हैं, उस पर चलते हैं, परन्तु वह अपनी सहनशीलता नहीं गंवाती। ठीक वैसे ही आपको अपनी सहनशीलता नहीं गंवानी है।

गः अग्नि से लिया गया और अग्नि का तेज सबको जलाकर भस्म कर देता है, यानी कर्म को भस्म करने वाला। इसलिए अग्नि आपके भीतर के अवगुणों को जलाकर सद्गुणों को बाहर लाती है।

वः वायु से लिया गया है और वायु का गुण है स्पर्श। इसलिए सुख की अनुभूति स्पर्श से होती है। स्पर्श से दिल को सुख-शांति, प्रसन्नता मिलती है। इसलिए आपका दिल वायु जैसा होता है।

अः अपसु यानि अपसु से 'अ' लिया गया है ताकि पानी जैसी तरलता, विनम्रता और शीतलता आपमें बनी रहे।

नः नभ यानि आकाश की तरह जो विशाल हो-? लेकिन जब ये पाँच गुण आपके अन्दर आ जाते हैं, तब आप महान बन जाते हैं।

इसलिए महान लोगों को अपनी प्रेरणा बनाऐं और उनसें प्रेरणा लें। क्योंकि प्रेरणा का मतलब उस लगन से है, जो आपको कुछ करने के लिए उत्साहित करती है-? आपके सोचने का नजरिया बदलती है-?

फिर आप लक्ष्यों को किसी भी कीमत पर हासिल करने की कोशिश में लग जाते हैं। ठीक वैसे ही, जैसे कि एक जापानी कलाकार नागची पेड़ की छाया में घास पर बैठा था। कुछ देर बाद उसके सामने फकीर आकर बैठ गया और बोला, **"मैं दो-दिन से भूखा हूँ, कुछ खाने को दो-?"**

नाागची ने उसे एक सिक्का दे दिया। भिखारी खुश हो गया। नागची यह सब देखकर हैरान था, फिर फकीर से बोला, **"तुम एक सिक्का पाते ही इतने खुश कैसे हो गए-?"**

फकीर ने मुस्कराते हुए कहा, **"क्योंकि मैं पैसा कमाने का हुनर जान चुका हूँ। इसलिए खुलकर हँस रहा हूँ।"**

इस बात से साबित होता है कि हंसना मनुष्य की ताकत है, जिससे शरीर पर सकारात्मक प्रभाव पड़ता है। यही वजह है कि हंसने वाला मनुष्य **'नो थॉट स्टेटस'** की अवस्था में पहुंच जाता है, जो खुशी की चरम अवस्था होती है।

क्योंकि हंसने का सम्बंध प्रसन्नता से है। जब आप प्रसन्न होते हैं, तब हंसते हैं। यदि आप बिना बात के भी हंसेंगे, तो भी स्वाभाविक रूप से प्रसन्नता मिलेगी। फिर प्रसन्नता की मनोदशा में शरीर की रासायनिक संरचना में परिवर्तन होता है।

इसलिए जब आप हंसते हैं, तब आप मेडिटेशन की अवस्था में पहुंच जाते हैं। परन्तु दौड़ती-भागती जिंदगी में अब लोगों के पास समय की कमी हो गयी है। ऐसे में खुशी के पल कम ही आते हैं, फिर लोग खुशी को पाने के लिए कृत्रिम साधन अपनाते हैं।

परन्तु इस व्यस्त जिन्दगी में आप अपने लिए कुछ खुशी के पल निकाल सकते हैं-? कुछ ऐसी ही टिप्स हम आपको बता रहे हैं, जिन्हें अपनाकर आप अपनी जिन्दगी में खुशियां भर सकते हैं:-

- **अपने नजरिए में बदलाव लाने की कोशिश करें। हमेशा काम के सकारात्मक पक्ष को देखने का प्रयास करें।**
- **गुदगुदाने वाली फिल्में देखें, जिसमें आप कुछ पल के लिए अपनी चिंताओं को भूला सकें। तब आप चंद लम्हों के लिए मुस्करा पाएगें।**
- **हर दिन इस किताब के कुछ पन्ने पढ़ें। फिर जीवन में सकारात्मक सोच का संचार होगा।**
- **जब आप परेशान हों, तब आप उन कामों को देखें, जिन्हें आप कर चुके हैं।**
- **हर दिन अपने लिए कुछ अच्छा करें। और टी.वी. पर अपने पसंदीदा प्रोग्राम देखें।**
- **खुशमिजाज और सकारात्मक विचार वाले लोगों के साथ रहें ताकि आपकी जिंदगी में भी खुशियां आती रहें।**
- **अपने स्वास्थ्य को ठीक रखें, लेकिन फास्टफूड न खाएें। क्योंकि इसका असर आपके मिजाज पर पड़ता है।**
- **समस्याओं का आराम से समाधान सोचें।**

जब आप इन बातों पर अमल करना शुरु कर देगें, तब आप अपने आप को दुनिया का सबसे ज्यादा खुशनसीब व्यक्ति मानने लगेगें। क्योंकि किसी शायर ने कहा है:-

जो खुद ही नाप लेते हैं आसमां की ऊचाइयाँ।
वो पंखों से नहीं हौसलों से उड़ान भरते हैं॥

इसलिए अपने हौसलों को पंख लगाइएं। क्योंकि दुनिया के सारे असम्भव काम हौसलों से ही संम्भव हुए हैं।

एक प्राचीन कथा है, एक ब्राह्मण था, वह अपनी पत्नी के साथ रहता था। परन्तु दोनों दुःखी थे और दुख का कारण था संतान का न होना-? जबकि विवाह को काफी समय बीत गया था। बुढ़ापा आने को था, परन्तु संतान नहीं थी-?

इसलिए ब्राह्मण ने अपनी पत्नी के साथ तप करने का का निश्चय किया। दोनों ऊंचे पर्वत पर चले गये, फिर दोनों ने कठिन तपस्या की।

कुछ दिनों बाद भगवान शिव प्रसन्न हुए और प्रकट होकर बोले, **"मांगों जो वर मांगना चाहते हो-?"**

ब्राह्मण दंम्पती ने कहा, **"भगवान हम संतानहीन हैं। आप हमें वर दें कि हमें पुत्र रत्न की प्राप्ति हो।"**

समय बीतता चला गया। कुछ दिनों बाद दंपती का इंतजार खत्म हुआ। ब्राह्मण के घर एक पुत्र ने जन्म लिया। लेकिन दोनों फिर भी सुखी न हो सके-? क्योंकि पुत्र अंधा था। बुढ़ापे में पुत्र मिला और वह भी अंधा-?

वे यही सोचते रहे कि जीवन भर पुत्र की प्रतीक्षा की, तप किया, तीर्थ गए, पूजा-पाठ किया, परन्तु मिला क्या-? अंधा पुत्र।

लेकिन ब्राह्मण दंपती ने पुत्र को लाड़ प्यार से पाला और बड़ा होने पर पढ़ने के लिए गुरुकुल भेज दिया।

जब पुत्र ने अपनी शिक्षा पूरी कर ली और गुरुकुल से लौटा, तो आकर उसने अपने पिता से प्रश्न किया। क्या आप भी मेरी तरह अंधे हैं-?

पिता ने कहा, **"नहीं।"**

पुत्र ने फिर प्रश्न किया, **"क्या मेरी मां भी अंधी हैं-?**

पिता ने फिर कहा, **"नहीं, तुम्हारी माता भी अंधी नहीं है। यह तो हमारे पूर्व जन्म के कर्मों का फल है कि तुम अंधे पैदा हुए हो-?"**

पुत्र ने शांत भाव में उत्तर दिया, **"आपने जप किया, तप किया, पूजा पाठ किया, तीर्थ गए। फिर जब भगवान शिव प्रसन्न हो गए, तो आपने मांगा भी तो क्या मांगा-? यदि भगवान से खुशी माँगते, तो हो सकता था कि मैं अंधा पैदा न होता-?"**

इस कहानी में सफलता का एक सूत्र छिपा है कि आपको ईश्वर से हमेशा खुशी मांगनी चाहिए-? क्योंकि खुशी मनुष्य के दुःखों को दूर रखती है।

शायद इसी को ध्यान में रखते हुए वाणिज्य एवं उद्योगमंत्री कमलनाथ ने

फिक्की की एक सेमीनार में कहा था, "**मैं हमेशा खुश रहने का प्रयत्न करता हूँ और जिस दिन मैं मुस्कराना भूल जाता हूं, उस दिन को मैं महसूस करता हूँ कि मेरा दुनिया में कोई आस्तीत्व नहीं है।**"

इसलिए आप भी हंसिए, मुस्कराइए और प्रसन्न रहिए। क्योंकि जो लोग हमेशा खुश रहते हैं, वे बोल्ड और डेशिंग पर्सनैलिटी के माने जाते हैं।

तभी तो रिलायंस इंडस्ट्रीज लिमिटेड के मालिक मुकेश अम्बानी ने कहा है, "**मौजूदा आने वाले दशकों में बाकी दुनिया उम्रदराज लोगों से भरी होगी। जबकि भारत में युवाओं का जलवा रहेगा, जो विश्व में आपनी योग्यता का झंडा फैहराएगें। फिर यही बात भारत के लिए ताकत साबित होगी।**"

क्योंकि **चार ऐसे ट्रेंड** हैं, जो दुनिया को आगे ले जाएंगे और इन सभी में भारत एक कदम आगे रहेगा:-

पहला ट्रेंड है: आबादी का स्वरूप। भारत में आबादी का स्वरूप आज वही है, जो अमेरिका का 1910-20 में हुआ करता था।

दूसरा ट्रेंड है: लोकतंत्र। यह देश विविधताओं से भरा है, और लोकतंत्र में भारतीयों को विश्वास है।

तीसरा ट्रेंड है: टेक्नॉलजी। आर्थिक संकट के बावजूद टेक्नॉलजी की रफ्तार थमने वाली नहीं है। दूसरे देशों के मुकाबले भारत ने टेक्नॉलजी को बेहतर ढंग से अपनाया है।

चौथा ट्रेंड है: ग्लोबलाइजेशन और ग्रोथ यानि दुनिया भर में चाहे जो हो, भारत छह से सात पर्सेंट ग्रोथ रेट बनाए रखेगा। क्योंकि हम भारतीय लोग खुश रहने का तरीका जानते हैं। वैसे भी भारत एक खूबसूरत देश है। इसके पास समृद्ध इतिहास है, लेकिन सिद्धांत केंद्रित जीवन से हमें व्यक्तिगत, पारिवारिक, व्यावसायकि और सामाजिक जीवन में ताकत मिलती है। परन्तु हमें भारत को विश्व का नं०1 देश बनाने के लिए 3 सिद्धांतों पर चलना होगा:–

१. **बदलाव:** परिवार में बदलाव लाने की शुरूआत पति-पत्नी से होती है, न कि परिवार के अन्य सदस्यों से-? लेकिन आत्म-जागरूकता से अपने अन्दर चल रही गतिविधियों द्वारा आपको अपने परिवार में बदलाव लाना होगा-?

२. **कल्पना:** अपनी कल्पना की सहायता से आप यह तय कर सकते हैं कि आप क्या बन सकते हैं और आप क्या कर सकते हैं-?

३. **विवेक:** आपको अपनी अन्तरात्मा की आवाज को सुनना होगा। क्योंकि यह आपको खास दिशा की ओर प्रेरित करेगी। इसलिए आपको अपने विवेक को विकसित करते रहना होगा-?

क्योंकि कनफ्यूशियस ने कहा है, "**जब तक कोई पंक्षी अपने पंख फड़फड़ाता रहेगा, अपनी चोंच को घायल करता रहेगा, तब तक वह**

पंक्षी आकाश में उड़ कर शिकार करता रहेगा।"

पिछले दिनों जब बोर्ड की परीक्षाओं के परिणाम घोषित हुए थे, तब मेरा एक दोस्त के घर जाना हुआ। उनकी बिटिया का बारहवीं का रिजल्ट आया था। परन्तु सभी के चेहरे उतरे हुए थे। क्योंकि उन्हें उम्मीद थी कि बिटिया के कम से कम 95 प्रतिशत अंक आएंगे, लेकिन आए 92 प्रतिशत-?

इसलिए घर के सभी सदस्य उस असफलता पर दुःखी थे। लेकिन जब मैं घर वापस आया, तो देखा कि पड़ोसी के यहां जश्न का माहौल है। जबकि उनकी बेटी 45 प्रतिशत अंक लेकर पास हुई थी और उसकी खुशी को सेलिब्रेट किया जा रहा था।

इन दोनों बातों से पता चलता है कि सफलता पाने के सबके अपने-अपने मानदंड हैं। क्योंकि सफलता और प्रसन्नता मन की एक अवस्था है, लेकिन इसे बदलने के लिए आपको अपने दृष्टिकोण को बदलने की जरूरत होती है।

जब मनुष्य प्रसन्न होता है, तो वह नाचता है, गाता है, गुनगुनाता है, हंसता है, मुस्कराता है, हाथ मिलाता है, दूसरों को आलिंगनबद्ध करता है।

ठीक वैसे ही जैसे कि एक नेताजी का बेटा फेल हो गया। नेताजी फिर भी मिठाई बांट रहे थे। तब उनसे एक पत्रकार ने पूछा, **"आपका बेटा फेल हो गया और आप मिठाई बांट रहे हैं-?"**

नेताजी ने कहा, **"साठ प्रतिशत बच्चे फेल हुए हैं। उसके बाद भी बहुमत मेरे बेटे के साथ है, इसीलिए मिठाई बांट रहा हूं।"**

यह हंसमुख स्वभाव और हास्यबोध आपको जीवन के हर क्षेत्र में सफलता दिलाने में बड़ा रोल अदा करता है-? क्योंकि कई आध्यात्मिक गरु इस बात की पुष्टि करते हैं कि प्रसन्न रहने वाले मनुष्य नकारात्मक विचारों को अपने आसपास फटकने नहीं देते। फिर उन्हें सही फैसले लेने और आगे बढ़ने का मौका मिलता है।

हास्यबोध के लाभः

जिस मनुष्य में हास्यबोध का गुण होता है, वह सबके लिए लाभदायक साबित होता है। क्योंकि खुलकर हंसी का ठट्ठा लगाने से आपकी मांसपेशियां रिलेक्स हो जाती हैं और सारा तनाव दूर हो जाता है।

यही वजह है कि हास्यबोध और हंसने-हंसाने की कला में माहिर लोग पूरे वातावरण को तनावमुक्त करने का काम करते हैं। जिससे मानसिक थकान और निराशा दूर होती है।

इसलिए काम के दौरान किसी वजह से उपजी चिंता और दबाव का अंत हास्यबोध चुटकियों में कर देता है। फिर इम्यून सिस्टम भी काफी मजबूत हो

जाता है।

सेंस ऑफ ह्यूमर का कमाल:

अच्छे सेंस ऑफ ह्यूमर वाले लोग विपरीत परिस्थितियों में भी सर्वश्रेष्ठ प्रदर्शन करके सबको चौंका देते हैं। ऐसे लोग सामान्य से अधिक सतर्क, सक्रिय और ऊर्जावान बने रहते हैं। जबकि सफलता के लिए इन्हीं गुणों की जरुरत होती है।

फिर वे लोग मुश्किल हालातों में भी दूसरों से अपने हक में डील करा लेते हैं। ठीक वैसे ही जैसे कि आप सोचते थे कि ईश्वर चाहेगा, तभी किसी पेड़ में फल लगेंगे-?

लेकिन जब आपने उसकी वैज्ञानिक वजहों को समझ लिया, तब पता चला कि यह एक प्राकृतिक प्रक्रिया है और मौसम के अनुसार फल अवश्य आएगें।

इसलिए, खुशी को जानने के लिए आपको सिर्फ अपने अन्दर झांकने की जरूरत है। तभी तो ओशो ने कहा है, **"मैं नहीं चाहता कि तुम गंभीर रहो-? क्योंकि यह एक आध्यात्मिक बीमारी है। और हंसी आध्यात्मिक स्वास्थ्य है। इसलिए जब तुम हंसते हो, तो अपने मन को आसानी से अलग रख सकते हो-? लेकिन जब तुम हंस नहीं सकते, तब मेरे द्वार बंद हो जाते हैं।"**

इसलिए हंसना सीखिए और हंसने की बात को हंसी में मत उड़ाइए। प्रयास कीजिए कि आप बिना बात भी मुस्कराएं। फिर ये मुस्कराहट आपके जीवन को खुशियों से भर देगी।

मुझे एक चुटकला याद आता है। एक बार 80 साल के बुजुर्ग आदमी की दो करोड़ की लॉटरी लग गई। खबर सुनकर कहीं उन्हें हार्ट अटैक न आ जाए-? उनके घरवालों ने तय किया कि एक डॉक्टर के माध्यम से बुजुर्ग को लाटरी लगने का समाचार दिया जाए, ताकि दिल का दौरा पड़ने की हालत में वह स्थिति को संभाल सके-?

फिर शहर के मशहूर दिल के डॉक्टर से सम्पर्क किया गया। डॉक्टर ने उनके परिवार के लोगों को अश्वस्त करते हुए कहा, **"आप लोग चिंता न करें, मैं उन्हें यह खुशखबरी कुछ ऐसे दूंगा कि वह ज्यादा उत्तेजित नहीं हो पाएगें।"**

उसके बाद डॉक्टर उस बुजुर्ग के पास गया। पहले कुछ देर तक इधर-उधर की बातें की, फिर बोला, **"मैं आपको एक खुशखबरी सुनाना चाहता हूं-?"**

"इस उम्र में कौन सी खुशखबरी सुनाना चाहते हो-?" बुजुर्ग ने कहा।

"आपके नाम दो करोड़ रूपए की लॉटरी लगी है।"

बुजुर्ग बोला, **"यह तो बड़ी अच्छी खबर है, इसे सबसे पहले तुमने मुझे**

बताया है, इसलिए इस रकम का आधा हिस्सा मैं तुम्हें देता हूं।"

इतना सुनते ही डॉक्टर धम्म से जमीन पर गिर पड़ा, फिर उसके प्राण निकल गए। क्योंकि डाक्टर को इस बात की उम्मीद नहीं थी कि वह बुजुर्ग ईनाम का आधा हिस्सा उसे दे देगा-?

यह भी खुशी का एक तरीका था, परन्तु इस खुशी में स्वार्थ छिपा था। क्योंकि इस दुनिया में मनुष्य **'प्राप्ति'** और **'आनन्द'** के भावों के साथ जीते हैं। वह अपनी हर चाहत को पाना चाहते हैं।

परन्तु जब उन्हें उम्मीद से ज्यादा प्राप्त हो जाता है, तब मौत उन्हें अपने आगोश में खींच लेती है।

कल्पना कीजिए कि एक व्यक्ति शहर के जाने-माने शोरूम में घुसा और वहां चूहे की संगमरमर से बनी मूर्ति पर फिदा हो गया।

तब उसने दुकानदार से उस मूर्ति की कीमत पूछी-? दुकानदार ने बताया कि चूहे की मूर्ति की कीमत 1,000 रूपय है और चूहे की कहानी सुनाने के 20,000 रूपए।

उस व्यक्ति ने दुकानदार को 1,000 रूपए दिए और कहा, **"मुझे सिर्फ मूर्ति चाहिए, इसकी कहानी से मुझे कोई मतलब नहीं है-?"**

जब वह व्यक्ति मूर्ति लेकर बाहर निकला, तो उसने देखा कि आस-पास के तमाम चूहें उसके पीछे चल रहे हैं। फिर घर तक यही हाल रहा तथा घर के सारे चूहे उस मूर्ति के पास आ गए।

अगले दिन जब वह घर से निकला, तो उसके पास वही मूर्ति थी। उसने देखा कि शहर के सारे चूहें उसके पीछे इकट्ठे होकर शोर मचा रहे हैं।

वह व्यक्ति घबरा गया और उसने संगमरमर की उस मूर्ति को ले जाकर नदी में फेंक दिया। फिर गली, मोहल्ले, शहर और दूसरे शहरों के चूहों ने भी उसके पीछे नदी में छलांग लगा दी।

वह व्यक्ति वापस शोरूम में गया। दुकानदार ने उसे अन्दर आते देखकर कहा, **"मुझे मालूम था कि आप जरूर आएंगे और उस चूहे की कहानी सुनना चाहेगें-?"**

उसने कहा, **"मैं कहानी सुनने नहीं आया हूं, बल्कि यह पूछने आया हूं कि संगमरमर की ऐसी कोई मूर्ति लक्ष्मी जी की भी है आपके पास-?"**

यह शार्टकट में सफलता पाने का एक उदाहरण था। लेकिन सफलता सिर्फ उन्हें ही मिलती है, जिनके अन्दर धैर्य होता है-? साहस होता है-? और खुश रहने का जज्बा होता है-?

बुल्लेशाह कुछ इसी तरह के इंसान थे-? एक दिन बाजार से गुजर रहे थे,

तब वहां पर कुछ ज्यादा भीड़ थी। उन्हें लगा कि यहां इतने सारे लोग हैं और ये अल्लाह के बारे में कुछ नहीं जानते। क्योंकि सब लोग अपनी मौज में डूबे हैं। मुझे इन्हें अल्लाह के बारे में बताना होगा-?

अचानक उन्हें एक सुनार की दुकान दिखाई पड़ी। उन्होंने सुनार से जाकर कहा, **"मुझे एक अंगूठी चाहिए-?"**

सुनार तुरन्त बोला, **"बना दूंगा, लेकिन किस नाप की बनानी है-?"**

बुल्लेशाह ने कहा, **"अल्लाह की उंगली के नाप की बना दो।"**

सुनार ने पूछा, **"अल्लाह की उंगली कहां है-?"**

तब बुल्लेशाह ने अपनी उंगली आगे बढ़ाते हुए कहा, **"इसके नाप की बना दो।"**

सुनार गुस्से में बोला, **"पागल है, तू कोई अल्लाह है-?"**

बुल्लेशाह ने कहा, **"मेरी जो उंगली है, वही अल्लाह की उंगली है।"**

सुनार ने सोचा कि यह सचमुच में पागल हो गया है, अपने आपको खुदा समझने लगा है। फिर उसने मौलवी को बुलाकर कहा, **"यह आदमी अपने आपको अल्लाह कहता है, इसे मस्जिद में ले जाओ।"**

तब मौलवी ने बुल्लेशाह को अपनी उंगुली दिखाते हुए कहा, **"ये क्या है-?"**

बुल्लेशाह बोले, **"यह खुदा की उंगली है।"**

मौलवी ने गुस्से में कहा, **"यह तो मेरी उंगली है।"**

बुल्लेशाह अपनी बात पर जोर देते हुए बोले, **"नहीं। यह खुदा की उंगली है।"**

मौलवी ने सोचा कि यह काफिर हो गया है, अपने आपको खुदा कहता है-? इसलिए उसने बुल्लेशाह के लिए मौत की सजा का ऐलान कर दिया।

परन्तु बुल्लेशाह तो अपनी मस्ती में थे। जब उन्हें पकड़कर ले जाया जा रहा था, तो चारों तरफ हाहाकार मच गया। सब लोग मस्जिद की ओर भागने लगे कि देखें, इनके साथ क्या होता है-?

लेकिन जब बुल्लेशाह का नशा टूटा, तब उन्होनें अपने आपको तो मस्जिद में पाया। फिर मौलवी से पूछा, **"आप मुझे यहाँ क्यों लए हैं-?"**

मौलवी ने कहा, **"तुम काफिरों वाली बाते करते हो, इसलिए सजा देने के लिए यहाँ लाया गया है।"**

बुल्लेशाह ने कहा, **"परन्तु यहां इतनी भीड़ क्यों है और ये लोग कौन हैं-?"**

मौलवी ने कहा, **"ये खुदा के बंदे हैं।"**

तब बुल्लेशाह ने पूछा, **"मैं कौन हूं-?"**

मौलवी ने कहा, **"तुम भी खुदा के बंदे हो।"**

फिर बुल्लेशाह अपनी उगुंली दिखाते हुए बोले, **"फिर यह उंगली किसकी हुई-?"**

"यह भी खुदा की हुई।" इतना कहकर मौलवी ने हंसना शुरू कर दिया। इस घटना से पता चलता है कि बुल्लेशाह हंसमुख इंसान थे। इसलिए आप रिश्तों की मार्यद में रहने की आदत डालिए।

डार्बिन भी यही कहते हैं, **"बार-बार मुंह बनाने से चेहरा कुरूप हो जाता है और चेहरे के चिन्ह परिवर्तित हो जाते हैं। क्योंकि आप के चेहरे से, आप के संकल्पों का पता चलता है। परन्तु जो व्यक्ति हंसता रहता है, वह सफल हो जाता है।"**

लेकिन यह आपके प्रयत्नों पर निर्भर करता है कि आप खुशी को कहां-? और कैसे ढूंढते हैं-? परन्तु खुश रहने का बढ़िया नुस्खा है गुस्से पर कंट्रोल करना।

प्रसिद्ध मूर्तिकार माइकल एंजेलो ने अपनी आत्मकथा में लिखा है, **"मुझे जब भी क्रोध आता है, तब मैं छैनी उठा कर अपनी मूर्ति को आकार देने लगात हूं। फिर कुछ देर बाद गुस्सा छूमंतर हो जाता है।"**

मनोवैज्ञानिक भी यही कहते हैं, **"जब आप को गुस्सा आ रहा हो, तो आप अपनी मुट्ठियों को ४-५ बार खोलें और भींचें। फिर आपका क्रोध गायब हो जाएगा। इसीलिए जापान में बच्चों को सिखाया जाता है कि क्रोध आने पर गहरी सांस लो और छोड़ा।**

१५-२० बार इस प्रक्रिया को दोहराने से गुस्सा गायब हो जाता है। फिर आप गुस्से को दूसरी ओर मोड़कर रचनात्मक उपयोग करने लगते हैं। इससे आपकी सोच सकारात्मक हो जाती है।"

यह मोटिवेशन का एक अनोखा तरीका है, जिसे साधना के द्वारा पाना होता है। परन्तु साधना कैसे करनी है-? इसके लिए आपको सतयुग में जाना होगा-?

क्योंकि उस जमाने में देवव्रत अपनी वृद्ध माता को छोड़कर एक मठ में चला गया था और वहां रहकर साधना करने लगा था। एक दिन उसने स्नान करके अपना अंगोछा सूखने के लिए एक पेड़ की डाली पर डाल दिया और जमीन पर आसन बिछा कर ध्यान मग्न हो गया।

लेकिन जैसे ही वह उठा, उसने देखा कि एक कौवा उसके अंगोछे को लेकर उड़ा जा रहा है। उसके क्रोध का ठिकाना नहीं रहा। उसने अपनी एक सिद्धि का प्रयोग किया और अपनी आंखों से अंगारे बरसाने शुरु कर दिए।

कौवा तुरन्त भस्म हो गया। देवव्रत अपनी इस उपलब्धि पर फूला नहीं समाया। फिर अंहकार में भरकर वह भिक्षाटन के लिए निकल पड़ा।

कुछ दूर पहुंचकर उसने एक दरवाजे पर आवाज लगाई। उस घर के भीतर से लोगों की आवाजें तो आ रही थीं, लेकिन कोई बाहर नहीं आ रहा था।

उसने फिर पुकारा तो अंदर से एक महिला आई और बोली, **"स्वामी जी, अभी मैं अपने पति की सेवा में लगी हूं, कुछ देर बाद आपको खाने के लिए लाकर दूंगी-!"**

तब अहंकारी देवव्रत ने चिल्लाकर कहा, **"दुष्ट, तुझे नहीं मालूम कि इस अवहेलना का क्या परिणाम हो सकता है-?"**

उस महिला ने विनम्रता से कहा, **"मैं जानती हूं आप मुझे श्राप देंगे, परन्तु मैं कौवा नहीं हूं, जो भस्म हो जाऊंगी-? अपनी वृद्ध माँ को छोड़कर साधना करने वाले साधु, तुम मेरा कुछ नहीं बिगाड़ सकते-?"**

देवव्रत को झटका लगा। उसने पूछा, **"आप कौन हैं-? आप किसकी साधना करती हैं-?"**

महिला ने कहा, **"मैं गृहस्थ धर्म की साधना करती हूँ और वो भी पूरी तरह समर्पित होकर। आप चाहें तो इसे मेरी सिद्धि कह सकते हैं-? क्योंकि इसी से मुझे शक्ति मिली है।"**

अहंकारी देवव्रत महिला की बात सुनकर बिना भिक्षा लिए वापस चला गया।

इसलिए आपको भी उस महिला जैसी सिद्धि प्राप्त करनी है, ताकि आपको अपने लक्ष्य तक पहुँचने की शक्ति मिले-? फिर आप हमेशा खुश रहने वाले इंसान बन जाएंगे।

खुद को बिजनेसमैन की तरह पेश कीजिएः

अक्टूबर-2011 में जब **'फॉर्म्युला-वन'** की रेस नोएडा में हो रही थी, तब यूरोपियन कंट्री के लोग सोच रहे थे कि भारत इस खेल का आयोजन कैसे कर पाएगा-? यह तो बहुत महंगा खेल है-?

लेकिन जब 30 अक्टूबर को रेस का सफलता पूर्वक समापन हो गया, तब वही देश कहने लगा कि भारत कुछ भी कर सकता है, क्योंकि वहां के लोगों में आत्मविश्वास कूट-कूट कर भरा हुआ है।

यह भारत के लिए युरोपियन देशों की पॉजिटिव सोच थी। इसलिए आप वो सब कुछ कर सकते हैं, जो यूरोप के लोग करते हैं। क्योंकि **'फॉर्म्यूला वन'** रेस के बाद अब भारत की गिनती विकासशील देशों में होने लगी है।

गूगल के आंकडे बताते हैं कि दूसरे देश की तुलना में भारतीय युवा

फिनिशिंग स्कूल, कम्युनिकेशन स्किल और इंग्लिश ट्रेनिंग इंस्टीटयूट को सर्च इंजन पर सबसे ज्यादा खोजते हैं।

क्योंकि ये स्कूल आपको ब्रांड बनाने का काम करते हैं। जिनमें सें कुछ फिनिशिंग स्कूल सचमुच अच्छे हैं और वे आपके व्यक्तित्व को निखारते हैं।

परन्तु हर स्तर पर अलग तरह की ट्रेनिंग की जरूरत होती है। जूनियर लोगों के लिए **'सेल्फ डेवलपमेंट'** या **'टाइम मैनेजमेंट कैसे करें'**, **'कम्युनिकेश स्किल'** या **'कस्टमर केयर स्किल'** जैसे कोर्स ठीक रहते हैं। लेकिन मध्य स्तर पर **'टीम मैनेजमेंट'** सिखाना जरूरी होगा और सीनियर स्तर पर **'लीडरशिप डेवलपमेंट'** की जरूरत होगी।

यहां तक कि चीफ एग्जीक्यूटिंग ऑफिसर के लिए भी व्यक्तित्व विकास वाले प्रोग्राम और विशेष रूप से बनाए गए **'ग्रूमिंग प्रोग्राम'** की जरुरत पड़ती है। क्योंकि कॉर्पोरेट के मुखिया महसूस करते हैं कि वे खुद एक ब्रांड हैं और उनका व्यक्तित्व उनकी कम्पनी की पहचान है।

फिर इमेज सलाहकार आपको अच्छा दिखने में मदद कर सकता है-? क्योंकि वह आपको बताता है कि कैसे अच्छा दिखना है।

यही वजह है कि **'इस्क्वॉयर'** मैगजीन **'कॉमेमोरेटिव'** शीर्षक के साथ स्टॉल्स पर पहुंचते ही हाथोंहाथ बिक गयी। क्योंकि उसमें ओबामा को **'पर्सन ऑफ दी ईयर'** बताया गया था और कवर पर ओबामा दूरदर्शी, आत्मविश्वासी और संभावनाओं से भरे, हुए दिख रहे थे।

उसके बाद लॉस एंजिल्स की साप्ताहिक पत्रिका **'वॉशिंगटन लाइफ'** ने भी ऐसा ही कवर प्रकाशित किया। जिसमें ओबामा की फोटो **'दूरदर्शिता'** के ट्रेडमार्क के साथ प्रकाशित की गई थी। तब **'वॉशिंगटन पोस्ट'** ने इस बात का खुलासा किया कि ओबामा का चुनाव के दौरान बॉडी लेंग्वेज गजब का था। इसीलिए ओबामा अमेरिका के सर्वोच्च पद पर आसीन हुए। ओबामा के प्रसीडेंट चुने जानें से यह बात स्पष्ट हो जाती है कि आजकल जीवन में सफलता सिर्फ मेहनत, ईमानदारी और डिग्रियों से हासिल नहीं होती, बल्कि अपने आपको लोगों के सामने एक **'ब्रांड'** की तरह पेश करना जरुरी है।

'मैनेजिंग ब्रांड यूः सेवन स्टेप्स टू क्रिएटिव योर मोस्ट सक्सेसफुल सेल्फ' के लेखक **जैरी एम. विल्सन** ने कहा है, **"आपकी वैल्यू कितनी है-? यह इस बात पर निर्भर करता है कि आप एक उत्पादन की तरह दिखते हैं या नहीं-?"**

पर्सनेलिटी ग्रूमिंग एक्सपर्ट छाया मोमाया भी यही कहती हैं, **"आपके व्यक्तित्व का प्रभाव 7 प्रतिशत तक निर्भर करता है कि आपने क्या**

कहा-? लेकिन 38 प्रतिशत आपकी आवाज और 55 प्रतिशत आपके व्यवहार और उपस्थिति के प्रभाव पर निर्भर करता है।"

क्योंकि हेयर ड्रेसर से ब्रांड बन चुके जावेद हबीब का कहना है, **"सफलता प्राप्त करने का कोई शार्टकट नहीं है। परन्तु लोग सोचते हैं कि मैं रातों रात बिकाऊ ब्रांड बन गया हूँ, ऐसा नहीं है-? मुझे यहाँ तक पहुँचने में बीस साल लगे हैं।"**

मुझसे अक्सर पूछा जाता है कि क्या वह व्यक्ति अच्छा उद्यमी बन सकता है, जिसकी कोई व्यावसायिक पृष्ठभूमि न हो-? ऐसे व्यक्ति को अपना बिजनेस शुरू करने के लिए क्या करना चाहिए-? तब मैं उन्हें बताता हूँ:-

- **बिजनेस शुरू करने के लिए जरूरी नहीं कि आपकी पारिवारिक पृष्ठभूमि हो-? परन्तु माता-पिता का व्यवहार बिजनेस करने वाले व्यक्ति की प्रतिभा पर अच्छा या बुरा प्रभाव डाल सकता है-?**
- **उद्यमी बनने के लिए बहुत ही क्रियाशील, धैर्यवान और जोखिम उठाने वाला व्यक्तित्व होना चाहिए-? दूरदर्शिता होनी चाहिए-? तथा स्वयं निर्णय लेने की क्षमता होनी चाहिए-?**
- **बिजनेस की बारीकियां समझने की क्षमता, योजना और मार्केटिंग का खाका तैयार करना चाहिए। इसके साथ ही तकनीकी जानकारी और आर्थिक मजबूती भी जरूरी है।**

  क्योंकि अब आर्थिक आवश्यकता बड़ी बाधा नहीं है। यदि आपके पास अच्छी योजना है और काम करने वाली सक्षम टीम है, तब पैसा निवेश करने वाले लोग बहुत मिल जाते हैं।
- **घाटा कब और कैसे कम करें-? इसकी योग्यता भी होनी चाहिए। फिर उत्पाद को बड़े पैमाने पर अच्छा और सस्ता बनाने पर विचार करना चाहिए-?**
- **उद्यम खड़ा करने के लिए सही लोगों की तलाश करनी चाहिए। फिर एक मजबूत टीम बनानी चाहिए-?**
- **शुरुआत में घाटे के लिए तैयार रहना चाहिए, गलतियों से सीखकर आगे बढ़ने की कोशिश करनी चाहिए।**
- **मार्केट में बिजनेस को बढ़ाने के लिए समय-समय पर अपनी क्षमता का मूल्यांकन करना चाहिए-?**
- **योग्य और उत्साही व्यक्तित्व के लोगों की योग्यता का लाभ उठाने का हुनर आना चाहिए-?**

फिर आप अपनी प्रतिभा और क्षमता का मूल्यांकन कीजिए और कुछ नया

सोचिए-? साहस के साथ कदम उठाइए। पिछली कम्पनी में आपके जो सहयोगी थे, उनसे सम्बंध जोड़िए। वे आपके द्वारा शुरू किए गए काम में सहायक हो सकते हैं-?

वैसे भी अमीर बनने के लिए उद्यमी बनना आपकी आवश्यकता है। और इसके लिए यह समय अनुकूल है। क्योंकि अधिक उत्पादन करने के लिए बैंकों से लोन आसानी से मिल सकता है-?

शुरु करें अपना व्यवसायः आप बहुत कम पैसे से बिजनेस शुरू कर सकते हैं। बिजनेस के लिए यह सुनहरा अवसर लंबे समय तक नहीं रहेगा। मंदी के इस दौर में आपको कोई भी इस्तेमाल की गई यूनिट कम दामों में मिल सकती है-? फिर आप अपनी क्षमताओं का मूल्यांकन करके उसमें नया व्यवसाय शुरू कर सकते हैं-?

यह मंदी आपके लिए नहीं है: मंदी के कारण बिगड़ी अर्थव्यवस्था उसी समय आपको खराब लगती है, जब आप इसके शिकार होते है-? परन्तु मंदी थोड़े समय के लिए होती है। जरा सोचिए पहले की मंदी कितने समय तक रही-?

1850 की शुरूआत में अमेरीका में 32 बार अर्थव्यवस्था गड़बड़ाई, परन्तु अधिक्तर मामलों में दस महीने से ज्यादा नहीं रही। सबसे लंबे समय की मंदी 16 महीने की रही है। 1980 में मंदी सिर्फ छह महीने (जनवरी से जुलाई) तक रही। उसके पहले नवम्बर 1973 से मार्च 1975 तक और जुलाई 1981 से नवम्बर 1982 तक।

लेकिन भारत अमेरीका नहीं है, और न ही यहाँ पर **'लेहमैन ब्रदर्स'** जैसे बैंक हैं। परन्तु यह सच है कि अमेरीका की आर्थिक अर्थव्यवस्था बिगाड़ने में वित्तीय संगठनों और उपभोक्ताओं का भी बड़ा हाथ है। उन्होंने जरूरत से ज्यादा खर्च किया, जिसका प्रभाव अमेरिका की अर्थव्यवस्था पर पड़ा।

लेकिन भारत और अमेरीका की बचत दर में काफी अन्तर है। यू.एस. डिपार्टमेंट ऑफ कॉमर्स के अनुसार 2006 में अमेरीका परिवार में बचतदर नकारात्मक (-1 प्रतिशत) पाई गई। जबकि भारत के लोग दुनिया में बचत करने के मामले में सबसे आगे हैं।

ब्रांड की शुरुआत करें: विकल्प के रूप में आप बिना उत्पादन के अपना ब्रांड शुरू कर सकते हैं-? आप एक ही बार में 1000 से ज्यादा उत्पादन प्राप्त कर सकते हैं-? प्रोडक्ट लेकर बड़े रिटेल्र्स जैसे **'बिग एपल'**, **'बिग बाजार'**, **'रिलायंस फ्रेश'**, **'विशाल मेगामार्ट'** से सम्पर्क कर सकते हैं-?

ये रिटेलर्स बड़ी मात्रा में प्रोडक्ट्स खरीदते हैं, परन्तु वेंडर के रूप में उनकी

कम्पनी में अपना रजिस्ट्रेशन जरूर कराएं। फिर करोड़ों रूपए का आर्डर आपको मिल सकता है-? जबकि केवल 10,000 रु० की लागत से आप यह बिजनेस शुरुकर सकते हैं-?

जेब उनकी और मुनाफा आपका: बाजार में कुछ नया शुरू करने का मतलब होता है, लोगों की जेब में आपका प्रोडक्ट समाए और आपको ज्यादा मुनाफा हो। इसके लिए आपको कम कीमत वाले उत्पादन बेचने पर ध्यान देना होगा-?

जहां मंदी का असर नहीं है: छोटे प्रोडक्ट पर मंदी का असर नहीं पड़ता। उदाहरण के लिए नैनो कार को लीजिए। लोग इस कार को खरीदने के लिए चेक हाथ में लिए घूम रहे हैं। इसलिए नैनों पर मंदी का कोई प्रभाव नहीं है।

टाटा समूह काफी पहले से एक लाख रूपए में कार बनाने की सोच रहा था। इसलिए इसके मार्केट में उतरते ही वित्तीय कम्पनीयां खुश हो गयी हैं।

बेहतर सेवा की योग्यता: अधिक्तर लोग तकनीक और इन्जीनियरिंग की नई प्रक्रिया में सफल हो जाते हैं। लेकिन नारायण मूर्ति इसलिए सफल नहीं हुए कि उन्होंने किसी नई तकनीकी की खोज की थी-? बल्कि इसलिए सफल हुए हैं, क्योंकि उन्होंने खरीदने को अच्छी सर्विस दी थी। इसलिए यह सोचना गलत होगी कि आई.आई.एम. या आई.आई.टी. से पास लोग ही नया बिजनेस कर सकते हैं-?

क्योंकि सफल बिजनेसमैन बनने के लिए अधिक पैसों की जरुर नहीं होती, बल्कि इनोवेटिव आइडिए और कुछ कर दिखाने के जुनून की जरूरत होती है।

डेल कम्प्यूटर के संस्थापक माइकल डेल ने जब बिजनेस की शुरुआत की थी, तब उनके पास केवल एक हजार डॉलर थे, वह भी उन्होंने अपने दोस्त से उधार लिये थे।

इतनी कम पूंजी से बिजनेस की शुरुआत करने के बाद भी माइकल डेल आज जिस मुकाम पर पहुंच चुके हैं, उसे पूरी दुनिया अच्छी तरह जानती है।

अब इन्हीं लोगों के नक्शेकदम पर चल कर आई.आई.एम. जैसे बिजनेस स्कूलों से निकले वाले स्टूडेंट्स आजकल अच्छी कम्पनियों के प्लेसमेंट को छोड़ कर अपना बिजनेस शुरु कर रहे हैं, और ग्लोबल मार्केट के समंदर में उतरने की तैयारी कर रहे हैं।

➲ **कैसा हो आपका सक्सेज प्लान:** किसी भी तरह के बिजनेस को शुरू करने के लिए जरूरी है एक इनोवेटिव बिजनेस आइडिया। खासकर ऐसा आइडिया, जो यूनिक हो-? फिर आगे बढ़ने के लिए आपको उस आइडिया पर एक रोडमैप तैयार करना होगा। जिसमें फीचर्स, लाभ, प्राइस, मार्केट की स्थिति,

फाइनैंस आदि शामिल करने होगें-?

फिर सोचना होगा कि उसकी मार्केट स्थिति क्या है-? लोंग टर्म में बिजनेस कितना फायदेमंद होगा-? इस बात का भी ध्यान रखना जरूरी है।

➲ **एग्लीक्यूशन में दिखाएं दम:** बिजनेस के लिए जब पूरी प्लानिंग हो जाती है, तब दूसरा चरण शुरु होता है बिजनेस प्लान को व्यवहार में लाने का। इस दौरान सेलिंग और कस्टमर सर्विस आपके लिए एसिड टेस्ट की तरह होता हैं, जिसमें आपको अपना कौशल दिखाना होता है। फिर आपकी सफलता की कहानी शुरू हो जाती है।

एन.आर. नारयणमूर्ति ने केवल सात लोगों के साथ मिलकर **'इंफोसिस'** कम्पनी की स्थापना की थी, तब उस समय उनके पास केवल 10 हजार रुपए थे। आज इंफोसिस को भारत की सबसे बड़ी आई.टी. कम्पनी के रूप में जाना जाता है।

"डेल इन" कम्पनी के मालिक माइकल डेल ने 19 वर्ष की उम्र में कॉलेज की पढ़ाई छोड़कर केवल एक हजार डॉलर से बिजनेस की शुरुआत की थी और आज वे अरबपति हैं।

बिल गेट्स जब हाई स्कूल में थे, तभी उन्होंने अपने दोस्त पॉल एलेन के साथ मिल कर **'ट्रॉफा डाटा'** नाम से एक कम्पनी की शुरुआत की थी। तब उनके पास सिर्फ पांच सौ डॉलर थे। इसके बाद उन्होंने **'माइक्रोसॉफ्ट'** जैसी कम्पनी की स्थापना की और ट्रेलिस का इस्तेमाल करके, दुनिया के सबसे अमीर व्यक्तियों में शामिल हो गए।

इसलिए आप सीढ़ी का नहीं, ट्रेलिस का प्रयोग करें। क्योंकि मैनेजमेंट एक्सपर्ट बताते हैं कि जीतोड़ मेहनत करने से मुकाम पाना आसान नहीं होता-?

क्योंकि सफलता की सीढ़ी अब नदारद हो चुकी है और उसकी जगह दौड़ की जाली ने ले ली है, जिसे अंग्रेजी में ट्रेलिस कहते हैं।

इसलिए अब सफलता प्राप्त करने के नियम बदल गए हैं। लेकिन यह आपकी काबलियत और दिमाग के कैच करने की क्षमता पर निर्भर करता है कि आप ट्रेलिस का उपयोग किस तरह करते हैं-?

जबकि कम पूंजी में **'प्रियागोल्ड'** बिस्कुट के मालिक बी.पी अग्रवाल ने ट्रेलिस का उपयोग बहुत अच्छे ढंग से किया है।

एक साधारण से परिवार में जन्म लेने वाले बी.पी. अग्रवाल ने कोलकता यूनिवर्सिटी से 1968 में ग्रेजुएशन किया था, फिर उन्होंने कोलकाता में **'सूर्या फूड्स एंड एग्रो प्राइवेट लिमिटेड'** कम्पनी की स्थापना की। स्थापना करते वक्त कम्पनी में सिर्फ दो कर्मचारी थे।

फिर जब यू.पी. में सरकार इंडस्ट्री स्थापित करने के लिए सेल्स टैक्स में छूट दे रही थी, तब उन्होंने नोएडा सेक्टर-4 में **'सूर्या कोकोनट ऑयल मिल'** शुरू कर दी।

काम चल निकला, तो उन्होंने ग्रेटर नोएडा में **'प्रिया गोल्ड'** बिस्कुट की फैक्ट्री लगा दी। अब वे बिस्कुट की 23 वेरायटी बना रहे हैं, जो पूरे विश्व में पसंद की जा रही हैं।

आज बिस्कुट इंडस्ट्री में उनका सालाना बिजनेस चार सौ करोड़ रुपए का है और उनकी कम्पनियों में करीब दो हजार कर्मचारी काम करते हैं।

अपनी सफलता के बारे में बी.पी. अग्रवाल बताते हैं, **"ग्राहकों को अपने उत्पादनों की ओर आकर्शित करने के लिए ब्रांड का बनाना बहुत जरूरी है। फिर स्लोगन की जरूरत पड़ती है। उदाहरण के तौर पर पेप्सी को ही ले लीजिए, आजकल उनका स्लोगन है 'ये है यंगिस्तान मेरी जॉन', या फिर कोका कोला का चर्चित स्लोगन "ठंडा मतलब कोका कोला", यही वजह है कि वाशिंग पाउडर निरमा ने स्लोगन के जरिए अपना प्रोडक्ट घर-घर पहुंचा दिया।**

कभी-कभी तो स्लोगन की जंग सी छिड़ जाती है, फिर वही कम्पनियां ग्राहकों के बीच अपनी पहचान बनाती हैं। परन्तु स्लोगन रोचक और आसान होना चाहिए, ताकि लोग उसे याद रख सकें-?"

➲ **कम्पनी का साइन बोर्ड बनाएं:** बिजनेस को बढ़ाने के लिए साइन का इस्तेमाल काफी फायदेमंद होता है। जो बाद में कम्पनी की पहचान बन जाता है।

लेकिन साइन बोर्ड में ऐसे ग्राफिक या तस्वीर को चुनें, जिसे ग्राहक याद रख सकें-? फिर कोई भी व्यक्ति आपकी कम्पनी के बारे में आसानी से जान सकता है।

डिज्नीलैंड जैसे खूबसूरत थीम पार्क की कल्पना करते वक्त वॉल्ट डिज्नी ने इस बात पर बहुत ध्यान दिया था। उन्होंने अपने साइन बोर्ड में मिकी-माउस को कई रंगों में मस्ती करते हुए दिखाया था।

लेकिन इसके बनने की कहानी भी बड़ी अजीब है। एक बार वॉल्ट डिज्नी अपनी दोनों बच्चियों डियान और भोरॉन के साथ ग्रिफिंश पार्क में घूमने गए थे। वहां मौजूद दूसरे बच्चे तो खूब मस्ती कर रहे थे, लेकिन वॉल्ट डिज्नी के बच्चों को यह पार्क जरा भी रास नहीं आया। वे बोर हो रहे थे।

यह देखकर डिज्नी सोच में पड़ गए। उनके मन में ख्याल आया कि क्यों न एक ऐसी जगह बनाई जाए, जहाँ बच्चों के साथ-साथ बड़ें भी मस्ती कर

सकें-? बस फिर क्या था, वे एक थ्रिलर और मस्ती भरी दुनिया के निर्माण में जुट गए। लम्बी कोशिशों और मेहनत के बाद आखिर उनका सपना डिज्नीलैंड के रूप में साकार हुआ, जिसका क्रेज आज बच्चों के साथ बड़ों में भी खूब देखा जाता है-?

➲ **शुरुआती छह महीनों का खर्च सुरक्षित रखें:** शुरुआती दिनों में आपके बिजनेस को बाजार में मिलने वाले रेस्पांस की अनिश्चितता, इस बात को जरूरी बना देती है कि कम-से-कम छह महीनों के बिजनेस खर्च का रिजर्व पैसा आपके पास हो-?

इससे आप अपने बिजनेस की अच्छी शुरुआत कर सकते हैं और बिजनेस की बेहतर संभावनाओं पर विशेष ध्यान केंद्रित कर सकते हैं-? लेकिन अपनी कम्पनी का नाम प्रोडक्ट के अनुरूप रखें, वर्ना आपको नुकसान हो सकता है-?

➲ **समर्पण दिलाएगा आपको सफलता:** जो कम्पनी लाभ कमाने के मकसद से काम करती हैं, उसकी सफलता समर्पण के जज्बे से आगे बढ़ती है, तब दृढ़ निश्चय और समर्पण बहुत काम आता है।

क्योंकि सफलता सिर्फ उनके कदम चूमती है, जो जनून के साथ काम करते हैं और रास्ते में आने वाली बाधाओं को चीर कर आगे बढ़ जाते हैं।

➲ **परिश्रम और धैर्य से बढ़ता है बिजनेस:** यह सच है कि धैर्यपूर्वक कठिन परिश्रम के साथ लक्ष्य के प्रति समर्पण, हर हाल में सफलता की कुंजी साबित होता है। क्योंकि कठिन परिश्रम का कोई विकल्प नहीं है।

अगर आप अपने स्टाफ के साथ अपनी क्षमताओं को ठीक समय पर पहचान कर ऊंचे टारगेट हासिल करने में जुट जाएंगें, तब आपकी कम्पनी एक साल में टॉप पर होगी-? ये मेरा व्यक्तिगत अनुभव है।

क्योंकि जब मैंने 1984 में अपना बिजनेस शुरु किया था, तब केवल एक साल में ही अपनी कम्पनी को टॉप पर पहुँचा दिया था।

➲ **पुरानी आदतें छोड़ते रहिए:** आपको समय का कैसे इस्तेमाल करना है, यह आपको पता होना चाहिए-? इसलिए उन आदतों को पहचानिए, जो आपका वक्त बर्बाद करती हैं। ज्यादा टी.वी. देखना भी ऐसी आदत हो सकती है-? धीरे-धीरे उस आदत को छोड़िए, फिर अच्छी आदतें बढ़ती चली जाएगीं।

➲ **बिजनेस के लिए पैसा कहां से मिलेगा:** जिस बिजनेस को आप ठीक से समझते हैं, उसे शुरू करने के लिए **'प्राइम मिनिस्टर्स एम्पलॉयमेंट जेनरेशन प्रोग्राम'** से लोन लें। क्योंकि इसके लिए किसी गारंटी की जरूरत नहीं पड़ती और एम.बी.ए. या इन्जीनियर होना भी जरूरी नहीं है। सिर्फ आठवीं कक्षा पास होना आवश्यक है।

निचले तपके में जन्मी अनिता कुशवाह ने भी प्राइम मिनिस्टर्स एम्पलॉयमेंट जनरेशन प्रोग्राम के अन्तरगत लोन लेकर अपेन शहद के व्यापार को बढ़ाया है।

आज 21 साल की अनिता बी.ए. के अंतिम वर्ष की छात्रा हैं और उनका शहद का सालाना कारोबार लगभग 2 करोड़ का है। उसकी सफलता की कहानी एन.सी.आर.टी. की पॉठ्यपुस्तक में **'अनिता और उसकी मध ुमक्खियां'** शीर्षक से छपी हैं।

शायद इसीलिए मोहन राकेश ने अपने चर्चित नाटक **'आषाढ़ का एक दिन'** में लिखा है कि प्रतिभा एक चौथाई व्यक्तित्व का निर्माण करती है, शेष की पूर्ति प्रतिष्ठा द्वारा होती है।

जबकि कालिदास एक अच्छे कवि थे, लेकिन राज दरबार में जाने से डरते थे। तब उनके मामा उन्हें समझाते थे कि व्यक्ति की पूर्णता सिर्फ प्रतिभा से नहीं होती बल्कि काम करने से होती है।

क्योंकि प्रतिभा एक सहज गुण है, जो सब में बराबर होता है। परन्तु योग्यता और कला को जीवित रखने के लिए अभ्यास की बहुत आवश्यकता होती है।

इसी अभ्यास की वजह से 2009 के लोकसभा के इलेक्शन में मनमोहन सिंह ने वह करिश्मा कर दिखाया, जो उनसे पहले सिर्फ जवाहरलाल नेहरू ही कर सके थे।

क्योंकि पांच साल का कार्यकाल पूरा करने के बाद, फिर से पार्टी को जीताने का काम आखिरी बार नेहरू जी ने 1962 में किया था।

इंदिरा गांधी भी यह कर सकती थीं, लेकिन उन्होंने पांच साल पूरे होने से पहले ही चुनाव की घोषण कर दी थी।

परन्तु 2009 के जनादेश की खासियत यह है कि वह एक सकारात्मक जनादेश है। मतदाता अगर किसी सरकार को दुबारा चुनते हैं, तो इसलिए कि उन्हें लगता है कि यह एक नेक सरकार है। वह अच्छा काम कर रही है।

उसने जो काम शुरू किए हैं, वे अभी पूरे नहीं हुए, उसे एक और मौका दिया जाना चाहिए-? इस लिहाज से यह वोट ग्रामींण रोजगार गारंटी योजना, किसानों की कर्ज माफी-जैसी योजनाओं को बरकरार रखने का वोट है।

लेकिन कभी-कभी ऐसी घटनाएं घटती हैं कि सुनने वाले चौंके बगैर नहीं रह सकते-? उत्तरी अमेरिका में मेक्सिको शहर में आज से करीब एक सौ पचास वर्ष पहले नेपालियन तृतीय ने अपने आपको ब्रांड की तरह पेश करने के लिए सिक्के ढलवाने का निर्णय लिया था।

जैसा कि आम तौर पर होता था, सिक्के के एक ओर शासक का चित्र तथा दूसरी ओर सिक्के की कीमत अंकित करना था।

सम्राट के आदेश की तामील हुई और सिक्कों की ढलाई का काम भी शुरू हो गया। लेकिन ढलाई करने वाले अधिकारी ने जैसे ही एक सिक्का हाथ में उठाया, वह आश्चर्य चकित रह गया। क्योंकि सिक्के में नेपोलियन तृतीय का माथा फटा हुआ अंकित हो रहा था और चेहरा ऐसा लग रहा था, मानों किसी जख्मी व्यक्ति का हो-?

अधिकारी ने सोचा कि शायद ढलाई के सांचे में कोई कमी रह गई है, जिस कारण ऐसा हो रहा है-? इसलिए सिक्कों की ढलाई का काम फिर से शुरू हुआ।

लेकिन जितनी बार भी सिक्के ढाले गए, हर बार नेपोलियन तृतीय के चित्र में माथा फटा हुआ ही ढलता रहा।

एक-एक करके पैंतीस सिक्के ढल गए, तब अधिकारी ने उसकी सूचना सम्राट नेपालियन तृतीय को दी।

नेपोलियन तृतीय भी इस समाचार को सुनकर चौंक गया। उसने खुद टकसाल में आकर सिक्कों को उलट-पलट कर देखा। जब कुछ समझ नहीं आया, तो उसने ज्योतिषी को बुलाने के लिए अपना दूत दौड़ाया।

फिर सिक्कों को देखकर ज्योतिषी ने भविष्यवाणी कर दी कि अब तक टकसाल में केवल 36 सिक्के ढले हैं, इसलिए सम्राट नेपोलियन की उम्र मात्र छत्तीस वर्ष है और उनकी मृत्यु का योग माथे पर लगने वाली चोट ही बनेगा।

तब हकीकत में ठीक वैसा ही हुआ, जैसी ज्योतिषी ने भविष्यवाणी की थी-? नेपोलियन तृतीय ने जीवन के केवल 36 वसंत ही देखे और सिक्के में जिस तरह सम्राट का माथा फटा हुआ था, ठीक उसी प्रकार सम्राट का माथा फटा और माथे में चोट लगने का कारण था बंदूक की गोली का लगना।

यह एक अनुभव था, जिसे नकारा नहीं जा सकता। परन्तु यह जरुरी नहीं है कि हर अनुभव का नतीजा नकारात्मक आए-?

इसका उदाहरण हैं राहुल गांधी, जिन्होंने सिर्फ अभ्यास की वजह से 2009 के लोकसभा चुनावों में स्टार प्रचारक बनकर देश के भावी प्रधानमंत्री की हैसियत बना ली है।

क्योंकि उनकी इंग्लिश डिक्शनरी में एक शब्द है ***NO*** यानि नहीं। जिससे किसी भी काम के दरवाजे बन्द हो जाते हैं। परन्तु जब वे उसे पलट देते हैं, तब वह ***ON*** यानि आगे बढ़ो बन जाता है। जिससे राहुल गांधी को ऊर्जा मिलती है। उनकी डिक्शनरी में दूसरा शब्द है ***TEEM*** यानि भरा होना, ठीक वैसा ही जैसे कि उनके जीवन में मुश्किलें भरी हैं।

लेकिन जब इस शब्द को राहुल गांधी पलट देते हैं, तब वह ***MEET*** बन जाता है, यानि मुकाबला करना। इन्ही शब्दों से राहुल गांधी ने सफलता की

परिभाषा सीखी है। तभी वे इतने ज्यादा लोकप्रिय हुए हैं।

इसलिए आपको अपने काम का अभ्यास जारी रखना है। क्योंकि अभ्यास करते रहने से उसमें सुधार की संभावना बनी रहती है।

अमेरिका का विस्तार भी इसी सिद्धांत पर हुआ था, लेकिन जब-जब उसने इस सिद्धांत का उलंघन किया, तब-तब उस पर आर्थिक मंदी की मार पड़ी-?

आज भी वह आर्थिक मंदी की मार झेल रहा है। लेकिन इसकी सबसे ज्यादा मार पड़ी है सेक्रामेंटो शहर के लोगों पर, जो अमेरिकन नदी के किनारे तंबुओं में आशियाना बना कर रह रहे हैं।

उनकी हालत ठीक वैसी ही है जैसे की चिड़िया को पकड़ने के बाद शिकारी की होती है-?

तब चिड़िया कहती है, **"मुझे छोड़ दो।"**

लेकिन शिकारी उसे छोड़ने के लिए तैयार नहीं होता। फिर चिड़िया विनती करती है, **"मुझ जैसी छोटी चिड़िया को मार कर तुम्हें क्या मिलेगा-? अगर तुम मुझे छोड़ दोगे, तो मैं तुम्हें राज की तीन ऐसी बातें बताऊंगी कि तुम एक ही दिन में मालामाल हो जाओगे-?"**

शिकारी बोला, **"अगर मैंने तुम्हें छोड़ दिया, तो तुम उड़ जाओगी-?"**

चिड़िया ने कहा, **"नहीं! मुझ पर विश्वास करो। मैं तुम्हें तीन बातें बताऊंगी। पहली बात मैं तुम्हारे बाएं हाथ पर बैठ कर बताऊंगी, दूसरी बात तुम्हारे दाहिने हाथ पर बैठ कर बताऊंगी। और तीसरी अनमोल बात सामने वाली दीवार पर बैठ कर बताऊंगी। अगर तुम मेरी तीनों बातें मानलोगे, तो बहुत जल्दी अमीर बन जाओगें-?"**

शिकारी राजी हो गया। उसने उसे जाल से निकालकर अपने बाएं हाथ पर बिठा लिया।

चिड़िया बोली, **"जीवन में किसी भी ऐसी बात पर विश्वास मत करो, जो असंभव हो-? फिर चाहे वह बात किसी ने भी कही हो-?"**

इतना कहकर चिड़िया शिकारी के दाहिने हाथ पर आकर बैठ गई और बोली, **"दूसरी बात यह कि कभी भी कोई चीज तुम्हारे हाथ से निकल जाए, तो उसके लिए पछतावा मत करो। समझ लो कि वह तुम्हारी थी ही नहीं-?"**

यह कहकर चिड़िया उड़कर सामने वाली दीवार पर बैठ गई। शिकारी ने कहा, **"अब तीसरी बात बताओ।"**

चिड़िया बोली, **"तीसरी बात यह है कि मेरे पेट में आधा किलो का एक हीरा है। यदि तुम मुझे मार देते, तो तुम मालामाल हो जाते-?"**

इतना सुनकर शिकारी रोने चिल्लाने लगा। उसका रोना सुनकर चिड़िया बोली, **"अरे मूर्ख, मेरा वजन तो पचास ग्राम भी नहीं है, फिर मेरे पेट में आधा किलो का हीरा कहां से होगा-?"**

कुछ ऐसा ही अमेरिका के साथ हुआ है। अमेरिका ने अपनी जनता पर चिड़िया की तरह विश्वास किया और अपनी अर्थव्यवस्था चौपट कर ली।

जबकि दूसरी तरफ भारतीय हैं, जिन्होंने अपने आपको ब्रांड की तरह पेश किया और अब राजा-महाराजा की तरह जीवन जी रहे हैं। उनमें सबसे पहला नाम मुकेश अम्बानी का आता है, जो मुम्बई में अंटीलिया के नाम से एक 27 मंजिले घर का निर्माण करवा रहे हैं।

100 अरब रुपए की अनुमानित लागत वाली इस गगनचुंबी इमारत को दुनिया का सबसे महंगा बंगला बताया गया है, जिसके मेनगेट पर **'शुभ-लाभ'** लिखा हुआ है।

क्योंकि मुकेश अम्बानी अपने हर काम की शुरूआत **'शुभ-लाभ'** लिखकर करते हैं लेकिन शुभ-लाभ जिन दो शब्दों से मिलकर बना है, वे दोनों बहुत प्रचलित हैं। जिसमें **'शुभ'** का अर्थ है **कल्याणकारी** और **'लाभ'** का अर्थ है **श्रम से मिलने वाला फल**।

अब यही **कल्याणकारी फल** मुकेश अम्बानी की सफलता का गुरुमंत्र बन चुका है। इसलिए आप भी इस गुरुमंत्र का लाभ उठाने की कोशिश कीजिए, फिर आपको अमीर बनने से कोई नहीं रोक सकता-?

ठीक वैसे ही आप हैं। आपके पास मणि रुपी यह पुस्तक है और आप ज्ञान, विवेक और बुद्धि से अपने मन की सारी इच्छाओं को प्राप्त कर सकता हैं-? परन्तु आप करना नहीं चाहते-?

यह जानते हुए भी कि आपका विश्वास और उद्देश्य जितना गहरा होगा, आप उतनी ही तेजी के साथ कामयाबी हासिल करेंगे। क्योंकि तब आपका मस्तिष्क रेडियो स्टेशन की भांति निरंतर सकारात्मक तरंगों का प्रचार-प्रसार कर रहा होता है, जो आपको सफलता दिलाने के लिए सक्रिय हो उठता है।

इसलिए इस पुस्तक को आप हमेशा अपने पास रखें और इसमें बताए गए सिद्धांतों को अमल में लाएं। फिर एक बार स्टार्टअप शुरू हो जाने के बाद आप इस पुस्तक का जितना चाहें, उतना अधिक अध्ययन कर सकते हैं-?

मुझे पूरी उम्मीद है कि अब तक आपको स्टार्टअप शुरू करने का तरीका पता चल गया होगा-? क्योंकि इस पुस्तक का आपके हाथ लगना, आपके लिए एक बड़े अवसर के समान है। अब आपकी सफलता किसी स्कूल अथवा

विश्वविद्यालय पर आधारित न होकर आपके हाथों में आ चुकी है।

यादि आप इस पुस्तक में दिए निर्देशों का पालन शत् प्रतिशत करते हैं, तब आपका स्टार्टअप शुरू हो जाएगा-?

क्योंकि जब आप स्टार्टअप शुरू करने की ठान लेते हैं, तो मंजिल तक पहुंचने में ईश्वर आपकी मदद करता है। लेकिन आप यह न सोचें कि पुस्तक को पढ़ने के बाद ही नोटों की बारिश होनी शुरु हो जाएगी-?

यही स्टार्टअप शुरू करने का विज्ञान है, जिसे मैं आपको सौंप रहा हूँ। अब आगे का सफर आपको अकेले तय करना है। लेकिन मुझे उम्मीद है कि आप अवश्य ही अमीर बनेगें-?

क्योंकि मैं भी इस विज्ञान को समझने के बाद अमीर बना हूं। उस समय न्यूज चैनल के दफ्तर से आए एक रिपोर्टर ने मुझसे पूछा था, **"मिस्टर इन्जीनियर! आप इतनी कम उम्र में अमीर कैसे बनें-?"**

तब मैंने मुस्कराते हुए सिर्फ इतना ही कहा था:-

एक कदम उठा था, स्टार्टअप शुरू करन की राह में।
फिर तमाम उम्र गरीबी, मुझे झोपड़ी में ढूढंती रही।।

इसलिए अपनी भूमिका तय करें और आगे बढ़ें। परन्तु छलांग लगाने से पहले सोचें और जब डुबकी लगा लें, तो तैरना शुरू कर दें।

उम्मीद करता हूं कि भविष्य में आप किसी नए स्टार्टअप के मालिक बनेंगे और बड़ी सफलता प्राप्त करेंगे-? यदि कोई बाधा आए, तो मुझे **(0) 9899153952** पर फोन करें और कुछ जानना हो, तो **Whatsapp (0) 8860544101** पर अपना संदेश भेजें।

◘ समाप्त ◘

इच्छाशक्ति कामयाबी पाने का शक्तिशाली उपकरण है। क्योंकि यह आपके सपने को जिंदा रखती है और सपने आपकी इच्छाशक्ति को जिंदा रखते हैं। जबकि सपने आपकी कल्पना को अविश्वसनीय स्तर तक ले जा सकते हैं-?
लेकिन इच्छाशक्ति उसको खींचकर आप तक लाती है। सपने आपको भटका सकते हैं, लेकिन इच्छाशक्ति उस सपने को साकार करने में जुट जाती है।

लेखक का जीवन परिचय

तरुण इन्जीनियर का जन्म बिजनौर के एक छोटे से कस्बे किरतपुर में सन् 1960 में हुआ था। तरुण इन्जीनियर बचपन से ही लेखक प्रवृति के रहे हैं। जिसकी वजह से पढ़ाई के साथ-साथ इनकी लघु कहानियाँ, कवितायें और गज़लें देश की नामी-गिरामी पत्रिकाओं **'साप्ताहिक हिन्दुस्तान'**, **'कादम्बनी'** और **'नन्दन'** में प्रकाशित होने लगी थीं। कुछ हास्य लेख इनके **'अमर उजाला'**, **'नवभारत टाइम्स'** और **'पंजाब केसरी'** में भी छपे थे।

लेकिन स्व० रानू का आशीर्वाद मिलते ही इनका नाम देश के नवोदित उपन्यासकारों की लिस्ट में दर्ज हो गया था। क्योंकि 1982 में जब ये इन्जीनियरिंग की पढ़ाई पूरी करके अपने घर किरतपुर वापस आए थे, तब तक इनकी दो पुस्तकें **'एक और लैला'** और **'विनोद खन्ना की दृष्टि में रजनीश'** साहित्य के आसमान में अपना परचम फहरा चुकीं थीं।

उसके बाद **'अमिताभ बच्चन, एक सुपर स्टार, एक व्यक्तित्व'** प्रकाशित हुई, जिसने इन्हें रातों रात लोकप्रिय लेखकों की श्रेणी में खड़ा कर दिया था। परन्तु **'वतन का बेटा'**, **'खतरनाक स्पाईडर'**, **'बैंक रॉबरी'**, **'कँवारी माँ'**, **'माँ और महबूबा'**, **'माशूका'**, **'आशिक आवारा'**, **'प्यार एक नशा है'**, **'माँग भरो मेरी खून से'**, **'डोंट टच मी'**, **'ये दिल्ली है मेरी जॉन'**, **'नॉटी गर्ल'**, **'लेडी डॉन'**, **'सरहद माँगे खून'**, **'सारे जहाँ से अच्छा'**, **'ऐ वतन तेरे लिए'**, **'मेरा भारत महान'**, **'इश्क की जंजीर'** और **'ये कैसा प्यार'** जैसे उपन्यासों ने इन्हें प्रसिद्धि के उस मुकाम पर पहुँचा दिया, जहाँ से बॉलीवुड में प्रवेश करना आसान हो जाता है।

जिसका इन्होंने पूरा फायदा उठाया और **'दिवानगी'**, **'दिल का रोग'**, **'ड्रीम लवर'**, **'एटमबम'** और **'ये है रैप लाईन'** के गानों के साथ बॉलीवुडमें गीतकार के रूप में अपने पैर जमा लिए। फिर उपन्यासकार के साथ इनके नाम के आगे गीतकार भी जुड़ गया।

लेकिन जब फिल्मों में गीत लिखने से भी संतुष्टि नहीं मिली, तब इन्होंने **'अमिताभ से अभिषेक तक'**, **'THINK BIG! BECOME BIG!'** **'बॉलीवुड का सुपर स्टार अमिताभ बच्चन'**, **'ब्रह्मपुत्र कामदेव की वापसी'**, **'सम्भोग से स्वर्ग तक'**, **'अम्बानी एण्ड अम्बानी'**, **'बड़ा सोचो! बड़ा बनों!'**, **"ईश्वर का दूसरा रुप है माँ"** **'वैलेंटाइन डे@I Love You'** तथा **'शीला दीक्षितः विकास की प्रतीक'** जैसे महान ग्रंथो का निर्माण कर ड़ाला।

कलम के धनी तरुण इन्जीनियर भारत के पहले लेखक हैं, जिन्हें देश के **प्रिंट मीडिया** ने **2008** में इनको **'बिजनेस गुरु'** की उपाधि से नवाजा था।

देश का ऐसा कोई भी न्यूज़ पेपर और मैग्जीन नहीं है, जिसमें इनका इन्टव्यू न छपा हो-? परन्तु लिखते वही हैं, जो इनके दिल को अच्छा लगता है।

कभी फिल्मों के गीत लिखने लगते हैं, कभी गज़लों का पूरा ग्रंथ **'शाम-ए-गज़ल'** ही लिख डालते हैं, तो कभी इंग्लिश उपन्यास **'ड्रीम गर्ल'**, **'द इंटरनल ब्लीस'**, **'द हंटींग्स नाइट्स'**, **'ट्रीपल गर्लफ्रेंड'** और **'मैजिक ऑफ लव'**,जिन्होने इन्हें बुलंदियों के आसमान पर पहुंचा दिया।

लेकिन जो भी लिखते हैं, युवा पीढ़ी की पसन्द को ध्यान में रखकर लिखते हैं, इसीलिए खूब बिकते हैं। तभी तो आज इनका नाम देश के साथ-साथ विदेशों में भी चर्चा का विषय बना हुआ है।

तरुण इन्जीनियर रचनात्मक और सकारात्मक सोच विकसित करने वाले अग्रणी विशेषज्ञ हैं, क्योंकि इन्होंने मानव मस्तिष्क के लिए सॉफ्टवेयर विकसित कर लिए हैं। इसलिए अब इनकी तुलना **विश्व** के जाने-माने लेखक **'जॉन सी. मैक्सवेल'**, **'जिम डॉरनैन'**, **'विली जॉली'**,**'चार्ल्स एफ हानैल'**, **'नेपोलियन हिल'**, **'रॉबिन शर्मा'**, **'जैक कैनफील्ड'**, **'मार्क विक्टर हैन्सन'**, **'शिव खेड़ा'**, **'डेविड जे.श्वार्टस'**, **'स्टीफन आर.कवी'**, **'रॉब मैक्कार्टर'**, **'एलन लॉय'**, **'मैक्गिनिस'**, **'रिचर्ड टेंपलर'**, **'नॉर्मन विन्सेन्ट पील'**, **रॉबर्ट शुलर'**, **'डोनाल्ड जे ट्रम्प'**, **'राबर्ट टी कियोसाकी'**, **'टी.हार्व एकर'** और **'ब्रायन ट्रेसी'** से होने लगी है।

क्योंकि ये जो भी लिखते हैं, वह लोगों के लिए **प्रेरणा** बन जाती है। ये **'सिक्रेट ऑफ सक्सेस'**, **'पावर ऑफ पॉजिटिव थिंकिंग'**, **'बड़ा लक्ष्य बड़ी जीत'**, **'क्या आप अमीर बनना चाहते हैं'**, **'बुलंद इरादों से सपने सच**

करें', 'जितना बड़ा जोखिम उतनी बड़ी सफलता', 'विचारों में छिपी सफलता', 'प्रभावशाली लोगों की 12 आदतें और उनके सफल होने के रहस्य', 'बड़ी सफलता पाने का बिजनेस स्कूल', 'अवसर को सफलता में कैसे बदलें', 'चमत्कार की उम्मीद करो चमत्कार हो जाएगा', 'ब्रह्मा काम्योलॉजी', 'द मैजिक ऑफ बिग आइडिया' और **'नौकरी छोड़ो बिजनेस करो', 'सी यू एट दॉ पीक', 'पिक द बैस्ट लिव द रैस्ट** के भी लेखक हैं, जिनका प्रकाशन देश के सबसे बड़े प्रकाशक **'डायमंड पॉकेट बुक्स प्रा. लिमिटेड', 'रमेश पब्लिशिंग हाउस', 'प्रभाकर प्रकाशन', 'फेरोज़ बुक्स प्रा. लिमिटेड'** और **'राजा पॉकेट बुक्स'** से हुआ था।

मानव मस्तिष्क कैसे सूचना एकत्रित करता है और कैसे उसका इस्तेमाल करता है-? इस सम्बंध में तरुण इन्जीनियर ने **'थिंक बिग बिकम बिग'** पुस्तक लिखी है, जिसे मस्तिष्क का सॉफ्टवेयर भी कहते हैं। इस पुस्तक का इस्तेमाल अब शिक्षा के क्षेत्र में और व्यवसाय में बराबर हो रहा है।

विश्व की कई अग्रणी कम्पनियां पुस्तक में लिखे निर्देशों का पालन कर रही हैं। उनमें **'सीमेंस', 'लफार्ज', 'बी.एच.ई.एल.', 'मारुति उद्योग', 'रिलायंस इन्डस्ट्रीज', 'बी.ई.एल.', 'गुजरात अम्बुजा'** और **'कैलट्रॉन'** के नाम प्रमुख हैं। जबकि तरुण इन्जीनियर पेशे से बिजनेसमैन हैं और 30 सालों से अपना इंपोर्ट-एक्सपोर्ट का बिजनेस चला रहे हैं।

'कैसे शुरू करें अपना अधिक प्रॉफिट वाला स्टार्टअप' इनकी नवीनतम प्रस्तुती है, जिसे इन्होंने अपनी पांच सालों की रिसर्च के बाद लिखा है।

पेशे से इन्जीनियर होने के कारण तरुण इन्जीनियर अपना बिजनेस भी बखूबी चला रहे हैं। अब तक इनकी 82 पुस्तकें 13 भाषाओं में प्रकाशित हो चुकी हैं, उनमें से कई पुस्तकें ऐसी हैं, जो अब तक बेस्टसेलर की श्रेणी में सबसे आगे हैं।

–प्रकाशक

www.ingramcontent.com/pod-product-compliance
Ingram Content Group UK Ltd.
Pitfield, Milton Keynes, MK11 3LW, UK
UKHW041631190726
13854UKWH00006B/2419